Svelte and Sapper in Action

스벨트 앤
새퍼 인 액션

빠르고 우아한
웹 애플리케이션 설계 프레임워크

스벨트 앤 새퍼 인 액션

빠르고 우아한 웹 애플리케이션 설계 프레임워크

초판 1쇄 발행 2021년 7월 19일

지은이 마크 볼크먼 / **옮긴이** 박수현 / **베타리더** 권혜선, 김기훈, 오윤주, 이상철, 이석곤, 정재명 / **펴낸이** 김태헌
펴낸곳 한빛미디어(주) / **주소** 서울시 서대문구 연희로2길 62 한빛미디어(주) IT출판부
전화 02-325-5544 / **팩스** 02-336-7124
등록 1999년 6월 24일 제25100-2017-000058호 / **ISBN** 979-11-6224-455-5 93000

총괄 전정아 / **책임편집** 서현 / **기획** 이상복 / **편집** 이다인 / **교정·전산편집** 백지선
디자인 표지 윤혜원 내지 박정화
영업 김형진, 김진불, 조유미 / **마케팅** 박상용, 송경석, 한종진, 이행은, 고광일, 성화정 / **제작** 박성우, 김정우

이 책에 대한 의견이나 오탈자 및 잘못된 내용에 대한 수정 정보는 한빛미디어(주)의 홈페이지나 다음 이메일로
알려주십시오. 잘못된 책은 구입하신 서점에서 교환해드립니다. 책값은 뒤표지에 표시되어 있습니다.

한빛미디어 홈페이지 www.hanbit.co.kr / **이메일** ask@hanbit.co.kr

지금 하지 않으면 할 수 없는 일이 있습니다.
책으로 펴내고 싶은 아이디어나 원고를 메일(**writer@hanbit.co.kr**)로 보내주세요.
한빛미디어(주)는 여러분의 소중한 경험과 지식을 기다리고 있습니다.

Svelte
and
Sapper
in Action

스벨트 앤
새퍼 인 액션

빠르고 우아한
웹 애플리케이션 설계 프레임워크

마크 볼크먼 지음
박수현 옮김

MANNING   한빛미디어
Hanbit Media, Inc.

아직 실제 도입 사례가 많지는 않지만, 스벨트는 꾸준한 관심을 받으며 성장해나가고 있는 프레임워크입니다. 개발자들이 스벨트에 꾸준한 관심을 보이는 까닭은 다른 프레임워크와 구분되는 스벨트만의 문제 해결 방식에 있다고 생각합니다. 이 책은 스벨트만의 차별화된 속성부터 스벨트로 첫 웹 앱을 만들기까지 필요한 모든 지식을 알기 쉽게 설명하고 있습니다.

권혜선

인 액션 시리즈에 걸맞은 책으로, 스벨트에 대해 정말 자세하고 꼼꼼하게 설명해줍니다. 소스 코드마다 달린 설명들이 책을 보는 내내 독자를 지루하지 않게 해줍니다. 중간중간 나오는 저자의 웹 개발 팁 또한 재미를 더합니다. 스벨트로 시작해 웹 개발 전반에 대해 많은 것을 얻을 수 있습니다. 많은 분께 추천하고 싶은 책입니다.

김기훈, Marimba 개발자

스벨트의 소개부터 초급, 고급 활용, 테스트, 배포, 네이티브까지 알차게 담은 책입니다. 포괄적인 접근과 다양한 정보, 풍부한 예제, 친절한 설명을 따라가다 보면 다른 프레임워크와 비교되는 스벨트만의 단순한 매력에 흠뻑 빠져들게 됩니다. 처음 시작하는 사용자부터 다른 프레임워크의 대안을 찾는 사용자까지, 효율적인 웹 개발의 길을 찾는 분께 추천합니다.

오윤주, 개새낙 개발자

프런트엔드 개발자로 성장하는 과정에서 새로운 기술을 접할 때마다 간단한 튜토리얼을 해보며 해당 기술의 탄생 이유와 철학을 이해하려고 노력하고 있습니다. 이 책은 스벨트의 철학과 원리를 간략하면서도 친절하게 풀어주고 있습니다. 스벨트에 대한 호기심을 가진 개발자라면 이 책으로 시작하길 적극 추천합니다.

이상철, 1ilsang

최근에 스벨트라는 컴파일러 프런트엔드 언어가 새로 나왔기에 호기심이 생겼고, 이 책으로 발 빠르게 배워봤습니다. 소스 크기가 작고 빠르게 돌아가며, 타입스크립트 기반의 언어라 쉽게 빠르게 배울 수 있습니다. 리액트, 앵귤러, 뷰도 좋지만, 혜성처럼 떠오르고 있는 스벨트를 누구보다 먼저 경험해보려는 모두에게 이 책을 추천합니다.

이석곤, 엔컴(주) 프로젝트팀

스벨트는 깃털처럼 가벼운 성능과, 간결한 문법, 다양한 애니메이션 기능 지원 등의 많은 장점을 지닌 프레임워크입니다. 이 책의 다양한 예제 코드와 상세한 설명을 통해 스벨트의 강력한 기능들을 쉽게 익히고 경험해볼 수 있습니다.

정재명

지은이 · 옮긴이 소개

지은이 **마크 볼크먼** R. Mark Volkmann

미국 미주리주 세인트루이스에 위치한 주식회사 오브젝트 컴퓨팅Object Computing Inc에서 1996년부터 소프트웨어 컨설팅 및 훈련 일을 해왔습니다. 컨설턴트로서 수많은 회사에 자바스크립트, Node.js, 스벨트Svelte, 리액트React, 뷰Vue, 앵귤러Angular 등의 기술 자문을 제공했습니다. 또한 Node.js, 리액트, 뷰, 앵귤러, jQuery, 자바스크립트, HTML5, CSS3, 루비Ruby, 자바, XML 분야에 대한 많은 강좌를 개설하고 가르쳐왔습니다. 세인트루이스 지역의 사용자 그룹에서 자주 강연하며, Nordic.js, Jfokus, NDC Oslo, Strange Loop, MidwestJS, No Fluff Just Stuff, XML DevCon과 같은 많은 콘퍼런스에 발표자로 참석했습니다. 다양한 소프트웨어 개발 주제로 많은 글을 써왔습니다(*https://objectcomputing.com/resources/publications/mark-volkmann*). 여가 시간에는 주로 달리기를 즐깁니다. 벌써 39개 주에서 49번의 마라톤에 참가했습니다.

옮긴이 **박수현** ardeness@gmail.com

커널, 시스템, 클라우드 컴퓨팅, 쿠버네티스, 웹 등 다양한 개발 분야에 관심을 가지고 있습니다. 홍익대학교 컴퓨터공학과에서 박사 학위를 받았으며 현재 SK텔레콤에서 개발자로 일하고 있습니다.

비단 웹 애플리케이션 분야가 아니더라도, 많은 개발 언어가 다양한 방법으로 성능을 높이고 편의성, 안정성 등을 얻기 위해 다양한 노력을 기울이고 있습니다. 타입스크립트가 자바스크립트에는 없는 타입 검사와 검증을 하는 것이나, 리액트가 개발자에게 더 많은 기능을 제공하기 위한 런타임 라이브러리를 제공하는 것도 이러한 노력의 일환입니다.

스벨트는 리액트, 앵귤러, 뷰와 같이 기존에 널리 사용되던 웹 프레임워크와는 약간 다른 접근 방법을 취했습니다. 바로 최적화된 컴파일을 통해 최소한의 런타임 라이브러리만 제공하는 것입니다. 번들된 어플리케이션의 크기는 당연히 줄고, 다운로드에 소요되는 시간도 줄며, 추가 라이브러리를 불러올 필요가 없어서 사용자 경험도 더 나아집니다.

물론 스벨트가 다른 웹 프레임워크보다 모든 면에서 낫다고 할 수는 없습니다. 다른 웹 프레임워크가 더 좋은 점도 있고, 스벨트가 더 좋은 점도 있을 것입니다. 스벨트의 장점은 아주 단순하고, 배우기 쉬우며, 번들 어플리케이션의 크기가 작다는 점입니다. 스벨트로 여러분의 웹 애플리케이션에서 아주 많이 사용되며 다른 웹 프레임워크에서 함께 사용할 수 있는 컴포넌트를 만들면, 전체 애플리케이션의 크기를 줄이면서도 다른 웹 프레임워크의 장점을 취할 수 있는 좋은 개발 방법을 터득하게 될 것입니다.

박수현

지은이의 말

저는 37년 경력의 전문 소프트웨어 개발자이며 그중 10년을 웹 개발자로 일해왔습니다. 그간 의 프로젝트에서 저수준 DOM, jQuery, 루비, 앵귤러 1, 리액트, 폴리머^Polymer, 앵귤러 2+, 뷰, 스벨트, 그 외에 기억도 하지 못하는 수많은 기술과 프레임워크를 사용해왔습니다.

저는 개발자에게 생산성이 무엇보다 중요하다고 생각합니다. 쓸데없는 복잡함은 정말 보기만 해도 화가 치밀어 오를 정도입니다. 스벨트와 새퍼^Sapper를 좋아하는 이유는 많지만, 다른 웹 프레임워크와 비교할 수 없는 단순함이 그중에서 가장 매력적입니다. 개인적으로는 다른 프레임워크를 사용할 때보다 스벨트와 새퍼를 사용했을 때가 가장 생산적이라고 생각합니다.

저는 스벨트 창시자 리치 해리스^Rich Harris의 강연 'Rethinking Reactivity'를 보고 스벨트를 처음 접했습니다. 설득력 있는 강연이었고, 웹 개발의 복잡함을 덜어내고자 하는 제 욕망과 정확히 일치하기도 했습니다. 결국 저는 스벨트의 세계에 빠져들었고, 스벨트에 대한 장문의 원고를 투고하기 시작했으며, 사용자 그룹에서 토론을 나누고 결국 청중 앞에 서기까지 했습니다. 그다음 단계가 바로 이 책을 쓴 것이었습니다.

이 책은 스벨트와 새퍼의 거의 모든 주제를 다루며, 큰 관련이 없는 세부 주제까지도 설명합니다. 이 책을 읽은 독자라면 다음 웹 개발 프로젝트에서 스벨트와 새퍼를 사용하고자 하는 욕심이 생길 것이라 생각합니다.

감사의 말

많은 작가들이 집필 도중 헌신적인 도움을 준 배우자에게 감사를 표하곤 합니다. 저 또한 이 책을 쓰면서 그런 희생이 얼마나 중요한지를 절실하게 느꼈습니다. 제 아내 타미^Tami는 끊임없이 저를 격려해주었으며 집필에 집중할 수 있는 시간도 만들어주었습니다. 이 책을 끝까지 쓸 수 있도록 곁에서 도와준 제 아내 타미에게 감사합니다.

원고를 교정해주고, 더 좋은 글을 쓸 수 있게 제안하고, 격려해주고, 앞으로 나아갈 수 있도록 용기를 북돋아준 매닝 출판사의 편집자 제니퍼 스타우트^Jennifer Stout에게 감사합니다. "이거 정말 좋네요!"라는 메모와 "이 책을 읽는 사람이 이해할 수 있도록 설명을 해야겠어요"라는 메모가 뒤섞인 원고를 보면서 고된 작업을 이겨낼 수 있었습니다.

명확하지 않은 내용이나 충분하지 않은 예제를 올바르게 이끌어준 편집자 알랭 쿠니오트^{Alain Couniot}에게 감사합니다. 필요한 곳에 타입스크립트 설명을 넣었는지도 전부 확인해주었습니다. 그의 조언 덕분에 이 책이 더 나아질 수 있었습니다.

기술 부분을 검토해준 에릭 펄링스^{Erik Vullings}에게도 감사합니다. 저 혼자였으면 절대 생각해내지 못했을 많은 예제의 코드 개선점을 알려주었습니다. 그 덕분에 책의 내용이 더 나아질 수 있었습니다. 철저한 그의 성격에 다시 한번 감사합니다.

매닝 얼리 액세스 프로그램을 통해 자원해서 책을 검토해준 피어 레인더르스^{Peer Reynders}에게도 감사합니다. 피어 레인더르스는 책의 모든 코드 예제를 하나하나 꼼꼼히 살펴보고 개선할 수 있는 여러 가지 방법을 알려주었습니다.

책을 검토하고 다양한 방법으로 책 내용을 개선하는 데 도움을 준 다음 분들에게 감사합니다. Adail Retamal, Amit Lamba, Clive Harber, Damian Esteban, David Cabrero Souto, David Paccoud, Dennis Reil, Gerd Klevesaat, Gustavo Filipe Ramos Gomes, Jonathan Cook, Kelum Senanayake, Konstantinos Leimonis, Matteo Gildone, Potito Coluccelli, Robert Walsh, Rodney Weis, Sander Zegveld, Sergio Arbeo, Tanya Wilke. 여러분의 의견 덕분에 책이 더 좋아질 수 있었습니다.

오브젝트 컴퓨팅의 찰스 샤프^{Charles Sharp}에게도 감사의 말을 전합니다. 찰스는 제가 쓴 글을 가장 많이 편집해주었습니다. 10년 가까운 세월 동안 저를 더 나은 작가로 만들어주었습니다.

스벨트 네이티브 부분을 검토해준 오브젝트 컴퓨팅의 엘든 애럴드^{Eldon Ahrold}에게도 감사합니다. 엘든은 아주 능력 있고 경험 많은 모바일/웹 개발자입니다. 그와 함께 일할 수 있어서 행운입니다.

마지막으로 24년 전 저를 오브젝트 컴퓨팅으로 이끌어주신 에브라힘 모시리^{Ebrahim Moshiri} 박사에게 감사의 말을 전합니다. 제가 끊임없이 공부하고 성장할 수 있는 환경을 만들어주고 격려해주었습니다. 그가 저에게 이런 자리를 마련해주지 않았다면 저는 아마도 책을 쓸 수 없었을 것입니다.

마크 볼크먼

대상 독자

『스벨트 앤 새퍼 인 액션』은 생산성을 향상하고 싶은 웹 개발자를 위한 책입니다. 많은 웹 개발자들이 웹 애플리케이션을 쉽게 개발할 수 있는 방법이 없을까 궁금해할 겁니다. 좋은 소식은 더 쉬운 방법이 있다는 것이고, 더 좋은 소식은 그 방법을 이 책에서 다룬다는 것입니다.

스벨트와 새퍼로 웹 애플리케이션 개발에 필요한 다양하고 일반적인 기능들을 어떻게 만드는지, 많은 예제 코드를 활용해 배울 수 있습니다.

이 책은 독자가 기본적으로 HTML, CSS, 자바스크립트에 대해 안다고 가정합니다.

- HTML: html, head, link, style, script, body, div, span, p, ol, ul, li, input, textarea, select 등에 익숙하다고 가정합니다.
- CSS: CSS 규칙의 문법, CSS의 'cascade'가 어떤 뜻인지, 요소 이름이나 클래스 이름, id, 조상, 자식 등과 같은 기본적인 CSS 선택자, color, font-family, font-size, font-style, font-weight와 같은 자주 사용되는 CSS 속성들, content, padding, border, margin과 같은 CSS 박스 모델에 대해서 안다고 가정합니다.
- 자바스크립트: 변수, 문자열, 배열, 객체, 함수, 클래스, 프로미스, 구조 분해[destructuring] 할당 연산, 확산 연산, 내보내기, 불러오기 등에 익숙하다고 가정합니다.

온라인으로 저에게 자유롭게 이 책에 대해서 질문할 수 있습니다. 개인적으로 여러분들이 이 책을 읽고 스벨트나 새퍼에 무언가 특별한 점이 있다는 사실을 알게 되면 좋겠습니다. 그리고 이 책에서 배운 것들을 다음 프로젝트에서 사용할 수 있으면 좋겠습니다.

책의 구성

이 책은 총 4부, 21개 장으로 이루어져 있습니다.

1부에서는 스벨트와 새퍼를 간단히 소개합니다.

- 1장: 스벨트와 새퍼가 웹 개발 분야에서 주목받는 이유를 알아봅니다. 스벨트 네이티브에 대해 간략히 소개하고, 스벨트와 다른 유명한 웹 프레임워크를 비교하고, 스벨트를 다루기 위해 필요한 도구를 살펴봅니다.
- 2장: REPL이라는 온라인 도구로 첫 스벨트 애플리케이션을 만들어봅니다. 이렇게 만든 앱은 온라인에 저장하거나 다른 사용자와 공유하거나 다운로드해서 로컬에서 계속 개발할 수도 있습니다.

2부에서는 다양한 예제를 통해 스벨트를 심도 있게 다룹니다.

- 3장: 로직, 마크업, 스타일링과 함께 스벨트 컴포넌트를 만드는 방법을 알아봅니다. 물론 리액티브 구문reactive statement을 통한 컴포넌트 상태 관리 기법과 모듈 콘텍스트를 쓰는 방법도 함께 살펴봅니다. 그리고 이들 기법을 통해 커스텀 컴포넌트를 만들어봅니다.
- 4장: 조건 분기나 반복, 프로미스를 사용해 HTML과 같은 마크업을 다루는 방법을 배워봅니다. 조건 분기, 반복, 프로미스는 각각 {#if}, {#each}, {#await} 구문을 사용합니다.
- 5장: 프롭스, 양방향 데이터 바인딩, 슬롯, 이벤트, 콘텍스트 등 컴포넌트 간 통신을 다룰 수 있는 다양한 방법을 살펴봅니다.
- 6장: 여러 컴포넌트 간 상태를 공유할 수 있는 스토어store를 다룹니다. 스토어는 쓰기 가능한 스토어, 읽기 전용 스토어, 상속 스토어, 사용자 정의 스토어 총 네 종류가 존재합니다. 아울러 자바스크립트 클래스를 통해 스토어를 다루는 기법과 스토어 데이터를 영구적으로 저장하는 방법도 살펴봅니다.
- 7장: 스벨트 컴포넌트가 DOM을 다루는 다양한 방법을 다룹니다. HTML을 삽입하거나 액션을 사용해서 DOM 요소에 접근하는 방법이나 tick 함수를 써서 스벨트가 DOM을 업데이트한 후 수정하는 방법 등이 있습니다. 그리고 드래그 앤드 드롭과 대화 상자를 구현해봅니다.
- 8장: 컴포넌트의 라이프사이클의 중요 지점에서 호출되는 onMount, beforeUpdate, afterUpdate, onDestroy와 같은 라이프사이클 함수들을 어떻게 등록하고 사용하는지 살펴봅니다. 그리고 이런 라이프사이클 함수들을 통해 사용자 정의 라이프사이클 함수를 어떻게 사용하는지도 배워봅니다.
- 9장: 스벨트 애플리케이션에 페이지 라우팅을 구현할 수 있는 세 가지 방법인 수동 라우팅, 해시 라우

팅, 그리고 page.js 라이브러리를 사용하는 방법을 다룹니다. 각 방법을 자세히 알아보기 위해서 간단한 쇼핑 앱을 만들어볼 것입니다. 또 다른 유명한 방법으로는 새퍼가 있는데, 새퍼를 이용한 라우팅은 16장에서 배웁니다.

- 10장: 스벨트에 내장된 애니메이션 지원 기능을 살펴봅니다. 이와 관련된 svelt/animate, svelt/motion, svelt/transition 세 가지 패키지 또한 자세히 알아봅니다. 이 기능들을 사용해서 두 개의 목록 사이에 아이템을 움직일 때 fade와 flip 애니메이션을 어떻게 조합하는지, crossfade는 어떻게 적용하는지도 구현해봅니다. 사용자 정의 애니메이션과 transition 이벤트를 활용하는 방법도 배워봅니다.

- 11장: 스벨트 애플리케이션 디버깅을 다룹니다. @debug 태그를 사용하거나 console 메서드로 리액티브 구문을 집어넣을 수도 있으며, 웹 브라우저 확장 중 스벨트 개발자 도구를 사용할 수도 있습니다.

- 12장: 스벨트 애플리케이션을 테스트하는 방법을 배워봅니다. 제스트와 svelt-testing-library로 유닛 테스트를 만들 수 있습니다. 서버–클라이언트 통신과 같은 엔드 투 엔드 테스트는 사이프레스^{Cypress} 라이브러리를 통해 구현할 수 있습니다. 접근성은 스벨트 컴파일러를 통해 검사할 수도 있으며, 추가적인 검사가 필요하다면 라이트하우스, axe, WAVE 등을 사용할 수도 있습니다. 스토리북은 컴포넌트들을 시연하고 수동 테스트를 할 때 주로 사용됩니다.

- 13장: 스벨트 애플리케이션을 어떻게 배포하는지 알아봅니다. 스벨트 애플리케이션은 HTTP 서버에 수동으로 배포할 수도 있고, 네틀리파이^{Netlify}, 버셀 나우^{Vercel Now}, 도커^{Docker}로도 배포 가능합니다.

- 14장: 이전 장에서 다루지 못한 CSS 라이브러리 사용법, '특수한 요소' 사용법, 스벨트 컴포넌트 라이브러리 사용법, 스벨트 컴포넌트에서 웹 컴포넌트 만들기를 살펴봅니다.

3부에서는 새퍼를 집중 탐구합니다. 새퍼는 스벨트에 많은 기능을 추가로 제공합니다.

- 15장: 첫 새퍼 애플리케이션을 만들어봅니다. 9장에서 만든 쇼핑 앱을 새퍼로 다시 만듭니다.

- 16장: 새퍼의 다양한 부분을 살펴봅니다. 우선 새퍼 애플리케이션의 기본적인 파일 구조가 어떻게 구성되는지 알아보고, 페이지 라우팅과 페이지 레이아웃, 프리로딩^{preloading}, 프리페칭^{prefetching}, 코드 분할^{code splitting}과 같은 새퍼의 중요 기능을 살펴봅니다.

- 17장: 새퍼의 서버 라우트를 다룹니다. 서버 라우트를 사용하면 클라이언트 웹 앱 프로젝트에서 API 서비스를 구현할 수 있습니다. 서버 라우트로 CRUD(생성^{create}, 읽기^{read}, 업데이트 ^{update}, 삭제^{delete}) 서비스를 만들어볼 것입니다.

- 18장: 새퍼 앱을 정적 사이트 형태로 제공할 수 있는 방법을 알아봅니다. 빌드 타임에 모든 HTML을 생성할 수 있는 앱일 경우 정적 사이트 형태로 제공하는 것이 좋습니다. 정적 사이트로 가위바위보 게

임과 집에서 키우는 강아지 정보를 제공하는 페이지를 만들어봅니다.

- 19장: 새퍼 앱이 서비스 워커를 통해 오프라인 동작을 지원하는 방식과 다양한 캐싱 전략을 살펴봅니다. 물론 install, activate, fetch 이벤트와 더불어 서비스 워커의 세부 내용도 다룹니다. 또한 새퍼 서버에서 HTTPS를 사용하는 방법도 배웁니다. 그리고 새퍼 앱의 오프라인 동작을 검증하는 여러 기법도 소개합니다.

4부에서는 위에서 다루지 못한 스벨트, 새퍼에 대한 내용을 다뤄봅니다.

- 20장: 다양한 대체 문법을 지원하기 위한 소스 파일 전처리 방식들을 알아봅니다. 전처리 방식으로는 Sass, 타입스크립트, 마크다운이 널리 사용되는데, 이 장에서 각각의 방법을 예시를 통해 살펴봅니다.
- 21장: 스벨트 네이티브를 소개합니다. 스벨트 네이티브는 스벨트와 네이티브스크립트^{NativeScript}를 조합해서 안드로이드나 iOS에서 동작하는 모바일 앱을 만들 수 있습니다. 별다른 도구를 설치하지 않고도 두 개의 온라인 REPL 앱으로 어떻게 스벨트 네이티브 앱을 만드는지 보여줄 것입니다. 여기서 만드는 예제 컴포넌트를 통해 스벨트 네이티브가 화면 출력 방식이나 폼 처리, 액션, 대화 상자, 레이아웃, 화면 탐색들을 어떻게 구현하는지 다룹니다. 마지막으로 네이티브스크립트 UI 라이브러리를 살펴보고 이 라이브러리의 RadSideDrawer 컴포넌트를 사용해서 예제 앱을 만들어봅니다.

부록에서도 아주 중요한 내용을 다룹니다.

- 부록 A: 스벨트, 새퍼, 스벨트 네이티브 등과 관련된 유용한 링크를 소개합니다.
- 부록 B: REST 서비스를 Fetch API로 사용하는 방법을 소개합니다.
- 부록 C: 17장에서 사용하는 몽고 DB의 기본적인 사용법을 소개합니다.
- 부록 D: 스벨트와 새퍼 앱에서의 이슈를 체크하기 위해 ESLint를 설정하고 사용하는 방법을 소개합니다.
- 부록 E: 스벨트와 새퍼 앱의 코드 포매팅^{code formatting}을 위한 프리티어 설정 및 사용법을 소개합니다.
- 부록 F: VSCode에서 스벨트 및 새퍼 앱을 개발할 때 사용할 수 있는 다양한 VSCode 확장을 소개합니다.
- 부록 G: 스노팩으로 스벨트 애플리케이션을 빌드하는 방법을 소개합니다. 스노팩은 기존에 많이 사용되는 번들러인 웹팩, 롤업, 파셀보다 효과적으로 웹 애플리케이션을 빌드하는 도구입니다.

이 책의 예제를 끝까지 따라 하다 보면 여행 준비물을 챙기는 데 유용한 애플리케이션을 만들게 됩니다. 대부분의 장에서는 장별 주제에 맞게, 이 애플리케이션에 필요한 기능을 추가하는 것을 다룹니다.

스벨트를 처음 접한다면 1장에서 8장까지를 꼭 읽어보길 권합니다. 1~8장에서는 스벨트의 가장 핵심적인 부분을 다룹니다. 스벨트에 이미 익숙하다면 8장까지는 건너뛰어도 됩니다.

예제 소스

이 책의 코드는 대부분 저자의 깃허브 저장소 *https://github.com/mvolkmann*에 있습니다.[1] 세부 링크는 다음과 같습니다.

- *https://github.com/mvolkmann/svelte-and-sapper-in-action*
- *https://github.com/mvolkmann/svelte-native-components*

코드를 실행하려면 최신 버전의 Node.js가 필요합니다. 설치하지 않았다면 *https://nodejs.org*에서 'LTS' 또는 'Current'를 선택해 다운로드하면 됩니다.

그 외 온라인 자료

부록 A에 온라인 자료 대부분의 위치를 수록했습니다. 온라인 자료는 거의 스벨트와 새퍼 관련 자료이지만, 그 외에 전반적인 웹 개발에 유용한 자료도 함께 있습니다.

----

1 옮긴이_ 예제 코드에서 사용하고 있는 다양한 도구나 라이브러리는 빠르게 수정되거나, 버전이 올라가거나, 심지어는 사라지기도 합니다. 따라서 예제 코드를 실행하다가 오류가 발생한다면 *https://github.com/mvolkmann/svelte-and-sapper-in-action*의 패키지 정보 또는 코드를 참조하여 그대로 실행하거나 수정하기 바랍니다.

CONTENTS

Part I 시작하기

CHAPTER 1 선수 입장

CONTENTS

CHAPTER 4 블록 구조

CHAPTER 5 컴포넌트 간 통신

CHAPTER 6 스토어

CONTENTS

CHAPTER 7 **DOM 상호작용**

CHAPTER 8 **라이프사이클 함수**

CONTENTS

CHAPTER **14** 고급 스벨트

Part **III** 새퍼의 세계로

CHAPTER **15** 처음 만나는 새퍼 앱

CONTENTS

CHAPTER **19** 새퍼 오프라인 지원

Part IV 스벨트와 새퍼, 그 너머의 세계로

CHAPTER **20** 전처리기

CONTENTS

APPENDIX B REST 서비스 사용하기

APPENDIX C 몽고 DB

CONTENTS

I

시작하기

『스벨트 앤 새퍼 인 액션』에 오신 것을 환영합니다. 1부에서는 최근에 스벨트와 새퍼가 웹 개발 영역에서 왜 주목받는지, 스벨트 네이티브란 무엇인지, 스벨트가 다른 유명한 웹 프레임워크와 어떤 점이 다른지, 스벨트 애플리케이션 개발에 무엇이 필요한지 살펴봅니다. 첫 스벨트 앱은 REPL이라는 온라인 도구로 만듭니다. REPL로 앱을 만들면 저장하고, 다른 사람과 공유하고, 다운로드해서 로컬에서 계속 개발하기도 쉽습니다.

Part I

시작하기

선수 입장

스벨트(*https://svelte.dev*)는 자바스크립트 웹 애플리케이션 개발 프레임워크입니다. 리액트, 뷰, 앵귤러 같은 웹 프레임워크 대신 쓸 수 있다는 뜻입니다. 이런 웹 프레임워크와 다를 바 없이 스벨트는 사용자 인터페이스 컴포넌트, 컴포넌트 간 상호작용을 정의하는 데 초점을 둡니다. 각 사용자 인터페이스 컴포넌트를 독립적으로 설계하고 구현할 수 있기 때문에 이들을 한데 모아서 더 큰 사용자 인터페이스를 만들 수도 있습니다. 스벨트는 다른 웹 프레임워크와 비교했을 때 특히 다음의 장점들을 가집니다.

- 스벨트는 다른 프레임워크보다 더 적은 코드로 같은 기능을 구현할 수 있습니다.
- 스벨트로 만드는 번들은 크기가 작아서 브라우저가 페이지를 불러오는 시간이 짧아집니다.
- 스벨트에서는 컴포넌트 내부, 또는 컴포넌트 간의 상태 관리가 아주 간단합니다. 여기서 상태 관리란 변경된 데이터에 따라 앱이 반응하고 이러한 데이터를 처리하는 모든 것을 의미합니다.

새퍼(*https://sapper.svelte.dev*)는 복잡한 웹 애플리케이션을 개발할 때 유용한 스벨트 기반 프레임워크입니다. 페이지 라우팅이나 서버 사이드 렌더링, 코드 분할, 정적 사이트 생성 등의 고급 기능을 제공합니다. 물론 개발하는 웹 애플리케이션에 이런 기능이 필요하지 않거나 다른 방식으로 구현이 가능하다면 그냥 스벨트만 사용해도 충분합니다.

스벨트 네이티브(*https://svelte-native.technology*) 또한 스벨트 기반 도구로 네이티브 스크립트^NativeScript를 써서 안드로이드나 iOS 모바일 애플리케이션을 만들 수 있습니다.

> **NOTE_** 몇몇 프레임워크나 기술에서 '라이브러리'라는 말을 사용하기도 하지만, 이 책에서는 웹 애플리케이션을 만들 때 사용하는 기술들을 편의상 통칭하여 '프레임워크'라고 표현합니다.

1.1 스벨트란

웹 애플리케이션을 만들 때 이런저런 다양한 도구를 쓸 필요는 없습니다. 사용했을 때 이점이 없다면, 굳이 다른 도구나 기술을 쓸 필요가 없습니다. 코드를 더 적게 작성해도 된다거나, 더 빨리 동작한다거나, 아니면 결과물이 더 작아서 브라우저에서 페이지를 더 빨리 불러오거나 하는 것이 이런 이점에 해당할 것입니다.

놀랍게도 스벨트는 이 모든 장점을 다 가지고 있습니다.

다른 웹 프레임워크도 그렇지만, 스벨트만으로 웹 애플리케이션 전체를 빌드할 수 있습니다. 스벨트로 만든 컴포넌트는 단일 애플리케이션으로 동작할 수도 있고, 여러 애플리케이션에서 쓸 수 있는 라이브러리가 될 수도 있습니다. 사용자 정의 웹 컴포넌트를 만들어서 다른 프레임워크에서 쓸 수도 있고, 심지어 프레임워크가 전혀 없는 환경에서도 쓸 수 있습니다.

〈가디언〉에서 일하다가 현재는 〈뉴욕 타임스〉에서 근무하는 리치 해리스^Rich Harris는 2016년부터 스벨트를 만들어왔습니다. 그 전에는 랙티브^Ractive(*https://ractive.js.org*) 웹 프레임워크를 만들어서 〈가디언〉에서 썼습니다. 랙티브는 뷰의 일부분에도 영향을 주었습니다. 리처드 해리스는 또한 웹팩^Webpack이나 파셀^Parcel같은 번들러 대신 쓸 수 있는 롤업^Rollup이라는 모듈 번들러도 만들었습니다.

스벨트는 프랑스 말로 '늘씬하다'는 뜻입니다. 스벨트의 문법과 번들 크기를 생각하면, 정말 딱 어울리는 이름이 아닐 수 없습니다.

1.1.1 스벨트를 써야 하는 이유

스벨트는 장점이 많습니다. 그중에서도 특히 눈여겨봐야 할 장점을 알아봅시다.

스벨트는 컴파일러입니다

널리 쓰이는 다른 웹 프레임워크는 대개 자신들이 제공하는 기능을 지원하기 위한 런타임 라이브러리를 제공합니다. 크기도 상당히 큰 편이죠. 반면 스벨트는 런타임 라이브러리가 아닙니다. 타입스크립트로 만든 웹 애플리케이션 컴파일러입니다.

> **NOTE_** 컴파일러란 어떤 프로그래밍 언어를 다른 프로그래밍 언어로 옮기는 소프트웨어를 일컫는 말입니다. 대개는 Go나 자바 같은 고수준 언어를 기계어나 바이트코드 같은 저수준 언어로 옮깁니다.

> **NOTE_** 타입스크립트는 자바스크립트를 포함하는 오픈소스 프로그래밍 언어입니다. 타입스크립트로 만든 프로그램은 자바스크립트로 컴파일됩니다. 타입스크립트는 자바스크립트에 많은 기능을 추가하였는데, 특히 변수나 함수의 자료형(타입)을 정의할 수 있는 기능이 포함되었습니다. 타입스크립트는 마이크로소프트가 개발하고 관리합니다.

스벨트의 UI 컴포넌트는 .svelte 파일에 정의합니다. 파일에는 자바스크립트, CSS, HTML 등을 집어넣을 수 있습니다. 로그인 페이지를 스벨트로 만든다면, .svelte 파일에는 로그인 폼을 표현하기 위한 HTML 요소들과 로그인 폼을 꾸미기 위한 CSS, 사용자가 인증 정보를 로그인 폼에 입력하고 '로그인' 버튼을 눌렀을 때 인증 정보를 서버에 전달하기 위한 자바스크립트가 필요하겠죠.

스벨트 컴파일러는 .svelte 파일을 자바스크립트와 CSS로 컴파일합니다. 이 과정에서 컴파일러는 꼭 사용하는 기능만을 코드에 포함시킵니다. 따라서 배포용 애플리케이션을 번들한 뒤에도 크기가 크지 않으므로 여러 가지 이점이 있습니다.

스벨트로 만드는 번들은 더 작습니다

스벨트로 만든 앱은 다른 프레임워크로 만든 앱보다 번들 크기가 훨씬 작습니다. 스벨트로 만든 앱을 브라우저에서 다운로드하는 것이 그만큼 더 빠릅니다.

스벨트로 만드는 번들 크기가 작은 것은 스벨트가 전체 프레임워크 라이브러리를 번들에 포함시키지 않고, 대신 꼭 필요한 프레임워크 코드만 집어넣기 때문입니다. 2장에서 만들어볼 'Todo 앱'을 스벨트로 만들었을 때의 크기는 리액트로 만들 때보다 고작 13%, 거의 1/10 수준밖에 되지 않습니다. 2장에서는 Todo 앱을 각각 스벨트, 리액트, 뷰로 만들어봅니다.

프리코드캠프^{FreeCodeCamp}[1]에서는 2019년 버전의 'A RealWorld Comparison of Front-End Frameworks with Benchmarks'(*http://mng.bz/8pxz*)에서 여러 프레임워크를 비교했습니다. 프리코드캠프는 미디엄^{Medium}과 비슷한 'Conduit'이라는 소셜 블로깅 앱을 여러 웹 프레임워크로 만들고 이를 비교했습니다. 여기에 따르면 gzip으로 압축된 앱의 크기는 다음과 같았습니다.

- 앵귤러 + ngrx : 134KB
- 리액트 + 리덕스 : 193KB
- 뷰 : 41.8KB
- 스벨트 : 9.7KB

확실히 스벨트로 만든 앱 크기가 압도적으로 작습니다.

---

1 옮긴이_ 인터랙티브한 웹 환경을 갖춘 비영리 온라인 학습 플랫폼입니다.

스벨트는 코드를 적게 사용합니다

스벨트는 더 적은 코드로도 같은 기능을 구현할 수 있습니다. 위 프리코드캠프에서 비교한 내용에 따르면 다음과 같은 코드 라인 수를 확인할 수 있습니다.

- 앵귤러 + ngrx : 4,210
- 리액트 + 리덕스 : 2,050
- 뷰 : 2,076
- 스벨트 : 1,116

코드를 적게 써도 된다는 것은 여러 가지 면에서 장점이 됩니다. 코드가 적으면 이해할 코드도 적어질 뿐 아니라, 버그가 숨을 곳도 줄어듭니다.

스벨트는 가상 DOM 없이도 반응성을 제공합니다

리액트나 뷰는 가상 DOM^{virtual DOM}을 통해 데이터가 변경된 경우, 최적화된 방법으로 실제 DOM^{real DOM}을 변경합니다. 간단히 살펴보자면, 컴포넌트의 상태(데이터)가 변경되면 프레임워크는 메모리에 새 버전의 가상 DOM을 만들고 이전 버전의 가상 DOM과 비교합니다. 이 두 버전에서 서로 다른 부분이 발견되면 이 부분만 실제 DOM에 반영됩니다. 실제 DOM 전체를 업데이트하는 것보다는 물론 빠르지만, 새 버전의 가상 DOM을 만들고 이전 버전과 비교하는 것 자체가 시간을 소모하는 일입니다.

반응성은 애플리케이션이나 컴포넌트의 상태 변경에 따라서 DOM을 업데이트하는 것을 뜻합니다. 스벨트는 컴포넌트를 화면에 그리는 것에 영향을 줄 수 있는 최상위 수준 컴포넌트 변수가 변경되는지 추적합니다. 함수 내부에만 있는 변수는 추적하지 않습니다. 그리고 값이 변경되면, 전체 컴포넌트가 아닌 영향을 받는 부분에 포함되는 DOM만 업데이트합니다. 다른 대부분의 프레임워크가 애플리케이션 상태와 DOM을 동기화하는 것보다 스벨트는 훨씬 효율적으로 DOM을 관리합니다.

스벨트는 빠릅니다

슈테판 크라우제^{Stefan Krause}의 벤치마크[2]에서는 4개의 행과 1,000개의 열로 이루어진 테이블

---

2 https://krausest.github.io/js-framework-benchmark/current.html

을 표현하여 앱을 테스트합니다. 이 웹 페이지에서 비교하고자 하는 프레임워크들을 선택해서 각 통계치를 나란히 두고 볼 수 있습니다. [그림 1-1]은 angular-v8.0.1-keyed, react-v16.8.6-keyed, svelte-v3.5.1-keyed, vue-v2.6.2-keyed 네 가지 프레임워크를 선택하고 각 프레임워크의 시작에 소요된 시간을 나타내는 표입니다. 이 결과만 봐도 스벨트가 다른 웹 프레임워크보다 상당히 빠르다는 것을 알 수 있습니다.

이름	svelte-v3.5.1-keyed	vue-v2.6.2-keyed	react-v16.8.6-keyed	Angular-v8.0.1-keyed
스크립트 시작에 소요된 시간 페이지 전체 스크립트를 구문 분석/컴파일/평가하는 데 소요 된 전체 시간(단위: ms)	19.5 ±2.4 (1.00)	59.6 ±28.6 (3.06)	55.6 ±45.2 (2.85)	159.8 ±8.8 (8.21)
전체 크기 페이지에 필요한 전체 리소스를 압축한 후 불러오는 데 필요한 네트워크 전송 비용(단위: KB)	145.7 ±0.0 (1.00)	211.2 ±0.0 (1.45)	260.8 ±0.0 (1.79)	295.5 ±0.0 (2.03)

그림 1-1 시작 시간과 다운로드 시간에 대한 벤치마크

스벨트는 메모리를 덜 차지합니다

웹 애플리케이션이 오래된 컴퓨터나 모바일 기기에서 돌아가야 한다면, 상대적으로 메모리 상황이 여유롭지 못하니 메모리를 덜 차지하는 것이 훨씬 좋을 것입니다.

슈테판 크라우제 벤치마크에서 [그림 1-2]와 같이 여러 웹 프레임워크에서 얼마만큼의 메모리를 사용하는지 비교해볼 수 있습니다. 물론 그림에서 볼 수 있듯 스벨트가 다른 경우보다 일반적으로 메모리를 덜 차지합니다.

이름	svelte- v3.5.1-keyed	vue- v2.6.2-keyed	react- v16.8.6-keyed	angular- v8.0.1-keyed
준비에 필요한 메모리 페이지를 불러온 뒤 메모리 사용량	1.9 ±0.0 (1.00)	2.1 ±0.0 (1.13)	2.3 ±0.0 (1.23)	4.8 ±0.0 (2.54)
실행 메모리 1,000개의 열을 더한 뒤의 메모리 사용량	3.9 ±0.0 (1.00)	7.1 ±0.0 (1.81)	6.9 ±0.0 (1.76)	9.1 ±0.0 (2.34)
1,000개의 열에 대해서 10번째 열마다 업데이트(5회) 모든 10번째 열을 5번씩 업데이트한 뒤의 메모리 사용량	4.3 ±0.0 (1.00)	7.5 ±0.0 (1.76)	8.0 ±0.0 (1.89)	9.5 ±0.0 (2.23)
1,000개의 열 대체하기(5회) 1,000개의 열을 5번 대체하고 난 뒤 메모리 사용량	4.5 ±0.0 (1.00)	7.7 ±0.0 (1.71)	8.9 ±0.0 (1.98)	9.9 ±0.1 (2.20)
1,000개의 열 생성/삭제(5회) 1,000개의 열을 5번 생성/삭제한 뒤 메모리 사용량	3.2 ±0.0 (1.00)	3.8 ±0.0 (1.20)	4.7 ±0.1 (1.48)	6.6 ±0.0 (2.07)

그림 1-2 메모리 사용량 벤치마크(단위: MB)

스벨트 컴포넌트는 자바스크립트 컨테이너를 쓰지 않습니다

.svelte 파일은 컴포넌트를 정의할 때 어떤 형태로든 자바스크립트 함수나 객체 등을 쓰지 않습니다. 대신 script 요소와 HTML, style 요소를 조합해서 컴포넌트를 만듭니다.

다른 대부분의 웹 프레임워크보다 훨씬 간단한 방법입니다. 그래서 컴포넌트를 만들 때 코드도 적게 필요하고, 고민해야 할 자바스크립트 개념도 훨씬 줄어듭니다. 반면 앵귤러는 컴포넌트를 클래스로 정의하고 리액트는 함수나 클래스로, 뷰 2에서는 객체 리터럴object literal로, 뷰 3에서는 함수로 정의합니다.

스벨트에서 스타일은 유효 범위를 가집니다

기본적으로 스벨트 컴포넌트에서의 CSS는 해당 컴포넌트 내에서만 유효합니다. 즉, .svelte 파일 내에 정의된 CSS는 실수로 새어나가서 다른 컴포넌트 스타일에 영향을 주지 않는다는 것이죠.

다른 프레임워크에서는 이런 스타일들이 좀 다른 방식으로 처리됩니다. 앵귤러에서는 컴포넌트의 **styles** 속성에 주어진 스타일의 경우 해당 컴포넌트에만 유효 범위^{scope}를 가집니다. 뷰에서는 **style** 요소 내부에 **scoped** 속성값을 가지고 지정된 스타일의 경우 해당 컴포넌트에만 유효 범위를 가집니다. 리액트는 이렇게 컴포넌트에 대해서만 유효 범위를 가지는 스타일을 지원하지 않아서, 대신 자바스크립트 내에서 CSS를 적용하는 방법을 많이 사용합니다. 당연히 스벨트에서는 이렇게 자바스크립트 내에서 CSS를 적용하는 방법을 쓸 필요가 거의 없습니다.

스벨트는 전역 스타일을 지정할 수 있습니다

스벨트에는 모든 컴포넌트 스타일에 영향을 줄 수 있는 전역 스타일을 지정하는 명확한 방법이 있습니다. 바로 public/global.css에 스타일을 정의하는 것입니다.

스벨트는 단순한 상태 관리 기법을 제공합니다

스벨트에서의 어플리케이션이나 컴포넌트 상태 관리는 다른 웹 프레임워크에 비해 훨씬 쉽습니다. 이는 컨텍스트나 스토어, 모듈 컨텍스트 등을 통해 이루어지며 각각의 내용은 나중에 자세히 살펴볼 것입니다.

스벨트는 양방향 데이터 바인딩을 제공합니다

스벨트는 폼 제어 값과 컴포넌트 변수를 쉽게 묶을 수 있도록 해줍니다. 폼 제어에는 대개 **input**이나 **textarea**, **select** 요소 등이 포함됩니다. 그리고 .svelte 파일에 정의된 최상위 수준의 변수가 바로 이 컴포넌트에 대한 상태를 나타냅니다. 묶인 변수의 값이 바뀌면, 연결된 폼의 내용이 업데이트됩니다. 마찬가지로 사용자가 폼의 내용을 수정하면, 연결된 변수의 값이 자동으로 바뀝니다.

스벨트에서는 애니메이션을 쉽게 만들 수 있습니다

스벨트는 다양한 애니메이션을 지원합니다. 애플리케이션에 애니메이션을 추가하는 건 정말 식은 죽 먹기만큼 쉽습니다. 그래서 애니메이션을 더 많이 사용하게 되고, 사용자 경험 역시 아주 좋아집니다. Todo 앱에 새로운 아이템을 추가할 때 서서히 나타나게 하거나 아이템을 삭제하면 서서히 사라지게 하는 애니메이션을 추가하면 보기에도 좋고, 어떤 아이템이 추가되거나 사라지는지 사용자가 더 정확히 알 수 있습니다. Todo 아이템을 분류별 목록으로 관리한다면, 아이템을 다른 분류로 옮길 때도 부드러운 애니메이션을 적용할 수 있을 것입니다.

스벨트는 다양한 접근성을 권장합니다

스벨트는 실행 시간 동안 다양한 접근성 문제에 대한 경고를 표시해줍니다. 예컨대 `img` 요소의 경우, 해당 이미지가 표시되지 않는 경우 대신 표시될 수 있는 `alt` 속성이 있습니다. 이 속성에 아무 값도 없으면, 이미지가 없어도 어느 것도 대신 표시되지 않으므로 빈 상자로 표시됩니다. 하지만 스벨트는 이런 접근성을 제공하는 부분이 제대로 설정되지 않으면, 콘솔에 경고를 표시하여 개발자가 다양한 접근성에 신경 쓰도록 합니다. 그럼 웹 브라우저를 다른 방식으로 사용해야만 하는 사람들(이를테면 눈으로 무언가를 보기 힘들어하는)은 스벨트로 만든 웹 애플리케이션을 더욱 선호하게 될 것입니다.

1.1.2 반응성에 대한 고찰

웹 애플리케이션이라는 영역에서 **반응성**reactivity이란 데이터 또는 상태가 변경될 때 이에 따라 자동으로 DOM이 변경되는 것을 의미합니다. 스프레드시트를 생각해보면 금방 이해할 수 있습니다. 어떤 셀의 값을 바꾸면, 이 셀과 연관된 수식 등을 가지는 다른 셀의 값 역시 바뀝니다.

스벨트에서는 다른 프레임워크보다 반응성을 더 쉽게 구현할 수 있습니다. 3.9절에서도 설명하겠지만, 스벨트는 최상위 수준의 변수들이 변경되는지 추적하는 독특한 방법으로 컴포넌트의 상태를 관리합니다. 이런 방식으로 컴포넌트 간 상태를 공유하기도 더 쉽습니다.

HTML DOM

HTML DOM은 웹 페이지에 대해서 메모리 내부에만 존재하는 표현 방식을 제공합니다. HTML DOM은 트리 형태의 자바스크립트 오브젝트로 구성되며, 각 자바스크립트 오브젝트는 트리의 노드가 됩니다. 이 트리에는 전체 Document를 가리키는 자바스크립트 오브젝트도 있고, 페이지의 여러 요소를 나타내는 다른 DOM 객체에 대한 참조도 있습니다. DOM 오브젝트는 노드에 대한 정보를 불러오거나 자식 노드를 추가하거나 이벤트 리스너event listener를 등록하는 등의 메서드method를 제공합니다. DOM을 수정하면, 그에 따라 브라우저가 표시하는 내용 역시 변경됩니다.

예를 들어 간단한 HTML 문서를 살펴봅시다.

```html
<!DOCTYPE html>
<html>
  <head>
    <title>My Page</title>
  </head>
  <script>
    // For exploring the DOM from the DevTools console ...
    window.onload = () => console.dir(document);
  </script>
  <body>
    <h1>My Page</h1>
    <p>I like these colors:</p>
    <ul>
      <li>yellow</li>
      <li>orange</li>
    </ul>
  </body>
</html>
```

다음과 같은 DOM 노드 형태로 메모리 내부에서 관리됩니다.

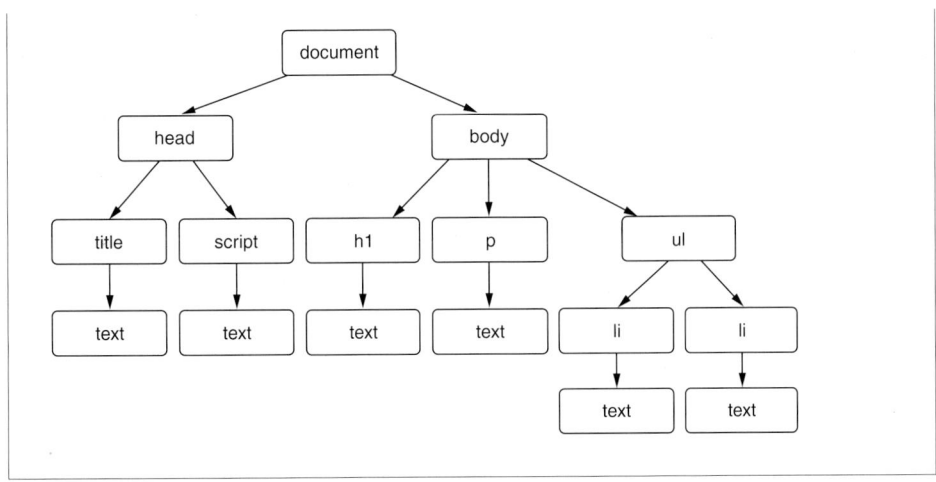

리처드 해리스가 발표한 'Rethinking Reactivity'라는 강연을 보면 스벨트를 만든 동기에 대해
정확하게 알 수 있습니다. 이 강연은 *https://www.youtube.com/watch?v=gJ2P6hGwcgo*에서
볼 수 있습니다. 이 강연에서 설명하는 중요한 10가지 포인트는 전부 스벨트의 기능과 관련된
내용입니다.

1. 스프레드시트를 만들 듯 '반응성 프로그래밍'을 하세요. 값이 바뀌면, 그 결과로 다른 값이 바뀔 수 있습니다.

2. 가상 DOM 사용을 피하세요. 그가 말한 것처럼, "엔지니어로서 비효율적인 것은 불쾌하게 생각해야 합니다."

3. 코드를 적게 쓰세요. 개발자에게도, 성능에도 모두 바람직한 일입니다. 리처드는 이에 대해서 "코드의 속도를 향상시킬 수 있는 유일하게 믿을 수 있는 방법은 코드를 없애는 것입니다"라고 말했습니다.

4. 접근성 문제에 대한 경고를 표시해야 합니다.

5. 스타일은 해당 컴포넌트에만 국한시켜야 하며, 의도치 않게 새어나가서 다른 컴포넌트에 영향을 주는 일은 없어야 합니다.

6. 사용되지 않는 CSS 규칙을 찾아내고 제거할 수 있어야 합니다.

7. 변환이나 애니메이션을 쉽게 추가할 수 있어야 합니다. 물론 좋은 성능을 위해서 CSS를 써야 합니다.

8. 프레임워크 기능을 쓰기 위해서 쓰지도 않는 기능을 애플리케이션에 포함하는 경우는 없어야 합니다.

9. 페이지 라우팅이나 코드 분할, 서버 사이드 렌더링 등의 기능을 쓰고 싶다면 새퍼를 쓰세요.

10. 모바일 앱을 만들어야 한다면 스벨트 네이티브를 쓰세요. 리액트 네이티브 대신 쓸 수 있습니다.

1.1.3 현재까지 알려진 스벨트의 이슈들

스벨트는 거의 모든 웹 애플리케이션 개발에 사용할 수 있습니다. 하지만 다른 프레임워크를 사용할지 고민하게 하는 몇 가지 이슈가 있습니다.

스벨트는 타입스크립트로 구현되었지만, 2020년 7월 21일까지는 타입스크립트로 컴포넌트를 정의하는 것을 지원하지 않았습니다. 물론 설정을 약간 손보고 다른 도구를 쓴다면 가능은 했습니다. 하지만 이제는 타입스크립트를 쓰는 것이 더 쉬워졌습니다. *https://svelte.dev/blog/svelte-and-typescript*에서 더 자세한 내용을 알아보기 바랍니다.

> **NOTE_** 20장에서 스벨트 전처리기로 **.svelte** 파일에서 타입스크립트를 쓰는 방법을 알아봅니다. 스벨트가 2020년 7월에 추가한 공식적인 타입스크립트 지원 역시 이 방법을 사용합니다. 또한 20장에서는 **.svelte** 파일에서 타입스크립트 에러를 포함한 다양한 에러를 검사할 수 있는 명령 줄 도구인 **sveltecheck**를 사용해봅니다. 부록 F에서는 스벨트를 위한 VSCode 확장들을 알아보는데, 이 확장들은 'Svelte Language Server'를 통해 에디터가 연 **.svelte** 파일들에서 타입스크립트 에러를 포함한 다양한 에러들을 검출해냅니다.

인터넷 익스플로러에서 동작해야 하는 웹 애플리케이션을 만들어야 한다면, 스벨트는 별로 좋은 선택이 아닙니다. 스벨트가 IE11에서 동작하려면 여러 폴리필^{polyfill}이 필요합니다. 이에 대해서는 *https://github.com/sveltejs/svelte/issues/2621*과 *https://mvolkmann.github.io/blog/topics/#/blog/svelte/supporting-ie11*을 참고하기 바랍니다. IE11 이전 버전에서는 스벨트 앱이 제대로 동작하지 않을 수 있습니다. 다행인 점은 최근 대부분의 웹 애플리케이션이 인터넷 익스플로러에서 동작해야 하는 경우가 거의 없다는 것입니다.

리액트나 뷰와 같은 다른 웹 프레임워크에서는 컴포넌트를 정의할 때 컴포넌트를 이루는 여러 부분을 별도의 함수로 쉽게 만들 수 있습니다. 이에 반해 스벨트에서는 컴포넌트가 쓰는 모든 HTML 요소들이 자바스크립트 코드 밖에서 정의되어야 합니다. 컴포넌트의 어떤 HTML 요소들을 분리해서 별도로 관리하려면 귀찮더라도 반드시 **.svelte** 파일을 따로 만들고 여기에 컴포넌트를 추가로 정의해야만 합니다. 다행히 이런 파일들은 보일러플레이트 코드^{boilerplate code}가 거의 없기 때문에 새 컴포넌트를 만드는 것이 어렵지는 않습니다. 보일러플레이트 코드는 일종의 템플릿처럼 어떤 웹 프레임워크에서 코드나 파일을 추가할 때 가장 기본이 되는 골격 등을 정의하는 코드라고 볼 수 있습니다.

스벨트가 세상에 나오기 이전의 웹 프레임워크들은 지원 라이브러리를 만드는 데 수년씩 걸렸습니다. 이런 지원 라이브러리의 대표적인 예가 바로 내장 컴포넌트들입니다. 스벨트 역시 현재는 이런 지원 라이브러리가 많지 않지만, 계속 늘어나고 있습니다.

스벨트의 장점이 여기서 설명한 여러 가지 한계나 문제점보다 훨씬 중요한지 고민해보기 바랍니다. 하지만 스벨트를 조금이라도 경험해본다면, 아마 스벨트의 매력에 푹 빠질 겁니다.

1.1.4 스벨트는 어떻게 동작하는가

[그림 1–3]은 스벨트 컴파일러가 어떤 일을 하는지 보여줍니다. 사용자 인터페이스 컴포넌트는 .svelte 파일에 구현합니다. 이젠 잘 알겠지만 script 요소로 정의되는 자바스크립트 코드와 style 요소로 정의하는 CSS, 그리고 HTML들이 이 파일에 있습니다.

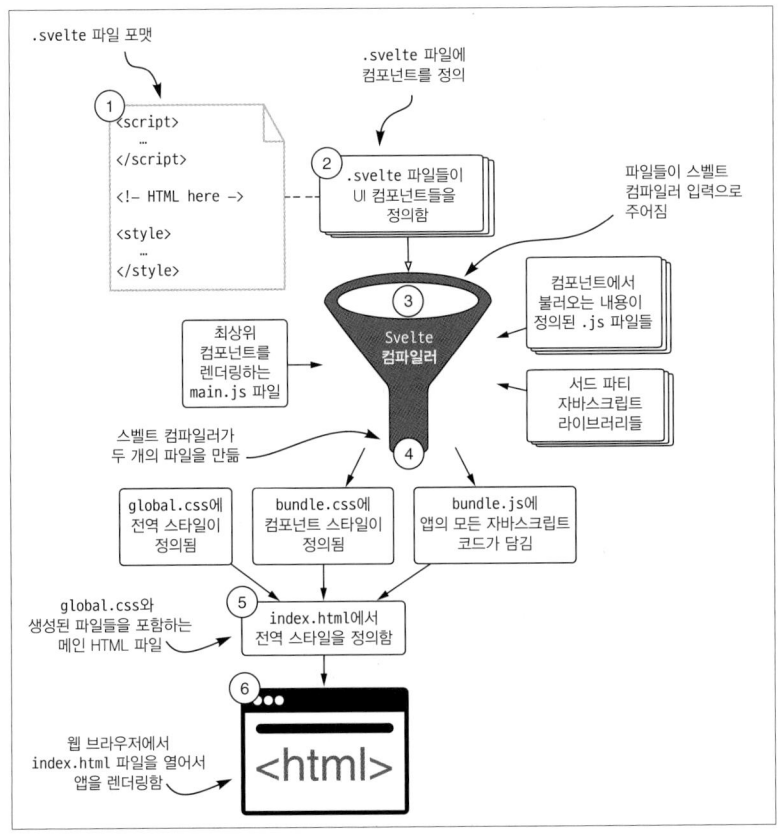

그림 1-3 입력에서 출력까지 스벨트 컴파일러의 흐름

.svelte 파일은 다른 .svelte 파일을 불러와서 자식 컴포넌트로 만들어 쓸 수 있습니다. 예를 들면 Todo 앱에서 전체를 담당하는 TodoList 컴포넌트는 단일 Todo 항목을 처리하는 Todo 컴포넌트를 불러와서 쓸 수 있으며, 이 Todo 컴포넌트에는 체크박스나 텍스트 아이템, '삭제' 버튼 등이 있을 수도 있습니다.

.svelte 파일은 이 외에도 .js 파일에 정의되어 있는 함수들이나 대개 npm을 통해 설치하는 서드 파티 라이브러리들도 불러올 수 있습니다. 이를테면 아주 유명한 라이브러리인 로대시Lodash를 불러와서 쓸 수 있다는 것입니다.

스벨트 컴파일러는 이들을 한데 모아서 하나의 bundle.js와 하나의 bundle.css 파일로 만듭니다. 각각은 오직 자바스크립트 코드와 CSS 규칙만 담고 있습니다. 물론 스벨트 라이브러리에서 꼭 필요한 부분들만 bundle.js에 포함합니다.

모든 컴포넌트에 영향을 미칠 수 있는 전역 스타일은 global.css 파일에 정의됩니다. 메인 HTML 파일인 index.html은 global.css 파일과 스벨트 컴파일러가 만든 두 개의 번들 파일을 포함합니다. 그리고 웹 브라우저는 이 HTML 파일을 불러와서 애플리케이션을 실행합니다.

스벨트 컴파일러는 bundle.css.map과 bundle.js.map 파일도 생성합니다. 이 두 파일은 원래의 소스 코드와 생성된 코드 사이의 매핑을 제공합니다. 그래서 이 파일들은 브라우저 내장 디버거 등에서 사용됩니다.

1.1.5 그럼 스벨트가 사라지는 걸까

대부분의 웹 프레임워크에서는 웹 브라우저가 애플리케이션을 실행할 수 있도록 프레임워크 라이브러리와 개발자가 만든 코드를 함께 전송합니다. 프레임워크가 아주 많은 기능을 제공한다면, 아주 큰 프레임워크 코드 전체가 전송되는 것입니다. 심지어 이들 중 아주 일부만 사용한다고 해도 말입니다.

그래서 몇몇 사람들은 스벨트 앱이 만들어지면 스벨트가 '사라진다'고 말합니다. 이는 스벨트 컴파일러가 번들을 만들 때 스벨트 라이브러리를 포함시키지 않았기 때문입니다. 하지만 스벨트 라이브러리의 코드 일부는 포함되어 있습니다.

스벨트 라이브러리는 대개 node_modules/svelte 디렉터리에 자바스크립트 파일로 정의되어 있습니다. 메인 함수는 internal.js 파일에 있는데, 현재는 대략 1,400줄 정도의 코드로 이루어져 있습니다. 그 외 easing.js나 motion.js, register.js, store.js, transition.js와 같은 다른 라이브러리 파일들은 특정 기능을 지원하기 위해 정의되어 있습니다.

나중에 해보겠지만, 스벨트 애플리케이션은 npm run dev나 npm run build 커맨드를 실행해서 만듭니다. 그 결과로 public 디렉터리가 만들어지고, 이 디렉터리에는 bundle.js와 bundle.css 파일이 있습니다. 스벨트 라이브러리 함수들 중 앱에서 쓰는 것들은 bundle.js의 가장 위쪽에 복사됩니다. Todo 앱처럼 작거나 중간 정도 크기의 앱을 만들면 스벨트 라이브러리 코드는 대략 500줄 정도가 포함됩니다.

네, 스벨트 라이브러리 코드는 사라지지 않습니다. 다만 다른 웹 프레임워크보다 아주 적을 뿐입니다.

1.2 새퍼란

새퍼는 스벨트 기반 프레임워크입니다. 스벨트에 기본으로 포함되지 않은 많은 기능을 포함해 스벨트의 모든 기능을 지원합니다. 물론 스벨트 애플리케이션에 이 기능을 별도로 추가할 수도 있겠지만, 새퍼를 쓰면 더 쉽게 이런 기능들을 쓸 수 있습니다.

새퍼Sapper라는 이름은 두 가지 뜻을 가집니다. 첫 번째는 'Svelte app maker'의 줄임말이고, 두 번째는 영단어로 길이나 다리를 건설하고 보수하며 지뢰를 매설하거나 제거하는 군인, 즉 '공병'을 뜻합니다. 새퍼가 스벨트를 위해 하는 일이 공병과 다름없으니까요.

새퍼는 스벨트와 마찬가지로 리치 해리스가 다른 코드 기여자들과 함께 개발하고 제공하고 있습니다.

1.2.1 새퍼를 써야 하는 이유

각 기능은 새퍼가 제공하는 것입니다. 각각은 다른 장에서 살펴볼 예정입니다.

- 새퍼는 **페이지 라우팅**을 제공합니다. 페이지 라우팅이란 어떤 URL이 주어졌을 때, 애플리케이션이 어떤 페이지를 보여줄지를 정하는 것입니다. 새퍼에서 페이지 라우팅은 전적으로 디렉터리와 파일의 이름을 짓는 것으로 결정됩니다. 라이브러리 함수를 불러서 라우팅을 설정하는 것보다는 훨씬 이해하기 쉽고 구현하기도 간단합니다.

- 새퍼는 **페이지 레이아웃**을 지원합니다. 애플리케이션 내부의 여러 페이지가 똑같이 사용하는 페이지 레이아웃을 정의할 수 있습니다. 예를 들어 많은 페이지가 공통의 header, footer, nav 영역을 가진 다고 할 때 각 페이지에 이들 영역을 매번 정의할 필요 없이 레이아웃을 정의해서 쓸 수 있습니다.

- 새퍼는 **서버 사이드 렌더링**^{server-side rendering}(SSR)을 제공합니다. 서버 사이드 렌더링이란 사용자가 어떤 페이지를 방문했을 때 렌더링에 필요한 HTML 요소들을 웹 브라우저가 아닌 서버가 생성해서 전달하는 것을 의미합니다. 서버에서 미리 렌더링한 웹 페이지는 사용자의 웹 브라우저에 자바스크립트 코드를 전송하고 실행하는 과정이 필요 없기 때문에 더 나은 사용자 경험을 제공할 수 있습니다. 또한 검색 엔진 최적화^{search engine optimization}(SEO)에도 유리합니다. 새퍼는 세션 내에서 처음 방문하는 페이지에 대해서 자동으로 서버 사이드 렌더링을 수행합니다.

- 새퍼는 **서버 라우트**를 지원합니다. 서버 라우트를 통해 클라이언트 웹 애플리케이션과 동일한 프로젝트 내에서 노드^{Node} 기반 API 서비스를 쉽게 만들 수 있습니다. 단순히 프런트엔드만이 아닌, 백엔드까지 아우를 수 있는 풀스택 개발자에게 매우 유용한 기능입니다. 이 기능은 필요할 때만 사용할 수 있습니다. 스벨트나 새퍼 애플리케이션이 쓰는 API/REST 서비스는 어떤 방식으로도 만들 수 있습니다.

REST

REST는 'representational state transfer'의 약자로 로이 필딩^{Roy Fielding}의 2000년도 박사 학위 논문에 처음 소개된 말입니다. 어떤 표준이나 API에 대한 설명은 아니며, 소프트웨어의 설계 방식을 지칭합니다.

REST는 다음과 같은 핵심 주제를 가지고 있습니다.

1. 소프트웨어 컴포넌트는 리소스에 대한 고유한 식별자와 필요로 하는 미디어 타입을 지정함으로써 서비스에 '리소스'를 요청할 수 있습니다. 리소스 식별자는 URL이 될 수 있으며, 리소스에 대한 요청은 Ajax(https://developer.mozilla.org/en-US/docs/Web/Guide/AJAX)로 만들 수 있습니다.

2. 리소스에 대한 표현^{representation}이 반환되어야 합니다. 이러한 표현은 바이트 덩어리와 이를 설명하는 메타데이터 형태가 될 수 있습니다. JSON이나 HTTP 헤더의 이름/값 쌍, 이미지 등이 될 수 있습니다. 이들 표현에는 다른 리소스에 대한 식별자가 포함될 수 있습니다.

3. 이러한 표현들을 통해서 소프트웨어 컴포넌트는 새로운 '상태'로 '전이'할 수 있습니다.

일반적으로 REST는 HTTP로 요청과 응답을 처리합니다. HTTP의 POST, GET, PUT, DELETE 는 CRUD^{create, read, update, delete}의 각 작업에 해당합니다.

- 새퍼는 **코드 분할**code splitting을 지원합니다. 코드 분할을 쓰면 어떤 페이지를 처음 방문할 때 해당 페이지에 필요한 자바스크립트 코드만 다운로드하도록 만들 수 있습니다. 페이지를 처음 방문할 때 애플리케이션 전체 코드를 다운로드하게 만드는 것보다 훨씬 효율적입니다.

- 새퍼는 **프리페치**prefetch를 지원합니다. 프리페치는 사용자가 다른 페이지의 링크 위에 마우스 커서를 올려놓았을 때, 해당 페이지 방문할 것이라 예상하고 페이지 내용을 미리 읽어오는 것을 말합니다. 이 기능은 각 페이지 링크별로 설정할 수 있습니다. 사용자가 이런 페이지 링크 위에 처음 마우스 커서를 올려두면, 새퍼는 해당 페이지에서 필요로 하는 자바스크립트 코드를 다운로드하기 시작합니다. 페이지에서 필요로 하는 데이터를 읽어오기 위한 API 서비스 요청을 할 수도 있습니다.

- 새퍼는 **정적 사이트 생성**static site generation을 지원합니다. 정적 사이트 생성은 웹 애플리케이션을 빌드할 때 모든 페이지를 방문해서 각 페이지가 미리 HTML을 렌더링하게 합니다. 당연히 '미리 렌더링' 되었으므로 아주 효율적입니다.

  그렇다고 해서 정적 사이트 생성을 쓰기 위해 웹 애플리케이션 전체가 정적이어야 할 필요는 없습니다. 이렇게 만들어진 페이지들에도 자바스크립트 코드를 넣어서 스벨트 반응성을 통해 DOM을 업데이트할 수 있습니다.

- 새퍼는 **오프라인 사용**을 지원합니다. 새퍼는 네트워크 연결이 끊어졌을 때 아주 제한된 용도로 쓸 수 있는 서비스 워커를 사용합니다. 서비스 워커는 특정 파일이나 서비스 요청에 대한 응답을 캐싱함으로써 네트워크 연결이 끊어졌을 때도 캐시된 내용을 사용할 수 있도록 해줍니다.

1.2.2 새퍼는 어떻게 동작하는가

새퍼 애플리케이션의 페이지들은 src/routes 디렉터리 안의 .svelte 파일에 정의됩니다. 이 페이지들이 사용하는 컴포넌트들은 src/components 디렉터리 안의 .svelte 파일에 정의됩니다. 페이지들은 HTML의 앵커 요소(<a>)의 href 속성값에 페이지 이름을 명시하는 것으로 연결하고 클릭해서 방문할 수 있습니다.

새퍼 앱은 폴카Polka 서버 라이브러리를 기본으로 씁니다. 폴카 서버 라이브러리는 Node.js로 작성된 라이브러리로 익스프레스Express와 비슷한 API를 제공해주지만, 성능이나 크기 면에서 더 효율적입니다. 물론 원한다면 새퍼가 폴카 대신 익스프레스를 쓰게 할 수도 있습니다.

앞서도 살펴봤지만 스벨트 컴파일러는 애플리케이션 전체 자바스크립트 코드와 CSS를 포함하는 bundle.js, bundle.css 파일을 만듭니다. 하지만 새퍼는 다릅니다. 하나로 묶지 않고 애플리케이션의 페이지별로 .js 파일과 .css 파일을 만듭니다. 그리고 __sapper__/build/

`client` 디렉터리에 이 파일들을 저장합니다. 그래서 페이지를 불러오면 그 페이지가 필요로 하는 자바스크립트 코드와 CSS만 전송되는 것입니다.

1.2.3 새퍼는 언제 써야 하는가

초기 디렉터리 및 파일 설정 등을 쉽게 하고 싶다면 스벨트를 직접 쓰는 것보다는 새퍼를 쓰는 것이 더 쉽습니다. npx 커맨드로 이런 파일들을 쉽게 만들 수 있습니다. 이 커맨드는 나중에 자세히 살펴봅시다.

지금까지 설명한 새퍼의 모든 기능들은 새퍼 애플리케이션을 만들면 기본적으로 쓸 수 있는 것입니다. 새퍼 외에 추가로 어떤 라이브러리를 추가할 필요가 없습니다. 만들고자 하는 애플리케이션에서 새퍼가 제공하는 어느 하나의 기능이라도 사용하고, 개발자가 새퍼의 기능에 만족한다면, 스벨트 대신 새퍼를 쓰는 것이 더 좋습니다. 물론 개발자가 새퍼와는 다른 방식으로 기능을 구현하고 싶다면(이를테면 페이지 라우팅을 완전히 다른 방식으로 해야겠다면) 그냥 스벨트를 써서 만들 수도 있습니다. 아마 대부분의 애플리케이션에서는 새퍼의 기능을 쓰는 것만으로도 충분할 것입니다.

1.2.4 이럴 때는 새퍼를 쓰지 마세요

지금 이 책을 쓰는 시점에도 새퍼는 버전 1.0.0이 되지 못했습니다. 언제 극적인 변화가 발생할지 모른다는 것입니다. 이런 부분이 걱정된다면, 상업용 수준의 애플리케이션에 새퍼를 쓰려면 더 기다려야 할지도 모릅니다. 어쨌든 스벨트 앱이 새퍼의 기능을 직접 구현하는 것보다는, 지금 상태라도 새퍼의 기능을 쓰는 것이 더 좋을 것입니다. 사실 생각해보면 npm 패키지 중에 버전 1도 채 되지 못한 라이브러리들을 많이 쓰기도 하니깐요.

1.3 스벨트 네이티브란

네이티브스크립트^{NativeScript}(`https://nativescript.org`)는 안드로이드나 iOS용 모바일 애플리케이션 개발 프레임워크입니다. 텔레릭^{Telerik}이라는 불가리아 소프트웨어 회사에서 만들었으며, 이 회사는 프로그레스 소프트웨어^{Progress Software}가 2014년에 인수했습니다.

네이티브스크립트 애플리케이션은 사용자 정의 요소를 포함한 XML 문법과 CSS, 자바스크립트로 만듭니다. 웹 프레임워크를 쓰지 않아도 되고, 앵귤러나 리액트, 스벨트, 뷰를 쓸 수도 있습니다. 네이티브스크립트 애플리케이션은 웹 컴포넌트가 아닌 네이티브 컴포넌트를 씁니다. 리액트 네이티브와 비슷한 방식이죠. 플러그인을 통해 장치가 제공하는 네이티브 API를 사용할 수 있습니다.

스벨트 네이티브(`https://svelte-native.technology`)는 스벨트로 모바일 애플리케이션을 만들고자 할 때 쓸 수 있는 네이티브스크립트 기반 프레임워크입니다. 네이티브스크립트 위에 아주 얇은 계층을 하나 추가한 것입니다. 덕분에 나중에 네이티브스크립트의 버전이 바뀌더라도 호환성을 유지할 수 있습니다. 스벨트 네이티브 애플리케이션을 만드는 방법은 21장에서 다룹니다.

1.4 스벨트와 다른 웹 프레임워크의 차이점

스벨트는 다른 유명한 웹 프레임워크들과 여러 면에서 다릅니다. 몇 가지 웹 프레임워크들을 살펴봅시다.

1.4.1 앵귤러

앵귤러 애플리케이션에서 어떤 기능을 구현해야 할 때는 코드를 좀 더 작성해야 합니다. 앵귤러의 콘셉트는 클래스를 많이 사용하고 디펜던시^{dependency} 방식의 개발에 익숙한 자바나 C# 개발자들에게 친숙합니다. 앵귤러 앱은 대개 '이펙트'를 쓰고 RxJS와 ngrx/store 라이브러리를 자주 사용합니다. 그래서 앵귤러에 익숙해지려면 시간이 다소 필요합니다.

1.4.2 리액트

리액트 컴포넌트는 JSX$^{JavaScript\ XML}$을 써서 무엇을 렌더링해야 할지 알려줍니다. JSX는 자바스크립트 문법의 확장으로 HTML과 비슷하게 생겼습니다. 리액트는 JSX를 DOM 노드를 생성하는 함수 호출로 수정합니다. JSX가 HTML과 비슷하게 생기기는 했지만, 분명한 차이점이 있습니다. 몇몇 개발자들은 자바스크립트 코드와 JSX를 섞어서 써야 한다는 점 때문에 JSX를 선호하지 않기도 합니다. 물론 스벨트도 자바스크립트와 CSS, HTML을 같은 파일 내에서 정의하긴 하지만 파일의 별도 영역에 존재한다는 점에서 차이가 있습니다.

리액트는 가상 DOM을 씁니다. 가상 DOM에 대해서는 앞서 설명한 바 있습니다.

리액트 전문가가 되기 위해서 알아야 할 것은 시간이 지나면서 점점 더 많아지고 있습니다. 예를 들어 요즘 리액트의 화두는 훅^{hook}이고, 그 외에도 배워야 할 것이 많습니다. 리액트에서는 다양한 방법으로 상태를 관리할 수 있습니다. `this.setState`나 `userState` 훅, 리덕스, 그 외에 다른 방법을 쓸 수 있습니다. 저 너머 어딘가에는 서스펜스^{Suspense}, 컨커런트^{Concurrent} 모드라는 것도 있습니다. 그에 비하면 스벨트는 확실히 더 배우기 쉽습니다.

1.4.3 뷰

뷰 2에서 컴포넌트는 객체 리터럴로 정의됩니다. 여기에는 컴포넌트가 받아들일 수 있는 프롭스^{props} 값들, 다른 값을 써서 계산되는 속성값들, 컴포넌트가 쓰는 데이터인 컴포넌트 상태들, 상태 변화에 대응하기 위한 감시 함수들, 이벤트 핸들링과 같은 메서드를 포함한 컴포넌트의 많은 것이 포함됩니다. 뷰 2에서 컴포넌트를 만들면 `this` 키워드를 많이 쓰게 되는데, 이 때문에 몇몇 개발자들은 코드를 이해하는 데 어려움을 겪기도 합니다. 물론 코드를 읽기도 어려워집니다. 뷰 3에서는 컴포넌트가 함수로 정의됩니다. 또한 뷰는 가상 DOM을 사용합니다.

반면 스벨트 컴포넌트는 자바스크립트 변수와 리액티브 구문을 이용한 함수들만 정의하면 그만입니다.

1.5 어떤 도구로 시작하면 좋을까

이 책은 여러분이 웹 애플리케이션 개발을 위한 기본적인 HTML, CSS, 자바스크립트에 대해 이해하고 있다고 가정합니다. 기본적인 HTML 요소들과 CSS 문법, 최소 ECMAScript 2015년 이후 표준을 따르는 자바스크립트는 알고 있다고 생각합니다.

스벨트와 새퍼를 사용하려면 최신 버전의 Node.js만 있으면 됩니다. 없다면 *https://node js.org*에서 다운로드합니다.

> **NOTE_** Node.js 웹사이트에 따르면, Node.js는 크롬의 V8 자바스크립트 엔진에 기초하여 만들어진 자바스크립트 런타임입니다. Node.js를 통해 자바스크립트로 어떤 형태의 애플리케이션도 만들 수 있습니다. 예를 들면 HTTP 서버와 같은 네트워크 애플리케이션이나 코드 린터linter, 코드 포맷 지정 도구, 스벨트 컴파일러와 같은 도구도 만들 수 있습니다.

Node.js를 설치하면 명령 줄에서 node, npm, npx 명령어를 쓸 수 있습니다.

- node 커맨드로 앱을 테스트하기 위한 로컬 서버를 실행하거나, 코드 에러 검사, 코드 포맷 지정, 테스트 실행 등의 다양한 개발 작업을 시작할 수 있습니다.
- npm 커맨드로 프로젝트에서 쓰는 라이브러리를 설치할 수 있습니다.
- npx 커맨드로 새로운 스벨트나 새퍼 프로젝트를 만들 수 있습니다.

> **NOTE_** 아직 상용 환경에서 쓰기는 힘들지만 고려해볼 만한 스벨트 관련 도구로 svelte-gl(*https://github.com/sveltejs/gl*)이 있습니다. three.js(*https://threejs.org*)와 비슷한 라이브러리이지만 스벨트에서 사용하는 라이브러리입니다. 3D 그래픽 관련 데이터를 입력으로 받아서 이를 그릴 수 있는 WebGL 코드로 만들어줍니다. *http://mng.bz/lG02*에서 데모를 확인할 수 있습니다.
>
> 스벨트가 웹 애플리케이션 개발을 얼마나 쉽게 만들어주는지, 여러분이 쓰는 것들과 지금 당장 비교해보세요.

1.6 마치며

- 스벨트는 유명한 웹 프레임워크인 리액트, 뷰, 앵귤러 대신 쓸 수 있는 웹 애플리케이션 개발 도구입니다.

- 스벨트는 라이브러리가 아닙니다. 웹 애플리케이션 컴파일러입니다.

- 스벨트는 코드를 적게 쓰고, 더 작은 크기의 번들을 만들고, 간단한 상태 관리를 제공하는 등 아주 매력적인 장점을 가지고 있습니다.

- 새퍼는 스벨트 기반 도구로 페이지 라우팅, 서버 사이드 렌더링, 코드 분할, 정적 사이트 생성 등의 강력한 기능을 제공합니다.

- 스벨트 네이티브는 리액트 네이티브처럼 스벨트로 안드로이드나 iOS 모바일 애플리케이션을 만들 수 있는 도구입니다.

CHAPTER 2

첫 스벨트 앱 만들기

이 장의 핵심 내용

◆ 스벨트 REPL 다뤄보기

◆ REPL 없이 스벨트 앱 만들어보기

◆ 간단한 Todo 앱 만들기

이 장에서는 도구를 다운로드하거나 설치하지 않고도 스벨트 앱을 만들어볼 것입니다. 바로 웹 기반 REPL 도구를 사용합니다.

REPL은 **read**, **evaluate**, **print**, **loop**를 의미합니다. REPL 도구는 여러분의 코드를 **읽어서**read 컴파일하거나 에러를 출력하는 등의 **평가**evaluate 작업을 거친 다음 코드의 실행 결과를 **출력**print하고 이 과정을 **반복**loop합니다. 스벨트 외에도 많은 프로그래밍 언어나 웹 프레임워크를 위한 REPL 도구가 있습니다.

로컬에서 VSCode와 같은 개발 도구를 써서 아주 큰 앱을 개발하기 이전에, 가볍게 시작해보는 목적으로는 REPL만큼 좋은 방법이 없습니다. 물론 이 장의 뒷부분에서는 REPL로 만든 앱을 다운로드해서 로컬에서 개발하거나 REPL 없이 앱을 처음부터 만드는 방법 역시 알아볼 것입니다.

이 장을 마치면 스벨트 애플리케이션 개발을 혼자서도 시작할 수 있게 될 겁니다.

2.1 스벨트 REPL

스벨트는 스벨트 컴포넌트를 만들어서 실행해보는 등의 작업을 할 수 있는 브라우저 기반 REPL을 제공합니다. 스벨트를 가볍게 써보는 데에는, 클릭 몇 번으로 앱을 만들 수 있는 REPL이 단연 최고입니다.

우선 스벨트 웹사이트(*https://svelte.dev*)에 접속합니다. 페이지 오른쪽 상단에 있는 REPL 링크를 클릭합니다. [그림 2–1]과 같이 웹 페이지에서 기본으로 제공하는 'Hello World' 앱이 열립니다. 여기의 코드 부분을 수정해서 스벨트의 다양한 기능들을 경험할 수 있습니다.

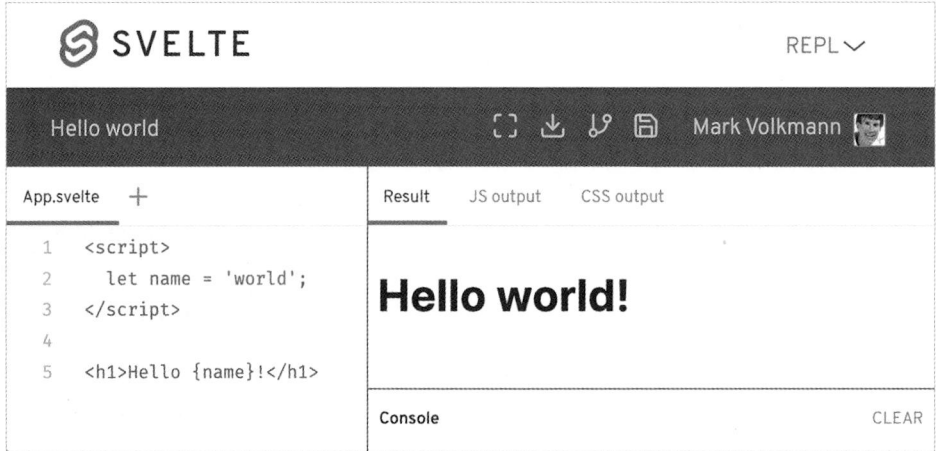

그림 2-1 REPL의 첫 화면

REPL로 스벨트를 처음 경험해본 뒤, 배워가면서 여기에 여러 가지 다양한 예제를 추가하는 것도 좋은 방법입니다.

2.1.1 스벨트 REPL 다루기

REPL은 처음에 App.svelte 파일 하나만 제공합니다. 하지만 REPL 내의 다른 탭을 써서 다른 파일들을 불러올 수도 있습니다. .svelte나 .js 파일을 더 추가하려면, 현재 파일 탭의 오른쪽에 있는 '더하기(+)' 버튼을 클릭한 다음 새 파일 이름을 쓰면 됩니다. 새로 만들어지는 파일은 기본으로 `.svelte` 확장자를 가지지만 파일명에 `.js`라고 쓰면 `.js` 파일이 됩니다.

> **NOTE_** 만약 REPL에서 "Failed to contrsuct 'URL':Invalid base URL"이라는 에러가 발생한다면 이는 REPL에서 만든 파일 확장자가 누락되었으며, 불러올 수 없다는 뜻입니다.

파일을 삭제하려면 탭에서 파일 이름 오른쪽에 있는 '×' 버튼을 누르면 됩니다.

REPL 페이지의 오른쪽 부분에는 세 개의 탭이 있습니다.

- **Result**: 결과 탭에서는 `App.svelte`의 출력을 볼 수 있습니다. 이 탭을 선택하면 REPL 오른쪽 아래에서 `console.log`와 같은 `console` 메서드를 사용한 결과도 볼 수 있습니다.
- **JS Output**: JS 출력 탭에서는 스벨트 컴파일러가 생성한 자바스크립트 코드를 확인할 수 있습니다.
- **CSS Output**: CSS 출력 탭에서는 스벨트 컴파일러가 만든 최소화된 CSS 내용을 볼 수 있습니다. 쓰지 않는 CSS 선택자들은 포함하지 않습니다. 모든 선택자들은 해당 컴포넌트에만 유효하도록 생성된 CSS 클래스 이름을 가집니다. 이런 이름이 어떻게 만들어지는지는 나중에 다룹니다.

[그림 2-2]에서 볼 수 있듯이 상단 메뉴 막대에서 튜토리얼, API 문서, 예제, 스벨트 블로그, FAQ, 새퍼 페이지, 디스코드 채팅, 스벨트 깃허브 저장소에 대한 링크를 제공합니다.

그림 2-2 스벨트 웹사이트 헤더

메뉴 막대를 숨기고 편집 화면을 키우고 싶다면 [그림 2-3] 위치의 '전체 화면' 버튼을 누릅니다.

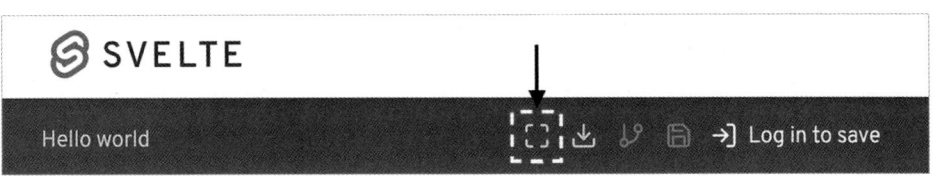

그림 2-3 '전체 화면' 버튼

클릭해서 전체 화면이 되면 [그림 2-4]처럼 '전체 화면' 버튼이 '×' 모양으로 바뀝니다. 이 버튼을 누르면 메뉴 막대가 다시 표시됩니다.

Hello world →|[×]↓ ʯ 🖫 →] Log in to save

그림 2-4 '전체 화면' 종료 버튼

REPL에서는 아직 .svelte 파일 포매팅formatting을 지원하지 않습니다. 향후에는 프리티어Prettier 같은 도구를 써서 지원하리라 예상합니다.

> NOTE_ 프리티어(https://prettier.io)는 자바스크립트, HTML, CSS 등 많은 프로그래밍 언어의 코드 포매팅을 돕는 도구로 널리 사랑받고 있습니다.

REPL을 초기화하고 처음부터 다시 시작하려면 페이지를 새로고침합니다.

2.1.2 첫 REPL 앱 만들어보기

지금까지 배운 내용만 가지고 간단한 앱을 만들어서 스벨트의 몇 가지 기능을 살펴봅시다.

처음 제공되는 'Hello World' 앱은 세상에 인사를 건넵니다. 이를 약간 수정해서 아무에게나 인사를 할 수 있도록 해봅시다. h1 요소 앞에 다음 HTML 코드를 추가합니다.

```
<label for="name">Name</label>
<input id="name" value={name}>
```

> NOTE_ input HTML 요소는 **빈 요소**empty element, 즉 자식 노드를 가질 수 없는 요소입니다. 스벨트 컴포넌트에서 빈 요소를 써야 하는 경우, 해당 요소를 반드시 />로 닫을 필요가 없습니다. 하지만 코드 포매팅 도구로 프리티어를 쓴다면, 빈 요소들도 />로 닫도록 만듭니다. 이런 이유로 이 책에서 몇몇 예제들의 빈 요소들을 />로 닫는 것을 볼 수 있습니다.

입력 칸을 만들어서 이름을 입력할 수는 있지만, 입력한다고 환영 문구가 바뀌지는 않습니다. 이벤트를 다룰 수 있는 코드를 추가해서 입력 칸에 이름을 쓰면 name 변숫값이 이에 따라 바뀌도록 해야 합니다. 이에는 화살표 함수arrow function를 쓰거나 script 요소 내에 정의된 함수를 참조하는 방법이 있습니다. input 요소를 다음과 같이 수정합니다.

```
<input
  id="name"
  on:input={event => name = event.target.value}
  value={name}
>
```

동작은 하지만 코드도 많고 알아보기 힘듭니다. 스벨트의 bind 지시자를 쓰는 것이 더 좋습니다. 나중에 bind 지시자를 쓰는 다른 예시를 많이 보겠지만, 우선 여기에서 폼 요소의 값을 변수와 묶는 용도로 써보겠습니다. 이렇게 묶으면 폼 요소가 변수의 현잿값을 표시합니다. 폼 요소 내부의 값을 바꾸게 되면 당연히 표시되는 값도 바뀌게 됩니다. input 요소를 다음과 같이 수정합니다.

```
<input id="name" bind:value={name}>
```

훨씬 보기 좋습니다. 만약 변수 이름이 name이 아니라 value라면 input 요소를 다음과 같이 더 짧게 쓸 수도 있습니다.

```
<input id="name" bind:value>
```

페이지가 별로 예쁘지는 않습니다. 환영 문구에 색을 좀 추가해봅시다. 파일 제일 끝에 다음 내용을 추가합니다.

```
<style>
  h1 {
    color: red;
  }
</style>
```

이제 환영 문구가 빨간색으로 표시됩니다.

이번에는 색을 고를 수 있게 만들어봅시다. input 요소를 추가하고, type 속성을 color로 지정합니다. 그러면 이 요소는 색을 선택할 수 있도록 네이티브 색들을 화면에 표시합니다. [그림 2-5]처럼 사각형 내에 어떤 색이 표시되는지를 알려줍니다. 이를 클릭하면 색 선택 대화 상자가 표시됩니다.

그림 2-5 색 입력 기능 추가

컴포넌트에 있는 script 요소의 최상위 수준 변수들이 해당 컴포넌트의 상태를 정의합니다. 예를 들어 지금 만들고 있는 컴포넌트의 상태에는 color와 name 변수가 포함됩니다.

예제 2-1 색 입력 기능까지 추가한 REPL 앱 코드

```
<script>
  let color = 'red';
  let name = 'world';
</script>

<label for="name">Name</label>
<input id="name" bind:value={name}>

<label for="color">Color</label>
<input id="color" type="color" bind:value={color}>
<div style="background-color: {color}" class="swatch" />

<h1 style="color: {color}">Hello {name}!</h1>

<style>
  .swatch {
    display: inline-block;
    height: 20px;
    width: 20px;
  }
</style>
```

이번에는 체크박스를 추가해서 대소문자 구분 여부를 선택해봅시다. script 요소의 가장 마지막 부분에 다음 코드를 추가합니다.

```
let upper = false;
$: greeting = `Hello ${name}!`;
$: casedGreeting = upper ? greeting.toUpperCase() : greeting;
```

$:가 바로 **리액티브 구문**reactive statement입니다. 리액티브 구문은 해당 구문이 참조하는 변숫값이 변경되면 다시 실행됩니다. 리액티브 구문에서 어떤 값을 변수에 할당하는 경우를 **리액티브 선언문**reactive declaration이라고 합니다. 자세한 내용은 3장에서 다룹니다.

위 블록의 코드에서는 name 변숫값이 바뀌면 greeting 변숫값을 새로 계산합니다. 그리고 upper 변수나 greeting 변숫값이 바뀌면 casedGreeting 변숫값을 새로 계산합니다. 정말 편리한 방법입니다.

이제 남은 것은 체크박스의 값이 바뀔 때 upper 변숫값을 바꾸고 casedGreeting 변숫값을 화면에 표시하는 일입니다. [그림 2-6]처럼 h1 요소 앞에 체크박스가 표시되도록 코드를 추가합니다.

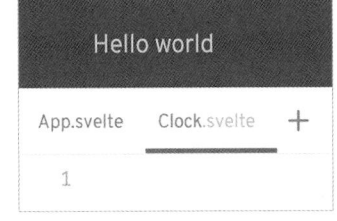

```
<label>
  <input type="checkbox" bind:checked={upper}>
  Uppercase
</label>
```

그림 2-6 'Uppercase' 체크박스가 추가된 앱 화면

그리고 h1 요소를 다음과 같이 수정합니다.

```
<h1 style="color: {color}">{casedGreeting}</h1>
```

지금까지 내용은 App.svelte 파일 단 하나에 전부 다 구현했습니다. 이제 다른 파일을 추가해서 두 번째 컴포넌트를 만들어봅시다.

[그림 2-7]처럼 App.svelte 탭 오른쪽의 '+' 버튼을 누른 뒤, 컴포넌트 이름으로 Clock을 지정합니다. 컴포넌트 이름과 컴포넌트를 포함하는 소스 파일 이름은 카멜 표기법camel case을 따르며 첫 글자는 반드시 대문자여야만 합니다.

그림 2-7 탭을 추가하고 Clock.svelte 만들기

이 컴포넌트에 hh:mm:ss 형태로 현재 시각을 표시하려고 합니다. 우선 Clock.svelte 파일에 다음 내용을 추가합니다.

```
<div>
  I will be a clock.
</div>
```

App.svelte의 script 요소 안의 가장 첫 부분에 다음 내용을 추가합니다.

```
import Clock from './Clock.svelte';
```

그리고 App.svelte의 HTML 부분 가장 마지막에 다음 내용도 추가합니다.

```
<Clock />
```

> **NOTE_** <Clock /> 안에서 슬래시 앞에 공백은 반드시 있어야 하는 것은 아닙니다. 하지만 프리티어 코드 포매팅 도구나 많은 개발자들이 공백 문자를 끼워 넣습니다.

[그림 2-8]처럼 'I will be a clock.'이라는 문구를 볼 수 있습니다.

그림 2-8 'I will be a clock.' 문구가 추가된 앱 화면

프롭스를 통해 컴포넌트에 데이터를 전달할 수 있습니다. 프롭스는 5장에서 자세히 다룹니다. 스벨트는 export 키워드로 컴포넌트가 받아들일 수 있는 프롭스를 정의합니다. .js 파일에서 export 문을 쓰면 해당 변수는 파일 바깥에서도 볼 수 있으며 불러올 수도 있습니다. 컴포넌트 내에서 export 구문을 쓰면, 다른 컴포넌트가 이 컴포넌트로 값을 전달할 수 있습니다. Clock.svelte 파일을 다음과 같은 내용으로 수정합니다. 이 컴포넌트는 color가 기본값을 가지는 프롭스가 됩니다.

```
<script>
  export let color = 'blue';     ◁──┐
  let hhmmss = '';                   │ color 프롭스를 정의합니다.
  setInterval(() => {
    hhmmss = new Date().toLocaleTimeString();  ◁──┐
  }, 1000);                                         │ setInterval 함수 때문에
</script>                                           │ 이 코드는 매초 실행됩니다.

<span style="color: {color}">{hhmmss}</span>
```

Clock 컴포넌트에 color 프롭스를 전달하도록 App.svelte 내용을 수정합니다. 다음 코드는 <Clock color={color} />와 그 의미가 같습니다.

```
<Clock {color} />
```

이제 [그림 2-9]처럼 시계를 볼 수 있습니다.

스벨트를 간단히 맛보기로 다루어봤습니다. 나머지 장에서 다양한 기능들을 자세히 살펴봅니다.

다른 웹 프레임워크를 다루어본 경험이 있다면, 위 예제를 다른 웹 프레임워크로 만들었을 때 어떤 차이점이 있을지 생각해봅시다. 코드가 더 길거나 복잡할까요?

그림 2-9 시계가 추가된 앱 화면

2.1.3 REPL 앱 저장하기

REPL에서 만든 앱을 저장해서 나중에 다시 쓰려면, [그림 2-10]처럼 'Log in to save' 버튼을 누릅니다.

그림 2-10 'Log in to save' 버튼

버튼을 누르면 [그림 2-11]과 같은 로그인 화면이 뜹니다.

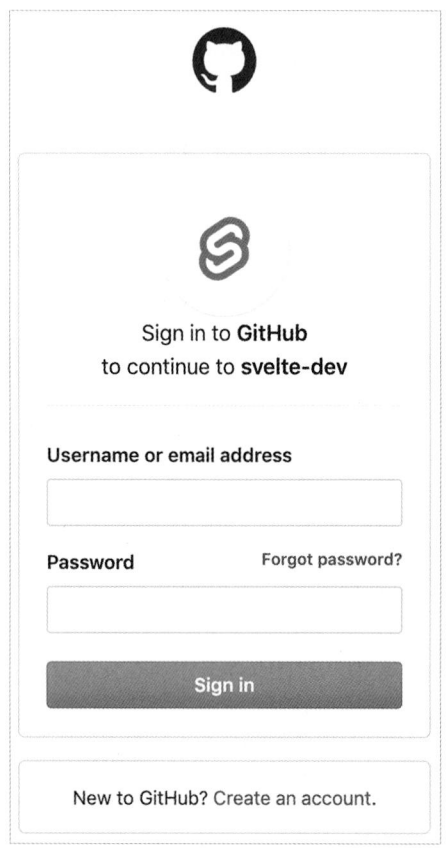

그림 2-11 깃허브 로그인 화면

깃허브 사용자 이름과 비밀번호로 로그인합니다. 깃허브 계정이 없다면, *https://github. com*에서 이메일 주소를 입력하고 'Sign up for GitHub'라고 쓰여 있는 큰 초록색 버튼을 눌러 가입합니다.

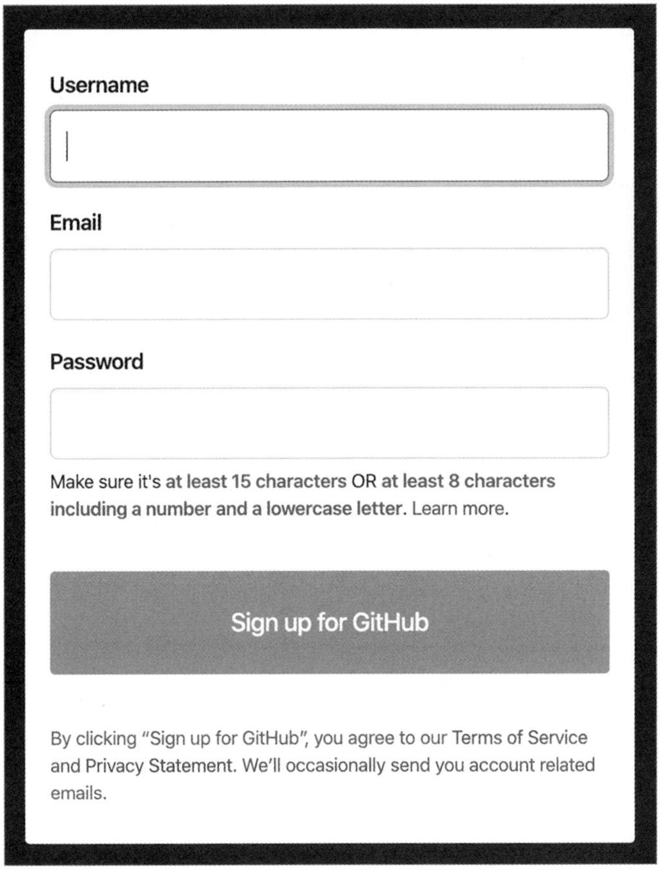
Username
Email
Password
Make sure it's at least 15 characters OR at least 8 characters including a number and a lowercase letter. Learn more.
Sign up for GitHub
By clicking "Sign up for GitHub", you agree to our Terms of Service and Privacy Statement. We'll occasionally send you account related emails.

그림 2-12 깃허브 가입하기

일단 깃허브에 로그인하면 다시 REPL 페이지로 돌아옵니다. 현재 만든 앱을 저장하려면 상단 회색 메뉴 막대의 왼쪽에서 앱 이름을 지정한 다음, [그림 2-13]의 위치에 있는 플로피 디스크 아이콘을 클릭합니다. 아이콘을 클릭하지 않고 'Ctrl+S(또는 맥 OS에서 Command+S)' 키를 눌러도 저장됩니다.

SVELTE
Hello world
Log in to save

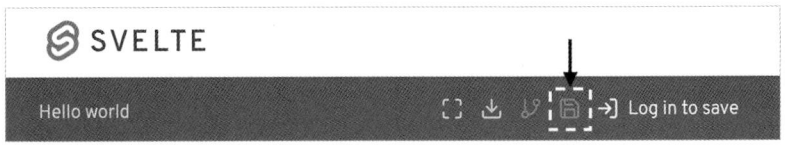

그림 2-13 REPL 저장 버튼

저장한 앱을 불러오려면 페이지 오른쪽 상단 로그인한 사용자 이름 위에 마우스 커서를 올린 다음 'Your saved apps'를 클릭합니다.

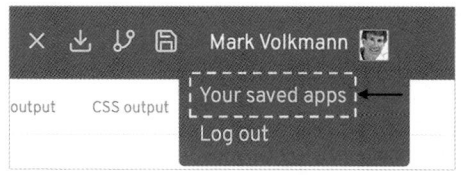

그림 2-14 REPL의 Your saved apps 메뉴

저장한 앱 목록들이 표시됩니다. 이 중 불러오고자 하는 앱을 클릭합니다.

현재 앱을 그대로 유지한 상태에서 앱을 복사하고 수정하고 싶다면, [그림 2-15]처럼 '포크fork' 버튼을 누릅니다.

그림 2-15 REPL '포크' 버튼

저장한 REPL 앱을 삭제하는 것은 현재로서는 불가능합니다만, 삭제 기능에 대한 요청은 있습니다(https://github.com/sveltejs/svelte/issues/3457). 삭제 기능이 추가되기 전까지는 '삭제할 것' 등으로 앱 이름을 수정해두는 것도 임시방편이 될 수 있습니다.

2.1.4 REPL 앱 공유하기

다른 개발자와 REPL 앱을 공유하고 싶다면, 브라우저의 주소창에서 URL을 복사합니다. 그다음 이 URL을 다른 개발자에게 전달합시다. 전달받은 개발자는 마치 자신의 앱인 것처럼 REPL 앱을 수정하고 저장할 수 있지만, 여러분의 앱을 수정할 수는 없습니다.

REPL 앱을 공유하는 것은 특히 스벨트 디스코드 채팅에서 유용합니다. REPL URL과 함께 질문을 올려서 여러분이 어떤 내용을 질문하는지 실제로 보여주는 것이 좋습니다.

2.1.5 REPL URL

모든 REPL 앱 URL은 version이라는 쿼리 파라미터로 끝납니다. 이 쿼리 파라미터는 어떤 스벨트 버전을 쓰는지 알려줍니다. 기본값은 최신 버전이지만, 다른 스벨트 버전을 테스트하고 싶다면 이 값을 바꿀 수 있습니다. 특히 스벨트에 버그가 있다고 의심되는 경우 유용합니다. REPL 앱을 여러 버전에서 테스트해서 동작이 동일한지, 아니면 특정 버전에서 버그가 발생하는지를 확인해볼 수 있습니다.

2.1.6 REPL 앱 내보내기

REPL에서 개발하다가 다음과 같은 이유로 다른 곳에서 개발을 계속 하고 싶을 수도 있습니다.

- 2.1.8절에서 소개할 REPL의 한계에 직면했을 때
- 깃과 같은 소스 관리 시스템을 쓰고 싶을 때
- npm 스크립트 등의 빌드 시스템을 써서 앱을 빌드하고 배포하거나 각종 테스트를 해보고 싶을 때
- 프리티어와 같은 코드 포매팅 도구를 쓰고 싶을 때
- 인텔리센스 같은 자동 코드 완성 도구를 쓰고 싶을 때

현재 REPL에서 개발 중인 앱을 다운로드해서 로컬에서 계속 개발하고 싶다면, [그림 2-16]의 '다운로드' 버튼을 누릅니다. 기본 이름이 svelte-app.zip인 압축 파일이 다운로드됩니다.

그림 2-16 REPL '다운로드' 버튼

그다음의 단계를 거쳐서 로컬에서 앱을 실행할 수 있습니다. 만약 Node.js가 설치되어 있지 않다면, *https://nodejs.org*에서 설치하기 바랍니다. 그래야만 node, npm, npx 커맨드를 쓸 수 있습니다.

다운로드한 압축 파일을 풉니다.

1. cd로 압축 파일을 푼 디렉터리로 갑니다.
2. npm install 명령을 실행합니다.
3. npm run dev 명령을 실행해서 개발자 모드로 앱을 실행합니다.

스벨트 앱을 REPL이 아닌 곳에서 실행하는 방법은 나중에 더 자세히 설명합니다.

2.1.7 npm 패키지 사용법

REPL 앱에서는 npm 패키지에서 함수나 값을 불러올 수 있습니다. 만약 lodash 패키지에서 capitalize 함수를 가져와서 쓰고 싶다면, 우선 이를 불러옵니다.

```
import capitalize from 'lodash/capitalize';
```

그다음에는 capitalize(문자열)로 함수를 호출할 수 있습니다.

만약 라이브러리 전체를 불러오고 싶다면 다음과 같이 작성합니다.

```
import _ from 'lodash';
```

> **NOTE_** 자바스크립트에서는 밑줄(_) 문자가 올바른 변수명이 됩니다. '_' 문자는 말 그대로 밑줄$^{low dash}$이므로 로대시 라이브러리를 불러와서 쓸 때 자주 애용되는 이름입니다.

이런 식으로 불러오는 경우 capitalize 함수는 _.capitalize(문자열) 식으로 호출합니다.

REPL은 모든 npm 패키지의 CDN$^{content delivery network}$인 *https://unpkg.com*에서 npm 패키지 코드를 불러옵니다. npm 패키지의 특정 버전을 쓰고 싶다면 다음과 같이 이름 뒤에 @를 쓰고 버전을 명시합니다.

```
import _ from 'lodash@4.16.6'
```

2.1.8 REPL의 한계

스벨트 REPL이 좋은 도구인 것은 분명하지만, 한계점도 있습니다.

- 앱을 삭제할 수 없습니다.
- 이름이나 날짜별로 앱을 정렬할 수 없습니다.
- 프로젝트 이름이나 파일 내용 등으로 프로젝트를 필터링할 수 없습니다.
- src/main.js나 public/global.css 파일을 수정할 수 없습니다. 대신 REPL 앱의 전역 스타일은 App.svelte 파일 내의 style 요소 내에 :global(body) { … }로 정의해서 써야 합니다. 이 문법은 3장에서 다룹니다.

2.1.9 코드샌드박스

코드샌드박스CodeSandbox는 다운로드 및 설치 없이 스벨트 REPL 대신 쓸 수 있는 도구입니다. 온라인 버전의 VSCode 편집기이죠.

사용은 쉽습니다. *https://codesandbox.io*에 접속하면 됩니다. 가입할 필요는 없지만, 작업 내용을 저장하려면 깃허브 계정이 필요합니다.

스벨트 프로젝트를 만들려면 'Create Sandbox'를 누른 뒤, 이어지는 페이지에서 '+ Create Sandbox' 버튼을 클릭한 다음 'Official Template'에서 스벨트를 선택합니다.

Vim과 동일한 단축키를 쓰고 싶다면, File 〉 Preferences 〉 CodeSandbox Settings 〉 Editor 메뉴에서 'Enable VIM Extension' 옵션을 활성화합니다.

코드샌드박스에서 만든 앱은 버셀 나우나 네틀리파이로 배포할 수 있습니다. 왼쪽 메뉴 막대에서 로켓 모양의 아이콘을 클릭한 뒤 'Deploy with Vercel'이나 'Deploy to Netlify'를 클릭합니다. 배포는 몇 분 이내로 끝납니다. 버셀 나우를 선택했다면, 제공되는 링크를 클릭해서 앱이 실행되는 것을 확인할 수 있습니다. 네틀리파이인 경우 'Visit Site' 버튼을 눌러서 앱 페이지에 접속할 수 있고 'Claim Site' 버튼을 눌러서 직접 만든 앱을 네틀리파이 대시보드에 추가할 수도 있습니다.

> **NOTE_** 네틀리파이나 버셀 나우로 스벨트 앱을 배포하는 부분은 13장에서 자세히 다룹니다. ZEIT라는 회사는 2020년 4월에 버셀로 이름을 바꿨습니다. 코드샌드박스에서는 라이브 모드를 통해서 다른 사람과 함께 실시간으로 애플리케이션 파일을 편집할 수 있습니다.

2.2 REPL 없이 개발하기

REPL 없이 스벨트 애플리케이션을 만들고 개발하는 방법은 크게 두 가지가 있습니다.

첫 번째는 이미 해본 바와 같이 REPL에서 앱을 만들어서 다운로드한 다음 압축을 풀어서 개발을 시작하는 것입니다. REPL이 기본으로 제공하는 'Hello World' 앱만으로도 개발을 시작하기에 충분합니다.

두 번째는 Node.js와 함께 설치되는 npx를 써서 degit 커맨드를 실행하는 것입니다. 스벨트 창시자 리치 해리스는 스벨트 프로젝트의 기본 골격을 쉽게 만들기 위해 이 커맨드를 개발했습니다. 'de'라는 접두사가 '~에서 꺼낸다'라는 뜻이라는 걸 생각해보면, degit이 어떤 일을 하는지도 쉽게 파악할 수 있습니다. degit은 깃 저장소에 미리 정의되어 있는 디렉터리 구조와 시작 파일들을 다운로드합니다. 별다른 옵션을 지정하지 않으면 마스터 브랜치[master branch]의 내용을 가져옵니다.

REPL에서 개발하지 않을 거라면, 강력한 코드 편집 도구를 쓰는 게 좋을 겁니다. 모든 편집기나 IDE를 사용해도 괜찮지만, VSCode가 추천할 만합니다. 스벨트나 새퍼 앱 개발을 위해서 VSCode를 쓰는 방법이나 확장 기능에 대한 내용은 부록 F에 수록했습니다.

2.2.1 npx degit로 시작하기

degit 커맨드로 스벨트 애플리케이션을 어떻게 만들고 시작하는지 하나씩 알아봅시다.

1. npx degit sveltejs/template *app-name* 커맨드를 실행합니다. 여기서 sveltejs는 조직이나 회사의 이름이고 template은 해당 조직이 가진 저장소의 이름입니다. 두 번째 인자는 생성할 서브 디렉터리의 이름이자 애플리케이션 이름입니다. 여기에 지정한 저장소는 롤업 모듈 번들러(*https://rollupjs.org*)를 사용하도록 구성되어 있습니다. 제공되는 rollup.config.js 파일은 rollup-plugin-terser를 쓰는데, 여기에서는 다시 terser 라이브러리를 사용합니다. terser라이브러리는 npm run build 커맨드를 통해 생성되는 자바스크립트 번들을 최소화해줍니다.

2. 웹팩(*https://webpack.js.org*)은 롤업 대신 쓸 수 있는 모듈 번들러입니다. 특별히 쓰고 싶은 웹팩 플러그인이 있다면, 스벨트에서 롤업 대신 웹팩을 써서 번들을 만들도록 다음과 같이 실행하면 됩니다. npx degit sveltejs/template-webpack *app-name*

3. 파셀(*https://parceljs.org*) 역시 롤업 대신 쓸 수 있는 번들러입니다. 스벨트는 아직 공식적으로 파셀을 지원하지는 않지만, *https://github.com/DeMoorJasper/parcel-plugin-svelte*에

서 비공식 지원 내용을 확인할 수 있습니다.

4. cd *app-name*을 실행합니다.

5. 프로젝트에서 필요로 하는 모든 디펜던시 라이브러리를 설치하기 위해 npm install 명령을 실행합니다. 만약 자바스크립트 대신 타입스크립트를 쓰고 싶다면, node scripts/setupTypeScript.js를 실행합니다. 그러면 프로젝트가 타입스크립트를 쓰도록 수정되고 scripts 디렉터리가 삭제됩니다.

6. npm run dev를 실행해서 앱이 개발자 모드에서 실행되도록 합니다. 이 명령을 실행하면 로컬에서 HTTP 서버가 실행됩니다. 또한 프로젝트의 소스 파일이 수정되면 앱을 다시 빌드하고 페이지를 새로 불러오는 기능도 제공합니다. 만약 개발 모드가 아닌 상태로 앱을 실행하고 싶다면 npm run build로 번들을 만든 다음 npm start 명령을 실행합니다. 이렇게 실행하면 소스를 수정해도 자동으로 다시 빌드하거나 페이지를 새로 고치지 않습니다.

7. 웹 브라우저의 주소창에 *localhost:5000*을 입력하면 [그림 2-17]과 같은 화면을 보게 됩니다. 웹팩이 번들하게 설정한 경우에는 로컬 포트가 5000번이 아닌 8080번입니다.

HELLO WORLD!

Visit the Svelte tutorial to learn how to build Svelte apps.

그림 2-17 sveltejs/template으로 만든 'Hello World' 앱

모듈 번들러

자바스크립트 모듈 번들러module bundler는 다른 애플리케이션 관련 내용들과 애플리케이션이 필요로 하는 모든 자바스크립트 코드를 묶어서 하나의 자바스크립트 파일로 만듭니다. 이 과정 동안에는 npm(*https://npmjs.com*) 등을 통해 디펜던시가 있는 다른 자바스크립트 라이브러리 등을 다운로드하고 번들하기도 합니다. 또한 사용하지 않는 코드 등을 제거해서 결과 파일을 최대한 작게 만듭니다. 이런 과정을 거침으로써 웹 브라우저가 자바스크립트 기반 앱을 다운로드하는 데 소요되는 시간을 최소화합니다.

자바스크립트 모듈 번들러는 많지만, 가장 유명한 것으로는 웹팩, 롤업, 파셀이 있습니다. 롤업은 스벨트 창시자인 리치 해리스가 만들었습니다.

`npm run dev`나 `npm run build`를 실행하면, `public` 디렉터리에 다음 파일들이 생성됩니다.

- `bundle.css`
- `bundle.css.map`
- `bundle.js`
- `bundle.js.map`

`.map` 파일은 애플리케이션 디버깅을 위한 파일입니다. 여기에는 생성된 코드와 여러분이 작성한 코드 위치를 연결하는 정보가 담겨 있어서 디버거를 통해 코드를 살펴보거나 단계별로 코드를 실행하도록 해줍니다.

이제 애플리케이션을 고쳐볼 차례입니다. 코드를 고쳤는데 브라우저에 원하는 결과가 보이지 않는다면, 서버가 실행되고 있는 터미널에 컴파일 에러가 있는지 확인하기 바랍니다. 스벨트 컴파일러는 괄호 짝이 맞지 않는 것과 같은 몇 가지 문법 에러는 분석하지 못하며, 관련 내용을 터미널에 출력합니다. 문법 에러가 있으면 스벨트가 앱을 새로 빌드할 수 없기 때문에 이런 컴파일 에러 메시지는 브라우저에는 표시할 수 없습니다. 이런 이유로 `npm run dev`를 실행한 터미널은 메시지를 확인하기 쉽도록 잘 보이는 위치에 배치하는 것을 권장합니다.

> **TIP** `npm run dev` 명령어를 실행했을 때 경고 메시지가 출력되었는데 서버가 실행되는 경우가 있습니다. 서버 실행 관련 메시지 때문에 경고 메시지가 위로 밀리게 될 수도 있지만, 위로 스크롤하면 메시지를 다시 확인할 수 있습니다.

> **TIP** 코드를 수정하고 오류도 없는데 브라우저에 수정된 내용이 보이지 않는다면, 서버를 `npm run dev` 대신 `npm start`로 시작했을 가능성이 있습니다. 다른 웹 프레임워크에서는 `npm start` 명령이 앱을 로컬에서 개발 모드로 시작하기 때문에 헷갈릴 수 있습니다. 스벨트에서는 `npm run build`나 `npm run dev`를 실행해야만 코드를 컴파일하고 실행할 준비를 합니다.

2.2.2 package.json

package.json 파일을 통해 두 가지를 알 수 있습니다.

하나는 스벨트가 모듈 번들링으로 롤업을 기본으로 사용한다는 점입니다. 이 점은 devDependencies에 rollup 항목이 있는 것으로 알 수 있습니다. 필요한 경우 롤업 대신 웹팩이나 파셀을 쓸 수 있습니다.

다른 하나는 스벨트 앱이 런타임에 sirv-cli만 필요로 한다는 점입니다. sirv-cli는 npm start 명령으로 실행되는 로컬 HTTP 서버입니다. 이는 dependencies와 devDependencies 내용을 보면 알 수 있습니다. 그 외에는 런타임 디펜던시가 없으며, 이는 스벨트 컴파일러가 생성하는 bundle.js 파일에 대해서도 마찬가지입니다.

2.2.3 중요 파일들

스벨트 앱에서 가장 중요한 시작 파일들로는 public/index.html, src/main.js, src/App. svelte를 꼽을 수 있습니다. 물론 이 파일들은 애플리케이션 개발 과정에서 필요한 경우 수정할 수 있습니다.

이 파일들은 들여쓰기로 탭 문자를 쓰지만, 탭이 싫다면 대신 공백 문자로 들여쓰기를 바꿀 수 있습니다. 프리티어 같은 도구들로도 들여쓰기를 탭이나 공백 문자로 바꿀 수 있습니다.

public/index.html 파일의 내용은 다음과 같습니다.

예제 2-2 public/index.html 파일

```
<!DOCTYPE html>
<html lang="en">
  <head>
    <meta charset="utf8" />
    <meta name="viewport" content="width=device-width,initial-scale=1" />
    <title>Svelte app</title>
    <link rel="icon" type="image/png" href="/favicon.png" />
    <link rel="stylesheet" href="/global.css" />
    <link rel="stylesheet" href="/build/bundle.css" />

    <script defer src="/build/bundle.js"></script>
```

```
    </head>
    <body>
    </body>
</html>
```

CSS 파일 두 개와 자바스크립트 파일 하나를 불러오는 것을 알 수 있습니다. `global.css` 파일은 모든 컴포넌트에 영향을 주는 CSS 규칙들을 가지고 있습니다. `bundle.css`는 각 컴포넌트를 정의하는 `.svelte` 파일 내용을 합친 것입니다. `bundle.js` 파일은 각 컴포넌트를 정의하는 `.svelte` 파일의 자바스크립트 코드와 HTML, 그리고 컴포넌트가 쓰는 다른 자바스크립트 코드들의 집합입니다.

`src/main.js` 파일 내용은 다음과 같습니다.

예제 2-3 `src/main.js` 파일

```
import App from './App.svelte';

const app = new App({
  target: document.body,
  props: {
    name: 'world'
  }
});

export default app;
```

`src/main.js` 파일은 화면에 App 컴포넌트를 그립니다. `target` 속성은 컴포넌트가 어디에 그려져야 하는지를 알려줍니다. 대부분의 앱에서 `target`은 `document.body`입니다. 이 코드를 살펴보면 App 컴포넌트에 name이라는 프롭스를 전달하는 것을 알 수 있습니다. 일반적으로 최상위 컴포넌트는 프롭스가 필요하지 않으며, 또한 여기서 사용하는 props라는 속성은 지워도 관계없습니다. `main.js`에서 App 컴포넌트에 넘겨줘야 하는 데이터는 사실 `App.svelte` 안에 정의해도 되고, 그러면 `main.js`에서 props를 전달할 필요도 없습니다.

`src/main.js`는 최상위 컴포넌트(위 경우에는 App 컴포넌트)의 인스턴스를 만들고 기본 내보내기ex"expt"로 지정해야 합니다. 즉 가장 마지막의 코드인 `export default app;`이 있어야 한다는 뜻입니다.

src/App.svelte 파일은 [예제 2-4]와 같습니다.

예제 2-4 src/App.svelte 파일

```
<script>
  export let name;
</script>

<main>
  <h1>Hello {name}!</h1>
  <p>
    Visit the <a href="https://svelte.dev/tutorial">Svelte tutorial</a>
    to learn how to build Svelte apps.
  </p>
</main>

<style>
  main {
    text-align: center;
    padding: 1em;
    max-width: 240px;
    margin: 0 auto;
  }

  h1 {
    color: #ff3e00;
    text-transform: uppercase;
    font-size: 4em;
    font-weight: 100;
  }

  @media (min-width: 640px) {
    main {
      max-width: none;
    }
  }
</style>
```

.svelte 파일은 script 요소, HTML, style 요소를 가질 수 있습니다. 이 세 가지가 필수는 아니며 필요한 것만 쓰면 됩니다. 순서가 중요하지는 않지만 일반적으로 **script** 요소를 가장 처음 쓰고 그다음 HTML, 마지막에 **style** 요소를 씁니다. 이는 각 요소가 어떤 순서로 영향을

받는지를 알려줍니다. script 요소의 변수나 함수들은 대개 HTML 내부에서 쓰고, HTML의 스타일은 CSS에 의해 결정되기 때문입니다. 드물지만 script 요소의 코드에 의해 style 요소가 변경되는 경우도 있긴 합니다.

script 요소 내에서 자바스크립트 대신 타입스크립트 코드를 쓰고 싶다면, script 요소를 <script lang="ts">로 엽니다.

script 요소 가장 위쪽의 name 변수 앞에 있는 export 키워드는 바로 이 name 변수가 프롭스라는 점을 알려줍니다. 프롭스는 다른 컴포넌트가 프롭스를 가진 컴포넌트에 값을 전달할 때 사용됩니다. 스벨트 컴파일러가 일반적인 자바스크립트 문법, 즉 export 키워드를 아주 특별하게 처리하는 경우입니다. 또 다른 특별한 케이스로는 이전에 살펴본 리액티브 구문을 만들 때 사용하는 $:입니다.

중괄호({})는 자바스크립트 표현식의 값을 출력할 때 사용합니다. 이 경우에는 그냥 변수 name의 값을 출력합니다. 이렇게 표현식의 값을 출력하는 방법을 **보간법**interpolation이라고 합니다. 또한 중괄호를 써서 동적으로 요소의 속성값을 변경할 수도 있습니다.

2.2.4 로컬에서 개발하는 첫 앱

대출 금액과 이율, 상환 연수를 통해 월별 대출 상환 금액을 계산해주는 앱을 만들어봅시다. 월별 대출 상환 금액을 제외한 값은 자유롭게 수정이 가능해야 하며, 수정할 때마다 월별 대출 상환 금액을 새로 계산해서 보여줘야 합니다. 이 앱은 28줄의 코드만으로 구현할 수 있습니다. 계산에 대한 세부 내용은 중요하지 않습니다. 그보다는 코드의 대략적인 형태와 리액티브 선언문을 어떻게 쓰는지에 집중하는 것이 좋습니다.

다음 단계를 통해 앱을 완성합니다.

1. npx degit sveltejs/template loan을 실행합니다.
2. cd loan으로 loan 디렉터리로 이동합니다.
3. npm install 명령을 실행합니다.
4. src/App.svelte의 내용을 [예제 2-5]의 내용처럼 수정합니다.
5. npm run dev를 실행합니다.
6. 브라우저에서 localhost:5000으로 접속합니다.
7. 입력값을 수정해서 월별 대출 상환 금액이 바뀌는지 확인합니다.

예제 **2-5** 대출 상환 금액 계산 애플리케이션의 src/App.svelte 파일

```
<script>
  let interestRate = 3;
  let loanAmount = 200000;
  let years = 30;
  const MONTHS_PER_YEAR = 12;

  $: months = years * MONTHS_PER_YEAR;
  $: monthlyInterestRate = interestRate / 100 / MONTHS_PER_YEAR;
  $: numerator = loanAmount * monthlyInterestRate;
  $: denominator = 1 - (1 + monthlyInterestRate) ** -months;
  $: payment =
    !loanAmount || !years ? 0 :
    interestRate ? numerator / denominator :
    loanAmount / months;
</script>

<label for="loan">Loan Amount</label>
<input id="loan" type="number" bind:value={loanAmount}>

<label for="interest">Interest Rate</label>
<input id="interest" type="number" bind:value={interestRate}>

<label for="years">Years</label>
<input id="years" type="number" bind:value={years}>

<div>
  Monthly Payment: ${payment.toFixed(2)}
</div>
```

> input의 type이 "number"로 지정된 경우 연결된 변숫값을 강제로 숫자로 수정합니다. 이 코드의 경우에는 loanAmount 변숫값이 숫자로 강제 변경됩니다.

위 코드에서 리액티브 선언문이 중요한 부분입니다. interestRate, loadAmount, years 변숫값이 바뀌면 payment 변수를 다시 계산해서 페이지 마지막의 div 요소에 그 값을 표시합니다. 스타일을 지정하지 않았기 때문에 화면이 그다지 예뻐 보이지는 않을 것입니다. 하지만 스벨트로 유용한 웹 애플리케이션을 어떻게 쉽게 만드는지 보여준다면 그것만으로도 충분합니다.

2.3 보너스 앱

[그림 2-18] 같은 유명한 Todo 앱을 스벨트로 만들어봅니다. 스벨트 외에도 리액트와 뷰로
이 Todo 앱을 만들었습니다. 다음에서 각 웹 프레임워크별 구현 내용을 확인할 수 있습니다.

- https://github.com/mvolkmann/svelte-todo
- https://github.com/mvolkmann/react-todo
- https://github.com/mvolkmann/vue-todo

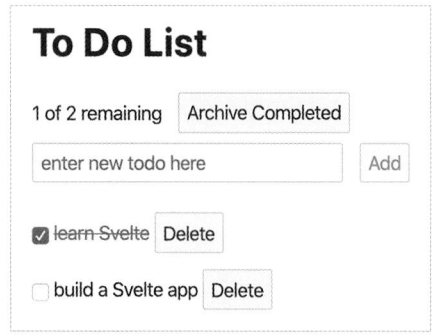

그림 2-18 Todo 앱

이 앱에서는 다음과 같은 기능을 제공합니다.

- 항목 추가
- 항목을 체크해서 완료됨으로 표시
- 항목을 다시 체크해서 완료되지 않음으로 표시
- 완료된 항목만 모아서 보기
- 항목 삭제
- 전체 항목 수와 완료된 항목 수 보기

이 앱을 두 개의 스벨트 컴포넌트 **Todo**와 **TodoList**로 구현해보겠습니다.

우선 개발을 시작하기 위해 npx degit sveltejs/template todo를 실행합니다.[1]

Todo 컴포넌트는 한 개의 항목을 표시하기 위해 `<li>` 요소를 사용합니다. 이 아이템은 체크박스와 항목의 내용, '삭제' 버튼을 가집니다. 이 컴포넌트는 체크박스를 체크하거나 하지 않을 때 뭘 해야 하는지 모릅니다. 물론 '삭제' 버튼을 눌렀을 때도 뭘 해야 하는지 모릅니다. 대신 TodoList 컴포넌트가 처리하도록 이벤트를 발생시켜서 전달합니다.

TodoList 컴포넌트는 앱의 최상위 컴포넌트입니다. TodoList는 할 일 목록을 정렬되지 않은 목록을 나타내는 `<ul>` 요소로 표시합니다. 또한 Todo 컴포넌트로부터 전달되는 이벤트를 받아서 처리해줍니다.

굉장히 간단하게 만든 것이라서 실제로 할 일 목록을 데이터베이스 등에 저장하지는 않습니다. 앱이 종료되면 전부 사라집니다.

[예제 2-6]은 Todo 컴포넌트의 코드입니다. 이벤트를 처리하는 부분은 5장에서 자세히 설명합니다. 할 일을 추가하거나 삭제하면 내장 변환 효과인 fade를 써서 더 예쁘게 항목이 나타나거나 사라지게 했습니다.

예제 2-6 src/Todo.svelte의 Todo 컴포넌트

```
<script>
  import {createEventDispatcher} from 'svelte';
  import {fade} from 'svelte/transition';
  const dispatch = createEventDispatcher();        ◁─── 이벤트를 전달하기 위한
                                                          함수를 만듭니다.

  export let todo;        ◁─── TodoList 컴포넌트가
</script>                       내용을 전달할 때 쓰는
                               프롭스입니다.

<li transition:fade>
  <input
    type="checkbox"
    checked={todo.done}                                  toggleDone이라는
    on:change={() => dispatch('toggleDone')} />   ◁───   커스텀 이벤트를
  <span class={'done-' + todo.done}>{todo.text}</span>   부모 컴포넌트에 전달합니다.
```

---

1 옮긴이_ 혹은 깃허브에서 내려받은 소스 코드의 svelte-todo 디렉터리에서 npm install과 npm run dev를 차례로 실행하고 브라우저에서 *localhost:5000*으로 접속해도 됩니다.

```
    <button on:click={() => dispatch('delete')}>Delete</button>
  </li>

  <style>
    .done-true {
      color: gray;
      text-decoration: line-through;
    }

    li {
      margin-top: 5px;
    }
  </style>
```

delete라고 명명된 커스텀 이벤트를 부모 컴포넌트에 전달합니다.

항목 안의 텍스트는 done-true 또는 done-false라는 CSS 클래스 중 하나로 지정됩니다. done-false에 대해서는 별도의 스타일이 필요 없기 때문에 여기에서는 정의하지 않았습니다.

[예제 2-7]은 TodoList 컴포넌트 코드입니다.

예제 2-7 src/TodoList.svelte의 TodoList 컴포넌트

```
  <script>
    import Todo from './Todo.svelte';

    let lastId = 0;

    const createTodo = (text, done = false) => ({id: ++lastId, text, done});

    let todoText = '';

    let todos = [
      createTodo('learn Svelte', true),
      createTodo('build a Svelte app')
    ];

    $: uncompletedCount = todos.filter(t => !t.done).length;

    $: status = `${uncompletedCount} of ${todos.length} remaining`;

    function addTodo() {
      todos = todos.concat(createTodo(todoText));
      todoText = ''; // 입력값을 초기화합니다.
    }

    function archiveCompleted() {
```

todo 객체를 만드는 함수

앱은 두 개의 todo를 가진 상태로 시작합니다.

todo 배열이 변경되면 다시 계산합니다.

todo 배열이 변경되거나 uncompletedCount 값이 변경되면 다시 계산합니다.

```
      todos = todos.filter(t => !t.done);
    }
```
← 완료되지 않은 상태의
todo만 보관합니다.

```
    function deleteTodo(todoId) {
      todos = todos.filter(t => t.id !== todoId);
    }
```
← 주어진 ID를 가지는
todo를 삭제합니다.

```
    function toggleDone(todo) {
      const {id} = todo;
      todos = todos.map(t => (t.id === id ? {...t, done: !t.done} : t));
    }
</script>
```

input 요소가 활성화된 상태에서 키보드의 엔터키를
누르면 '더하기' 버튼을 활성화해서 addTodo 함수는
보내지만, 실제 데이터를 서버 쪽으로 전송하고 싶지
는 않습니다. 그래서 preventDefault를 써서 데이
터를 전송하지 않게 합니다.

```
<div>
  <h1>To Do List</h1>
  <div>
    {status}
    <button on:click={archiveCompleted}>Archive Completed</button>
  </div>
  <form on:submit|preventDefault>    ←
    <input
      size="30"
      placeholder="enter new todo here"
      bind:value={todoText} />
    <button disabled={!todoText} on:click={addTodo}>Add</button>   ←
  </form>
```

input 요소에 아무런 값이
없으면 '더하기' 버튼을
비활성화합니다.

```
  <ul>
    {#each todos as todo}    ←
```
배열의 각 요소를 반복해서 처리하는
스벨트 문법입니다.

```
      <Todo    ←
        {todo}
        on:delete={() => deleteTodo(todo.id)}
        on:toggleDone={() => toggleDone(todo)} />
    {/each}
  </ul>
</div>
```

Todo 컴포넌트에서 delete나
toggleDone 이벤트를 전달하게 합니다.

```
<style>
  button {
    margin-left: 10px;
  }

  ul {
    list-style: none; /* 불릿(bullet) 기호를 제거합니다. */
    margin-left: 0;
```

```
      padding-left: 0;
   }
 </style>
```

main.js 파일에서 기본 **App** 컴포넌트 대신 **TodoList** 컴포넌트를 표시하도록 수정했습니다.

예제 2-8 src/main.js 파일

```
import TodoList from './TodoList.svelte';

const app = new TodoList({target: document.body});

export default app;
```

이제 다음 단계를 통해 앱을 빌드하고 실행할 수 있습니다.

1. **npm install**을 실행합니다.
2. **npm run dev**를 실행합니다.
3. 브라우저에서 *localhost:5000*에 접속합니다.

이게 전부입니다! 아주 적은 코드만으로도 훌륭한 Todo 앱을 만들었습니다. 또한 앱을 만들면서 지금까지 설명했던 스벨트의 많은 개념들을 다뤄볼 수 있었습니다.

이제껏 살펴본 내용만으로도 아마 스벨트가 다른 웹 프레임워크와는 다른 특별한 점이 있다는 사실을 눈치챘을 것입니다. 스벨트에서는 아주 쉽고 간단하게, 최소한의 문법만으로 앱을 구현할 수 있습니다.

물론 앞으로 스벨트의 더 많은 기능들을 다룰 것입니다. 이 다음 장부터는 여행에 필요한 물건을 확인하고 관리할 수 있는 웹 애플리케이션을 만들어나갈 예정입니다. 물론 스벨트 컴포넌트에 대해 더 자세히 알아보면서 말입니다.

2.4 마치며

- 스벨트는 도구를 다운로드하거나 설치하지 않고도 스벨트 앱을 만들어볼 수 있는 온라인 REPL 도구를 제공합니다. 물론 나중에 계속 개발할 수 있도록 앱을 저장하거나 로컬에서 계속 개발하기 위해 앱을 다운로드할 수 있습니다.

- 스벨트 컴포넌트는 .svelte 파일에 정의됩니다. 이 파일에는 자바스크립트와 HTML, CSS가 포함될 수 있습니다.

- 스벨트는 새로운 앱 개발을 시작할 때 필요한 템플릿을 제공합니다.

- REPL 없이 로컬에서 스벨트 앱을 개발하고자 할 때에도 몇 가지 단계만 거치면 됩니다.

스벨트 파헤치기

2부에서는 스벨트를 더 깊숙이 파고듭니다. 스벨트 컴포넌트를 만들고 관리하기 위한 다양한 코드 예제도 함께 살펴봅니다. 조건 분기문, 반복문, 프로미스를 다루는 방법, 컴포넌트 간의 통신, 컴포넌트 간 상태 공유를 위한 스토어 사용법, 라이프사이클 함수, 페이지 라우팅, 애니메이션, 디버깅, 테스팅을 아우르는 전반적인 스벨트 구조를 알아봅니다. 마지막으로 스벨트 애플리케이션을 배포하는 몇 가지 방법과 함께 폼 내용 검증이나 라이브러리, 특별한 요소들과 같은 스벨트 관련 토픽들도 살펴봅니다.

Part II

스벨트 파헤치기

CHAPTER 3

컴포넌트 만들기

> **이 장의 핵심 내용**
> ◆ 스벨트 컴포넌트 만들기
> ◆ 스벨트 컴포넌트 꾸미기
> ◆ 스벨트 컴포넌트에 로직 구현하기
> ◆ 스벨트 컴포넌트의 상태를 정의하고 업데이트하기

이 장에서는 .svelte 파일로 컴포넌트를 만들어봅니다. .svelte 파일은 상태와 로직을 정의하는 자바스크립트 코드, 화면에 그리기 위한 HTML, 그리고 이를 꾸미는 CSS로 이루어져 있습니다.

컴포넌트는 대부분의 웹 프레임워크에서 앱을 구성하는 기본 요소입니다. 컴포넌트는 밀접한 연관성을 가지는 사용자 인터페이스 요소들의 집합입니다. 컴포넌트는 특정 UI와 밀접한 데이터, 즉 '상태'를 관리합니다. 이런 특성 때문에 컴포넌트는 재사용이 가능한 UI 구성 요소가 될 수 있습니다.

몇몇 컴포넌트는 페이지 전체를 나타내기도 하고, 몇몇 컴포넌트는 페이지 내부에서 사용되기도 합니다. 예를 들어 쇼핑 목록을 표시하는 페이지는 ShoppingList 컴포넌트가 관리하고, 이 페이지 내부에서는 각 목록을 Item 컴포넌트로 표시할 수 있습니다.

컴포넌트는 자신을 사용하는 컴포넌트로부터 프롭스로 데이터를 전달받을 수 있습니다. HTML 속성값과 문법이 비슷하지만, 프롭스는 HTML 속성값과는 달리 모든 자바스크립트 자료형을 쓸 수 있습니다.

컴포넌트의 상태는 각 컴포넌트 인스턴스별로 고유합니다. 클래스의 비공개 멤버 변수와 비슷한 개념입니다. 컴포넌트의 로직은 이벤트 핸들링 등 컴포넌트가 어떻게 동작할지를 정의하는 함수 집합으로 구성됩니다.

CSS 규칙은 전역으로 선언해서 모든 컴포넌트에 영향을 미칠 수도 있습니다. 하지만 스타일 요소가 유효 범위를 가지도록 만들어지면, 스타일이 정의된 곳의 컴포넌트에만 영향을 미칩니다. Sass 같은 CSS 전처리기를 통해 더 많은 꾸미기 기능을 쓸 수도 있습니다.

리액티브 구문은 변숫값이 바뀔 때 코드를 다시 실행합니다. 이런 리액티브 구문은 일반적으로 상태변수를 다시 계산해서 바꾸며, 그에 따라 UI의 일부가 다시 그려집니다.

모듈 콘텍스트를 쓰면 컴포넌트의 모든 인스턴스가 특정 내용을 공유하게 만들 수 있습니다. 예를 들면 데이터를 모든 컴포넌트 인스턴스가 공유하게 만드는 것입니다.

이 장을 마치면 어떤 스벨트 애플리케이션에서도 쓸 수 있는 컴포넌트를 만들 수 있습니다.

3.1 .svelte 파일에 담기는 것

스벨트 컴포넌트는 클래스나 함수, 객체 리터럴과 같은 자바스크립트 컨테이너로 만들어지지 않습니다. 대신 몇 가지 기본 규칙을 지키는 .svelte 파일로 만들어집니다. .svelte 파일은 애플리케이션의 src 디렉터리 내에 위치합니다.

.svelte 파일에는 최대 하나의 <script context="module"> 요소와 script 요소 하나, style 요소 하나, body 요소 내에 하나 이상의 HTML 요소를 가질 수 있습니다. 이 요소들 모두가 반드시 있어야 하는 것은 아니며 순서도 자유롭습니다. 그래서 이렇게 간단한 요소도 스벨트 컴포넌트가 될 수 있습니다.

```
<div>Hello Svelte!</div>
```

다른 웹 프레임워크에서는 컴포넌트를 정의할 때 이보다 더 많은 코드를 사용하는 편입니다.

대부분의 .svelte 파일은 다음과 같은 구조입니다.

```
<script>
// 자바스크립트 코드는 여기에 작성합니다.
// 이 코드는 이 컴포넌트에만 영향을 미칩니다.
</script>

<!-- 렌더링에 필요한 HTML 요소들이 여기에 위치합니다. -->

<style>
/* CSS 규칙을 여기에 작성합니다.
여기에 작성한 규칙은 이 컴포넌트에서만 유효합니다. */
</style>
```

각 영역별로 주석을 작성하는 방법이 다릅니다.

script 요소 내에 작성되는 자바스크립트 코드는 이 컴포넌트에 대해서만 유효합니다. 다시 말해, 다른 컴포넌트들은 코드를 볼 수 없다는 뜻입니다. style 요소의 CSS 규칙 역시 마찬가지로 이 컴포넌트에만 영향을 미칩니다. 그래서 코드나 스타일이 실수로 다른 컴포넌트에 영향을 미치는 일이 없고 디버깅도 쉽습니다.

3.2 컴포넌트 마크업

이전 장에서도 잠깐 살펴봤지만 스벨트 컴포넌트를 사용하거나 참조하고 화면에 그리는 문법은 HTML 요소의 문법과 같습니다. 예를 들어 Hello라는 컴포넌트는 이렇게 쓸 수 있습니다.

```
<Hello name="World" />
```

스벨트 컴포넌트의 인스턴스는 프롭스와 자식들을 전달받을 수 있습니다. 위 예제에는 name 프롭스만 있고 자식은 없습니다. 프롭스로 컴포넌트에 데이터를 전달하고, 자식으로 컴포넌트에 콘텐츠를 전달합니다. 그리고 컴포넌트는 언제 자식을 쓸지 결정만 하면 됩니다. 자식들은 텍스트나 HTML 요소, 그 외 다른 스벨트 컴포넌트들로 구성될 수 있습니다.

프롭스의 값은 불리언^{boolean}이나 숫자, 문자열, 객체, 배열, 함수 등 어떤 타입이 될 수도 있고 자바스크립트 표현식의 값이 될 수도 있습니다. 값이 문자열이라면 작은따옴표나 큰따옴표로 감쌉니다. 그 외에는 값을 중괄호로 감쌉니다. 문법 하이라이트 규칙을 따르기 위해 따옴표를 중괄호로 한 번 더 감싸기도 합니다.

다음 코드는 Person이라는 스벨트 컴포넌트의 프롭스 전달 예시입니다.

```
<Person
  fullName="Jane Programmer"
  developer={true}
  ball={{name: 'baseball', grams: 149, new: false}}
  favoriteColors={['yellow', 'orange']}
  age={calculateAge(person)}
  onBirthday={celebrate}       ◁──────  celebrate는 함수입니다.
/>
```

HTML 요소로 전달되는 프롭스의 값이 null 또는 undefined인 경우, 이 속성은 DOM에 추가되지 않습니다. 예를 들어 `<img alt={description} src={imageUrl}>`로 HTML 요소에 alt와 src 속성을 지정했는데, 이때 description 변숫값이 null이거나 undefined라면, img 요소는 alt라는 속성을 가지지 않습니다.

src/Person.svelte 파일에 Person이라는 스벨트 컴포넌트를 다음과 같이 정의합니다.

```
<script>
  export let age;
  export let ball;
  export let developer;
  export let favoriteColors;
  export let fullName;
  export let onBirthday;
</script>
<div>
  {fullName} is {age} years old and
```

```
    {developer ? 'is' : 'is not'} a developer.
  </div>
  <div>
    They like the colors {favoriteColors.join(' and ')}.
  </div>
  <div>
    They like to throw {ball.new ? 'a new' : 'an old'} {ball.name}
    that weighs {ball.grams} grams.
  </div>
  <button on:click={onBirthday}>It's my birthday!</button>
```

문자열값은 자바스크립트 표현식에 따라 값을 계산하기 위해 보간^{interpolate}될 수 있습니다. 문자열 내부에 있는 중괄호 표현식은 표현식값으로 대체됩니다. 이를테면 다음 코드처럼 문자열 값을 지정할 수 있습니다.

```
<Person fullName="{lastName}, {firstName} {middleName[0]}." />
```

프롭스값을 전달하기 위해 쓰는 변수의 이름이 프롭스의 이름과 같은 경우 코드를 더 짧게 쓸 수 있습니다. 예를 들어 Person 컴포넌트가 fullName이라는 프롭스를 전달받으며 변수의 이름 역시 fullName이라면, 다음 두 코드는 같은 의미를 가집니다.

```
<Person fullName={fullName} />
<Person {fullName} />
```

자바스크립트의 전개^{spread} 연산자는 키가 프롭스 이름이고 그 값이 프롭스값인 객체를 프롭스처럼 전달할 때 쓸 수 있습니다. 예를 들어 input 요소에 사용자가 0부터 10 사이의 숫자를 입력하도록 지정하고 싶을 때 다음과 같이 적절한 속성값을 가지는 객체를 만든 다음 전개 연산자로 전달할 수 있습니다.

```
<script>
  let score = 0;
  const scoreAttrs = {
    type: 'number',
    max: 10,
    min: 0
  };
```

```
</script>
<input {...scoreAttrs} bind:value={score}>
```

2장에서 살펴본 bind 지시자를 씁니다.
bind 지시자를 쓰면 폼 요소의 값을
해당 변수와 연결합니다.

만약 위 코드에서 전개 연산자를 쓰지 않으면 다음과 같이 하나씩 지정해줘야 합니다.

```
<input type="number" min="0" max="10" bind:value={score}>

<input
  type={scoreAttrs.type}
  min={scoreAttrs.min}
  max={scoreAttrs.max}
  bind:value={score}>
```

DOM 속성들

몇몇 DOM 속성은 HTML 요소에서 초깃값을 가져옵니다. 이런 DOM 속성들은 그 값이 바뀌기도 하지만, 관련된 HTML 속성값은 절대 변하지 않습니다. 예를 들어 다음 자바스크립트 코드를 한번 살펴봅시다. input 요소에서 처음 표시되는 초깃값은 "initial"입니다. 사용자가 input 요소를 선택해서 그 값을 "new"라고 바꾼 다음 '로그' 버튼을 누르면 input 요소의 값을 콘솔에 표시합니다. 이제 DOM 속성값은 "new"로 바뀌었지만, HTML 속성값은 계속 "initial"임을 알 수 있습니다.

```
<html>
  <head>
    <script>
      function log() {
        const input = document.querySelector('input');
        console.log('DOM prop value =', input.value);
        console.log('HTML attr value =',
          input.getAttribute('value'));
      }
    </script>
  </head>
  <body>
```

```
    <label>
      Name
      <input value="initial">
    </label>
    <button onclick="log()">Log</button>
  </body>
</html>
```

또한 몇몇 HTML 속성은 DOM 속성으로 연결되지 않기도 합니다. 이를테면 **table** 요소 내에서 쓰이는 **td** 요소의 **colspan** 같은 HTML 속성이 이에 해당합니다.

몇몇 DOM 속성은 연관된 HTML 속성이 없기도 합니다. 예를 들면 DOM 속성 중 하나인 **textContent**는 연관된 HTML 속성이 없습니다.

이런 기술적인 내용과는 무관하게 스벨트 컴포넌트는 HTML **속성**을 가지지 않습니다. 대신 **프롭스**만 가집니다.

3.3 컴포넌트 이름

스펠트 컴포넌트를 정의할 때는 컴포넌트 이름을 명시하지 않습니다. 다른 웹 프레임워크와는 달리 클래스 이름이나 함수 이름, 심지어 컴포넌트 속성들도 컴포넌트 이름과 아무런 연관이 없습니다. 대신 .svelte 파일을 불러오는 경우에만 컴포넌트 이름을 명시합니다. 다시 말해서 불러올 때 지정한 이름이 컴포넌트 이름이 된다는 뜻입니다.

컴포넌트는 **script** 요소 내에서 다른 컴포넌트를 불러올 수 있습니다.

```
import Other from './Other.svelte';
```

불러온 컴포넌트는 HTML 영역에서 불러온 이름으로 쓸 수 있습니다.

```
<Other />
```

컴포넌트 이름은 반드시 대문자로 시작해야 하며 여러 단어라면 일반적으로 카멜 표기법을 따릅니다. 소문자로 시작하는 이름들은 HTML이나 SVG 등으로 제공되는 요소들이 미리 정의해 둡니다.

일반적으로 소스 파일 이름과 컴포넌트 이름을 같게 하는 경우가 많지만, 반드시 그래야 할 필요는 없습니다.

```
import AnyNameIWant from './some-name.svelte';   ◁──┤ 이름 표기법을 따르지도 않고 뭔가 헷갈립니다.

import SameName from './SameName.svelte';   ◁──┤ 아주 분명한 이름입니다.
```

3.4 컴포넌트 스타일

HTML 요소에 스타일을 추가하는 방법 중 하나는 해당 HTML 요소가 어떤 CSS 규칙을 따를 것인지 class 속성값을 추가하는 것입니다. 여기서 지정하는 CSS 규칙은 컴포넌트 style 요소 안에 정의되어 있어야 합니다. HTML 요소에는 class를 몇 개든 지정할 수 있습니다. 예를 들어 holiday와 sale이라는 CSS 규칙을 지정하고 싶으면 다음과 같이 작성할 수 있습니다.

```
<div class="holiday sale">large red wagon</div>
```

CSS 규칙은 HTML 요소에 여러 방법으로 조건부 적용할 수 있습니다. 특정 조건에 만족할 때만 CSS 스타일이 적용되도록 만들 수 있는 것입니다. 다음 예제에서는 status 변숫값이 400이거나 그보다 클 때만 CSS 클래스 error를 적용합니다.

```
<script>
  let status = 200;
  let message = 'This is a message.';
</script>

<label>
  Status
  <input type="number" bind:value={status}>   ◁──┤ 사용자가 input 요소를 통해 status 변숫값을 바꿀 수 있게 합니다.
</label>
```

```
<div class:error={status >= 400}>{message}</div>

<style>
  .error {
    color: red;
    font-weight: bold;
  }
</style>
```

조건에 맞는 경우, 즉 status 변숫값이 400이거나 그보다 크면 error 클래스를 적용합니다.

error 클래스는 조건부로 적용됩니다.

조건부로 **error** 클래스를 적용하는 다른 방법은 다음과 같습니다.

```
<div class={status >= 400 ? 'error' : ''}>{message}</div>
```

status 변숫값이 400보다 작으면 빈 문자열을 클래스 이름으로 지정합니다. 물론 다른 클래스 이름을 쓰도록 지정할 수도 있습니다.

또 다른 방법은 같은 이름을 가지는 불리언 변수를 쓰는 것입니다. 리액티브 선언문을 script 요소 안에 추가합니다.

```
$: error = status >= 400;
```

2장에서 살펴본 $: 문법은 리액티브 구문이라고 합니다. 리액티브 구문에서 알아야 하는 가장 중요한 것은 바로 이 구문이 참조하는 어떤 변숫값이라도 바뀌면 해당 구문이 다시 실행된다는 점입니다. 위 코드의 경우 **status** 변숫값이 바뀌면 **error** 값 역시 다시 계산됩니다. 리액티브 구문에 대해서는 3.10절에서 자세하게 다룹니다.

리액티브 구문을 추가했다면 **div** 요소는 다음과 같이 쓸 수 있습니다.

```
<div class:error>{message}</div>
```

스벨트는 CSS를 생성할 때 사용하지 않는 CSS 규칙은 자동으로 제거합니다. 제거 대상이 되는 CSS 규칙은 컴포넌트에 의해 화면에 표시될 수 있는 HTML 요소와 일치하는 것이 하나도 없는 것입니다. 스벨트 컴파일러는 사용하지 않는 CSS 규칙에 대해서 경고 메시지를 출력합니다.

3.5 CSS 명시도

CSS 명시도specificity는 CSS 규칙이 충돌할 때 어떤 규칙을 지정할지를 결정하는 방법입니다. 스벨트만 CSS 명시도를 쓰는 것은 아니지만, 이 내용을 이해하면 CSS의 다른 내용을 이해하는 데 큰 도움이 됩니다.

예를 들어 HTML 내용을 살펴봅시다.

```
<div class="parent">
  I am the parent.
  <div id="me" class="child" style="color: red">
    I am the child.
  </div>
</div>
```

다음 CSS 규칙은 "I am the child."라는 문자열에 다른 색을 지정합니다. 이때 어떤 색이 선택될지는 선택자 명시도에 따라 다릅니다. 네 개의 숫자로 표시되는 점수가 이 예제에 대한 명시도를 나타냅니다.

```
#me {
  color: orange;          점수: 0,1,0,0
}
.parent > .child {        점수: 0,0,2,0. 이전 규칙과 점수가 같기 때문에 나중에 나온 규칙이
  color: yellow;          더 높은 순위를 가집니다. 즉, 나중에 선언된 것이 이전에 선언된 것을
}                         덮어쓴다고 이해할 수 있습니다.
.parent .child {          점수: 0,0,2,0
  color: green;
}
.child {                  점수: 0,0,1,0
  color: blue;
}
.parent {                 점수: 0,0,1,0. 이전 규칙과 점수가 같습니다. 클래스가 "parent"로 지정된 요소
  color: purple;          에 대해 색을 purple로 지정하지만, 이전 규칙의 경우 클래스가 "child"로 지정
}                         된 요소에 대해 색을 blue로 지정합니다.
```

이 예제에서는 각 규칙의 명시도에 대한 우선순위가 나열된 순서와 같습니다. div 내부에 style 속성으로 지정한 것이 가장 높은 명시도를 가집니다.

CSS 규칙에 대한 명시도를 네 개의 숫자로 표시할 수 있는 계산 방법이 있습니다. 네 개의 숫자에서 가장 왼쪽이 첫 번째, 가장 오른쪽이 네 번째 숫자라고 하면 다음과 같습니다.

- 첫 번째 숫자는 인라인 스타일인 경우 1, 그렇지 않으면 0입니다.
- 두 번째 숫자는 지정자 안의 id 값입니다.
- 세 번째 숫자는 지정자 안의 클래스 이름 개수입니다.
- 네 번째 숫자는 지정자 안의 요소 이름에 대한 참조 수입니다.

이렇게 네 개의 숫자를 찾으면, 쉼표를 제거해서 하나의 네 자리 숫자로 만듭니다. 1,2,3,4 는 1234점이 되는 것입니다. 이 값이 명시도에 대한 점수가 됩니다. 그래서 HTML 요소 내의 **style** 속성으로 지정된 CSS 규칙이 항상 가장 높은 순위를 가지게 됩니다. 그다음 **id** 속성이 클래스 이름보다 더 중요하고, 클래스 이름은 요소 이름보다 더 중요한 식입니다.

또한 이 계산 방법에서 알 수 있는 것은 **id** 값이나 클래스 이름, 요소 이름을 나열하는 순서가 명시도에 아무런 영향을 주지 않는다는 점입니다. 위 계산 방법을 따르면 다음 예제와 같이 점수를 계산해볼 수 있습니다.

- CSS 지정자 `.parent > #me`는 0,1,0,0입니다.
- CSS 지정자 `.parent #me`의 점수도 0,1,0,0입니다.
- CSS 지정자 `.parent .child`의 점수는 0,2,0,0이며 id를 지정한 것보다 더 낮은 점수를 가집니다.

CSS 명시도에 대한 더 자세한 내용은 'Specifics on CSS Specifity (*https://css-tricks.com/specifics-on-css-specificity*)'를 참고하세요.

3.6 유효 범위를 가지는 스타일과 전역 스타일

전역 스타일은 애플리케이션의 모든 컴포넌트에 똑같이 적용되어야 하는 스타일에 적합합니다. 이를테면 애플리케이션의 모든 버튼이 파란 배경에 흰색 글자, 경계선 없이 둥근 모서리를 가져야만 하는 경우이죠.

유효 범위를 가지는 스타일은 다른 컴포넌트에 영향을 주지 않고 해당 컴포넌트에만 스타일을 지정할 때 씁니다. 특정 컴포넌트가 table 요소를 그릴 때 테이블의 가로선은 회색으로, 세로 선은 표시하고 싶지 않다면 이런 유효 범위를 가지는 스타일을 써야 합니다. 그러면 table 요소를 쓰는 다른 컴포넌트에서는 다른 스타일을 지정할 수 있습니다.

이전에도 설명했듯 스벨트 컴포넌트 내의 style 요소에 정의한 CSS 규칙은 자동으로 해당 컴포넌트에 대해서만 유효 범위를 가지며 다른 컴포넌트에는 영향을 주지 않습니다. 스타일의 유효 범위는 svelte-*hash* 형태로 CSS 클래스 이름을 생성하고 적용하는 방식으로 지정됩니다. 따라서 스벨트 컴포넌트가 사용하는 요소들은 이 규칙에 영향을 받을 수 있습니다. 해시값은 style 요소 내용을 가지고 만듭니다. 이렇게 만들어진 해시값은 해당 컴포넌트에서 만들어지는 모든 CSS 규칙에서 사용합니다. 다음과 같이 src/Pony.svelte 파일에 컴포넌트를 만들었다고 생각해봅시다.

```
<h1>Pony for sale</h1>
<p class="description">2 year old Shetland pony</p>

<style>
  h1 {
    color: pink;
  }
  .description {
    font-style: italic;
  }
</style>
```

생성되는 public/build/bundle.css 파일에는 다음과 비슷하게 생긴 CSS 규칙이 있습니다.

```
h1.svelte-uq2khz{color:pink}.description.svelte-uq2khz{font-style:italic}
```

h1과 .description에 대한 CSS 지정자가 둘 다 svelte-로 시작해서 똑같은 해시값으로 끝나는 클래스 이름을 지정한 것을 알 수 있습니다.

서로 다른 컴포넌트들이 style 요소에 똑같은 CSS 규칙을 똑같은 순서로 나열하는 것은 아주 드문 일입니다. 하지만 만약 이런 일이 일어난다면 이들 컴포넌트들은 클래스 이름에 똑같은 해시값을 사용합니다. 같은 해시값 자체는 문제가 되지 않겠지만, 스벨트 컴파일러가 만들어내는 build/bundle.css 파일 안에는 똑같은 해시값이 존재하게 됩니다.

전역 스타일을 지정하는 방법은 크게 두 가지입니다. 첫 번째는 public/global.css 파일에 스타일을 정의하는 것입니다. 이 파일은 public/index.html 파일이 기본으로 불러오는 스타일 파일입니다. 두 번째 방법은 컴포넌트의 style 요소 안에서 :global (*selector*)로 스타일을 정의하는 것입니다. 이 문법은 CSS 모듈(*https://github.com/css-modules/css-modules*)에서 따온 것입니다.

public/global.css 파일에 전역 스타일을 정의하면 각 컴포넌트별로 전역 스타일을 정의하는 것보다 개발자가 전역 스타일을 더 쉽게 찾고 관리할 수 있다는 장점이 있습니다.

전역 스타일의 CSS 속성은 컴포넌트의 style 요소가 정의하지 않은 속성에 한해 컴포넌트에 적용됩니다. 예를 들어 모든 h1 요소가 기본으로 빨간 색을 쓰게 하고 싶다면, 다음과 같은 규칙을 public/global.css 파일에 추가합니다.

```
h1 {
  color: red;
}
```

컴포넌트 내의 style 요소에서 전역 스타일을 정의하고 싶다면 다음과 같이 추가합니다.

```
:global(h1) {
  color: red;
}
```

h1 지정자도 같이 정의하면, 스벨트 컴파일러는 h1.svelte-*hash* 클래스 이름을 가지는 규칙으로 컴파일합니다. :global(h1) 지정자를 쓰면 유효 범위가 없는 규칙을 만듭니다. 다시 말해 :global 수식자^{modifier}를 써서 CSS 클래스의 유효 범위를 없애는 것입니다.

:global 수식자를 쓴 CSS 규칙의 속성은 public/global.css에 정의된 동일한 CSS 지정자의 속성값을 덮어씁니다.

:global 수식자는 또한 하위 컴포넌트의 스타일을 덮어쓰기 위한 목적으로도 사용됩니다. 하위 컴포넌트 스타일을 덮어쓰려면, 더 높은 명시도를 가지는 CSS 규칙을 만들어내야만 합니다. 예를 들어 h1 요소의 색을 빨간색으로 만드는 컴포넌트가 있다고 가정해봅시다.

예제 3-1 src/Child.svelte에 정의한 자식 컴포넌트

```
<h1>Hello from Child</h1>

<style>
  h1 {
    color: red;
  }
</style>
```

그리고 다음 컴포넌트는 자식 컴포넌트를 불러와서 사용합니다. 이 컴포넌트에서는 CSS 클래스 이름이 override인 경우, 그 안에 있는 h1 요소에 대한 color 속성값을 덮어씁니다.

예제 3-2 src/Parent.svelte에 정의한 부모 컴포넌트

```
<script>
  import Child from './Child.svelte';
</script>

<div class='override'>
  <Child />
</div>

<style>
  .override :global(h1) {
    color: blue;
  }
</style>
```

Child.svelte 파일에 생성되는 CSS는 다음과 같습니다.

```
h1.svelte-bt9zrl{color:red}
```

Parent.svelte 파일에 생성되는 CSS는 다음과 같습니다.

```
.override.svelte-ul8eid h1{color:blue}
```

Parent.svelte에 정의된 지정자가 Child.svelte에 정의된 CSS 지정자보다 명시도가 더

높기 때문에 결국 `Parent.svelte`에 정의된 CSS 지정자를 사용합니다. 따라서 `h1` 요소의 색은 빨간색이 아닌 파란색이 됩니다.

`:global` 수식자는 반드시 CSS 지정자 목록의 처음이나 끝에만 써야 합니다. 중간에 쓰는 것은 허용되지 않습니다.

```
.user :global(.address) .city { ... }
```

`:global` 수식자는 대개 상위 컴포넌트에서 가장 마지막에 사용해서 자식 컴포넌트의 CSS 지정자를 덮어쓰는 용도로 많이 사용합니다. `:global` 수식자가 맨 앞에 오면 진짜 전역 스타일이 되지만, 이렇게 쓰는 경우는 많지 않습니다.

`:global` 수식자에는 다음과 같이 여러 CSS 지정자 목록을 넘길 수도 있습니다.

```
.user :global(.address .city) { ... }
```

3.7 CSS 전처리기

스벨트 모듈 번들러는 CSS 전처리기를 쓸 수 있습니다. CSS 전처리기는 표준 CSS에서는 지원하지 않는 사용자 정의 스타일 문법을 읽어 와서 표준 CSS로 바꾸는 일을 합니다. 20장에서 더 자세히 알아봅니다.

유명한 CSS 전처리기로 Sass(*https://sass-lang.com*)가 있는데, 역시 20장에서 알아봅니다. Sass를 쓰면 CSS 내에서 변수를 쓰거나 규칙을 중첩해서 정의하거나 믹스인[mixin]과 Sass 함수들을 쓸 수도 있습니다. Sass를 쓰도록 설정하면 `style` 요소에 `lang` 속성을 다음과 같이 지정해서 컴포넌트가 Sass를 쓰게 할 수 있습니다.

```
<style lang="scss">
```

3.8 컴포넌트 로직

컴포넌트 로직은 두 가지 방법으로 정의할 수 있습니다. 첫 번째는 script 요소 내에 자바스크립트 함수를 정의하는 것입니다. 두 번째는 HTML 요소 내에 블록 구조를 쓰는 것입니다. 블록 구조는 4장에서 다룹니다.

많은 개발자들이 클래스나 오브젝트의 메서드를 쓰는 것보다 그냥 함수를 쓰는 것이 더 이해하기 쉽다고 생각합니다. 함수를 쓰면 자바스크립트의 this 변수를 이해할 필요가 없습니다.

스벨트 컴포넌트에서 함수를 어떻게 쓰는지 알아보기 위해 [예제 3-3]의 코드를 살펴봅시다. 다음 코드는 2.2.4절에서 구현한 대출 상환금 계산기를 calculatePayment 함수로 다시 구현한 것입니다. 그리고 reset 함수를 써서 모든 입력값을 초기화할 수 있는 버튼을 추가했습니다.

예제 3-3 대출 상환금 계산기

```
<script>
  const MONTHS_PER_YEAR = 12;
  let interestRate, loanAmount, years;

  function calculatePayment(loanAmount, interestRate, years) {
    if (!loanAmount || !years) return 0;
    const months = years * MONTHS_PER_YEAR;
    if (!interestRate) return loanAmount / months;
    const monthlyInterestRate = interestRate / 100 / MONTHS_PER_YEAR;
    const numerator = loanAmount * monthlyInterestRate;
    const denominator = 1 - (1 + monthlyInterestRate) ** -months;
    return numerator / denominator;
  }

  function reset() {
    interestRate = 3;
    loanAmount = 200000;
    years = 30;
  }

  reset();
```

```
    $: payment = calculatePayment(loanAmount, interestRate, years);
  </script>

  <label for="loan">Loan Amount</label>
  <input id="loan" type="number" bind:value={loanAmount}>

  <label for="interest">Interest Rate</label>
  <input id="interest" type="number" bind:value={interestRate}>

  <label for="years">Years</label>
  <input id="years" type="number" bind:value={years}>

  <div>
    Monthly Payment: ${payment.toFixed(2)}
  </div>

  <button on:click={reset}>Reset</button>
```

calculatePayment의 인잣값 중 어느 하나라도 바뀌면 payment를 다시 계산합니다.

calculatePayment 함수에 왜 인자로 loanAmount, interestRate, years 변숫값을 넘기는지 이해가 잘 안 될 수도 있습니다. loadnAmount, interestRate, years라는 인자는 또한 calculatePayment 함수 내에서만 유효한 변수라고 볼 수도 있습니다. 이렇게 값으로 인자를 전달하면 인잣값이 바뀔 때 해당 함수를 다시 호출하게 만들 수 있습니다. 만약 인자를 생략하고 다음과 같이 함수를 호출하게 만들면, 입력값이 바뀌어도 calculatePayment 함수는 다시 호출되지 않는다는 사실을 알 수 있습니다.

```
  $: payment = calculatePayment();
```

3.9 컴포넌트 상태

script 요소 내의 가장 상위에 선언되는 변수들 중 HTML 보간에서 참조하는 변수들은 해당 컴포넌트의 **상태**state로 간주됩니다. 가장 상위라는 뜻은 어떤 함수의 지역 변수가 아니라는 것입니다. 그리고 보간은 중괄호 안에 있는 자바스크립트 표현식입니다. 이런 상태변수들의 값을 변경하게 되면 해당 변수를 사용하는 보간들의 표현식이 다시 계산됩니다. 그리고 새로 계산된 값이 이전과 다르면, 해당 DOM 부분은 업데이트됩니다.

```
<script>
  let count = 0;
  const increment = () => count++;
</script>

<div>count = {count}</div>
<button on:click={increment}>+</button>
```

'+' 버튼을 클릭하면 increment 함수가 호출됩니다. increment 함수는 최상위 변수인 count 의 값을 변경합니다. 그리고 count 변수가 div 요소 내의 보간에서 쓰이기 때문에, DOM의 해당 부분이 업데이트됩니다.

이런 업데이트를 발생시키려면 반드시 =나 +=, ++ 등을 써서 새로운 값을 할당해야 합니다. 배열에 새로운 요소를 추가한다고 새로운 배열이 만들어지지 않으며 따라서 변수에 새로운 값이 할당되지도 않습니다. 그래서 배열을 업데이트하려면 다음과 같은 방법으로 해야 합니다.

```
myArr = myArr.concat(newValue);

myArr = [...myArr, newValue];

myArr.push(newValue);
myArr = myArr;
```

마지막 방법은 사실 변수 스스로를 다시 할당하는 것이지만, 이렇게 하는 것만으로도 스벨트에 새로운 값을 할당한다는 사실을 알려주게 됩니다.

성능상의 이유로 push를 쓰는 것이 더 좋습니다. concat 메서드나 전개 연산자와는 달리 새로운 배열을 만들지 않기 때문입니다.

3.10 리액티브 구문

자바스크립트 구문 앞에 이름과 콜론(:) 기호를 쓰면, 해당 구문은 **레이블 구문**labeled statement이 됩니다. 레이블 구문은 break나 continue 구문의 목적지가 될 수 있습니다. break 구문은 반복문을 빠져나올 때, 그리고 continue 구문은 지정된 구문에서 실행을 계속하고자 할 때 사용합니다. 레이블 구문은 일반적으로 거의 사용되지 않습니다.

최상위 수준의 구문, 즉 함수 내부나 코드 블록 안에 있지 않는 구문에 레이블을 추가하고 그 레이블의 이름이 달러 기호($)인 경우, 스벨트는 이 구문을 **리액티브 구문**으로 간주합니다.

흥미롭게도 자바스크립트는 동일한 유효 범위 내에서 동일한 레이블 이름을 여러 번 쓰는 것을 에러라고 생각하지 않습니다. 그래서 '$'가 레이블 이름인 리액티브 구문을 여러 번 쓸 수 있는 것입니다.

리액티브 구문은 스벨트가 일반적인 자바스크립트 문법을 특별하게 다루는 또 하나의 예시입니다. 이전에는 리액티브 구문과 비슷하게 export 키워드를 써서 스벨트가 컴포넌트 프롭스를 정의하는 방법을 살펴보기도 했습니다.

리액티브 구문은 해당 구문이 참조하는 변수 중 어떤 것이라도 그 값이 바뀌면 다시 실행됩니다. 뷰 프레임워크의 '계산된 속성computed property'과 비슷하다고 볼 수 있습니다.

리액티브 구문이 선언문이면, 이를 **리액티브 선언문**이라고 합니다. 다음 예제에서 첫 번째 구문은 리액티브 선언문이고 두 번째는 리액티브 구문입니다.

```
$: average = total / count;        average 변숫값은 처음에 한 번 계산된 뒤, total 또
                                   는 count 변숫값이 변경되면 다시 계산됩니다.
$: console.log('count =', count);
                                   count 변숫값은 바뀔 때마다 개발자 도구의 콘솔에
                                   출력됩니다. 이런 식으로 쉽게 디버깅할 수 있습니다.
```

위 예제의 변수 **average**처럼 선언되지 않은 변수 앞에 $: 레이블을 붙이는 경우 스벨트는 리액티브 구문의 변수 앞에 let 키워드를 삽입합니다. 명시적으로 변수 앞에 let 키워드를 붙이는 것은 자바스크립트에서 허용하지 않기 때문에 할 수 없습니다. 즉, 다음과 같이 선언하면 올바르지 않은 문법입니다.

```
$: let average = total / count;
```

$:은 구문 블록 앞에 붙여서 내부에서 참조하는 변숫값이 바뀌면 블록 전체가 다시 실행되게 할 수도 있습니다. 예를 들어봅시다.

```
$: isTeen = 13 <= age && age < 20;
$: upperName = name.toUpperCase();
```

위와 같은 리액티브 선언문들은 다음과 같이 반응성 블록으로 대체할 수도 있습니다.

```
let isTeen, upperName;
$: {
  isTeen = 13 <= age && age < 20;
  upperName = name.toUpperCase();
}
```

하지만 이 경우에는 명시적으로 변수들을 선언해야 하므로 코드가 좀 길어질 수 있습니다. `$:` 구문은 `if` 구문처럼 여러 구문을 쓸 때에도 적용할 수 있습니다.

```
$: if (someCondition) {
  // if 구문의 바디
}
```

위 `if` 구문은 조건문이나 `if` 구문의 바디에서 참조하는 변숫값이 바뀌면 다시 실행됩니다. 만약 조건문이 함수 호출을 포함하고 있다면, `if` 구문 바디의 변숫값이 바뀔 때마다 해당 함수도 다시 호출됩니다. 물론 바디의 코드는 조건문이 참일 경우에만 실행됩니다.

리액티브 선언문은 위상 순서에 따라 실행됩니다. 다시 말해, 다른 리액티브 선언문에서 사용되는 리액티브 선언문의 변수가 먼저 계산됩니다. [예제 3-4]는 [그림 3-1]의 애플리케이션 코드인데, 여기에서 리액티브 선언문들이 실제 작성된 것과 반대 순서로 실행된다는 점을 알 수 있습니다. 예를 들어 `$: volume = area * height;` 구문은 `$area = Math.PI * radius ** 2;` 구문보다 먼저 작성되었지만 해당 구문에서 참조하는 `area` 변

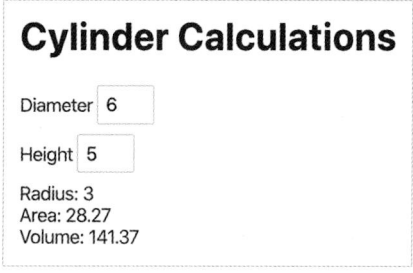

그림 3-1 원기둥 부피 계산기

숫값을 계산하기 위해 두 번째 구문이 먼저 실행되어야 합니다.

예제 3-4 원기둥 부피 계산기 코드

```
<script>
  let diameter = 1;
  let height = 1;

  $: volume = area * height;        ← 이 표현식은 변수 area와 height를 참조합니다.

  $: area = Math.PI * radius ** 2;  ← 이 표현식은 변수 radius를 참조합니다.

  $: radius = diameter / 2;         ← 이 표현식은 변수 diameter를 참조합니다.
</script>

<h1>Cylinder Calculations</h1>
<label>
  Diameter
  <input type="number" bind:value={diameter}>
</label>
<label>
  Height
  <input type="number" bind:value={height}>
</label>
<label>Radius: {radius}</label>
<label>Area: {area.toFixed(2)}</label>
<label>Volume: {volume.toFixed(2)}</label>

<style>
  input {
    width: 50px;
  }
</style>
```

[예제 3-4]의 변수 디펜던시는 [그림 3-2]처럼 나타낼 수 있습니다.

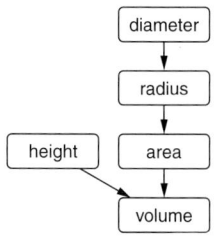

그림 3-2 변수 디펜던시

리액티브 선언문은 실제 실행되는 순서와 동일하게 배치하는 것이 읽기도 편하고 이해하기도 쉽습니다. 위 코드의 경우 변수를 radius, area, volume 순서로 배치하면 더 이해하기 쉽습니다. [예제 3-4]의 코드는 이렇게 순서를 반대로 해도 스벨트가 제대로 처리할 수 있다는 것을 보여주기 위해 만든 코드일 뿐입니다.

스벨트는 리액티브 선언문들 사이에 순환 참조가 발생하는 것을 탐지할 수 있으며 이에 대한 에러를 표시합니다. 예를 들어 다음과 같은 코드의 경우 'Cyclical dependency detected.'라는 에러 메시지를 출력합니다.

```
$: a = b + 1;
$: b = a + 1;
```

3.11 모듈 콘텍스트

스벨트는 **모듈 콘텍스트**module context를 통해 자신을 포함하는 코드를 가리킬 수 있는 사용자 정의 script 요소 속성을 정의할 수 있습니다. 모듈 콘텍스트는 자바스크립트 클래스의 인스턴스의 멤버 변수 및 메서드와 정적 변수 및 메서드의 차이점을 생각하면 쉽게 이해할 수 있습니다.

```
<script context="module">
  ...
</script>
```

script 요소에 context를 별도로 명시하지 않으면 이는 **인스턴스 콘텍스트**instance context입니다. 컴포넌트 소스 파일의 각 script 요소에 모듈 콘텍스트인지 인스턴스 콘텍스트인지를 명시할 수 있습니다.

모듈 콘텍스트에서는 해당 컴포넌트의 모든 인스턴스에서 접근할 수 있는 변수와 함수를 정의할 수 있습니다. 모든 인스턴스에서 데이터를 공유할 수 있는 것입니다. 하지만 모듈 콘텍스트에서 정의하는 변수들은 반응성이 없기 때문에, 이들 변수가 바뀐다고 해서 컴포넌트가 업데이트되지는 않습니다. 그리고 모듈 콘텍스트에서는 인스턴스 콘텍스트에 정의된 변수나 함수에 접근할 수 없습니다.

자바스크립트 코드를 인스턴스가 생성될 때마다 실행하는 것이 아니라 딱 한 번만 실행하고 싶다면, 코드를 모듈 콘텍스트에서 정의하면 됩니다.

그렇다고 컴포넌트 상태에 접근하지 않는 함수들을 모듈 콘텍스트로 옮길 필요는 없습니다. 스벨트 API 문서에 따르면 스벨트는 컴포넌트가 정의한 로컬 상태에 의존하지 않는 모든 함수는 그 선언부를 상단으로 끌어올리기hoist 때문입니다.

하지만 모듈 콘텍스트에 함수를 정의하면 소스 파일 바깥에서 이 함수를 불러와서 사용할 수 있습니다. 물론 .svelte 파일은 기본 내보내기export 대상을 명시할 수 없습니다. 스벨트는 컴포넌트를 정의하고, 컴포넌트가 항상 기본 내보내기 대상이 되기 때문입니다.

[예제 3-5]의 코드에서 모듈 콘텍스트에 정의한 함수를 어떻게 내보내는지 확인할 수 있습니다.

예제 3-5 src/Demo.svelte에서 모듈 콘텍스트 사용하기

```
<script context="module">
  export function add(n1, n2) {
    return n1 + n2;
  }
</script>

<script>
  <!-- 컴포넌트의 자바스크립트 코드를 여기에 작성합니다. -->
</script>

<!-- 컴포넌트의 HTML을 여기에 작성합니다. -->

<style>
  /* 컴포넌트의 CSS를 여기에 작성합니다. */
</style>
```

그리고 다른 컴포넌트에서는 위에서 내보낸 함수를 다음과 같이 가져와서 쓸 수 있습니다.

예제 3-6 내보낸 함수 불러와서 사용하기

```
<script>
  import {onMount} from 'svelte';
  import {add} from './Demo.svelte';

  onMount(() => {
    const sum = add(1, 3);
    console.log(sum ='', sum);
  });
</script>
```

이렇게 쓰는 것도 가능하지만, 이런 유틸리티 함수들을 정의하고 내보내는 것은 .svelte 파일
보다는 .js 파일을 사용하는 것이 더 일반적입니다. 모듈 콘텍스트는 이런 경우보다는 새퍼 앱
의 컴포넌트가 데이터를 읽어오기 전에 실행하는 preload 함수를 정의할 때 더 많이 사용됩니
다. 이 부분은 16장에서 다룹니다.

3.12 사용자 정의 컴포넌트 만들기

많은 웹 앱에서 사용자가 선택할 수 있는 항목을 표시하는 용도로 select 요소를 자주 사용합
니다. 선택 가능한 항목들을 중첩된 option 요소로 보여주는 것입니다. 각 항목은 표시할 텍스
트와 사용자가 선택했을 때 사용할 값을 가질 수 있습니다. 값을 따로 지정하지 않으면 표시하
는 텍스트가 값이 됩니다.

사용자 정의 스벨트 컴포넌트를 통해 select 요소를 쓰기 쉽게 만들 수 있습니다. 2장에서 만
든 Todo 컴포넌트처럼 여기서 만드는 Select 컴포넌트는 select라는 사용자 정의 이벤트를
부모 컴포넌트가 처리하도록 생성하고 전달합니다. 이벤트 전달은 dispatch 함수로 하는데,
이 함수는 스벨트가 제공하는 createEventDispatcher 함수로 가져올 수 있습니다.

예제 3-7 src/Select.svelte 파일의 Select 컴포넌트

```
<script>
  import {createEventDispatcher} from 'svelte';
  const dispatch = createEventDispatcher();
```

```
    export let options;                   ◁─────────────────
                                                             select 요소에서 보여줄 항목들은
    const getLabel = option =>                               options 프롭스에 문자열 배열 또는
      typeof option === 'object' ? option.label : option;    객체 배열 형태로 전달합니다.
                                                             객체를 전달받으면 이 객체는 label과
    const getValue = option =>                               value 속성을 가집니다. 값이 제공되지
      typeof option === 'object' ?                           않으면 label 속성값을 값 대신
        option.value ¦¦ option.label :                       사용합니다.
        option;
  </script>                                         항목을 선택하면 선택한 항목에 대한 값 "select"를
                                                    이벤트 값으로 만들어서 전달합니다.

  <select on:change={event => dispatch('select', event.target.value)}>  ◁────────
    {#each options as option}   ◁──────────
      <option value={getValue(option)}>{getLabel(option)}</option>
    {/each}                                                        배열을 반복하는
  </select>                                                        스벨트 문법입니다.
```

[예제 3-8]에서는 **Select** 컴포넌트를 불러와서 사용합니다.

예제 3-8 Select 컴포넌트를 불러와서 사용하는 src/App.svelte

```
<script>                                            아무것도 선택하지 않았음을 나타냅니다.
  import Select from './Select.svelte';

  const options = [
    '',   ◁─────
    'Red',     ◁──│ 항목은 문자열값만 가질 수 있습니다.       항목값이 객체인 경우
    {label: 'Green'},    ◁─────                             value 속성이 없을 수도 있습니다.
    {label: 'Blue', value: 'b'}   ◁───────
    ];                                                      이 객체는 label과 value 속성을
                                                            모두 정의하고 있습니다.
  let selected;

  const handleSelect = event => selected = event.detail;   ◁────    Select.svelte 파일에서
</script>                                                           dispatch 함수를 호출할 때
                                                                    두 번째 인자로 전달한 값은
<Select options={options} on:select={handleSelect} />              선택한 항목의 값이며, 이 값은
                                                                    여기에서 event.detail로
{#if selected}                                                      접근할 수 있습니다.
  <div>You selected {selected}.</div>
{/if}
```

3.13 여행 준비물 앱 만들기

지금까지 배운 내용으로 여행 준비물 앱을 만들어봅시다. 완성한 앱의 코드는 *http://mng. bz/wBd0*에서 확인할 수 있습니다.

완성된 앱은 다음의 기능들을 제공합니다.

- 계정 만들기(실제로 구현하지는 않을 겁니다)
- 로그인, 로그아웃
- 체크리스트 항목에 대한 분류를 생성, 편집, 삭제
- 체크리스트 항목을 생성, 편집, 삭제
- 항목을 체크, 체크 해제
- 모든 체크리스트 항목 보기, 체크된 항목만 보기, 체크되지 않은 항목만 보기
- 각 분류에서 준비물에 대한 진행 정도의 퍼센트 값을 막대로 표시하기
- 다음 여행을 위해 체크된 모든 항목을 제거하기

앱 개발을 위한 첫 번째 파일을 만들기 위해 우선 개발을 시작할 디렉터리로 간 다음 npx degit sveltejs/template travel-packing을 실행합니다.

그다음 src/Login.svelte 파일을 만듭니다. 로그인 컴포넌트는 사용자 이름과 비밀번호를 입력할 두 개의 input 요소, '로그인' 버튼, 그리고 '가입' 버튼으로 구성됩니다. 버튼을 누른다고 어떤 일이 일어나지는 않습니다. 지금은 우선 어떻게 화면에 표시되는지 집중할 것입니다.

Login 컴포넌트의 CSS는 화면 구성을 위해 플렉스박스flexbox를 사용합니다. 플렉스박스를 잘 모른다면 'Flexbox Froggy(*http://flexboxfroggy.com*)'나 웨스 보스Wes Bos의 무료 비디오 강좌(*https://flexbox.io*)를 참고하기 바랍니다.

[예제 3-9]는 Login 컴포넌트의 코드입니다.

예제 3-9 src/Login.svelte 파일의 Login 컴포넌트

```
<script>
  let password = '';
  let username = '';

  const login = () => alert('You pressed Login.');
  const signup = () => alert('You pressed Signup.');
```

```
</script>

<section>
  <form on:submit|preventDefault={login}>        ⟵──  preventDefault를 써서
    <label>                                           데이터를 전송하지 않게 합니다.
      Username
      <input required bind:value={username}>
    </label>
    <label>
      Password
      <input type="password" required bind:value={password}>
    </label>
    <div class="buttons">
      <button>Login</button>
      <button type="button" on:click={signup}>Sign Up</button>  ⟵──
    </div>
  </form>
</section>                                      버튼 요소의 기본형은 "submit"입니다.
                                               폼에 딱 하나의 '전송' 버튼만 만들기 위해,
<style>                                              이 버튼은 명시적으로
  .buttons {                                        "button"이라고 지정했습니다.
    display: flex;
    justify-content: space-between;

    font-size: 1.5rem;
    margin-top: 1rem;
  }

  form {
    display: inline-block;
  }

  input {
    display: block;
    margin-top: 0.3rem;
  }

  label {
    color: white;
    display: block;
    font-size: 1.5rem;
    margin-top: 0.5rem;
  }
</style>
```

'로그인' 버튼은 on:click 속성을 가지지 않습니다. 버튼을 클릭하거나 input 요소에서 엔터 키를 누르면 login 함수가 호출되는데, 이는 form 요소의 on:submit에 login을 지정했으며 '로그인' 버튼은 기본형인 submit이기 때문입니다.

이제 src/App.svelte 파일의 script 요소 안에 있는 내용을 지우고 다음 코드를 넣어서 Login 컴포넌트를 불러옵니다.

```
import Login from './Login.svelte';
```

그리고 App.svelte의 main 요소 내용을 다음 내용으로 대체해서 Login 컴포넌트를 화면에 그립니다.

```
<h1 class="hero">Travel Packing Checklist</h1>
  <Login />
```

App 컴포넌트의 CSS는 CSS 변수^{variable}들과 플렉스박스를 씁니다. CSS 변수를 잘 모른다면 MDN 웹 문서(*http://mng.bz/qM8A*)에서 'Using CSS custom properties(variables)' 페이지를 참고하기 바랍니다.

App.svelte 파일의 style 요소 내용을 다음 내용으로 수정합니다.

예제 3-10 App.svelte 파일의 style 요소

```
<style>
  :global(body) {
    background-color: cornflowerblue;
  }

  .hero {
    --height: 7rem;        ◀────┐ CSS 변수를 정의합니다.

    background-color: orange;
    color: white;
    font-size: 4rem;
    height: var(--height);    ◀────┐ CSS 변수를 정의합니다.
    line-height: var(--height);
    margin: 0 0 3rem 0;
    text-align: center;
```

```
      vertical-align: middle;
      width: 100vw;
    }

  main {
    color: white;
    display: flex;
    flex-direction: column;
    justify-content: flex-start;
    align-items: center;
  }
</style>
```

그리고 public/global.css의 body 요소 내용을 수정합니다.

예제 3-11 public/global.css의 body 요소

```
body {
  padding: 0; /* 처음 값은 8px로 지정되어 있습니다 */
  ... 다른 항목들은 그대로 둡니다. ...
}
```

파이어폭스에서는 입력 칸에 아무 값도 없을 때, 입력 칸에 빨간 상자를 그림자처럼 표시합니다. 이를 막기 위해 public/global.css에 다음 내용을 추가합니다.

예제 3-12 public/global.css에 잘못된 입력에 대한 스타일 수정

```
/* 이 스타일을 써서 파이어폭스가 아무 값도 입력되지 않은 입력 칸에 빨간 상자를
그림자처럼 표시하는 것을 막습니다. */
input:invalid {
  box-shadow: none;
}
```

이제 npm install 명령을 실행한 다음 npm run dev 명령까지 실행한 뒤 웹 브라우저로 localhost:5000을 방문합니다. 그럼 [그림 3-3]과 같은 화면을 볼 수 있습니다.

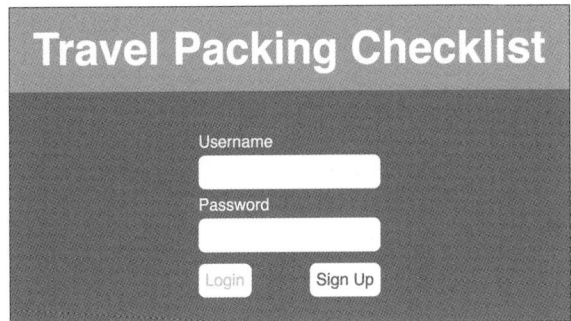

그림 3-3 로그인 화면

지금까지 기본적인 스벨트 컴포넌트를 정의하는 방법과 스벨트 컴포넌트가 무엇을 화면에 표시하는지, HTML 요소를 어떻게 꾸미는지, 그리고 컴포넌트 상태를 정의하고 업데이트하는 방법을 배웠습니다. 다음 장에서는 스벨트 컴포넌트에서 조건문과 반복문을 쓰는 방법과 프로미스를 처리하는 방법을 다뤄봅니다.

3.14 마치며

- 스벨트 컴포넌트는 HTML 요소들로 구성된 쉽고 이해하기 쉬운 문법으로 정의됩니다. script 요소는 로직을, style 요소는 CSS 스타일을 정의하며 나머지는 HTML 요소들로 구성됩니다.

- 컴포넌트에 데이터를 전달할 때 가장 많이 쓰는 방법은 프롭스를 쓰는 것입니다.

- 스벨트 컴포넌트는 다른 컴포넌트를 불러와서 쓸 수 있습니다.

- 스벨트 컴포넌트 안에 정의된 CSS 스타일은 기본적으로 해당 컴포넌트에만 유효합니다.

- 스벨트 컴포넌트의 로직은 자바스크립트 함수들로만 구현됩니다.

- 스벨트 컴포넌트의 최상위 변수들이 컴포넌트의 상태가 됩니다.

- 리액티브 구문은 $:로 시작하며 구문 안에서 참조하는 변숫값이 바뀔 때마다 다시 실행됩니다.

- 모듈 콘텍스트 내에 정의한 변수나 함수들은 컴포넌트의 모든 인스턴스들이 공유합니다. 이는 프로그래밍 언어에서 많이 쓰는 정적 변수나 정적 함수와 비슷한 개념입니다.

블록 구조

여러 웹 프레임워크에서 HTML 내부에 조건문이나 반복문 같은 로직을 추가하는 방법은 크게 세 가지가 있습니다. 리액트는 로직을 중괄호 안의 자바스크립트 코드로 구현하는 JSX(자바스크립트 XML)를 씁니다(`https://reactjs.org/docs/introducing-jsx.html`). 앵귤러와 뷰는 로직 구현을 위해서 프레임워크에서 지정한 속성을 씁니다. 앵귤러에서 지원하는 ngIf나 ngFor, 뷰가 제공하는 v-if나 v-for가 바로 이런 속성들입니다. 스벨트는 머스태시^{Mustache}(`https://mustache.github.io`)와 비슷한 문법을 사용합니다.

스벨트는 세 가지 종류의 블록 구조만 지원합니다.

- if는 특정 내용을 화면에 표시할지 말지를 결정하는 조건문 로직에 사용합니다.
- each는 여러 데이터 집합의 내용들을 순회하면서 각 데이터를 화면에 표시할 때 사용합니다.
- await는 프로미스 처리가 끝날 때까지 기다린 다음 전송된 데이터를 화면에 표시할 때 사용합니다.

각각은 모두 화면에 표시할 HTML 블록들을 정의합니다. 각 블록은 {#이름}으로 시작해서 {/이름}으로 끝나며 중간에 {:이름} 표시가 올 수 있습니다. '#' 문자는 블록을 여는 태그이며, '/' 문자는 블록을 닫는 태그입니다. ':' 문자는 블록이 계속 된다는 것을 나타내는 태그입니다. 앞으로 이 세 가지 블록 구조를 어떻게 쓰는지 배워볼 것입니다.

4.1 {#if}로 조건문 쓰기

스벨트 컴포넌트의 HTML 영역에서 조건문 블록은 {#if 조건}으로 시작합니다. 여기에서 조건 부분에는 올바른 자바스크립트 표현식이라면 무엇이든 쓸 수 있습니다. 조건문 블록은 {/if}로 끝납니다. 조건에 따라 화면에 표시할지 말지 결정되는 HTML 요소를 이 사이에 쓰면 됩니다. HTML 요소 외에도 이 사이에 쓸 수 있는 블록 태그로 {:else if 조건}과 {:else}가 있습니다.

예를 들어 색에 대해서 평가하는 화면을 다음과 같이 구현할 수 있습니다.

```
{#if color === 'yellow'}
  <div>Nice color!</div>
{:else if color === 'orange'}
  <div>That's okay too.</div>
{:else}
  <div>Questionable choice.</div>
{/if}
```

이 문법은 처음 보면 굉장히 낯설지만, 익숙해지기만 하면 부모 요소를 집어넣지 않고도 여러 요소들을 조건에 따라 화면에 표시할 수 있다는 큰 장점을 가지고 있습니다. 앵귤러나 뷰에서는 여러 요소를 표시하기 위해 부모 요소를 반드시 집어넣어야만 합니다. 앵귤러의 경우 [예제 4-1]처럼 <ng-container>라는 특별한 요소를 쓰는데, 이 요소는 이와 연결되는 DOM 요소를 만들어내지 않습니다.

예제 4-1 앵귤러에서 ng-container를 써서 조건문 구현하기

```
<ng-container *ngIf="isMorning">
  <h1>Good Morning!</h1>
  <p>There is a lot on your plate today.</p>
</ng-container>
```

뷰에서는 부모 요소로 일반적인 div를 쓸 수 있지만, 해당 div 역시 화면에 표시됩니다.

예제 4-2 뷰에서 div를 써서 조건문 구현하기

```
<div v-if="isMorning">
```

```
  <h1>Good Morning!</h1>
  <p>There is a lot on your plate today.</p>
</div>
```

리액트 역시 부모 요소를 넣거나 리액트만의 프래그먼트^{fragment}를 써야 합니다. 프래그먼트는 이와 연결되는 DOM 요소를 생성하지 않습니다.

예제 4-3 리액트에서 프래그먼트를 써서 조건문 구현하기

```
{isMorning && (
  <>
    <h1>Good Morning!</h1>
    <p>There is a lot on your plate today.</p>
  </>
)}
```

이와 달리 스벨트는 여러 요소들을 조건문 처리할 때 이들을 감쌀 수 있는 부모 요소를 집어넣을 필요가 없습니다. 그 대신 블록 문법을 씁니다.

예제 4-4 스벨트에서 조건문 구현하기

```
{#if isMorning}
  <h1>Good Morning!</h1>
<p>There is a lot on your plate today.</p>
{/if}
```


4.2 {#each}로 반복문 쓰기

HTML 내에서 반복문은 {#each array as item}으로 시작합니다. 그리고 블록의 끝은 {/each}로 닫습니다. 화면에 표시해야 할 각 항목 내용은 이 사이에 위치합니다.

array 부분에 올 수 있는 것은 배열 또는 배열과 비슷한 객체를 반환하는 모든 자바스크립트 표현식입니다. 리터럴이나 변수, 함수 호출 등이 올 수 있습니다.

필요한 경우 {/each}로 블록을 닫기 전에 {:else} 태그를 쓸 수 있습니다. {:else} 다음에

오는 요소들은 배열이 비어 있을 때 화면에 대신 표시됩니다.

예를 들어 변수 colors의 값이 ['red', 'green', 'blue']라고 해봅시다. 다음 코드로 한 줄에 색깔값 하나씩을 출력할 수 있습니다.

```
{#each colors as color}
  <div style="color: {color}">{color}</div>
{/each}
```

다음 코드에서는 1부터 시작하는 색인값 뒤에 닫는 괄호와 색깔값을 각 줄에 표시합니다.

```
{#each colors as color, index}
  <div>{index + 1}) {color}</div>
{/each}
```

다음 코드는 배열 people의 객체를 구조 분해하여 특정값을 가져와서 씁니다.

```
{#each people as {name, age}}
  <div>{name} is {age} years old.</div>
{:else}
  <div>There are no people.</div>
{/each}
```

Object.entries를 써서 객체의 키/값 쌍을 순회하면서 처리할 수도 있습니다.

```
<script>
  const person = {
    color: 'yellow',
    name: 'Mark',
    spouse: {
      color: 'blue',
      name: 'Tami'
    }
  };
</script>

{#each Object.entries(person) as [key, value]}
  <div>found key "{key}" with value {JSON.stringify(value)}</div>
{/each}
```

위 코드를 실행하면 다음과 같은 출력을 볼 수 있습니다.

```
found key "color" with value "yellow"
found key "name" with value "Mark"
found key "spouse" with value {"color":"blue","name":"Tami"}
```

처음 배열의 각 항목이 화면에 표시되고 난 뒤에 배열에 항목을 추가하거나 삭제하거나 수정하면 각 항목에 반드시 고유한 식별자를 지정해야 합니다. 스벨트에서는 이를 '각 블록에 대한 키 지정^{keyed each block}'이라고 합니다. 이렇게 키를 지정하면 스벨트가 DOM 업데이트를 최적화할 수 있습니다. 리액트나 뷰에서 쓰는 key 속성값과 비슷합니다. 다른 점이라면 스벨트에서는 속성값이 아닌 #each 문법으로 고유한 식별자를 제공합니다. 다음 코드에서는 각 person 객체의 id 속성값을 고유한 식별자로 사용합니다.

```
{#each people as person (person.id)}
  <div>{person.name} is {person.age} years old.</div>
{/each}
```

배열의 모든 요소가 아닌 주어진 횟수만큼 반복문을 실행하고 싶다면, 주어진 개수만큼의 요소만 가지는 배열을 만들어서 씁니다.

```
{#each Array(rows) as _, index}          Array(rows)를 호출해서 모든 요소가 undefined
  <div>line #{index + 1}</div>           이고 그 개수가 rows만큼인 배열을 만듭니다.
{/each}
```

4.3 {#await}로 프로미스 처리하기

스벨트는 블록 구조에서 프로미스가 완료되거나 실패할 때까지 기다리게 만들 수 있습니다. 프로미스가 아직 처리 중이거나, 완료되었거나, 실패했을 경우에 따라 각기 다른 행동을 취할 수도 있습니다. 예를 들어 다양한 견종에 대한 정보를 제공하는 API 서비스에 Fetch API를 써서 목록을 받아오는 getDogs 함수가 있다고 생각해봅시다. API 서비스에 요청을 보내는 것은 비동기적 처리이기 때문에 자바스크립트의 Promise 객체가 반환될 것입니다. 처리가 완료되면 견종에 대한 정보가 담긴 객체 배열을 받아올 것입니다. 각 객체는 name과 breed라는 속성을 가집니다.

:then이나 :catch 구문 뒤에는 처리가 완료되었거나 실패하였을 때 반환하는 값을 저장할 변수 이름을 씁니다.

```
{#await getDogs()}
  <div>Waiting for dogs ...</div>
{:then dogs}
  {#each dogs as dog}
    <div>{dog.name} is a {dog.breed}.</div>
  {/each}
{:catch error}
  <div class="error">Error: {error.message}</div>
{/await}
```

다음 코드는 Promise가 끝날 때까지 화면에 아무것도 표시하지 않습니다. :catch 구문에서도 아무것도 표시하지 않게 할 수 있지만, 대개 이런 요청이 실패하였을 경우 그 사실을 사용자가 알게 하는 것이 좋습니다.

```
{#await getDogs() then dogs}
  {#each dogs as dog}
    <div>{dog.name} is a {dog.breed}.</div>
  {/each}
{:catch error}
  <div class="error">Error: {error.message}</div>
{/await}
```

프로미스를 통해 가져온 데이터를 다시 계산하게 만들고 싶다면, 프로미스를 최상위 변수에 저장한 다음 {#await myPromise}처럼 #await 뒤에 해당 변수를 쓰면 됩니다.

견종에 대한 사진을 보여주는 공개 API 서비스로 이 기능을 구현해봅시다. 다음 코드를 복사해서 실행하면 [그림 4-1]과 같은 화면을 볼 수 있습니다.

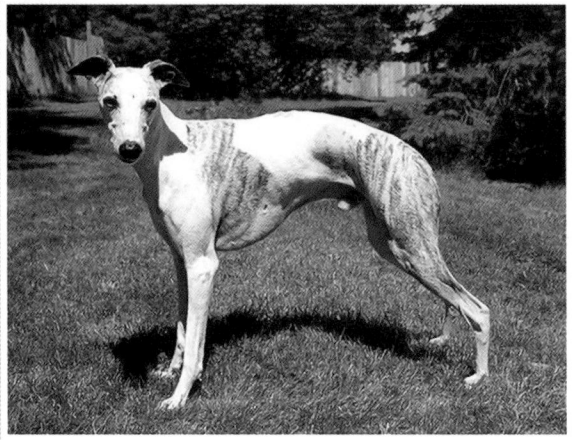

Breed Whippet

Get Image

그림 **4-1** 견종별 사진 제공 앱

예제 **4-5** 견종별 사진 제공 앱

```
<script>
  let breed = 'Whippet';        ⟵─┤ 휘핏(Whippet)은 견종 중 하나입니다.

  async function getDogs() {     ⟵─┤ 프로미스를 반환합니다.
    const url =
      'https://dog.ceo/api/breed/' +
      `${breed.toLowerCase()}/images/random/1`;
    const res = await fetch(url);
    if (!res.ok || res.status === 404) return [];
    const json = await res.json();
    return json.message;
  }

  let dogsPromise = getDogs();
</script>

<label>
  Breed
  <input bind:value={breed}>
</label>
<button on:click={() => dogsPromise = getDogs()}>    ⟵┐
                                                      dogsPromise 값을 바꾸면
                                                      #await 구문이 다시 실행됩니다.
```

```
    Get Image
  </button>

{#await dogsPromise}
  <div>Waiting for dogs ...</div>
{:then imageUrls}
  {#each imageUrls as url}
    <div><img alt="dog" src={url}></div>
  {:else}
    <div>Not found</div>
  {/each}
{:catch error}
  <div>Error: {error.message}</div>
{/await}
```

[예제 4-6]은 시연용 공개 API 서비스로 만든 또 다른 #await 예제입니다. 실행하면 [그림 4-2]와 같은 앱을 볼 수 있습니다. API 서비스는 status와 data 두 개의 속성을 가지는 JSON 객체를 반환합니다. status 속성은 해당 서비스 요청이 성공했을 경우 'success'라는 문자열값을 가집니다. data 속성은 회사 직원에 대한 정보를 담은 배열값을 가집니다.

Employees	
Name	**Age**
Airi Satou	33
Ashton Cox	66
Bradley Greer	41
Brielle Williamson	61

그림 4-2 직원 표

예제 4-6 직원 표를 화면에 그리는 코드

```
<script>
  let employees = [];
  let message;

  async function getEmployees() {
    const res = await fetch(
      'https://dummy.restapiexample.com/api/v1/employees');
    const json = await res.json();
    if (json.status === 'success') {                  직원을 이름순으로 정렬합니다.
      return json.data.sort(
        (e1, e2) => e1.employee_name.localeCompare(e2.employee_name));
    } else {
      throw new Error(json.status);
    }
  }
</script>
```

```
{#await getEmployees()}
  <div>Loading employees ...</div>
{:then employees}
  <table>
    <caption>Employees</caption>
    <tr><th>Name</th><th>Age</th></tr>
    {#each employees as employee}
      <tr>
        <td>{employee.employee_name}</td>
        <td>{employee.employee_age}</td>
      </tr>
    {/each}
  </table>
{:catch message}
  <div class="error">Failed to retrieve employees: {message}</div>
{/await}

<style>
  caption {
    font-size: 1rem;
    font-weight: bold;
    margin-bottom: 0.5rem;
  }
  .error {
    color: red;
  }
  table {
    border-collapse: collapse;
  }
  td, th {
    border: solid lightgray 1px;
    padding: 0.5rem;
  }
</style>
```

4.4 여행 준비물 앱 만들기

스벨트 블록 구조를 여행 준비물 앱에도 적용해보겠습니다. 완성한 코드는 *http://mng.bz/ vxBM*에서 확인할 수 있습니다. 코드 양이 상대적으로 많지만 지금까지 배운 내용으로 쉽게 이해할 수 있을 겁니다. 이 장에서는 다음 장에서 추가할 많은 기능들에 대한 기초 작업을 합니다.

Item 컴포넌트는 #if를 써서 각 항목의 이름을 편집 상태일 때는 input 요소에, 그렇지 않으면 span 요소에 표시합니다. Category 컴포넌트 역시 분류 이름을 같은 방법으로 표시합니다. 또한 Category 컴포넌트는 각 분류에 해당하는 항목들을 모두 #each로 표시합니다. Checklist 컴포넌트는 체크리스트 내의 분류를 순회하기 위해 #each를 씁니다.

그 결과 [그림 4-3]과 같은 구조의 파일이 됩니다. 그림에서 화살표는 해당 파일에서 불러왔다는 것을 의미합니다.

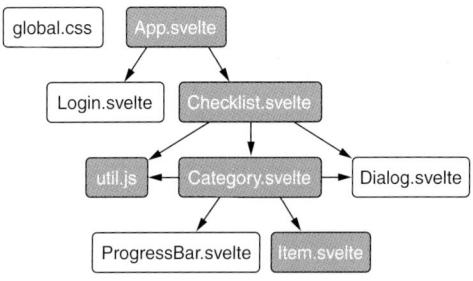

그림 4-3 여행 준비물 앱 소스 파일(회색 상자의 파일이 이 장에서 다루는 파일)

4.4.1 Item 컴포넌트

준비해야 할 항목을 나타내는 컴포넌트부터 만들어봅시다. 각 항목은 분류에 속하며 각 분류는 ID를 가집니다. Item 컴포넌트는 item 프롭스로 객체를 전달받습니다. item 객체는 문자열인 id 속성과 역시 문자열인 name, 그리고 불리언 packed 속성을 가집니다. 각 항목은 다음세 개의 자식 항목을 가지는 li 요소로 표시합니다.

- 첫 번째 자식 항목은 해당 항목의 준비를 마쳤는지 표시하는 체크박스입니다. 이 체크박스를 클릭하면 packed 속성값을 참 또는 거짓으로 수정합니다.
- 두 번째 자식 항목은 편집 상태일 때는 input 요소, 그렇지 않을 때는 span 요소입니다. 항목을 편집하고 싶을 땐 문자열을 클릭합니다. 문자열을 클릭하면 불리언값을 가지는 editing 변숫값이 참이 되며, span 대신 input 요소를 화면에 표시합니다. 화면 초점이 input 요소 바깥으로 옮겨가거나 엔터

키를 누르면 editing 변숫값이 거짓으로 바뀝니다.

- 세 번째 자식 항목은 휴지통 아이콘 모양의 button 요소입니다. 나중에 이 버튼을 누르면 항목을 삭제 하도록 만들 것이지만, 지금은 아무것도 하지 않습니다.

항목을 준비했다는 의미로 체크박스를 체크하면, [그림 4-4]처럼 해당 항목의 이름은 회색으로 변경되며 취소선이 그어진 상태로 표 시됩니다.

그림 4-4 Item 컴포넌트

예제 4-7 src/Item.svelte에 정의한 Item 컴포넌트

```svelte
<script>
  import {blurOnKey} from './util';

  export let item;

  let editing = false;
</script>

<li>
  <input type="checkbox" bind:checked={item.packed}>
  {#if editing}
    <input
      autofocus
      bind:value={item.name}
      on:blur={() => (editing = false)}
      on:keydown={blurOnKey}
      type="text" />
  {:else}
    <span class="packed-{item.packed}" on:click={() => (editing = true)}>
      {item.name}
    </span>
  {/if}
  <button class="icon">&#x1F5D1;</button>
</li>

<style>
  button {
    background-color: transparent;
    border: none;
  }
```

```css
input[type='checkbox'] {
  --size: 24px;      ◁────────┐ CSS 변수입니다.
  height: var(--size);
  width: var(--size);
}

input[type='text'] {
  border: solid lightgray 1px;
}

li {
  display: flex;
  align-items: center;
}

.packed-true {
  color: gray;
  text-decoration: line-through;
}

span {
  margin: 0 10px;
}
</style>
```

4.4.2 유틸리티 함수들

몇몇 컴포넌트는 [예제 4-8] util.js 파일에 정의된 함수들을 활용합니다. getGuid 함수는 고유한 ID 값을 반환합니다. 이는 준비물 항목을 만들 때 각 항목에 ID를 부여하기 위해서입니다. getGuid 함수는 uuid라는 npm 패키지를 쓰기 때문에, npm install uuid 명령어를 통해 해당 패키지를 설치할 수 있습니다. sortOnName 함수는 분류 내의 항목들을 대소문자 구분 없이 이름순으로 정렬할 때 씁니다.

예제 4-8 src/util.js에 정의한 유틸리티 함수들

```js
import {v4 as uuidv4} from 'uuid';

export function getGuid() {
  return uuidv4();
```

```
  }

export function blurOnKey(event) {
  const {code} = event;
  if (code === 'Enter' || code === 'Escape' || code === 'Tab') {
    event.target.blur();
  }
}

export function sortOnName(array) {
  array.sort((el1, el2) =>
    el1.name.toLowerCase().localeCompare(el2.name.toLowerCase())
  );
  return array;
}
```

4.4.3 Category 컴포넌트

'옷'과 같은 항목에 대한 분류를 표시할 컴포넌트도 필요합니다. Category 컴포넌트를 만들어서 [그림 4-5]와 같은 화면을 구성하려고 합니다. 이 화면에는 다음 내용이 표시됩니다.

- 분류 이름
- 분류 내에 항목 중 아직 준비하지 못한(체크하지 못한) 항목 수
- 분류 내의 전체 항목 수
- 분류를 삭제할 수 있는 아이콘
- 분류 내에 항목을 추가할 때 항목 이름을 입력할 input 요소
- 클릭해서 새 항목을 추가할 button 항목
- 분류 내의 모든 항목을 각각 표시할 Item 컴포넌트 목록

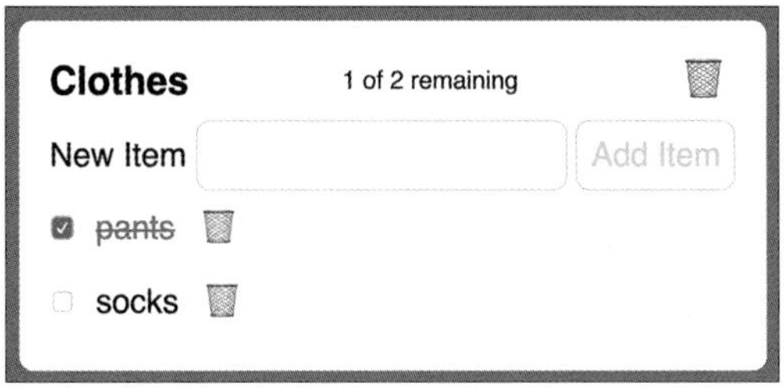

그림 4-5 Category 컴포넌트

category 객체는 문자열인 **id** 속성과 문자열인 name 속성, 그리고 **item** 객체 목록으로
만들어진 **items** 속성을 가집니다. 그리고 **Category** 컴포넌트는 category 객체 배열인
categories와 객체인 category, 그리고 문자열인 show까지 세 개의 프롭스를 전달받습니다.
categories는 추가할 항목이 이미 다른 분류에 있는지 확인할 때 사용합니다. **category**는
화면에 표시할 분류 정보를 담고 있습니다. show는 **all**, **packed**, **unpacked** 세 가지 중 하나
의 값을 가질 수 있으며 분류 내 모든 항목, 준비된 항목, 준비되지 않은 항목을 각각 표시할 때
사용합니다.

분류의 이름 부분을 클릭하면 역시 **input** 요소로 바뀌어 이름을 바꿀 수 있습니다. **input** 요
소 밖으로 초점이 나가거나 엔터키를 누르면 바꾼 값을 저장합니다.

예제 4-9 src/Category.svelte의 Category 컴포넌트

```
<script>
  import Item from './Item.svelte';
  import {getGuid, blurOnKey, sortOnName} from './util';

  export let categories;
  export let category;
  export let show;

  let editing = false;
  let itemName = '';
  let items = [];
  let message = '';

  $: items = Object.values(category.items);
  $: remaining = items.filter(item => !item.packed).length;
  $: total = items.length;
  $: status = `${remaining} of ${total} remaining`;
  $: itemsToShow = sortOnName(items.filter(i => shouldShow(show, i)));

  function addItem() {
    const duplicate = Object.values(categories).some(cat =>
      Object.values(cat.items).some(item => item.name === itemName)
    );
    if (duplicate) {
      message = `The item "${itemName}" already exists.`;
      alert(message);        이 부분은 7장에서 만드는 대화 상자로
      return;                대체할 예정입니다.
```

```
    }

    const {items} = category;
    const id = getGuid();
    items[id] = {id, name: itemName, packed: false};
    category.items = items;
    itemName = '';         ◁────┐
  }                             │ input 요솟값을 초기화합니다.

  function shouldShow(show, item) {
    return (
      show === 'all' ||
      (show === 'packed' && item.packed) ||
      (show === 'unpacked' && !item.packed)
    );
  }
</script>

<section>
  <h3>
    {#if editing}
      <input
        bind:value={category.name}
        on:blur={() => (editing = false)}
        on:keypress={blurOnKey} />
    {:else}
      <span on:click={() => (editing = true)}>{category.name}</span>
    {/if}
    <span class="status">{status}</span>
    <button class="icon">&#x1F5D1;</button>
  </h3>

  <form on:submit|preventDefault={addItem}>
    <label>
      New Item
      <input bind:value={itemName}>
    </label>
    <button disabled={!itemName}>Add Item</button>
  </form>

  <ul>
    {#each itemsToShow as item (item.id)}
      <!-- 아래 bind 구문을 통해 item의 packed 값이 변경되면
        category 객체 또한 업데이트되도록 만듭니다. -->
```

```
        <Item bind:item />        ←┐  <Item bind:item={item} />와 같습니다.
      {:else}
        <div>This category does not contain any items yet.</div>
      {/each}
    </ul>
  </section>

  <style>
    button,
    input {
      border: solid lightgray 1px;
    }

    button.icon {
      border: none;
    }

    h3 {
      display: flex;
      justify-content: space-between;
      align-items: center;

      margin: 0;
    }

    section {
      --padding: 10px;

      background-color: white;
      border: solid transparent 3px;
      border-radius: var(--padding);
      color: black;
      display: inline-block;
      margin: var(--padding);
      padding: calc(var(--padding) * 2);
      padding-top: var(--padding);
      vertical-align: top;
    }

    .status {
      font-size: 18px;
      font-weight: normal;
      margin: 0 15px;
    }
```

```
  ul {
    list-style: none;
    margin: 0;
    padding-left: 0;
  }
</style>
```

4.4.4 Checklist 컴포넌트

이제 모든 분류를 표시할 컴포넌트를 만들어봅시다. **Checklist** 컴포넌트는 [그림 4-6]과 같이 여섯 가지 항목을 표시합니다.

- 새 분류를 만들기 위한 input 요소
- 클릭해서 새 분류를 추가할 button 요소
- 추천 분류 목록
- 전체 항목을 표시할지, 체크한 항목만 보여줄지, 체크하지 않은 항목만 보여줄지 결정할 라디오 버튼
- 여행을 새로 준비할 때 유용한 기능인 체크한 모든 항목을 제거할 button 요소
- 분류별 Category 컴포넌트

그림 4-6 Checklist 컴포넌트

Checklist 컴포넌트는 프롭스를 전달받지 않습니다.

예제 4-10 src/Checklist.svelte에 정의한 Checklist 컴포넌트

```
<script>
  import Category from './Category.svelte';
  import {getGuid, sortOnName} from './util';
```

```
    let categoryArray = [];
    let categories = {};
    let categoryName;
    let message = '';
    let show = 'all';


    $: categoryArray = sortOnName(Object.values(categories));

    function addCategory() {
      const duplicate = Object.values(categories).some(
        cat => cat.name === categoryName
      );
      if (duplicate) {
        message = `The category "${categoryName}" already exists.`;
        alert(message);         ◁──┐  이 부분은 7장에서 만드는 대화 상자로
        return;                     │  대체할 예정입니다.
      }

      const id = getGuid();
      categories[id] = {id, name: categoryName, items: {}};
      categories = categories;   ◁──┐
      categoryName = '';         ◁─  │  업데이트를 유발하기 위해 변수 자신을 대입합니다.
    }                                │  input 요소를 초기화합니다.

    function clearAllChecks() {  ◁───────────────────────┐  실수로 모든 체크를 해제하는 것을
      for (const category of Object.values(categories)) {   │  막기 위해 확인 절차를 추가하는 것이
        for (const item of Object.values(category.items)) { │  좋습니다.
          item.packed = false;
        }
      }
      categories = categories;
    }
</script>

<section>
  <header>
    <form on:submit|preventDefault={addCategory}>
      <label>
        New Category
        <input bind:value={categoryName}>
      </label>
      <button disabled={!categoryName}>Add Category</button>
      <button class="logout-btn">
        Log Out
```

```
        </button>
      </form>
      <p>
        Suggested categories include Backpack, Clothes,
        <br />
        Last Minute, Medicines, Running Gear, and Toiletries.
      </p>

      <div class="radios">        ◁——┐ 12장에서 고쳐볼 접근성 문제가 있습니다.
        <label>Show</label>
        <label>
          <input name="show" type="radio" value="all" bind:group={show}>   ◁——┐
          All                                     연관된 라디오 버튼들을 bind:group을 써서
        </label>                                  하나의 문자열값으로 묶을 수 있습니다.
        <label>
          <input name="show" type="radio" value="packed" bind:group={show}>
          Packed
        </label>
        <label>
          <input name="show" type="radio" value="unpacked" bind:group={show}>
          Unpacked
        </label>

        <button class="clear" on:click={clearAllChecks}>Clear All Checks</button>
      </div>
    </header>

    <div class="categories">
      {#each categoryArray as category (category.id)}
        <Category bind:category {categories} {show} />
      {/each}
    </div>
  </section>

<style>
  .categories {
    display: inline-flex;
    flex-wrap: wrap;
    justify-content: center;
  }

  .clear {
    margin-left: 30px;
  }
```

```css
  input[type='radio'] {
    --size: 24px;
    height: var(--size);
    width: var(--size);
    margin-left: 10px;
  }

  .logout-btn {
    position: absolute;
    right: 20px;
    top: 20px;
  }

  .radios {
    display: flex;
    align-items: center;
  }

  .radios > label:not(:first-of-type) {
    display: inline-flex;
    align-items: center;

    margin-left: 1em;
  }

  .radios > label > input {
    margin-bottom: -3px;
    margin-right: 5px;
  }

  section {
    display: flex;
    flex-direction: column;
    align-items: center;

    font-size: 24px;
    margin-top: 1em;
  }
</style>
```

4.4.5 App 컴포넌트

이번에는 이전 장에서 만든 **Login** 컴포넌트 대신 **App** 컴포넌트로 지금까지 만든 컴포넌트들을 화면에 표시해봅시다. 나중에는 앱의 상태에 따라서 **Login** 또는 **App** 컴포넌트 중 하나만 화면에 표시하게 만들 겁니다.

다음과 같이 **App.svelte** 파일을 수정합니다.

1. script 요소 가장 위에서 Login 컴포넌트를 불러오는 부분을 주석 처리합니다.
2. script 요소 가장 위에서 다음과 같이 Checklist 컴포넌트를 불러옵니다.

```
import Checklist from './Checklist.svelte';
```

3. HTML 부분에서 <Login /> 부분을 주석 처리하고 대신 <Checklist />를 추가합니다.

앱 전체에 영향을 줄 수 있는 전역 스타일을 명시하도록 **public/global.css** 파일 내용을 [예제 4-11]로 수정합니다.

예제 4-11 public/global.css의 전역 CSS

```
body {
  font-family: sans-serif;
  height: 100vh;
  margin: 0;
  padding: 0;
}

button:not(:disabled),
input:not(:disabled) {
  cursor: pointer;
}

button:disabled {
  color: lightgray;
}

button.icon {
  background-color: transparent;
  border: none;
  margin-bottom: 0;
```

```
}

input:disabled {
  color: #ccc;
}

label {
  display: inline-block;
}

input,
button,
select,
textarea {
  --padding: 10px;

  border-radius: var(--padding);
  border: none;
  box-sizing: border-box;
  color: gray;
  font-family: inherit;
  font-size: inherit;
  margin: 0;
  padding: var(--padding);
```

4.4.6 실행

npm run dev 명령을 입력해서 앱을 실행한 다음 localhost:5000으로 접속합니다. 그러면 [그림 4-7]과 같은 화면을 볼 수 있습니다. 만약 저자의 깃허브 코드를 바로 실행하는 경우, compiler.js와 관련된 에러가 발생할 수 있습니다. 이 경우 package.json에서 'rollup-plugin-svelte' 항목의 값을 '~6.1.1'로 변경하고 npm install을 다시 실행합니다.

그림 4-7 여행 준비물 앱

분류를 몇 개 추가하고 각 분류에 항목을 추가할 수 있습니다. 분류를 클릭한 다음 항목 이름을 클릭해서 수정할 수도 있습니다. 준비가 끝난 항목은 체크박스를 클릭해서 따로 표시할 수 있습니다. 'Show' 부분의 라디오 버튼을 눌러서 전체 항목을 표시할 수 있고, 준비가 끝난 항목이나 준비가 안 된 항목만 표시할 수도 있습니다.

휴지통 모양의 아이콘은 아직 작동하지 않습니다. 이 기능은 5장에서 스벨트 컴포넌트가 어떻게 데이터를 공유하는지 배우며 구현합니다.

4.5 마치며

- 스벨트 컴포넌트의 HTML 영역 내에서는 조건문, 반복문, 프로미스 처리를 구현할 수 있습니다. 스벨트의 이런 블록 구조 문법은 머스태시의 문법과 비슷합니다.
- 조건문은 {#if condition} 문법을 씁니다.
- 반복문은 {#each collection as element} 문법을 씁니다.
- 프로미스 처리는 {#await promise} 문법을 씁니다.

CHAPTER **5**

컴포넌트 간 통신

이 장의 핵심 내용

◆ 프롭스로 컴포넌트에 데이터 전달하기

◆ 프롭스와 데이터를 묶어서 데이터를 컴포넌트 밖으로 꺼내기

◆ 슬롯으로 화면에 표시할 콘텐츠 제공하기

◆ 부모 요소에 이벤트 전달하기

◆ 콘텍스트로 후손 컴포넌트에 데이터 전달하기

규모가 어느 정도되는 스벨트 애플리케이션에서는 컴포넌트끼리 통신하는 일이 많습니다. 사용자가 여러 주소를 입력해야 하는 컴포넌트를 예로 들자면, 여기에는 도로명 주소, 시, 군, 등의 정보와 우편번호를 입력해야 하는 input 요소들이 필요합니다. 그리고 주소 입력 컴포넌트에 입력한 주솟값이 바뀌면 해당 주소를 지도에 표시해주는 컴포넌트도 있다고 가정해봅시다. 이 두 개 컴포넌트는 서로 통신해야 제대로 작동할 것입니다.

스벨트 컴포넌트끼리 통신하는 방법은 많습니다. [표 5-1]에 주로 쓰이는 방법을 요약했습니다. 여기에서는 '부모', '자식', '후손', '조상'이라는 용어로 컴포넌트의 계층적 구조에서 상대적인 위치를 설명합니다.

표 5-1 컴포넌트 간 통신에 쓸 수 있는 방법

어떤 상황인가	무엇을 써야 하는가
부모 컴포넌트가 자식 컴포넌트에 데이터를 전달해야 할 때	프롭스
부모 컴포넌트가 자식 컴포넌트에 HTML과 컴포넌트들을 전달해야 할 때	슬롯
자식 컴포넌트가 부모 컴포넌트에 데이터를 포함한 내용을 전달해야 할 때	이벤트
조상 컴포넌트가 후손 컴포넌트에 데이터를 제공해야 할 때	콘텍스트
컴포넌트의 모든 인스턴스끼리 데이터를 공유해야 할 때	모듈 콘텍스트
어떤 컴포넌트든지 데이터를 구독할 때	스토어

부모 컴포넌트는 HTML 영역에 자식 컴포넌트를 직접 씁니다. 조상 컴포넌트는 후손 컴포넌트보다 한두 단계 위에 위치하는 컴포넌트입니다. Bank 컴포넌트가 Account 컴포넌트를 렌더링하고 Account 컴포넌트가 Transaction 컴포넌트를 렌더링하면 Transaction 컴포넌트는 Bank 컴포넌트의 후손 컴포넌트인 것입니다.

모듈 콘텍스트는 3장에서 설명했고 스토어는 6장에서 다룹니다. 이 장에서는 이 둘을 제외한 나머지 방법에 대해 알아봅니다. 그리고 배운 내용을 여행 준비물 앱에 적용해봅니다.

5.1 컴포넌트 간 통신하는 다양한 방법

스벨트 컴포넌트 간 통신하는 방법은 여섯 가지가 있습니다.

1. **프롭스**: 부모 컴포넌트에서 자식 컴포넌트로 데이터를 전달할 때 씁니다. bind를 쓰면 부모 컴포넌트에도 데이터를 전달할 수 있습니다.

2. **슬롯**: 부모 컴포넌트가 자식 컴포넌트로 콘텐츠를 전달해서 자식 컴포넌트가 이 콘텐츠로 무엇을, 어디에, 어떻게 화면에 그릴지 결정하게 만들 수 있습니다.

3. **이벤트**: 자식 컴포넌트에서 발생한 일을 부모 컴포넌트에 알릴 때 쓸 수 있습니다. 이벤트를 전달할 때 이벤트 객체에 필요한 데이터를 함께 보낼 수도 있습니다.

4. **콘텍스트**: 조상 컴포넌트가 후손 컴포넌트에 데이터를 전달하고 싶을 때, 그 사이의 모든 계층에 데이터를 명시적으로 전달할 필요 없이 바로 전달하는 방법입니다.

5. **모듈 콘텍스트**: 데이터를 컴포넌트 모듈에 저장해서 컴포넌트의 모든 인스턴스가 쓸 수 있게 합니다.

6. **스토어**: 컴포넌트 바깥에 데이터를 저장하고 누구나 쓸 수 있게 합니다.

5.2 프롭스

컴포넌트는 프롭스로 데이터를 전달받을 수 있습니다. 이 프롭스들은 컴포넌트를 쓸 때 마치 속성을 쓰는 것처럼 값을 지정할 수 있습니다. [예제 5-1]에서 Hello 컴포넌트에 name을 마치 컴포넌트의 속성처럼 지정하는 것을 볼 수 있습니다. 이때 name 프롭스의 값은 문자열 리터럴이 됩니다.

예제 5-1 Hello 컴포넌트를 쓰는 부모 컴포넌트

```
<script>
  import Hello from './Hello.svelte';
</script>

<Hello name="Mark" />
```

5.2.1 export로 프롭스 전달하기

[예제 5-2]는 Hello 컴포넌트 코드입니다.

예제 5-2 Hello 컴포넌트

```
<script>
  export let name = 'World';
</script>

<div>
  Hello, {name}!
</div>
```

프롭스는 컴포넌트 script 요소 안에 export 키워드로 선언합니다. export 키워드는 일반적인 자바스크립트 문법이지만 스벨트에서는 특별하게 처리합니다. 부모 컴포넌트가 값을 바꿀 수 있게 하기 위해서 프롭스는 반드시 const가 아닌 let 키워드를 써야 합니다.

필요한 경우 프롭스에 기본값을 지정할 수 있습니다. 위 예시에서 name 프롭스는 기본값으로 'World'가 주어졌습니다. 기본값이 지정되지 않는 프롭스는 부모 컴포넌트가 해당 프롭스의 값을 반드시 지정해줘야만 합니다. 필수적인 프롭스의 값이 지정되지 않았거나 예상하지 못한 프롭스가 제공되는 경우, 개발자 모드에서는 개발자 콘솔에 경고 메시지가 출력되며 누락된 프롭스의 값은 undefined로 지정됩니다. 그래도 앱은 어쨌든 동작합니다. 프로덕션 모드에서도 마찬가지로 undefined로 그 값이 지정되지만 경고 메시지는 나오지 않습니다.

프롭스값이 문자열 리터럴이 아니거나 자바스크립트 표현식이면 따옴표 대신 중괄호로 값을 감싸야 합니다. 중괄호 안에는 객체나 배열, 함수 등 어떤 형태의 자바스크립트 값이라도 쓸 수 있습니다.

다음 예제에서 문자열이 아닌 값을 프롭스로 전달하는 방법을 확인할 수 있습니다.

예제 5-3 프롭스 예제

```
myProp={false}
myProp={7}
myProp={{name: 'baseball', grams: 149, new: false}}    ◁── 객체 리터럴을 전달할 때는
myProp={['red', 'green', 'blue']}                            중괄호가 한 쌍 더 필요합니다.
myProp={myCallbackFunction}              ◁── 이름이 주어진 함수에 대한 참조를
myProp={text => text.toUpperCase()}   ◁──    프롭스값으로 전달합니다.
            익명 함수를 프롭스값으로 전달합니다.
```

프롭스값으로 지정하는 중괄호 바깥을 따옴표로 묶을 수도 있습니다.

```
myProp="{{name: 'baseball'}}"
```

몇몇 코드 편집기나 문법 강조기가 이렇게 쓰도록 바꾸거나 권장할 수도 있지만, 스벨트 컴파일러에서는 이렇게 따옴표로 묶을 필요가 없습니다.

프롭스값이 불리언이면 [예제 5-4]에서 볼 수 있듯이 프롭스를 생략하거나 값을 지정하지 않는 것으로 값을 지정할 수 있습니다. StopLight 컴포넌트는 빨강 또는 초록 신호를 화면에 표시합니다. 이 컴포넌트는 on 프롭스값으로 색을 결정하는데, on 프롭스를 생략하면 기본값이 false로 지정됩니다. 반면 프롭스 이름만 쓰고 값을 명시하지 않으면, 그 값을 true로 간주합니다.

예제 5-4 src/StopLight.svelte의 StopLight 컴포넌트

```
<script>
  export let on = false;          ◁── 프롭스를 생략했을 때 지정할
  $: color = on ? 'green' : 'red';     기본값을 명시합니다.
</script>

<div style="background-color: {color}">
  {color}
</div>

<style>
  div {
    border-radius: 25px;
    color: white;
    height: 50px;
    line-height: 50px;
    margin-bottom: 10px;
    text-align: center;
    width: 50px;
  }
</style>
```

[예제 5-5]의 **App** 컴포넌트는 세 개의 **StopLight** 컴포넌트를 사용합니다. on 프롭스가 지정되지 않은 인스턴스는 그 값이 **false**로 지정되어서 빨간 신호를 표시합니다. on 프롭스에 값을 지정하지 않은 인스턴스는 그 값을 **true**로 간주하고 초록 신호를 표시합니다. on 프롭스에 값을 지정한 인스턴스는 그 값에 따라서 빨강 또는 초록 신호를 표시합니다. 'Toggle' 버튼을 클릭하면 마지막 신호의 색을 수정합니다.

그림 5-1 StopLight 컴포넌트를 쓰는 앱

예제 5-5 StopLight 컴포넌트로 신호 표시하기

```
<script>
  import StopLight from './StopLight.svelte';
  let go = false;
</script>

<StopLight />
<StopLight on />
<StopLight on={go} />
<button on:click={() => go = !go}>Toggle</button>
```

5.2.2 프롭스값 변경에 반응성 구현하기

부모 컴포넌트가 자식 컴포넌트에 새로운 프롭스값을 전달하면, 이 프롭스가 자식 컴포넌트의 HTML 영역에서 보간(중괄호로 둘러싸인 표현식)에 쓰인 곳은 새로 계산됩니다. 하지만 이 프롭스값이 자식 컴포넌트의 **script** 영역에서 쓰이는 경우에는 리액티브 구문을 쓰지 않으면 다시 실행되지 않습니다.

[예제 5-6]과 [예제 5-7]을 보면 정확하게 이해할 수 있습니다. Sum 컴포넌트로 숫자 배열이 전달되고, 이 컴포넌트는 숫자와 이들의 합을 화면에 표시합니다. [그림 5-2]에서 보면 'Size' 값을 3에서 4로 바꿨음에도 합계가 잘못 표시된다는 사실을 알 수 있습니다.

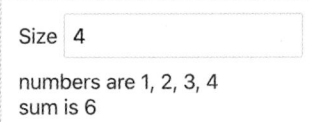

그림 5-2 숫자의 합계가 제대로 계산되지 않음

예제 5-6 src/Sum.svelte의 Sum 컴포넌트

```
<script>
  export let numbers;
  //const sum = numbers.reduce((acc, n) => acc + n);    ◁── 숫자 배열의 숫자들 합을 구합니다.
                                                             리액티브 구문을 쓰지 않으면 합계를
  $: sum = numbers.reduce((acc, n) => acc + n);         ◁── 처음 한 번만 계산합니다.
</script>                      리액티브 구문을 써서 이 문제를 해결합니다.

<div>numbers are {numbers.join(', ')}</div><div>sum is {sum}</div>
```

```
<script>
  import Sum from './Sum.svelte';
  let size = 3;
  $: numbers = Array(size).fill().map((_, i) => i + 1);    ⟵
</script>

<label>
  Size
  <input type="number" bind:value={size}>
</label>

<Sum numbers={numbers} />    ⟵
```

1부터 주어진 크기만큼의 숫자로 이루어진 배열을 만듭니다. 예를 들어 크기를 3으로 지정하면 숫자 배열은 [1, 2, 3]이 됩니다.

크기의 값을 바꾸면 Sum 컴포넌트에 새로운 숫자 배열이 전달됩니다.

5.2.3 프롭스 타입

스벨트는 프롭스의 타입을 지정할 수 없습니다. 하지만 프롭스에 잘못된 형태의 값을 전달하면 실행 도중 에러가 발생할 수 있습니다. 예를 들어 컴포넌트가 프롭스로 전달되는 값이 Date 객체일 것이라고 가정했는데 문자열값이 전달되는 경우 문제가 발생할 수 있습니다.

타입스크립트를 써서 프롭스 타입을 정의하고 컴파일 시점에 컴포넌트로 전달되는 프롭스의 타입이 잘못된 경우를 미리 알아낼 수 있습니다. 타입스크립트를 쓰지 않으면 실행 도중에만 프롭스의 타입을 검사할 수 있습니다.

또는 리액트에서 쓰이는 npm 패키지인 prop-types를 쓸 수도 있습니다. [예제 5-8]에서 이 props-types 패키지를 어떻게 쓰는지 확인할 수 있습니다. LabeledCheckboxes 컴포넌트는 네 개의 프롭스를 전달받습니다.

- className 프롭스: CSS 클래스 이름을 전달받습니다.
- label 프롭스: 체크박스 목록 앞에 표시할 문자열을 전달받습니다.
- list 프롭스: label 속성과 부수적인 value 속성을 가지는 객체 배열을 전달받습니다.
- selected 프롭스: 현재 어떤 체크박스가 체크된 상태인지를 알려주는 문자열 배열을 전달받습니다.

예제 5-8 src/LabeledCheckboxes.svelte 파일의 LabeledCheckboxes 컴포넌트

```
<script>
  import PropTypes from 'prop-types/prop-types';
  const {arrayOf, checkPropTypes, shape, string} = PropTypes;

  const propTypes = {
    className: string,
    label: string.isRequired,
    list: arrayOf(shape({
      label: string.isRequired,
      value: string
    })).isRequired,
    selected: arrayOf(string).isRequired
  }
  checkPropTypes(propTypes, $$props, 'prop', 'LabeledCheckboxes');

  ... 생략 ...
</script>
... 생략 ...
```

> $$props는 아직 문서화되지 않은 스벨트 변수로 나중에 바뀔 수도 있습니다. 이 변숫값은 객체로 키는 프롭스 이름이고 값은 프롭스의 값입니다.

이때 부모 컴포넌트가 이 컴포넌트에 잘못된 값을 전달하거나 필수 프롭스에 값을 전달하지 않으면, 개발 도구 콘솔에 에러가 출력됩니다.

5.2.4 지시자

지시자directive는 특별한 프롭스로 지시자 이름 뒤에 콜론을 붙여서 만듭니다. 지시자 뒤에는 값을 명시할 수도 있습니다. 여기에서는 지시자에 대해 간략하게만 소개하며, 자세한 내용은 나중에 다룹니다.

- bind 지시자: 프롭스값을 변수와 묶습니다. 이 내용은 다음 절에서 다룹니다.
- class 지시자: 주어진 변숫값이 참인지 거짓인지에 따라 CSS 클래스를 적용할지 말지 결정합니다. 이 내용은 3.4절에서 다뤘습니다.
- on 지시자: 이벤트 리스너를 등록할 때 씁니다. 5.4.1절에서 설명합니다.
- use 지시자: 함수를 명시하는데, 이 명시된 함수에는 use 지시자가 쓰인 요소에 대응하는 DOM 요소가 전달됩니다. 자세한 내용은 7.2절에서 설명합니다.
- animate, transition, in, out 지시자: 애니메이션 지원용 지시자입니다. 10장에서 설명합니다.

스벨트에서는 사용자 정의 지시자를 만들 수 없습니다. 사용자 정의 지시자를 만들 수 없기 때문에 지시자를 많이 알아야 할 필요가 없다는 장점은 있습니다.

5.2.5 폼 요소에서 bind 지시자 쓰기

폼 요소의 input이나 textarea, select 등의 요소에 대한 값은 bind 지시자를 써서 변수와 묶을 수 있습니다. 폼 요소에서 이 변수를 쓰면 변숫값을 화면에 표시합니다. 폼 요소의 값이 바뀌면 연결된 변수 역시 같은 값으로 바뀝니다. 마치 양방향 데이터 바인딩처럼 동작합니다. 명시적으로 특정 이벤트에 대한 리스너listener를 등록하고, 발생한 이벤트에서 새 값을 끄집어내고, 변수를 명시적으로 새 값으로 변경하는 것에 비하면 훨씬 쉬운 방법입니다.

스벨트 컴파일러는 폼 요소와 변수를 동기화하기 위해 필요한 이벤트 처리 코드를 생성합니다. input 요소의 타입을 number 또는 range로 지정하면, bind 지시자는 문자열을 자동으로 숫자로 수정해줍니다.

[예제 5-9]는 [그림 5-3]처럼 다양한 폼 요소를 bind 지시자로 구현한 것입니다. 해당 예제 코드는 *https://git.io/Jns1J*에서 확인할 수 있습니다.

그림 5-3 bind 지시자를 사용한 폼

```
<script>
  const colors =
    ['red', 'orange', 'yellow', 'green', 'blue', 'purple'];
  const flavors = ['vanilla', 'chocolate', 'strawberry'];
  const seasons = ['Spring', 'Summer', 'Fall', 'Winter'];
  let favoriteColor = '';
  let favoriteFlavors = [];
  let favoriteSeason = '';
  let happy = true;
  let name = '';
  let story = '';
</script>

<div class="form">
  <div>
    <label>Name</label>
    <input type="text" bind:value={name}>
  </div>
  <div>
    <label>
      <input type="checkbox" bind:checked={happy}>       체크박스의 경우 값 대신
      Happy?                                             checked 속성과 변수를 연결했습니다.
    </label>
  </div>
  <div>
    <label>Favorite Flavors</label>
    {#each flavors as flavor}
    <label class="indent">
      <input type="checkbox" value={flavor} bind:group={favoriteFlavors}>    bind:group을 써서
      {flavor}                                                               연관된 체크박스들의 값을
    </label>                                                                 문자열 배열값으로 만듭니다.
    {/each}
  </div>
  <div>
    <label>Favorite Season</label>
    {#each seasons as season}
    <label class="indent">
      <input type="radio" value={season} bind:group={favoriteSeason}>    bind:group을 써서
      {season}                                                           연관된 라디오 버튼들을
    </label>                                                             하나의 문자열값으로 연결합니다.
    {/each}
  </div>
```

```svelte
<div>
  <label>
    Favorite Color
    <select bind:value={favoriteColor}>
      <option />
      {#each colors as color}
      <option>{color}</option>
      {/each}
    </select>
  </label>
</div>
<div>
  <label>
    Life Story
    <textarea bind:value={story} />
  </label>
</div>
{#if name}
  <div>
    {name} likes {favoriteColor}, {favoriteSeason},
    and is {happy ? 'happy' : 'unhappy'}.
  </div>
  <div>{name}'s favorite flavors are {favoriteFlavors}.</div>
  <div>Story: {story}</div>
{/if}
</div>

<style>
  div {
    margin-bottom: 10px;
  }

  .indent {
    margin-left: 10px;
  }

  input,
  select,
  textarea {
    border: solid lightgray 1px;
    border-radius: 4px;
    margin: 0;
    padding: 4px;
```

select 요소를 스크롤 가능한 목록 형태로 만들어서 여러 항목을 동시에 선택하게 하려면 multiple 속성을 추가합니다.

option 요소는 value 속성을 가질 수 있으며, 이 값은 문자열이나 숫자, 객체가 될 수 있습니다.

이 부분은 name 변수가 값을 가지고 있을 때에만 bind에 의해 값이 지정된 변수들을 화면에 그립니다.

```
  }

  input[type='checkbox'],
  input[type='radio'] {
    margin: 0 5px 0 0;
  }

  label {
    display: inline-flex;
    align-items: center;
  }

  select,
  textarea {
    margin-left: 5px;
  }
</style>
```

5.2.6 bind:this

bind 지시자는 bind:this={*variable*}의 형태로도 쓸 수 있습니다. 이를 HTML 요소 안에서 쓰면 값으로 지정된 변수를 해당 DOM 요소에 대한 참조로 씁니다. 임의의 DOM 처리에 쓰이는 방법입니다. 예를 들면 이 지시자를 써서 input 요소로 초점을 옮길 수 있습니다. 이는 7.4절과 8장에서도 예제로 사용되니 참고하기 바랍니다.

bind:this={*variable*}이 컴포넌트 안에서 쓰인다면 주어진 변수를 해당 컴포넌트의 인스턴스 객체에 대한 참조로 사용합니다.

> **NOTE_** bind:this는 대개 HTML 요소에서 쓰일 뿐 스벨트 컴포넌트에서 쓰는 경우는 거의 없습니다. 다음에 볼 예제가 신기하겠지만, 이는 아주 부자연스럽고 흔히 쓰지 않는 기능을 소개하기 위한 코드라는 점을 명심하기 바랍니다.

예를 들어 [예제 5-10]과 같이 사용자가 여러 개의 가격을 입력할 수 있는 Tally 컴포넌트를 생각해보겠습니다. 이 컴포넌트는 각 가격을 표시하고 전부 더한 다음에 최종 가격과 이에 적용되는 세금까지 보여줍니다.

Tally 컴포넌트를 불러와서 쓰는 컴포넌트가 세율값에 접근하고 세액을 포함한 최종 가격을 요청하려 한다고 가정합시다. Tally 컴포넌트는 세율값을 가지는 상수와 최종 금액을 계산하는 함수를 내보낼 수 있습니다.

예제 5-10 src/Tally.svelte의 Tally 컴포넌트

```svelte
<script>
  export const taxRate = 0.07;

  let price;
  let prices = [];

  $: total = prices.reduce((acc, n) => acc + n, 0);

  function add() {
    prices.push(price);
    prices = prices;        ⟵──  가격 목록을 업데이트합니다.
    price = '';             ⟵──┘
  }                            입력한 내용을 초기화합니다.

  export const getGrandTotal = () => total * (1 + taxRate);
</script>

<input type="number" bind:value={price} />
<button on:click={add}>Add</button>
{#each prices as price}
  <div>{price}</div>
{/each}
<hr>
<label>Total {total}, Tax Rate {(taxRate * 100).toFixed(2)}%</label>
```

Tally 컴포넌트를 불러와서 쓰는 컴포넌트(그림 5-4)는 [예제 5-11]과 같습니다.

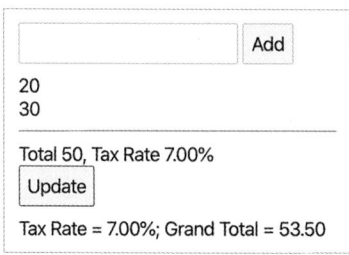

그림 5-4 Tally 컴포넌트를 불러와서 쓰는 앱

```
<script>
  import Tally from './Tally.svelte'

  let tally, taxRate = 0, grandTotal = 0;

  function update() {
    taxRate = tally.taxRate;
    grandTotal = tally.getGrandTotal();    ◁──  이 컴포넌트는 Tally 인스턴스의 속성값 변경에
  }                                              반응하지 않습니다. 대신 명시적으로 최종 금액을
</script>                                        요청합니다.

<Tally bind:this={tally} />    ◁──  Tally 컴포넌트의 인스턴스를 나타내는
                                    SvelteComponentDev에 대한 참조를 얻습니다.

<button on:click={update}>Update</button>
<div>
  Tax Rate = {(taxRate * 100).toFixed(2)}%;
  Grand Total = {grandTotal.toFixed(2)}
</div>
```

5.2.7 bind로 프롭스값을 부모 컴포넌트에 보내기

스벨트에서는 부모 컴포넌트의 변수와 자식 컴포넌트의 프롭스를 묶을 수 있습니다. 이를 통해 자식 컴포넌트가 부모 컴포넌트의 변숫값을 바꿀 수 있습니다. 자식 컴포넌트가 부모 컴포넌트에서 필요로 하는 값을 계산할 때 유용하게 쓸 수 있습니다. [예제 5-12]는 부모 컴포넌트, [예제 5-13]은 자식 컴포넌트입니다.

예제 5-12 src/Parent.svelte의 부모 컴포넌트

```
<script>
  import Child from './Child.svelte';
  let pValue = 1;
</script>

<Child bind:cValue={pValue} />
<div>pValue = {pValue}</div>
```

예제 5-13 src/Child.svelte의 자식 컴포넌트

```
<script>
  export let cValue;
  const double = () => (cValue *= 2);
</script>

<button on:click={double}>Double</button>
<div>cValue = {cValue}</div>
```

자식 컴포넌트의 버튼을 클릭하면 cValue 값이 두 배가 됩니다. cValue와 pValue가 묶여 있기 때문에, 결국 두 배가 된 cValue 값이 pValue의 새로운 값이 됩니다.

부모 컴포넌트의 변수 이름이 프롭스 이름과 동일하면 bind 표현식을 줄여서 쓸 수 있습니다. 즉, 다음 두 문장은 같은 뜻입니다.

```
<Child bind:cValue={cValue} />
<Child bind:cValue />
```

자식 컴포넌트에서 리액티브 선언문을 써서 프롭스값을 수정할 수 있습니다. 부모 컴포넌트에서 해당 프롭스에 bind 지시자를 썼다면, 이 역시 업데이트됩니다. 예를 들어 Child.svelte 파일에 다음 두 줄을 추가해봅시다.

```
export let triple;
$: triple = cValue * 3;
```

새로운 triple 프롭스를 사용하도록 Parent.svelte 파일을 [예제 5-14] 내용으로 수정합니다.

예제 5-14 src/Parent.svelte 파일의 부모 컴포넌트

```
<script>
  import Child from './Child.svelte';
  let pValue = 1;
  let triple;
</script>
```

```
<Child bind:cValue={pValue} bind:triple />
<div>pValue = {pValue}</div>
<div>triple = {triple}</div>
```

색값을 선택할 수 있는 컴포넌트를 만들어서 **bind** 지시자가 얼마나 유용한지 알아봅시다. 이 컴포넌트는 [그림 5-5]처럼 세 개의 슬라이드 요소로 빨강, 초록, 파랑의 값을 조절한 다음, 이로 인해 선택되는 색을 슬라이드 아래에 표시합니다.

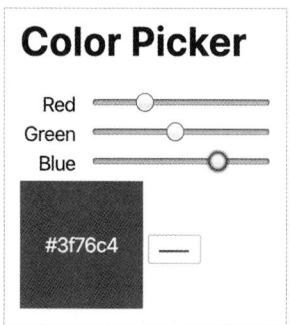

그림 5-5 ColorPicker 컴포넌트

우선 0부터 255사이의 값을 슬라이드로 선택하는 **ColorSlider** 컴포넌트를 만듭니다.

예제 5-15 src/ColorSlider.svelte의 ColorSlider 컴포넌트

```
<script>
  export let name;
  export let value;
</script>

<div>
  <label for="slider">{name}</label>
  <input id="slider" type="range" min="0" max="255" bind:value>
</div>

<style>
  label {
    display: inline-block;
    margin-right: 10px;
```

```
      text-align: right;
      width: 45px;
    }
  </style>
```

ColorPicker 컴포넌트에서는 이 ColorSlider 컴포넌트를 써서 빨강, 초록, 파랑의 값을
선택하게 만듭니다. 그리고 이 색들을 섞은 값을 16진수로 표시합니다. 특히 bind를 써서
ColorPicker 컴포넌트의 변수들을 ColorSlider의 value 프롭스와 묶는 부분을 눈여겨보기
바랍니다. 슬라이더를 움직여서 색값을 바꾸면 ColorPicker의 연관된 변숫값이 바뀝니다.

예제 5-16 src/ColorPicker.svelte 파일의 CoolorPicker 컴포넌트

```
  <script>
    import ColorSlider from './ColorSlider.svelte';
    export let hex;
    let red = 0;
    let green = 0;
    let blue = 0;

    function getHex(number) {
      const hex = number.toString(16);
      return hex.length === 1 ? '0' + hex : hex;
    }

    $: hex = '#' + getHex(red) + getHex(green) + getHex(blue);
  </script>

  <ColorSlider name="Red" bind:value={red} />
  <ColorSlider name="Green" bind:value={green} />
  <ColorSlider name="Blue" bind:value={blue} />
```

마지막으로 ColorPicker 컴포넌트를 쓰는 앱을 만들어서 어떻게 쓰는지 살펴봅시다.

예제 5-17 ColorPicker 컴포넌트를 불러와서 쓰는 앱

```
  <script>
    import ColorPicker from './ColorPicker.svelte';
    let hex = '000000';
  </script>
```

```
<h1>Color Picker</h1>
<ColorPicker bind:hex />
<div class="swatch" style="background-color: {hex}">
  {hex}
</div>

<input type="color" bind:value={hex}>

<style>
  .swatch {
    color: white;
    display: inline-block;
    height: 100px;
    line-height: 100px;
    text-align: center;
    width: 100px;
  }
</style>
```

> 최근 웹 브라우저에서는 input의 타입을 "color"로 지정하면 내장된 색 선택기를 제공합니다. 이 앱에서 색을 선택할 수 있는 다른 방법을 제공하는 것입니다. 주의할 점은 색 선택기에서 색을 선택해도 슬라이더의 값이 자동으로 변경되지는 않는다는 것입니다.

ColorPicker 인스턴스가 선택된 값에 대한 16진수 값을 가져오기 위해서 bind 지시자를 쓰는 부분에 특히 주목하세요.

어떤 요소의 크기를 알아낼 때 쓸 수 있는 특별한 값들이 있습니다. 패딩과 경계선 두께, 스크롤바 등을 포함한 크기는 offsetWidth와 offsetHeight로 알아낼 수 있습니다. 패딩 외의 나머지 전부를 제외한 크기는 clientWidth와 clientHeight로 알 수 있습니다. 이 값들을 알아내기 위해 값을 저장할 변수를 선언하고 이 변수를 이 속성들과 묶어보겠습니다.

예제 5-18 bind로 요소의 크기 알아내기

```
<script>
  let clientH, clientW, offsetH, offsetW;
</script>

<div
  bind:clientHeight={clientH}
  bind:clientWidth={clientW}
  bind:offsetHeight={offsetH}
  bind:offsetWidth={offsetW}
>
  How big am I?
</div>
```

CSS 속성 중 display의 값이 "inline"으로 지정된 경우 요소의 clientH, clientW가 0으로 표시됩니다.

이 값들은 읽기 전용입니다. 연결된 변숫값을 바꾼다고 요소의 크기가 바뀌지는 않습니다.

5.3 슬롯

컴포넌트는 자식 요소로 쓸 콘텐츠를 전달받을 수 있습니다. Envelope이라는 사용자 정의 컴포넌트가 보내는 주소, 소인, 수령지 주소를 나타내는 자식 요소를 전달받는다고 생각해봅시다. 이 자식 요소들이 있으면 편지 봉투의 일반적인 구성을 표시할 수 있을 겁니다.

이렇게 컴포넌트가 자식 요소들을 전달받는 것은 **슬롯**slot을 통해 이루어집니다. 컴포넌트는 각 슬롯을 언제, 어떻게 화면에 표시할지 정할 수 있습니다. 공백 문자 역시 전달되는 콘텐츠에 포함됩니다.

슬롯을 전달받는 컴포넌트는 슬롯 콘텐츠를 표시할 위치를 <slot />으로 지정할 수 있습니다. 이를 **기본 슬롯**default slot이라고 부릅니다.

> **NOTE_** slot 요소는 웹 컴포넌트를 지원하기 위해 HTML에 추가되었습니다. 즉 슬롯은 스벨트 고유의 기능이 아닙니다. 웹 컴포넌트에 대해서 알고 싶다면 'WebComponents.org(**www.webcomponents.org/introduction**)'와 벤 패럴Ben Farrell이 쓴 『Web Components in Action』(Manning, 2019)을 참고하기 바랍니다.

slot 요소는 부모 요소가 슬롯에 대한 콘텐츠를 아무것도 제공하지 않을 때 화면에 표시할 기본 콘텐츠를 명시할 수 있습니다.

```
<slot>Thanks for nothing!</slot>
```

명명된 슬롯named slot을 쓰면 화면에 표시할 때 쓸 수 있는 여러 콘텐츠를 부모 컴포넌트에서 자식 컴포넌트로 한꺼번에 전달할 수 있습니다. 부모 컴포넌트는 사용자 정의 컴포넌트가 아닌 HTML 요소의 slot 속성에 이를 명시합니다. 부모 컴포넌트의 slot 속성을 가지는 요소의 순서는 관계없습니다. 자식 컴포넌트는 일치하는 name 속성을 가지는 slot 요소를 화면에 표시할 수 있습니다.

[그림 5-6]은 부모 컴포넌트가 자식 컴포넌트인 ShippingLabel에 여러 개의 명명된 슬롯을 보낸 결과입니다. 명명된 슬롯은 각각 "address"와 "name"이라는 이름을 가집니다.

Ship To:
Mark Volkmann
123 Some Street,
Somewhere, Some State 12345

그림 5-6 명명된 슬롯

예제 5-19 ShippingLabel 컴포넌트에 명명된 슬롯 전달하기

```
<ShippingLabel>
  <div slot="address">
    123 Some Street,<br />
    Somewhere, Some State 12345
  </div>
  <div slot="name">Mark Volkmann</div>
</ShippingLabel>
```

예제 5-20 src/ShippingLabel.svelte 파일의 ShippingLabel 컴포넌트

```
<div>
  <label>Ship To:</label>
  <slot name="name">unknown</slot>      ◁— 이 슬롯은 기본 콘텐츠로 "unknown"을
  <slot name="address" />   ◁—              화면에 표시합니다.
</div>                        이 슬롯은 기본 콘텐츠가 없습니다.

<style>
  label {
    display: block;
    font-weight: bold;
  }
</style>
```

만약 부모 컴포넌트가 동일한 이름을 가지는 두 개 이상의 슬롯을 전달하면, 자식 컴포넌트가 해당 이름을 쓸 때, 이 이름을 가지는 모든 슬롯을 전부 사용합니다. 예를 들어 위 예제에서 `<div slot="address">duplicate</div>`라는 슬롯을 `ShippingLabel` 요소에 추가로 전달하면, 앞의 주소 뒤에`"duplicate"`가 함께 화면에 표시됩니다.

5.4 이벤트

스벨트 컴포넌트는 DOM 이벤트와 사용자 정의 이벤트를 처리할 수 있습니다. 이벤트 처리는 on:*event-name* 지시자로 지정할 수 있습니다. `on` 다음에 콜론, 그리고 이벤트 이름이 오는 형식입니다. 주어지는 값은 이벤트가 전달되었을 때 호출할 함수입니다. 이벤트 이름은 DOM 이벤트 또는 사용자 정의 이벤트가 될 수 있습니다. 이벤트 객체는 주어진 함수가 호출될 때 인자로 전달됩니다.

```
<button on:click={handleClick}>Press Me</button>

<button on:click={event => clicked = event.target}>
  Press Me
</button>
```

> handleClick 함수는 반드시 script 영역 안에 정의되어야 합니다.

> 여기에서는 익명 함수를 써서 인라인 이벤트 처리를 보여줍니다. 변수 clicked에 클릭된 버튼에 해당하는 DOM 요소를 지정합니다.

5.4.1 이벤트 전달하기

컴포넌트는 이벤트를 만들고 이벤트 디스패처dispatcher를 써서 이벤트를 전달할 수 있습니다.

```
<script>
  import {createEventDispatcher} from 'svelte';

  const dispatch = createEventDispatcher();

  function sendEvent() {
    dispatch('someEventName', optionalData);
  }
</script>
```

> 이 부분은 컴포넌트로 인스턴스를 만들 때 반드시 호출되어야 합니다. 조건부로 호출되거나 나중에 호출되어서는 안 됩니다.

> 이벤트와 연관된 데이터는 원시primitive값 또는 객체가 될 수 있습니다.

이 이벤트는 부모 컴포넌트로만 전달됩니다. 알아서 둥둥 떠올라서 계층의 저 위쪽까지 전달되지 않습니다.

부모 컴포넌트는 자식 컴포넌트에서 전달하는 이벤트를 받아서 처리하기 위해 on 지시자를 씁니다. 예를 들어 부모 컴포넌트가 handleEvent라는 함수를 정의하고 자식 컴포넌트가 주어진 이름에 해당하는 이벤트를 전달할 때 이 함수를 호출하게 하고 싶다면, 다음과 같이 함수를 등록합니다.

```
<Child on:someEventName={handleEvent} />
```

handleEvent와 같은 이벤트 처리 함수는 이벤트 객체를 전달받습니다. 이 객체에는 detail 속성이 있는데, 이 속성에는 dispatch 함수로 전달하는 두 번째 인자의 데이터가 저장되어 있습니다. dispatch 함수에 전달되는 그 이상의 인자들은 모두 무시됩니다. [예제 5-21]의 Buttons 컴포넌트 예제를 보면 쉽게 이해할 수 있습니다. 이 컴포넌트는 [그림 5-7]처럼 버튼 여러 개를 화면에 표시하고 각 버튼을 클릭하면 부모 컴포넌트에 어떤 버튼이 눌렸는지 알려줍니다.

그림 5-7 Buttons 컴포넌트

예제 5-21 src/Buttons.svelte의 Buttons 컴포넌트

```
<script>
  import {createEventDispatcher} from 'svelte';
  const dispatch = createEventDispatcher();
  export let labels;          ◁          부모 컴포넌트가 프롭스로 버튼의 제목으로
  export let value;           ◁          이루어진 배열을 전달합니다.
</script>

                                    부모 컴포넌트는 현재 선택된 제목이 있을 경우
{#each labels as label}             프롭스로 전달합니다.
  <button
    class:selected={label === value}
```

```
    on:click={() => dispatch('select', label)}
  >
    {label}
  </button>
{/each}

<style>
  .selected {
    background-color: darkgray;
    color: white;
  }
</style>
```

◁—— 부모 컴포넌트는 어떤 버튼이 선택되었는지
이벤트를 전달받아서 알 수 있습니다.

다음은 **Buttons** 컴포넌트를 불러와서 쓰는 코드입니다.

예제 5-22 Buttons 컴포넌트 불러와서 쓰기

```
<script>
  import Buttons from './Buttons.svelte';
  let colors = ['Red', 'Green', 'Blue'];
  let color = '';
  const handleSelect = event => color = event.detail;
</script>

<Buttons labels={colors} value={color} on:select={handleSelect} />
{#if color}
  <div>You clicked {color}.</div>
{/if}
```

5.4.2 이벤트 포워딩

on 지시자에서 이벤트 처리 함수를 빼면 이는 전달받은 이벤트를 부모 컴포넌트로 다시 전달하겠다는 뜻입니다. 예를 들어 컴포넌트의 계층구조가 A 〉 B 〉 C로 이루어져 있고, C 컴포넌트가 **demo** 이벤트를 발생한다고 생각해봅시다. B 컴포넌트는 `<C on:demo />`를 써서 이 이벤트를 A로 전달할 수 있습니다. 이 경우 on 지시자에 값이 지정되지 않았음에 유의하기 바랍니다. 이 방법으로 DOM 이벤트 역시 부모 컴포넌트로 전달할 수 있습니다.

5.4.3 이벤트 수식자

on 지시자는 이벤트 수식자가 몇 개든 세로줄로 연결해서 지정할 수 있습니다.

```
<button on:click|once|preventDefault={handleClick}>
  Press Me
</button>
```

다음은 지원하는 수식자 목록입니다.

- capture: 이 수식자를 쓰면 이벤트 처리 함수가 캡처 페이즈^{capture phase}에서만 호출되고 버블링 페이즈^{bubbling phase}에서는 호출되지 않습니다. 일반적으로 이 둘의 차이점을 자세히 알 필요는 없지만, 더 알고 싶다면 MDN^{Mosilla Developer Network}의 'Introduction to events(*http://mng.bz/XPB6*)' 페이지에서 'Event buggling and capture'를 검색해보기 바랍니다.
- once: 이 수식자를 쓰면 처음 이벤트가 발생한 후 이벤트 처리 함수를 제거합니다.
- passive: 이 수식자를 쓰면 스크롤 성능을 향상시킬 수 있습니다. 자세한 내용은 MDN의 EventTarget.addEventListener()에 대한 페이지(*http://mng.bz/yyPq*)를 참고하기 바랍니다.
- preventDefault: 이 수식자는 기본 DOM 이벤트가 발생하지 않게 합니다. 예를 들면 폼의 기본 데이터 전송 이벤트를 발생하지 않게 할 때 씁니다. 가장 많이 쓰는 이벤트 수식자 중 하나입니다.
- stopPropagation: 이벤트의 캡처/버블링 과정에서 다음 단계로 이벤트가 전달되지 않게 합니다.

5.5 콘텍스트

콘텍스트는 컴포넌트 간 데이터를 공유할 때 프롭스나 스토어 대신 쓸 수 있습니다. 스토어에 대해서는 6장에서 자세히 다룹니다.

이해를 돕기 위해 A, B, C 이렇게 세 컴포넌트가 있다고 가정해보겠습니다. A는 B 컴포넌트를 화면에, 컴포넌트 B는 C를 화면에 그립니다. 그리고 A 컴포넌트에서 정의한 데이터를 C에서도 접근 가능하게 만드려고 합니다. 한 가지 방법은 A가 B로 프롭스를 전달하고, 같은 데이터를 B에서 C로 프롭스로 전달하는 것입니다. 이 방법에는 계층구조가 깊어질수록 전달해야 하는 데이터 양이나 깊이도 커진다는 문제가 있습니다.

콘텍스트를 쓰면 이 문제를 쉽게 해결할 수 있습니다. A와 같은 조상 컴포넌트에서 데이터를 콘텍스트에 추가하면, C와 같은 후손 컴포넌트가 이 데이터에 접근할 수 있습니다. 정확하게는 콘텍스트 데이터는 후손 컴포넌트에서만 접근할 수 있습니다. 프롭스와 마찬가지로 콘텍스트 값을 수정하더라도 이 내용이 조상 컴포넌트로 전달되지는 않습니다.

컴포넌트에서 콘텍스트를 정의하려면 setContext 함수를 불러와서 호출합니다. 이때 인자로 콘텍스트의 키/값 쌍을 전달합니다. setContext 함수는 컴포넌트로 인스턴스를 만들 때 반드시 호출되어야 하며 조건부로 호출되거나 나중에 호출되어서는 안 됩니다.

```
import {setContext} from 'svelte';

setContext('favorites', {color: 'yellow', number: 19});
```

후손 컴포넌트에서는 getContext 함수를 불러온 다음 콘텍스트 키를 인자로 넘겨서 호출하면 콘텍스트 데이터에 접근합니다. 가장 가까운 조상 컴포넌트가 콘텍스트에 정의한 데이터를 가져옵니다. setContext와 마찬가지로 getContext 함수 역시 인스턴스가 초기화된 즉시 호출해야 하며 조건부로 호출하거나 나중에 호출해서는 안 됩니다.

```
import {getContext} from 'svelte';

const favorites = getContext('favorites');
```

콘텍스트 키는 반드시 문자열일 필요는 없으며, 어떤 값이든 사용할 수 있습니다. 콘텍스트의 값 역시 어떤 값이든 될 수 있으며, 자식 컴포넌트가 호출할 수 있는 함수나 메서드가 있는 객체 등이 될 수도 있습니다.

다음 세 개의 컴포넌트가 앞서 예시로 들었던 A, B, C를 구현한 것입니다. A는 B를 렌더링하고, B는 C를 렌더링하며, A에서 정의한 데이터는 C에서 접근할 수 있습니다.

예제 5-23 src/A.svelte

```
<script>
  import {setContext} from 'svelte';
  import B from './B.svelte';
  setContext('favorites', {color: 'yellow', number: 19});
</script>

<div>
  This is in A.
```

```
    <B />
  </div>
```

예제 5-24 src/B.svelte

```
<script>
  import C from './C.svelte';
</script>

<div>
  This is in B.
  <C />
</div>
```

예제 5-25 src/C.svelte

```
<script>
  import {getContext} from 'svelte';
  const {color, number} = getContext('favorites');
</script>

<div>
  This is in C.
  <div>favorite color is {color}</div>
  <div>favorite number is {number}</div>
</div>
```

실행한 결과는 다음과 같습니다.

```
This is in A.
This is in B.
This is in C.
favorite color is yellow
favorite number is 19
```

컴포넌트에서 **setContext** 함수를 호출해서 같은 키를 다른 값으로 변경해도 후손 컴포넌트는
변경된 내용을 볼 수 없습니다. 콘텍스트의 값은 오직 컴포넌트가 초기화되는 과정에서만 볼
수 있습니다.

프롭스나 스토어와 달리 콘텍스트는 반응성이 없습니다. 그래서 콘텍스트는 실행되기 전, 조상 컴포넌트가 렌더링되기 전, 알 수 있는 데이터를 조상 컴포넌트에서 후손 컴포넌트로 전달할 때만 쓸 수 있습니다. 그 외의 경우에는 스토어를 써서 데이터를 공유하는 것이 좋습니다. 스토어는 콘텍스트와 달리 반응성을 구현할 수 있기 때문입니다.

5.6 여행 준비물 앱 만들기

지금까지 배운 내용을 여행 준비물 앱에도 적용해보겠습니다. 완성한 코드는 *http://mng.bz/Mdzn*에서 확인할 수 있습니다.

4장에서는 많은 컴포넌트에 프롭스로 데이터를 전달하도록 만들었습니다. 또한 bind 지시자도 썼습니다.

이번에는 다음과 같은 기능들을 구현합니다.

- 분류에서 항목 삭제하기
- 체크리스트에서 분류 삭제하기
- 체크리스트를 보기 전에 로그인하기
- 로그아웃하고 로그인 페이지로 돌아가기
- localStorage를 써서 데이터를 영구 저장하기

위 기능들은 전부 사용자 정의 이벤트를 만들고 전달하는 방법으로 구현합니다. Category 컴포넌트는 persist와 delete 이벤트를 생성합니다. Checklist 컴포넌트는 logout 이벤트를 만들어서 전달합니다. Item 컴포넌트는 delete 이벤트를, Login 컴포넌트는 login 이벤트를 각각 만들 것입니다.

localStorage에 데이터를 영구 저장한다는 것은 여러 세션에서 쓸 수 있게 데이터를 저장한다는 뜻입니다. 브라우저 탭을 닫고 새 탭을 연 다음 여행 준비물 앱을 다시 시작해서 데이터를 복구하는 과정을 반복할 수 있습니다. 심지어 브라우저를 종료하거나 컴퓨터를 재시작해도 데이터는 그대로입니다. 하지만 localStorage로 데이터를 영구 저장한다는 것은, 오직 한 컴퓨터의 하나의 브라우저에서만 데이터가 그대로 유지된다는 뜻이기도 합니다.

우선 항목과 분류를 삭제하는 기능을 만들어봅시다. `Item.svelte` 파일을 다음과 같이 수정합니다.

1. sciprt 요소 내에 다음 내용을 추가합니다.

```
import {createEventDispatcher} from 'svelte';
```

2. dispatch 함수를 만듭니다.

```
const dispatch = createEventDispatcher();
```

3. 휴지통 모양의 버튼을 클릭하면 delete 이벤트를 만들어서 전달하도록 만듭니다. 이 이벤트는 Category 컴포넌트로 전달됩니다.

```
<button class="icon" on:click={ () => dispatch('delete')}>&#x1F5D1;</button>
```

`Category.svelte` 파일은 다음과 같이 수정합니다.

1. script 요소 내에 다음 내용을 추가합니다.

```
import {createEventDispatcher} from 'svelte';
```

2. dispatch 함수를 만듭니다.

```
const dispatch = createEventDispatcher();
```

3. deleteItem 함수를 추가합니다.

```
function deleteItem(item) {
  delete category.items[item.id];
  category = category;    ◁──┐
}                            │ 업데이트를 유발하기 위한 코드입니다.
```

4. Item 컴포넌트에 on 지시자를 추가해서 delete 이벤트를 전달받으면 해당 항목을 삭제하도록 합니다.

```
<Item bind:item on:delete={() => deleteItem(item)} />
```

5. 휴지통 모양의 버튼을 클릭하면 delete 이벤트를 생성해서 전달하도록 수정합니다. 이 이벤트는 Checklist 컴포넌트로 전달됩니다.

```
<button class="icon" on:click={() => dispatch('delete')}>
  &#x1F5D1;
</button>
```

Checklist.svelte 파일은 다음과 같이 수정합니다.

1. script 요소 내에 다음을 추가합니다.

```
import {createEventDispatcher} from 'svelte';
```

2. dispatch 함수를 만듭니다.

```
const dispatch = createEventDispatcher();
```

3. deleteCategory 함수를 추가합니다.

```
function deleteCategory(category) {        ◁─── 나중에는 정말 삭제할 것인지 확인하는 코드를
  delete categories[category.id];                추가할 것입니다.
  categories = categories;
}
```

4. Category 컴포넌트에 on 지시자를 추가해서 delete 이벤트가 전달되면 해당 분류를 삭제하도록 만듭니다.

```
on:delete={() => deleteCategory(category)}
```

이제 휴지통 모양의 버튼을 클릭하면 분류 내의 항목을 삭제하거나 분류 전체를 삭제할 수 있습니다.

이번에는 로그인과 로그아웃을 구현해볼 차례입니다. 앱을 시작하면 Login 컴포넌트를 화면에 표시하도록 만들어봅니다. 우선 사용자 이름과 패스워드를 입력받도록 만듭니다. 그리고 '로그인' 버튼을 누르면 Login 컴포넌트 대신 Checklist 컴포넌트를 화면에 표시하도록 만듭니다.

App.svelte 파일을 다음과 같이 수정합니다.

1. Login 컴포넌트를 불러오는 import 구문의 주석을 제거합니다.

2. 화면에 표시할 컴포넌트가 무엇인지를 지정할 page 변수를 선언합니다. 초깃값은 Login입니다.

```
let page = Login;
```

3. <Checklist /> 부분을 다음 내용으로 수정합니다. Login 컴포넌트와 Checklist 컴포넌트의 인
   스턴스들은 각각 이벤트를 전달받고 App.svelte에게 어떤 컴포넌트를 화면에 표시해야 하는지 알
   려줍니다.

```
{#if page === Login}
  <Login on:login={() => (page = Checklist)} />
{:else}
  <Checklist on:logout={() => (page = Login)} />
{/if}
```

Login.svelte 파일은 다음과 같이 수정합니다.

1. script 요소 안에 다음 내용을 추가합니다.

```
import {createEventDispatcher} from 'svelte';
```

2. dispatch 함수를 만듭니다.

```
const dispatch = createEventDispatcher();
```

3. login 함수의 정의를 다음과 같이 수정합니다.

```
const login = () => dispatch('login');
```

Checklist.svelte 파일은 다음과 같이 수정합니다.

1. 로그아웃 버튼에 다음과 같이 on 지시자를 추가합니다.

```
on:click={() => dispatch('logout')}
```

이제 앱에 로그인, 로그아웃할 수 있습니다.

마지막으로 localStorage에 데이터를 영구 저장할 수 있게 만들겠습니다. 항목이나 카테고리를 수정하면 Checklist 컴포넌트의 categories 변숫값을 영구 저장하도록 만듭니다.

Checklist.svelte 파일을 다음과 같이 수정합니다.

1. script 요소 마지막에 다음 코드를 추가합니다.

```
restore();          ◁─── 이 코드는 persist 함수를 처음 호출하기 전
                         반드시 써야 합니다.

$: if (categories) persist();   ◁─── 이제 categories 변수가 바뀌면
                                     localStorage에 영구 저장됩니다.
function persist() {
  localStorage.setItem('travel-packing', JSON.stringify(categories));
}

function restore() {
  const text = localStorage.getItem('travel-packing');
  if (text && text !== '{}') {
    categories = JSON.parse(text);
  }
}
```

2. Category 요소에 다음과 같이 on 지시자를 추가합니다.

```
on:persist={persist}
```

Category.svelte를 다음과 같이 수정합니다.

1. addItem과 deleteItem 함수 끝 부분에 다음 줄을 추가합니다.

```
dispatch('persist');
```

이제 분류를 생성하고 항목을 추가한 다음 브라우저 페이지를 새로 고쳐도 데이터가 사라지지 않습니다. 로그아웃하고 로그인을 다시 해도, 데이터는 그대로입니다.

다음 장에서는 스토어를 써서 컴포넌트의 계층적 구조나 컴포넌트의 관계와 상관없이 컴포넌트 간에 데이터를 어떻게 공유할 수 있는지 배울 것입니다.

5.7 마치며

- 부모 컴포넌트는 프롭스로 자식 컴포넌트에 데이터를 전달할 수 있습니다.
- 부모 컴포넌트가 프롭스에 **bind** 지시자를 쓰면 자식 컴포넌트로부터 변경 사항을 전달받을 수 있습니다.
- 부모 컴포넌트는 슬롯을 통해 자식 컴포넌트에 콘텐츠들을 제공할 수 있습니다.
- 자식 컴포넌트는 이벤트를 만들고 전달해서 부모 컴포넌트가 이를 처리하도록 만들 수 있습니다.

CHAPTER 6

스토어

이 장의 핵심 내용

◆ 쓰기 가능 스토어, 읽기 전용 스토어, 상속 스토어, 사용자 정의 스토어

◆ 스토어로 컴포넌트 간 데이터 공유

◆ 자바스크립트 클래스와 스토어를 결합해서 쓰기

◆ 계속 유지되는 스토어

이 장에서는 **스토어**store를 써서 컴포넌트 간 데이터를 공유하는 방법을 알아봅니다. 스토어를 쓰면 컴포넌트 간의 계층구조와 상관없이 데이터를 공유할 수 있습니다. 스토어는 프롭스나 콘텍스트 대신 쓸 수 있는 방법입니다. 스토어는 컴포넌트 바깥에 애플리케이션의 상태를 저장합니다. 각 스토어는 단일 자바스크립트 값을 가지고 있으며, 그 값은 배열이나 객체 등 다시 여러 값을 가질 수 있습니다.

스벨트는 여러 유형의 스토어를 지원합니다.

- 쓰기 가능 스토어: 컴포넌트가 스토어 데이터를 변경할 수 있습니다.
- 읽기 전용 스토어: 컴포넌트가 스토어 데이터를 변경할 수 없습니다.
- 상속 스토어: 다른 스토어의 값을 계산한 결과를 담고 있습니다.
- 사용자 정의 스토어: 위 모든 기능을 사용할 수도 있고 스토어를 제어하기 위한 사용자 정의 API를 제공할 수도 있습니다.

모든 스토어는 subscribe 메서드를 가집니다. 이 메서드를 호출하면 구독을 취소할 수 있는 함수를 반환합니다.

스벨트가 지원하는 스토어 기능만으로도 충분하므로 별도의 상태 관리 라이브러리를 쓸 필요는 거의 없습니다. 이런 상태 관리 라이브러리는 다른 웹 프레임워크에서 많이 사용됩니다. 예를 들면 앵귤러는 @ngrx/store를, 리액트는 리덕스를, 뷰는 Vuex를 많이 씁니다.

6.1 쓰기 가능 스토어

쓰기 가능 스토어는 writable 함수를 호출해서 만들 수 있습니다. 이 함수는 svelte/store 패키지에 정의되어 있습니다. 이 함수에 초깃값, 그리고 필요한 경우 스토어를 초기화할 수 있는 함수를 인자로 전달해서 호출합니다. 이런 초기화 함수에 대해서는 나중에 설명합니다.

subscribe 메서드와 더불어 쓰기 가능 스토어는 다음의 메서드를 제공합니다.

- set(newValue)

  스토어에 새 값을 저장합니다.

- update(fn)

  스토어의 현잿값에 기반하여 스토어값을 갱신합니다. fn은 함수로서 현잿값이 인자로 전달되며 새 값을 반환해야 합니다. 예를 들면 다음 함수는 스토어의 숫잣값을 두 배로 만듭니다.

  ```
  myStore.update(n => n * 2);
  ```

[예제 6-1]은 초깃값만으로 쓰기 가능한 스토어를 만드는 예시입니다. 이 스토어는 개에 대한 정보를 저장하기 위한 객체의 집합이라 할 수 있습니다.

예제 6-1 초깃값이 주어진 쓰기 가능 스토어

```
import {writable} from 'svelte/store';

export const dogStore = writable([]);
```
◁── 초깃값으로 빈 배열이 주어졌습니다.

변수에 객체에 대한 참조를 const로 저장한다고 해서 그 객체의 속성을 수정하지 못하도록 만들지는 않습니다. 그 변수가 다른 객체를 참조하지 못하거나 다른 값을 저장하지 못할 뿐입니다. 스토어의 경우에도 마찬가지입니다. 스토어에 대한 참조를 가지는 변수를 선언한다고 스토어가 데이터를 수정하지 못하게 막을 수는 없습니다.

writable 함수에 초깃값을 정하는 함수를 전달할 수도 있습니다. 이 함수는 스토어값을 저장하는 set 함수로 전달됩니다. API 서비스에 데이터를 요청하고 그 결과 값을 반환하는 함수를 set 함수에 전달할 수 있는 것입니다.

스토어를 이런 방식으로 초기화하는 것을 '게으른^{lazy} 초기화'라고 합니다. 첫 번째 컴포넌트가 스토어를 구독하기 전까지는 초기화 함수를 호출하지 않기 때문입니다. 이 함수는 구독하는 컴포넌트의 수가 0에서 1이 될 때마다 호출됩니다. 즉, 두 번 이상 호출될 수 있다는 뜻입니다.

writable 함수로 전달되는 함수는 반드시 stop 함수를 반환해야 합니다. 이 함수는 구독하는 컴포넌트의 수가 1에서 0이 될 때마다 호출됩니다. 스토어에 대한 정리 및 종료 처리를 여기서 할 수 있습니다. 하지만 대부분의 경우 구독 컴포넌트가 0이 된다고 별다른 처리 작업을 하지는 않습니다.

다음 예제에서는 API 서비스를 요청해서 개에 대한 정보를 담은 객체를 요청합니다. 이 객체가 바로 스토어의 값이 됩니다.

예제 6-2 값을 비동기적으로 저장하는 쓰기 가능 스토어

```
import {writable} from 'svelte/store';

export const dogStore = writable([], async set => {     ← 초깃값으로 빈 배열이 주어집니다.
  const res = await fetch('/dogs');     ←
  const dogs = await res.json();     최신 브라우저에서는 대부분 내장 기능으로
  set(dogs);                          제공하는 Fetch API를 사용합니다.
  return () => {};     ← 반환하는 함수가 바로 stop 함수입니다.
});
```

bind 지시자를 써서 폼 요소의 값과 쓰기 가능 스토어를 묶을 수 있습니다. 다음 코드에서 someStore는 문자열값을 가지는 스토어인데 input 요소의 값과 묶어서 사용자가 입력값을 바꾸면 스토어가 업데이트됩니다. 스토어 이름에 $ 접두사를 쓰는 것을 '자동 구독'이라고 합니다. 이 내용은 6.4절에서 설명합니다.

```
<input bind:value={$someStore}>
```

쓰기 가능 스토어를 쓰는 컴포넌트는 set과 update 메서드를 호출해서 스토어 데이터를 수정할 수 있습니다.

6.2 읽기 전용 스토어

읽기 전용 스토어는 readable 함수를 호출해서 만들 수 있습니다. 이 함수 역시 svelte/store 패키지에 정의되어 있습니다. 쓰기 가능 스토어와 마찬가지로 readable 함수에 초깃값을 인자로 전달할 수 있으며 추가로 함수를 전달할 수 있는데 이 함수는 set 함수를 인자로 받습니다. [예제 6-3]은 [예제 6-2]와 거의 같은 예시이며 쓰기 가능 스토어가 아닌 읽기 전용 스토어를 만든다는 것만 다릅니다.

예제 6-3 읽기 전용 스토어

```
import {readable} from 'svelte/store';

export const dogStore = readable([], set => {
  const res = await fetch('/dogs');
  const dogs = await res.json();
  set(dogs);
  return () => {};
});
```

set 함수에서 setInterval을 써서 스토어값을 계속 바꿀 수 있습니다. [예제 6-4]에서는 0부터 시작해서 값을 10만큼 계속 증가시킵니다. 스토어의 값은 매초 바뀝니다.

예제 6-4 주기적으로 값이 바뀌는 스토어

```
import {readable} from 'svelte/store';

let value = 0;
export const tensStore = readable(
  value,        ◁─┐
  set => {        │ 초깃값입니다.
    const token = setInterval(() => {
      value += 10;
```

```
        set(value);
      }, 1000);
      return () => clearInterval(token);
    }
  );
```

컴포넌트는 읽기 전용 스토어에 값을 저장하거나 변경할 수 없습니다. 그렇다고 읽기 전용 스
토어가 불변이라는 뜻은 아닙니다. 단지 스토어 스스로만 자신의 값을 바꿀 수 있을 뿐입니다.

6.3 스토어는 어디에서 정의하는가

스토어를 쓰고자 하는 모든 컴포넌트에서 접근할 수 있게 만들려면 스토어를 src/store.js
같은 곳에 정의하고 내보낸 뒤 해당 스토어를 쓰려는 컴포넌트에서 불러와야 합니다. 만약 스
토어를 후손 컴포넌트에서만 접근하게 하려면 스토어를 컴포넌트 안에서 만든 다음, 프롭스나
콘텍스트로 전달합니다.

6.4 스토어 사용법

스토어를 쓰려면 먼저 다음 방법들을 통해 스토어에 접근할 수 있도록 만들어야 합니다.

- 전역 스토어는 .js 파일에서 불러옵니다.
- 프롭스로 스토어를 전달받습니다.
- 콘텍스트에서 스토어를 가져옵니다.

스토어에서 값을 가져오는 방법은 두 가지입니다.

- 스토어의 subscribe 메서드를 호출합니다. 이 방법은 뭔가 좀 장황하고 복잡해 보입니다.
- 자동 구독 표기법을 씁니다. 이 방법이 훨씬 많이 사용됩니다.

[예제 6-5]에서는 subscribe 메서드를 써서 dogStore의 값을 가져옵니다. subscribe 메서
드에 전달된 함수는 처음에 한 번 호출된 뒤 값이 변경될 때마다 호출됩니다. 여기에서는 변수

dogs를 선언한 뒤 스토어의 값을 이 변수에 할당하게만 했습니다. 그리고 dogs 변수를 HTML 안에서 쓸 수 있습니다.

예제 6-5 스토어의 subscribe 예제

```
<script>
  import {onDestroy} from 'svelte';
  import {dogStore} from './stores';
  let dogs;
  const unsubscribe = dogStore.subscribe(value => (dogs = value));
  onDestroy(unsubscribe);
</script>
```

위 예시를 자동 구독으로 간단하게 만들 수 있습니다. $로 시작하는 변수는 반드시 스토어여야 합니다. 컴포넌트는 이 변수를 처음 쓴 곳부터 자동으로 스토어를 구독하며, 컴포넌트가 파괴되면 자동으로 구독을 취소합니다. 자동 구독을 쓰려면 쓰고자 하는 스토어를 불러오기만 하면 됩니다. 스토어를 명시적으로 구독하거나 구독을 취소할 필요가 없습니다.

```
<script>
  import {dogStore} from './stores';
</script>
```

이제 HTML 영역에서 $dogStore를 쓰면 됩니다. 확실히 코드가 더 단순해집니다.

svelte/store 패키지에서 제공하는 get 함수를 쓰면 스토어의 값을 가져올 수 있습니다. 이 함수는 .svelte와 .js 파일 모두에서 쓸 수 있습니다. myStore라는 스토어에서 값을 가져오고 싶다면 get(myStore)을 호출하면 됩니다.

> NOTE_ get 함수는 비효율적입니다. get 함수는 실제로는 스토어를 구독하고, 스토어의 값을 가져오고, 스토어의 구독을 취소하고, 값을 반환하는 과정입니다. 이 함수를 자주 사용하는 일은 되도록 피하기 바랍니다.

.svelte 파일에서 쓰기 가능 스토어의 값은 세 가지 방법으로 바꿀 수 있습니다. 그중 두 가지는 이미 살펴본 set과 update 메서드이며, 나머지 하나는 스토어의 이름을 $ 접두사로 써서 스토어에 값을 바로 할당하는 방법입니다.

```
$dogStore = [{breed: 'Whippet', name: 'Dasher'}];
```

.svelte 파일에서만 자동 구독 표기법을 쓸 수 있습니다. .js 파일에서는 쓰기 가능 스토어의 값을 바꾸려면 set이나 update 메서드를 써야 합니다.

[예제 6-6]에서는 [예제 6-4]에서 정의한 tensStore라는 읽기 전용 스토어를 자동 구독 방법으로 쓰고 있습니다. 이 컴포넌트는 스토어의 값이 새로 바뀔 때마다 자동으로 업데이트됩니다. 즉 매초 0부터 시작해서 10만큼 증가한 값이 제공되는 것입니다.

예제 6-6 tensStore를 쓰는 코드

```
<script>
  import {tensStore} from './stores';
</script>

<div>{$tensStore}</div>
```

이번에는 견종 정보를 관리할 수 있는 앱을 만들어봅시다. 지금은 우선 견종 정보를 메모리에만 저장하게 만들겠습니다. 나중에는 이 데이터들을 영구히 보관하고 쓸 수 있게 만들 것입니다.

우선 견종 정보를 담은 객체를 저장하도록 쓰기 가능한 스토어를 정의합니다. 이 객체의 키는 견종에 대한 ID이고 값은 견종에 대한 객체입니다. 견종 정보 객체는 id, name, breed, size 속성을 가집니다.

예제 6-7 src/stores.js에 dogStore 정의하기

```
import {writable} from 'svelte/store';

export const dogStore = writable({});
```

견종 정보를 조회, 추가, 수정, 삭제할 수도 있어야 합니다. 그리고 스토어 데이터가 변경되면 스토어를 구독하는 모든 컴포넌트가 변경된 값을 볼 수 있어야 합니다.

최상위 컴포넌트 App을 정의하겠습니다. 이 컴포넌트는 DogList와 DogForm 컴포넌트를 불러와서 씁니다. 각 컴포넌트는 [예제 6-9]와 [예제 6-10]에서 정의합니다. App 컴포넌트는 mode라는 변숫값에 따라서 어떤 컴포넌트를 화면에 표시할지 결정합니다. 이 mode 변숫값은 list, create, update가 될 수 있습니다. mode 변숫값이 list인 경우 DogList 컴포넌트를, 그 외의 경우 DogForm 컴포넌트를 화면에 표시합니다.

App 컴포넌트는 두 개의 사용자 정의 이벤트를 전달받아서 처리합니다. mode 이벤트는 mode 변숫값이 바뀌어야 하는 것을 알려줍니다. select 이벤트는 사용자가 DogList 컴포넌트의 어떤 견종을 선택했는지 알려줍니다. 선택된 견종에 대한 정보를 수정할 수 있습니다.

예제 6-8 DogForm과 DogList를 불러와서 쓰는 앱

```
<script>
  import DogForm from './DogForm.svelte';
  import DogList from './DogList.svelte';

  let dog = {};
  let mode = 'list';        ⟵⎯  다른 mode 변숫값으로 'create', 'update'를
                                쓸 수 있습니다.
  function changeMode(event) {
    mode = event.detail;
    if (mode === 'create') dog = {};
  }

  const selectDog = event => (dog = event.detail);
</script>

<h1>Dogs</h1>
{#if mode === 'list'}
  <DogList on:mode={changeMode} on:select={selectDog} />
{:else}
  <DogForm {dog} {mode} on:mode={changeMode} />
{/if}
```

DogList 컴포넌트는 견종 정보 목록을 이름순으로 보여줍니다. [그림 6-1]에서 볼 수 있듯 목록에 관련된 기능들을 버튼으로 제공합니다. 견종 정보를 추가하고 싶다면 '+' 버튼을 클릭합니다. 정보를 수정하고 싶다면, 목록 중 하나를 선택한 다음 연필 모양 버튼을 클릭합니다. 삭제의 경우 삭제할 정보를 선택하고 휴지통 모양 버튼을 클릭합니다.

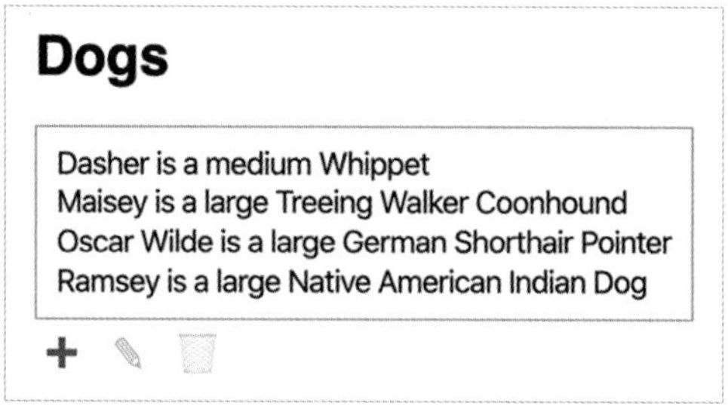

Dogs

Dasher is a medium Whippet
Maisey is a large Treeing Walker Coonhound
Oscar Wilde is a large German Shorthair Pointer
Ramsey is a large Native American Indian Dog

그림 6-1 DogList 컴포넌트

예제 6-9 src/DogList.svelte 파일의 DogList 컴포넌트

```
<script>
  import {createEventDispatcher} from 'svelte';
  import {dogStore} from './stores';
  import {sortOnName} from './util';

  const dispatch = createEventDispatcher();

  $: dogs = sortOnName(Object.values($dogStore));

  let selectedDogs = [];

  function deleteSelected() {
    const ids = selectedDogs.map(dog => dog.id);
    dogStore.update(dogMap => {
      for (const id of ids) {
        delete dogMap[id];
      }
      return dogMap;
    });
    selectedDogs = [];
  }

  const dogToString = dog => dog.name + ' is a ' + dog.size + ' ' + dog.breed;

  function onSelect(event) {
    const {selectedOptions} = event.target;
    selectedDogs = Array.from(selectedOptions).map(
      option => $dogStore[option.value]     ◁─┐ 각 option 요소의 값은 각 견종에 대한
    );                                         │ id 값입니다
```

```
      dispatch('select', selectedDogs[0]);        ◁──── 선택된 견종들 중 첫 번째를 기억해둡니다.
  }                                                      이 정보가 수정 가능한 견종 정보가 됩니다.
</script>

{#if dogs.length}
  <select multiple on:change={onSelect}>
    {#each dogs as dog (dog.id)}
      <option value={dog.id}>{dogToString(dog)}</option>
    {/each}
  </select>
{:else}
  <h3>No dogs have been added yet.</h3>
{/if}

<div class="buttons">
  <button on:click={() => dispatch('mode', 'create')}>
    <span aria-label="plus" role="img">&#x2795;</span>
  </button>
  <button                                          견종을 선택하지 않은 상태의 경우
    disabled={selectedDogs.length === 0}      ◁──── 연필 모양 버튼은 비활성화됩니다.
    on:click={() => dispatch('mode', 'update')}>
    <span aria-label="pencil" role="img">&#x270E;</span>
  </button>
  <button disabled={selectedDogs.length === 0} on:click={deleteSelected}>  ◁─┐
    <span aria-label="trash can" role="img">&#x1F5D1;</span>                  │
  </button>                                                                   │
</div>                                                                        │
                                              견종을 선택하지 않은 상태의 경우  │
                                              휴지통 모양 버튼은 비활성화됩니다. ┘

<style>
  button {
    background-color: transparent;
    border: none;
    font-size: 24px;
  }

  option {
    font-size: 18px;
  }

  select {
    padding: 10px;
  }
</style>
```

DogForm 컴포넌트는 [그림 6-2]처럼 새로운 견종 정보를 입력하거나 기존의 견종 정보를 수정할 때 씁니다.

Dogs

Name	
Breed	
Size	○ Small ○ Medium ○ Large
	Save Cancel

그림 6-2 DogForm 컴포넌트

예제 6-10 src/DogForm.svelte 파일의 DogForm 컴포넌트

```
<script>
  import {createEventDispatcher} from 'svelte';
  import {dogStore} from './stores';
  import {getGuid} from './util';

  const dispatch = createEventDispatcher();
  export let dog;
  export let mode;

  let {name, breed, size} = dog;
  $: canSave = name && breed && size;

  function save() {
    const id = dog.id || getGuid();
    dogStore.update(dogMap => {
      dogMap[id] = {id, name, breed, size};
      return dogMap;
    });
    dispatch('mode', 'list');        ←   저장하면 다시 목록을 보여주도록 만듭니다.
  }
</script>

<form on:submit|preventDefault={save}>
  <div>
    <label for="name">Name</label>
    <input autofocus id="name" bind:value={name}>
  </div>
```

```
<div>
  <label for="breed">Breed</label>
  <input id="breed" bind:value={breed}>
</div>
<div>
  <label>Size</label>
  <span class="radios">
    <label>
      <input type="radio" value="small" bind:group={size}>
      Small
    </label>
    <label>
      <input type="radio" value="medium" bind:group={size}>
      Medium
    </label>
    <label>
      <input type="radio" value="large" bind:group={size}>
      Large
    </label>
  </span>
</div>
<div>
  <label />
  <button disabled={!canSave}>{mode === 'create' ? 'Save' : 'Update'}</button>
  <button type="button" on:click={() => dispatch('mode', 'list')}>
    Cancel
  </button>
</div>
</form>

<style>
  div {
    display: flex;
    align-items: center;
    margin-bottom: 10px;
  }

  input {
    border: solid lightgray 1px;
    border-radius: 4px;
    font-size: 18px;
    margin: 0;
    padding: 4px;
  }
```

```
    input[type='radio'] {
      height: 16px;
    }

    label {
      display: inline-block;
      font-size: 18px;
      font-weight: bold;
      margin-right: 10px;
      text-align: right;
      width: 60px;
    }

    .radios > label {
      font-weight: normal;
      width: auto;
    }
  </style>
```

[예제 6-11]의 util.js 파일에서는 여러 유틸리티 함수들을 정의합니다. getGuid 함수는 견종 ID 값으로 쓸 고유한 값을 만들어냅니다. 이 함수는 uuid라는 npm 패키지를 쓰며 npm install uuid 명령을 실행해서 설치할 수 있습니다. 두 번째 함수인 sortOnName 함수는 주어진 객체 배열을 객체의 name 속성값을 기준으로 정렬합니다.

예제 6-11 src/util.js 파일

```
import {v4 as uuidv4} from 'uuid';

export const getGuid = () => uuidv4();

export function sortOnName(array) {
  array.sort((el1, el2) =>
    el1.name.toLowerCase().localeCompare(el2.name.toLowerCase())
  );
  return array;
}
```

public/global.css 파일에는 모든 컴포넌트에 영향을 줄 수 있는 CSS 규칙을 정의해두었습니다. 이 규칙으로 앱의 모든 버튼이 공통 스타일을 가지도록 만듭니다.

예제 **6-12** public/global.css에 정의한 전역 CSS 규칙들

```css
body {
  font-family: sans-serif;
}

button {
  border: solid lightgray 1px;
  border-radius: 4px;
  font-size: 18px;
  margin-right: 5px;
  padding: 4px;
}
```

이렇게 견종 정보에 대한 CRUD 작업이 가능한 스벨트 앱을 만들어보았습니다.

6.5 상속 스토어

상속 스토어derived store는 하나 이상의 스토어에서 값을 가져오는 스토어를 의미합니다. 상속 스토어는 svelte/store 패키지에서 derived 함수를 불러와서 호출하는 것으로 만들 수 있습니다.

derived 함수는 두 개의 인자를 받습니다. 첫 번째 인자는 값을 가져올 소스source 스토어입니다. 하나의 스토어가 될 수도 있고 여러 스토어를 담은 배열이 될 수도 있습니다. 두 번째 인자는 함수인데, 이 함수에는 derived 함수의 첫 번째 인자로 전달한 소스 스토어들이 인자로 전달됩니다. 그리고 소스 스토어의 값이 바뀔 때마다 함수가 호출됩니다. 이 함수는 상속 스토어의 값이 될 새로운 값을 반환합니다.

상속 스토어로 dogStore에서 대형 견종의 정보만 담은 스토어를 만들 수 있습니다. 상속 스토어의 값은 객체의 배열 형태가 될 것입니다.

예제 **6-13** src/stores.js에 상속 스토어 정의하기

```js
import {derived} from 'svelte/store';
```

```
export const bigDogsStore = derived(dogStore, store =>
  Object.values(store).filter(dog => dog.size === 'large')
);
```

여기서 정의한 상속 스토어는 단 한 개의 스토어만 참조합니다. 그래서 다음 예제에서는 itemsStore와 taxStore라는 두 개의 스토어를 상속받아보도록 하겠습니다. itemsStore는 name과 cost 속성을 가지는 객체의 배열이 저장되어 있습니다. taxStore는 판매 세율 정보를 담고 있습니다. 이 두 스토어를 상속받아서 itemsStore와 비슷하지만 total이라는 속성도 가지고 있는 스토어를 만들어봅시다. 각 항목의 최종 금액은 가격에 (1+세율)을 곱한 값이 됩니다.

예제 6-14 src/stores.js에 정의한 스토어들

```
import {derived, writable} from 'svelte/store';

const items = [
  {name: 'pencil', cost: 0.5},
  {name: 'backpack', cost: 40}
];
export const itemsStore = writable(items);

export const taxStore = writable(0.08);

export const itemsWithTaxStore = derived(
  [itemsStore, taxStore],
  ([$itemsStore, $taxStore]) => {
    const tax = 1 + $taxStore;
    return $itemsStore.map(item => ({...item, total: item.cost * tax}));
  }
);
```

[예제 6-15]는 [그림 6-3]처럼 itemsWithTaxStore의 항목 이름, 가격, 최종 가격을 표시하며 taxStore의 항목을 수정할 수 있는 컴포넌트를 정의합니다. itemsWithTaxStore는 itemsStore 또는 taxStore의 값이 바뀌면 자동으로 업데이트됩니다. 아쉽게도 예시 코드에서 itemsStore의 값을 수정하는 기능은 구현하지 않았습니다.

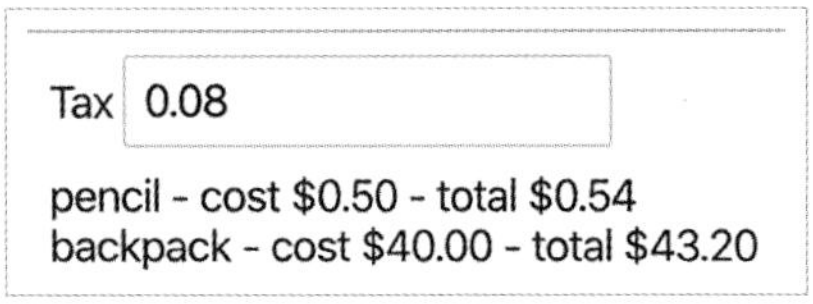

```
Tax 0.08
pencil - cost $0.50 - total $0.54
backpack - cost $40.00 - total $43.20
```

그림 6-3 상속 스토어 예제 앱

예제 6-15 상속 스토어를 쓰는 src/App.svelte 코드

```
<script>
  import {itemsWithTaxStore, taxStore} from './stores';
</script>

<label>
  Tax
  <input type="number" bind:value={$taxStore}>
</label>

{#each $itemsWithTaxStore as item}
  <div>
    {item.name} - cost ${item.cost.toFixed(2)} - total ${item.total.toFixed(2)}
  </div>
{/each}
```

6.6 사용자 정의 스토어

다른 스토어 외에도 사용자 정의 스토어를 만들 수 있습니다. 사용자 정의 스토어는 사용자가 스토어의 값을 수정하는 방식을 제어할 수 있습니다. 쓰기 가능 스토어가 set이나 update 메서드로 어떤 값이든 수정할 수 있는 것과는 사뭇 다릅니다.

사용자 정의 스토어를 쓰는 목적 중 하나는 조금 더 제한된 set이나 update같은 메서드를 제공하는 것입니다. 스토어의 값을 특정값으로만 바꾸거나 제한된 형태의 수정만 가능하도록 만드는 것입니다. 다음에 살펴볼 count 스토어가 바로 그런 예시입니다.

사용자 정의 스토어를 쓰는 또 다른 목적은 스토어가 가지고 있는 객체를 생성하고, 값을 읽고, 수정하고, 삭제하는 API 서비스를 캡슐화해서 제공하는 것입니다. API 서비스를 호출하고 생성되거나 수정된 데이터를 검증한 뒤 스토어에 저장하게 만들 수 있습니다.

사용자 정의 스토어를 쓰기 위해서는 반드시 제대로 만든 subscribe 메서드를 제공해야 합니다. subscribe 메서드는 함수를 인자로 전달받고, 구독을 취소할 때 호출할 수 있는 함수를 반환합니다. subscribe 메서드로 전달된 함수는 전달받은 즉시 스토어의 값을 인자로 전달해서 호출되어야 하며, 그 후로도 스토어의 값이 바뀔 때마다 해당 시점의 스토어값을 인자로 전달해서 호출해야 합니다. 그리고 subscribe 메서드는 구독을 취소할 수 있는 함수 대신 unsubscribe 메서드를 가진 객체를 반환할 수도 있습니다. 일반적으로 사용자 정의 스토어는 적당한 subscribe 메서드를 이미 가지고 있는, 쓰기 가능한 스토어를 가지고 만듭니다.

[예제 6-16]에서 count는 사용자 정의 스토어입니다. 쓰기 가능 스토어와 달리 set이나 update 메서드를 외부에 노출하지 않습니다. 대신 increment, decrement, reset 메서드를 제공합니다. 이 스토어를 쓰는 곳에서는 이 세 개의 메서드를 써서 값을 변경할 수 있으며, 그 외의 방법은 허용되지 않습니다.

예제 6-16 count-store.js에 정의한 count 스토어

```
import {writable} from 'svelte/store';

const {subscribe, set, update} = writable(0);

export const count = {
  subscribe,
  increment: () => update(n => n + 1),
  decrement: () => update(n => n - 1),
  reset: () => set(0)
};
```

[예제 6-17]은 count 스토어를 활용한 애플리케이션입니다(그림 6-4).

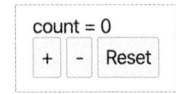

그림 6-4 count
스토어를 활용한 앱

예제 **6-17** count 스토어를 활용한 src/App.svelte의 앱

```
<script>
  import {count} from './count-store';
</script>

<div>count = {$count}</div>
<button on:click={() => count.increment()}>+</button>
<button on:click={() => count.decrement()}>-</button>
<button on:click={() => count.reset()}>Reset</button>
```

6.7 클래스와 스토어 함께 사용하기

스토어에 사용자 정의 자바스크립트 클래스의 인스턴스도 저장할 수 있습니다. 이런 클래스에 인스턴스의 속성값을 수정할 수 있는 메서드가 정의되어 있고 이들 메서드를 호출할 경우 속성값이 바뀌어도 스토어는 이 사실을 모르며, 따라서 스토어를 구독하는 컴포넌트에도 값이 바뀌었다는 사실을 알려주지 않습니다.

사실 스토어에 객체를 저장하는 것과 클래스 인스턴스를 저장하는 것의 차이는 없습니다. 다만 구독하는 컴포넌트에 변경 사실을 알려줄 수 있는 방법이 set 또는 update 메서드를 호출하거나, $ 접두사를 써서 자동 구독 표기법을 쓰는 것뿐이라는 게 문제입니다.

다행히 이 문제는 쉽게 해결할 수 있습니다. [예제 6–15]에서는 Point와 Line이라는 두 개의 클래스를 정의합니다. 한 개의 점은 x, y축의 좌푯값으로 결정됩니다. 하나의 줄은 시작과 끝 지점을 나타내는 두 개의 Point 객체로 정의합니다. 점이나 선은 x축과 y축에 대한 변량(델타 x: dx, 델타 y: dy)만큼 이동할 수 있습니다.

예제 **6-18** src/point.js 파일의 Point 클래스

```
export default class Point {
  constructor(x, y) {
    this.x = x;
    this.y = y;
  }

  toString() {
    return `(${this.x}, ${this.y})`;
```

```
  }

  translate(dx, dy) {
    this.x += dx;
    this.y += dy;
  }
}
```

예제 6-19 src/line.js 파일의 Line 클래스

```
import Point from './point';

export default class Line {
  constructor(start, end) {
    this.start = start;
    this.end = end;
  }

  toString() {
    return `line from ${this.start.toString()} to ${this.end.toString()}`;
  }

  translate(dx, dy) {
    this.start.translate(dx, dy);
    this.end.translate(dx, dy);
  }
}
```

그리고 두 개의 클래스의 인스턴스를 저장할 스토어를 stores.js 파일에 정의하겠습니다.

예제 6-20 src/stores.js에 정의한 스토어

```
import {writable} from 'svelte/store';
import Line from './line';
import Point from './point';

export const pointStore = writable(new Point(0, 0));

export const lineStore =
  writable(new Line(new Point(0, 0), new Point(0, 0)));
```

이제 이 스토어를 불러와서 쓰는 앱을 만들겠습니다.

예제 6-21 Point 클래스와 스토어를 사용하는 src/App.svelte 파일의 앱

```
<script>
  import Point from './point';
  import {lineStore, pointStore} from './stores';

  let point = new Point(1, 2);        ◁── 이 point 변수는 컴포넌트 내에서만 유효하며
                                          스토어에 저장되어 있지 않습니다.
  function translate() {        ◁─┐
    const dx = 2;
    const dy = 3;                   이 함수에서 컴포넌트 내의 point와 pointStore의 인스턴스들,
                                    그리고 lineStore 안의 인스턴스들을 전부 동일한 변량만큼 옮깁니다.
    point.translate(dx, dy);
    point = point;        ◁──  스벨트가 변수의 변화를 감지하도록
                               변수 스스로에 변수를 할당합니다.
    pointStore.update(point => {
      point.translate(dx, dy);
      return point;
    });

    lineStore.update(line => {
      line.translate(dx, dy);
      return line;
    });
  }
</script>

<h1>local point = ({point.x}, {point.y})</h1>
<h1>point store = {$pointStore.toString()}</h1>
<h1>line store = {$lineStore.toString()}</h1>

<button on:click={translate}>Translate</button>
```

스토어에 저장된 객체들의 업데이트에 인스턴스의 메서드를 똑같이 쓰고 있습니다. 하지만 중요한 차이점은 객체의 업데이트가 반드시 스토어의 **update** 메서드에 인자로 전달되는 함수 안에서 이루어져야 한다는 것, 그리고 전달된 함수가 반드시 업데이트된 객체를 반환해야 한다는 것입니다.

만약 **Point**와 **Line** 클래스의 **translate** 메서드가 **this**를 반환한다면 **update** 함수를 더 간

단하게 쓸 수 있습니다.

```
pointStore.update(point => point.translate(3, 4));

lineStore.update(line => line.translate(dx, dy));
```

또 다른 방법으로는 클래스 대신 점과 선을 나타낼 수 있는 사용자 정의 스토어를 쓰는 것입니다. 관련된 모든 로직을 스토어 내에 구현하고, 스토어를 쓰는 코드들은 스토어 바깥으로 옮길 수 있습니다.

예제 6-22 src/stores.js에 정의한 점과 선을 나타내는 사용자 정의 스토어

```
import {get, writable} from 'svelte/store';

export function pointStore(x, y) {
  const store = writable({x, y});
  const {subscribe, update} = store;
  let cache = {x, y};
  return {
    subscribe,
    toString() {
      return `(${cache.x}, ${cache.y})`;
    },
    translate(dx, dy) {
      update(({x, y}) => {
        cache = {x: x + dx, y: y + dy};
        return cache;
      });
    }
  };
}

export function lineStore(start, end) {
  const store = writable({start, end});
  const {subscribe, update} = store;
  return {
    subscribe,
    translate(dx, dy) {
      update(({start, end}) => {
        start.translate(dx, dy);
        end.translate(dx, dy);
```

```
      return {start, end};
    });
  }
};
}
```

이 스토어들을 [예제 6-23]처럼 불러와 쓸 수 있습니다.

예제 6-23 src/App.svelte 파일에 정의한 앱에서 사용자 정의 스토어 쓰기

```
<script>
  import Point from './point';
  import {lineStore, pointStore} from './stores';
  let point = pointStore(1, 2);
  let line = lineStore(new Point(0, 0), new Point(2, 3));

  function translate() {
    const dx = 2;
    const dy = 3;

    point.translate(dx, dy);
    line.translate(dx, dy);
  }
</script>

<h1>point = ({$point.x}, {$point.y})</h1>
<h1>line = {$line.start.toString()}, {$line.end.toString()}</h1>

<button on:click={translate}>Translate</button>
```

6.8 스토어 데이터를 영구 저장하기

웹 브라우저를 새로고침하면 스토어를 생성하고 초기화하는 코드가 다시 실행됩니다. 지금까지 저장했던 데이터는 모두 소실됩니다. 하지만 사용자 정의 스토어를 쓰면 변경된 스토어값을 sessionStorage에 저장하고, 새로고침 등 스토어가 초기화되는 일이 발생하면 그 값을 역시 sessionStorage에서 불러옵니다.

[예제 6-24]에서 볼 수 있는 일반적인 쓰기 가능 스토어로 이를 구현할 수 있습니다. writable 함수를 호출해서 스토어를 쓰는 것과 거의 차이가 없습니다. 차이점이라면 sessionStorage에 저장한다는 것입니다.

예제 6-24 src/store-util.js에 구현한 데이터를 영구 저장할 수 있는 쓰기 가능 스토어

```
import {writable} from 'svelte/store';

function persist(key, value) {
  sessionStorage.setItem(key, JSON.stringify(value));
}

export function writableSession(key, initialValue) {
  const sessionValue = JSON.parse(sessionStorage.getItem(key));
  if (!sessionValue) persist(key, initialValue);         ◁   sessionStorage에 값이 없는 경우에만
                                                              initialvalue를 저장합니다.
  const store = writable(sessionValue || initialValue);  ◁
  store.subscribe(value => persist(key, value));         ◁       쓰기 가능 스토어는
  return store;                                                  sessionStorage 값 또는
}                                                               제공되는 초깃값으로 만들어집니다.
                            스토어값을 변경하면 그 즉시
                            sessionStorage에 저장합니다.
```

이런 스토어는 [예제 6-25]처럼 만들어서 쓸 수 있습니다.

예제 6-25 src/stores.js에 정의한 numbers 스토어

```
import {writableSession} from './store-util';

export const numbers = writableSession('numbers', [1, 2, 3]);
```

numbers 스토어는 여러 컴포넌트가 불러와서 set 또는 update 메서드로 값을 변경할 수 있습니다. 변경되는 값은 sessionStorage에 저장되며 페이지를 새로고침해도 값이 유지됩니다.

6.9 여행 준비물 앱 만들기

이번 장에서는 여행 준비물 앱을 고치지 않습니다. 여러 컴포넌트에서 공유할 데이터가 없기 때문입니다. 17장에서 새퍼 서버 라우트를 배울 때, API 서비스를 통해 데이터를 데이터베이스에 영구 저장하는 방법을 알아볼 것입니다.

다음 장에서는 DOM과 상호작용하는 여러 방법에 대해 배울 것입니다. 또한 스벨트가 DOM을 어떻게 다루는지도 알아봅니다.

6.10 마치며

- 스벨트의 스토어로 컴포넌트의 계층적 구조나 관계와 상관없이 여러 컴포넌트 간에 데이터를 쉽게 공유할 수 있습니다.
- 쓰기 가능 스토어는 컴포넌트가 스토어의 값을 변경할 수 있습니다.
- 읽기 전용 스토어는 컴포넌트가 스토어의 값을 변경할 수 없습니다.
- 상속 스토어는 그 값을 다른 스토어로부터 계산하거나 가져와서 씁니다.
- 사용자 정의 스토어는 스토어의 다른 기능을 포함하여 스토어를 제어할 수 있는 사용자 정의 API까지 제공할 수 있습니다.
- 스토어에 사용자 정의 자바스크립트 클래스의 인스턴스를 저장할 수 있습니다.
- 스토어는 여러 가지 방법으로 데이터를 영구 저장할 수 있습니다. 예를 들어 페이지를 새로고침했을 때도 데이터를 유지하고 싶다면 sessionStorage를 쓸 수 있습니다.

CHAPTER 7

DOM 상호작용

> **이 장의 핵심 내용**
> - ◆ 문자열 변숫값으로 HTML 요소 채워 넣기
> - ◆ 신뢰할 수 없는 HTML 페이지로부터의 크로스 사이트 스크립트 공격 피하기
> - ◆ 요소가 DOM에 추가될 때 '액션'을 써서 코드 실행하기
> - ◆ 스벨트가 업데이트된 뒤 tick 함수로 DOM 수정하기
> - ◆ 대화 상자 컴포넌트 만들기
> - ◆ 드래그 앤드 드롭 구현하기

스벨트 애플리케이션을 만들다 보면 가끔 스벨트가 직접 지원하지 않는 DOM 기능을 써야 할 때가 있습니다. 이런 기능들로는 다음과 같은 것이 있습니다.

- 사용자가 데이터를 입력하고자 할 때 입력 칸으로 초점 옮기기
- 커서 위치를 조절하고 input 요소 안의 텍스트 선택하기
- dialog 요소 안의 메서드 호출하기
- 특정 요소에서 항목을 끌어서 다른 곳으로 옮기기

이런 것들은 단순히 스벨트 컴포넌트를 정의해서 화면에 그릴 HTML 요소들을 사용하는 것보다 훨씬 어려운 일입니다. 이 장에서는 스벨트로 만든 DOM 요소에 접근해서 이런 기능들을 구현할 방법에 대해서 살펴봅시다.

7.1 HTML 삽입

일반적으로 스벨트 컴포넌트는 .svelte 파일에 HTML 요소를 불러와서 화면에 그립니다. 하지만 .svelte 내부에 HTML을 쓰는 것보다 컴포넌트 바깥에 있는 문자열값을 불러와서 HTML로 쓰는 것이 더 편할 때도 있습니다. 콘텐츠 관리 시스템^{content management system}(CMS)을 쓰면 웹 애플리케이션에서 쓸 텍스트나 이미지 같은 자원을 별도로 저장할 수 있습니다. CMS로 textarea 요소에 HTML을 입력할 수도 있습니다. 이렇게 입력한 HTML은 데이터베이스에 문자열 형태로 저장됩니다. 웹 애플리케이션은 API 서비스를 통해 CMS에 이런 자원들을 요청하고 화면에 그릴 수 있습니다.

CMS를 스벨트로 만들었다면, @html 문법을 써서 입력한 HTML 구문이 어떻게 화면에 그려지는지 미리 볼 수 있습니다. 스벨트로 만든 CMS를 스벨트로 만든 애플리케이션에서 쓰면 똑같은 방법으로 문자열값을 HTML로 화면에 그릴 수 있습니다. 자바스크립트 표현식의 값이 HTML 문자열인 경우에는 다음 문법으로 화면에 그릴 수 있습니다.

```
{@html expression}
```

[예제 7-1]의 코드는 [그림 7-1]처럼 textarea 요소 내에 HTML 문자열을 입력하면 이를 그대로 화면에 그려줍니다.

```
<h1 style="color: red">Hello!</h1>




                                                       //
```

Hello!

그림 7-1 사용자가 입력한 HTML을 화면에 그리기

예제 7-1 textarea 요소 내의 HTML 문자열을 화면에 그리는 앱 코드

```
<script>
  let markup = '<h1 style="color: red">Hello!</h1>';     ⟵  textarea 영역의 초깃값입니다.
```

```
  </script>

<textarea bind:value={markup} rows={5} />
{@html markup}

<style>
  textarea {
    width: 95vw;
  }
</style>
```

크로스 사이트 스크립트cross site script 공격을 피하려면 [예제 7–1]과 같이 출처를 알 수 없는 HTML 값을 써야 할 경우 값에서 위험한 부분을 제거해야 합니다. 문자열에서 위험할 수 있는 HTML을 제거하는 다양한 오픈소스 라이브러리가 있습니다. 그중 하나가 바로 sanitize-html(https://github.com/apostrophecms/sanitize-html)입니다. sanitize-html을 스벨트에서 사용하려면 다음 단계를 거치면 됩니다.

1. npm install sanitize-html 명령을 실행해서 설치
2. 필요한 곳에서 sanitizeHtml 함수를 불러와서 쓰기

sanitizeHtml 함수는 기본적으로 문자열에서 a, b, blockquote, br, caption, code, div, em, h3, h4, h5, h6, hr, i, iframeli, nl, ol, p, pre, strike, strong, table, tbody, td, th, thead, tr, ul는 유지하고 그 외 script를 포함한 다른 요소들은 모두 제거합니다. 제거되지 않고 남는 요소들은 어떤 속성값이든 가질 수 있지만, a 요소만은 href, name, target 속성값만 가질 수 있습니다.

img 요소는 기본적으로는 제거되지만 sanitizeHtml 설정을 통해 남길 수도 있습니다. 또한 img 속성 중 어떤 것을 허용할지도 결정할 수 있습니다. 지정된 속성 외의 모든 img 속성은 제거됩니다. 특히 onerror와 onload 속성은 자바스크립트 코드를 실행할 수 있는 속성이기 때문에 보안상 제거하는 것이 좋습니다. SANITIZE_OPTIONS 상수는 [예제 7–2]에서 볼 수 있습니다.

@html은 DOM의 innerHTML 속성을 지정하는 것으로 HTML을 끼워넣습니다. HTML5 명세에 따르면 "innerHTML을 통해 script 요소를 삽입하면 삽입하는 시점에는 그 코드가 실행되지 않는다"라고 합니다. HTML에서 위험한 요소를 제거하지 않아서 script 요소가 남아 있다

고 해도, 실행되지는 않는다는 뜻입니다. 그래도 삽입된 코드가 실행되지 않을 것이라고 생각하는 것보다 명시적으로 script 요소를 제거하는 것이 보안상 더 낫습니다.

[예제 7-2]는 sanitizeHtml 함수와 @html을 써서 문자열을 HTML로 화면에 그리는 예시입니다. 예시 코드는 *https://git.io/JnsM7*에서 확인하실 수 있습니다.

예제 7-2 @html과 sanitizeHtml로 HTML을 화면에 그리기

```
<script>
  import sanitizeHtml from 'sanitize-html';

  const SAFE = true;
  const SANITIZE_OPTIONS = {
    allowedTags: [...sanitizeHtml.defaults.allowedTags, 'img'],
    allowedAttributes: {img: ['alt', 'src']}
  };
  function buildScript(content) {
    const s = 'script';
    return `<${s}>${content}</${s}>`;
  }

  function sanitize(markup) {
    return SAFE ? sanitizeHtml(markup,
                        SANITIZE_OPTIONS) : markup;
  }

  const markup1 = buildScript('console.log("pwned by script")');

  const markup2 = '<img alt="star" src="star.png" />';

  const markup3 = '<img alt="star" src="star.png" ' +
    'onload="console.log(\'pwned by onload\')" />';

  const markup4 = '<img alt="missing" src="missing.png" ' +
    'onerror="console.log(\'pwned by onerror\')" />';

  const markups = [markup1, markup2, markup3, markup4];
</script>
```

값을 false로 지정하면 HTML에서 위험한 요소를 제거하지 않았을 때 화면에 어떻게 그려지는지 확인할 수 있습니다.

img 요소를 제거하지 않고 남기도록 설정합니다.

스벨트 파서가 이 코드를 해석하지 않고 script 요소를 만들도록 하기 위해 복잡한 코드를 썼습니다.

sanitizeHtml을 안 쓰고 코드를 그대로 가지고 있어도 이 스크립트 코드는 실행되지 않습니다. 여기에 쓰인 문자열의 'pwned'라는 뜻은 일종의 비속어로 해킹에 성공했음을 알리고 남기는 단어입니다. 더 자세한 내용은 *https://en.wikipedia.org/wiki/Pwn*을 참고하기 바랍니다.

위에서 sanizteHtml 설정을 바꾸었기 때문에 img 요소는 제거되지 않고 남습니다. 따라서 *http://mng.bz/XPBv*에서 'star.png' 이미지 파일을 불러와서 표시합니다.

역시 img 요소는 남기지만 onload 속성은 제거합니다.

img 요소는 제거하지 않지만 onerror 속성은 제거합니다. 'missing.png' 파일이 존재하지 않기 때문에 이미지가 정상적으로 표시되지 않고 깨진 것으로 보입니다.

```
<h1>Check the console.</h1>
{#each markups as markup}
  {@html sanitize(markup)}
{/each}
```

예제 코드에서 상숫값 SAFE가 true로 지정되어 있으면 HTML에서 위험한 요소를 제거하고 표시합니다. 이 경우 페이지의 body 내에 아래의 HTML이 표시됩니다. script 요소는 제거되었으며, img 요소의 onerror와 onload 속성이 제거됩니다. 따라서 console.log 함수는 호출되지 않으며, 개발자 콘솔에는 [그림 7-2]처럼 'missing.png' 파일을 찾지 못했다는 404 오류 외에는 아무런 메시지도 출력되지 않습니다.

그림 7-2 위험한 요소를 제거한 후 표시한 HTML 결과

```
<h1>Check the console.</h1>
<img alt="star" src="star.png">
<img alt="star" src="star.png">
<img alt="missing" src="missing.png">
```

SAFE 값을 false로 바꾸면 HTML의 위험 요소가 제거되지 않아서 [그림 7-3]처럼 화면에 표시됩니다. script 요소는 여전히 실행되지 않지만 onload와 속성으로 전달된 자바스크립트 코드가 실행되어서 개발자 콘솔에 메시지가 표시됩니다.

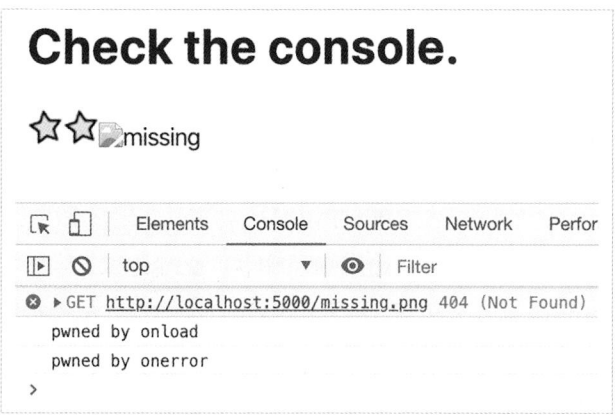

그림 7-3 HTML을 그대로 화면에 표시하는 경우

```
<h1>Check the console.</h1>
<script>console.log("pwned by script")</script>
<img alt="star" src="star.png">
<img alt="star" src="star.png" onload="console.log('pwned by onload')">
```

7.2 액션

특정 요소가 DOM에 추가될 때 호출할 함수를 액션으로 등록할 수 있습니다. DOM 요소의 속성을 수정하거나 DOM 요소가 추가된 뒤 해당 요소의 메서드를 호출해야 할 때 유용합니다.

> NOTE_ 액션은 8장에서 다룰 라이프사이클 함수 중 onMount 함수와 관련이 있습니다. onMount 함수는 컴포넌트 인스턴스가 DOM에 추가될 때 호출되는 함수입니다.

액션은 컴포넌트 내에서 use 지시자를 써서 지정합니다. use:*fnName={args}* 형태로 씁니다. 인자가 지정되었다면 인자와 함께 DOM 요소로 등록할 함수를 전달합니다. 전달할 인자가 필요 없다면 *={args}* 부분을 생략합니다. 등록한 함수는 함수가 등록된 요소가 인자로 전달되어 호출됩니다. 예를 들어 input 요소가 DOM에 추가되는 경우 해당 input 요소로 초점을 옮기고 싶다면 다음과 같이 코드를 작성할 수 있습니다.

```
<script>
  let name = '';
  const focus = element => element.focus();
</script>

<input bind:value={name} use:focus>
```

액션 함수는 필요한 경우 객체를 반환하도록 만들 수 있습니다. 이 객체는 update와 destroy 속성을 가져야 하며, 그 값은 함수여야 합니다. update 함수는 인잣값이 바뀔 때마다 호출됩니다. 당연히 아무런 인자도 제공하지 않으면 호출되지 않습니다. destroy 함수는 해당 요소가 DOM에서 제거될 때 호출됩니다. 하지만 액션 함수에서 이런 객체를 반환하는 것은 자주 쓰이는 방법이 아닙니다.

7.3 tick 함수

컴포넌트는 컴포넌트의 최상위 변숫값이 바뀌는 경우 자신의 상태를 갱신해야 한다고 판단합니다. 따라서 스벨트는 수정된 변수와 관련된 DOM 부분을 업데이트하고, 그 결과로 이전 화면에 그려진 DOM 요소의 속성값들이 사라질 수 있습니다. 이런 속성값 중 일부는 복구해야 할 필요가 있습니다.

스벨트 문서에 따르면, 스벨트에서 컴포넌트 상태를 갱신해야 할 필요가 있을 때 관련 DOM을 즉각 업데이트하지는 않습니다. 대신, 다른 컴포넌트나 또는 더 추가해야 할 변동 사항이 있는지 다음 마이크로태스크microtask까지 기다립니다. 이렇게 함으로써 불필요한 작업을 줄이고 브라우저가 효과적으로 일하게 만듭니다.

또한 스벨트 문서에는 tick 함수에 대한 내용도 있습니다. 그에 따르면 tick 함수는 즉각 반영되지 않은 컴포넌트 상태 변화가 DOM에 적용되자마자 반환하는, 또는 컴포넌트 상태가 즉각 반영되는 경우 바로 반환하는 프로미스를 반환합니다. tick 함수를 쓰면 다음과 같이 DOM이 업데이트된 뒤 추가적인 상태 변화를 적용할 수 있습니다.

```
<script>
  import {tick} from 'svelte';
```

```
    ...                          컴포넌트의 상태 변화를 만듭니다.

    await tick();         ◁       이 전의 상태 변화가 DOM에 실제로 적용될 때까지 기다립니다.

    ...                       DOM이 업데이트된 후 추가로 상태를 변화시킵니다.
</script>
```

tick 함수를 호출하는 것은 드문 일이지만, 어떤 상황에 필요한지 예제로 알아봅시다.

입력에 마스크를 적용하는 기능을 생각해봅시다. 이 기능을 써서 숫잣값과 허용된 특별한 문자만 지정된 위치에 입력하도록 만들 수 있습니다. 예를 들면 전화번호를 (123)456-7890과 같은 형식으로만 입력하게 만드는 것입니다.

마스크와 값을 프롭스로 전달받는 MaskedInput 컴포넌트를 [예제 7-3]과 같이 만듭니다. 마스크는 9개 문자로 이루어지며 숫자만 허용됩니다. 숫자 외의 문자는 특정 위치에 추가해야 하는 구분자입니다. 앞서 설명한 전화번호에 해당하는 마스크는 (999)999-9999가 됩니다. 이 값은 input 요소의 placeholder 속성값이 됩니다. 이 속성은 사용자가 input 요소에 아무것도 입력하지 않은 상태일 때 기본으로 화면에 표시되는 내용입니다.

사용자가 값을 입력하면 적절한 구분자를 input 요소에 추가합니다. 문제는 스벨트가 input 값을 업데이트하면 input 요소의 현재 커서 위치 정보가 사라진다는 것입니다. 이 문제는 다음과 같이 해결합니다.

1. 값을 업데이트하기 전, 현재 커서 위치를 기록합니다.
2. 적당한 구분자를 추가합니다.
3. tick 함수를 써서 DOM 업데이트가 끝나기를 기다립니다.
4. 커서 위치를 복구합니다.

예제 7-3 src/MaskedInput.svelte 파일의 MaskedInput 컴포넌트

```
<script>
  import {tick} from 'svelte';
  export let mask;
  export let value;

  function getDigits(value) {      ◁   이 함수를 써서 값에서 숫자만 따로 빼서
    let newValue = '';                   문자열로 만듭니다.
```

```javascript
  for (const char of value) {
    if (char >= '0' && char <= '9')  newValue += char;
  }
  return newValue;
}

function maskValue(digits) {
  const {length} = digits;
  if (length === 0) return '';

  let value = '';
  let index = 0;
  for (const char of mask) {
    if (char === '9') {
      const nextChar = digits[index++];
      if (!nextChar) break;
      value += nextChar;
    } else if (index < length) {
      value += char;
    }
  }
  return value;
}

function handleKeydown(event) {
  if (event.key !== 'Backspace') return;

  const {target} = event;
  let {selectionStart, selectionEnd} = target;

  setTimeout(async () => {
    value = maskValue(getDigits(target.value));

    await tick();

    if (selectionStart === selectionEnd) selectionStart--;
    target.setSelectionRange(selectionStart, selectionStart);
  });
}

function handleKeypress(event) {
  setTimeout(async () => {
    const {target} = event;
```

숫자를 마스크에 적용해서 문자열을 만듭니다.
예를 들어 숫자가 '1234567'이면 마스크를 적용해서
만든 문자열은 '(123)456-7'이 됩니다.

이 경우 입력된 숫잣값을
문자열에 추가합니다.

이 경우 마스크 문자를
문자열에 추가합니다.

여기서는 백스페이스(삭제)키만 처리합니다.

현재 커서 위치를 기록합니다.

setTimeout 함수를 써서 백스페이스키를
처리할 시간을 줍니다.

input 요소가 화면에 그릴 값을 수정합니다.

스벨트가 DOM을
업데이트할 때까지
기다립니다.

스벨트가 DOM을 업데이트하면,
커서 위치를 복구합니다.

숫자 키와 같이 화면에 표시할 수 있는
문자 키를 처리합니다.

setTimeout 함수를 써서
keypress 이벤트를 처리할 시간을 줍니다.

```
        let {selectionStart} = target;          ◁─── 현재 커서 위치를 기록합니다.

        value = maskValue(getDigits(target.value));    ◁─── input 요소가 화면에 그릴 값을
                                                            수정합니다.
        await tick();          ◁─── 스벨트가 DOM을
                                    업데이트할 때까지 기다립니다.
                                                               입력의 마지막 지점에
        if (selectionStart === value.length - 1) selectionStart++;   ◁─── 도달하면
                                                               selectionStart 값을
                                                               하나 뒤로 옮깁니다.
        const maskChar = mask[selectionStart - 1];
        if (maskChar !== '9') selectionStart++;   ◁────────┐

        target.setSelectionRange(selectionStart, selectionStart);   ◁─┐
    });                                                               │
  }                                           입력 커서 위치를 복구합니다.    마스크 문자가 삽입되면
</script>                                                             selectionStart 값을
                                                                      하나 뒤로 옮깁니다.

<input
  maxlength={mask.length}
  on:keydown={handleKeydown}
  on:keypress={handleKeypress}
  placeholder={mask}
  bind:value={value}
/>
```

[예제 7-4]는 MaskedInput 컴포넌트를 불러와서 쓰는 앱 코드입니다.

예제 7-4 MaskedInput 컴포넌트를 불러와서 쓰는 앱

```
<script>
  import MaskedInput from './MaskedInput.svelte';
  let phone = '';
</script>

<label>
  Phone
  <MaskedInput
    mask="(999)999-9999"
    bind:value={phone}
  />
</label>
<div>
  phone = {phone}
</div>
```

> **NOTE_** keypress 이벤트는 아직 쓸 수는 있지만 향후에는 쓸 수 없게 됩니다(*http://mng.bz/6QKA*). 대
> 신 쓸 수 있는 이벤트는 beforeinput 이벤트입니다. 하지만 집필 시점에는 파이어폭스 브라우저가 이 이벤
> 트를 지원하지 않고 있습니다. keypress 이벤트를 쓰지 않고 구현하는 방법은 *http://mng.bz/oPyp*에서
> 볼 수 있습니다.

await tick() 함수를 써서 변경된 내용이 실제로 처리될 때까지 기다리는 것은 코드를 테스
트할 때도 유용합니다.

7.4 대화 상자 컴포넌트 만들기

사용자에게 반드시 알아야 할 중요한 정보를 제공하거나 확인을 받기 위해서 대화 상자를 자
주 사용합니다. 대화 상자는 **모달**modal을 쓰기 때문에 대화 상자를 닫기 전까지는 대화 상자 이
외의 요소를 쓸 수 없습니다. 이는 **백드롭**backdrop을 대화 상자를 제외한 모든 요소 앞과 대화 상
자 뒤 사이에 배치해서 구현합니다. 백드롭이 대화 상자 이외의 요소와의 상호작용을 전부 막
는 것입니다. 백드롭은 일반적으로 반투명한 그림자처럼 표시해서 다른 요소들을 어둡거나 흐
릿하게 보이는 상태로 화면에 그립니다.

[그림 7-4]는 사용자가 'Open Dialog' 버튼을 클릭했을 때 표시되는 대화 상자입니다.

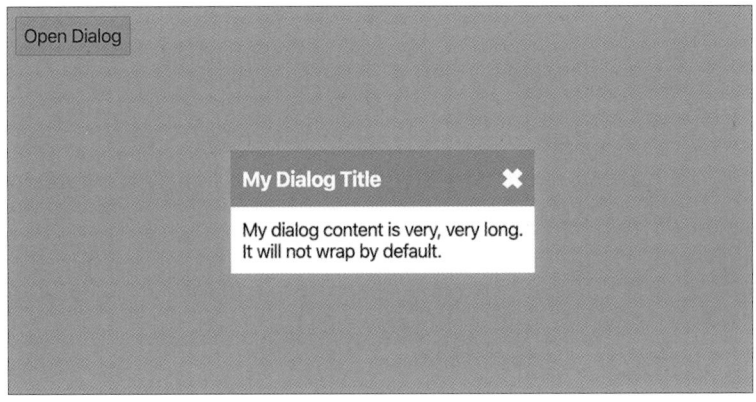

그림 7-4 대화 상자 예제

대화 상자 컴포넌트는 대개 z-index 값이 페이지의 다른 모든 요소들보다 큰 div 요소로 구현합니다. div 요소의 절대적인 위치를 페이지 가운데에 오게 만듭니다.

다른 방법으로는 HTML 명세에 정의된 dialog 요소를 쓰는 것입니다. 이 요소를 쓰면 대화 상자를 훨씬 쉽게 만들 수 있지만, 브라우저에서 dialog 요소에 대한 지원은 아직 불완전합니다. 집필 시점에 dialog 요소를 지원하는 브라우저는 크롬^{Chrome}과 마이크로소프트 엣지^{Microsoft Edge}뿐입니다. 다행히 npm에서 좋은 폴리필을 제공합니다. 이 폴리필을 쓰면 파이어폭스나 사파리에서도 dialog 요소를 쓸 수 있습니다. 이 dialog-polyfill은 *www.npmjs.com/package/dialog-polyfill*에서 찾아볼 수 있으며, npm install dialog-polyfill 명령을 실행해서 설치할 수 있습니다.

이 폴리필과 dialog 요소를 활용해서 스벨트 Dialog 컴포넌트를 만들어봅시다. 이 컴포넌트는 아이콘과 제목, 대화 상자를 닫기 위한 '×'와 그 외의 콘텐츠를 포함합니다. 대화 상자는 처음에는 닫힌 상태로 표시됩니다. Dialog 컴포넌트를 불러와서 쓰는 부모 컴포넌트는 bind:dialog 프롭스로 dialog 요소에 대한 참조를 얻을 수 있습니다. bind:dialog 구문에서 dialog는 부모 컴포넌트의 변수입니다.

대화 상자를 모달로 열고 싶다면, dialog.showModal()을 호출합니다. 대화 상자를 모달로 열고 난 뒤에는 대화 상자 이 외의 요소와 상호작용이 불가능합니다. 모달이 아닌 상태로 열고 싶다면 dialog.show()를 호출합니다. 이 상태에서는 대화 상자 외의 다른 요소들과도 상호작용이 가능합니다.

대화 상자를 닫고 싶으면 dialog.close()를 호출합니다. 부모 컴포넌트는 사용자가 대화 상자를 닫는 경우 발생하는 이벤트를 on:close={handleClose}를 통해 전달받아 처리할 수 있습니다. 여기서 handleClose는 부모 컴포넌트에서 정의한 함수입니다.

[예제 7-5]는 Dialog 컴포넌트를 불러와서 쓰는 코드입니다. 전체 코드는 *https://github.com/mvolkmann/svelte-dialog*에서 확인할 수 있습니다.

예제 7-5 Dialog 컴포넌트 불러와서 쓰기

```
<script>
  import Dialog from './Dialog.svelte';
  let dialog;
</script>
```

```
<div>
  <button on:click={() => dialog.showModal()}>Open Dialog</button>
</div>

<Dialog title="Test Dialog" bind:dialog>
  My dialog content is very, very long.<br>
  It will not wrap by default.
</Dialog>
```

[예제 7-6]은 **Dialog** 컴포넌트 코드입니다.

예제 7-6 src/Dialog.svelte 파일의 Dialog 컴포넌트

닫기 버튼 '×'를 표시할지 말지를 결정하는
불리언값입니다.

```
<script>
  import dialogPolyfill from 'dialog-polyfill';
  import {createEventDispatcher, onMount} from 'svelte';

  export let canClose = true;
  export let className = '';
  export let dialog = null;
  export let icon = undefined;
  export let title;
  const dispatch = createEventDispatcher();

  $: classNames = 'dialog' + (className ? ' ' + className : '');

  onMount(() => dialogPolyfill.registerDialog(dialog));

  function close() {
    dispatch('close');
    dialog.close();
  }
</script>

<dialog bind:this={dialog} class={classNames}>
  <header>
    {#if icon}{icon}{/if}
    <div class="title">{title}</div>
```

부수적으로 dialog 요소에 적용할 수 있는
CSS 클래스 이름입니다.

부모 컴포넌트는 bind:dialog
구문을 통해 dialog 요소에 대한
참조를 가져와서 show()나
showModal(), close()를
호출할 수 있습니다.

대화 상자 제목 앞에 표시할 수
있는 추가 아이콘을 지정합니다.

대화 상자 제목으로 표시할 문자열입니다.

onMount 함수는
라이프사이클 함수로
8장에서 소개합니다.
이 함수는 컴포넌트가 DOM에
추가될 때 호출됩니다.

부모 컴포넌트는 필요하면
이 이벤트를 전달받아
처리할 수 있습니다.

dialog 변수를 DOM 요소에 대한
참조로 만듭니다.

```
    {#if canClose}
      <button class="close-btn" on:click={close}>
        &#x2716;        ◁─┐ 곱하기 기호에 대한
      </button>              유니코드값입니다.
    {/if}
  </header>        ┌─ 12장에서 수정할 접근성 문제가
  <main>      ◁──┘  포함되어 있습니다.
    <slot />    ◁──┐ Dialog 컴포넌트의 자식 컴포넌트들이
  </main>              표시될 부분입니다.
</dialog>

<style>
  .body {
    padding: 10px;
  }

  .close-btn {
    background-color: transparent;
    border: none;
    color: white;
    cursor: pointer;
    font-size: 24px;
    outline: none;
    margin: 0;
    padding: 0;
  }

  dialog {        ┌─ 이 속성들로 대화 상자를 브라우저 창의 가운데
          ◁────┘  에 위치시킵니다.

    position: fixed;
    top: 50%;
    transform: translate(0, -50%);

    border: none;
    box-shadow: 0 0 10px darkgray;
    padding: 0;
  }

  header {
    display: flex;
    justify-content: space-between;
    align-items: center;

    background-color: cornflowerblue;
```

```
    box-sizing: border-box;
    color: white;
    font-weight: bold;
    padding: 10px;
    width: 100%;
  }

  main {
    padding: 10px;
  }

  .title {
    flex-grow: 1;
    font-size: 18px;
    margin-right: 10px;
  }

  dialog::backdrop,
  :global(dialog + .backdrop) {
    background: rgba(0, 0, 0, 0.4);
  }
</style>
```

.backdrop 요소에 대한 스타일을 정의합니다.
이 스타일은 Dialog 컴포넌트에만 국한되지 않는데,
그 이유는 폴리필을 쓸 경우 backdrop 요소가
Dialog 컴포넌트의 루트 컴포넌트 내부에 포함되지 않기
때문입니다. ::backdrop 의사(pseudo) 요소에 대한
자세한 내용은 *http://mng.bz/nPX2*에서 확인할 수 있습니다.

반투명한 회색 그림자를
의미합니다.

7.5 드래그 앤드 드롭

스벨트에서는 드래그 앤드 드롭을 쉽게 구현할 수 있습니다. 스벨트에서 특별히 뭔가를 해주는 것은 아니고, HTML 드래그 앤드 드롭 API를 써서 구현할 수 있습니다(*http://mng. bz/4Azj*).

[그림 7–5]처럼 바구니 사이에 과일 이름으로 된 항목들을 끌어서 옮길 수 있는 간단한 앱을 만들어봅시다. 이 앱은 *http://mng.bz/Qyev* 사이트에서 영감을 받았습니다. [예제 7–7]은 이 사이트 앱의 더 간단한 버전이라고 보면 됩니다.

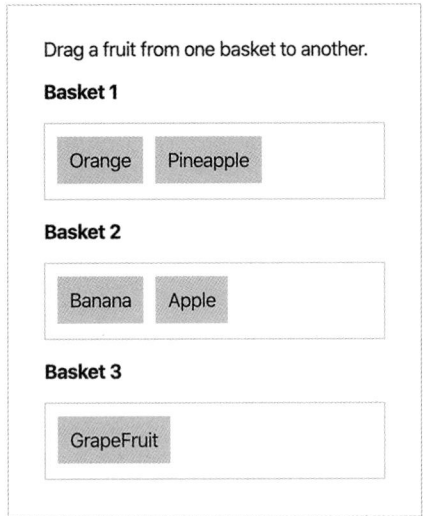

Drag a fruit from one basket to another.

Basket 1

Orange   Pineapple

Basket 2

Banana   Apple

Basket 3

GrapeFruit

그림 7-5 드래그 앤드 드롭 예제 앱

예제 7-7 드래그 앤드 드롭 코드

```
<script>
  let baskets = [
    {
      'name': 'Basket 1',
      'items': ['Orange', 'Pineapple']
    },
    {
      'name': 'Basket 2',
      'items': ['Banana', 'Apple']
    },
    {
      'name': 'Basket 3',
      'items': ['GrapeFruit']
    }
  ];

  let hoveringOverBasket;

  function dragStart(event, basketIndex, itemIndex) {

    const data = {basketIndex, itemIndex};
    event.dataTransfer.setData('text/plain', JSON.stringify(data));
  }
```

항목을 끌어서 옮기는 동안
항목이 위치한 바구니를 강조해서 표시해줍니다.

항목을 끌어서 놓았을 때 항목이
원래 있었던 바구니의 색인값과
그 바구니 내에서의 항목 색인값을 제
공해줍니다.

```
    function drop(event, basketIndex) {
      const json = event.dataTransfer.getData("text/plain");
      const data = JSON.parse(json);

      const [item] = baskets[data.basketIndex].items.splice(data.itemIndex, 1);    ◄─┐

      baskets[basketIndex].items.push(item);    ◄─┐               항목을 바구니에서 제거합니다.
      baskets = baskets;                                       splice 메서드는 삭제된 요소들을
                                                                      가진 배열을 반환하는데,
      hoveringOverBasket = null;       끌어서 옮긴 항목을              이 코드의 경우 배열에
    }                                  해당 바구니에                  단 한 개의 항목만 있습니다.
</script>                              추가합니다.
```

`<p>Drag a fruit from one basket to another.</p>`

```
{#each baskets as basket, basketIndex}
  <b>{basket.name}</b>
  <ul
    class:hovering={hoveringOverBasket === basket.name}
    on:dragenter={() => hoveringOverBasket = basket.name}
    on:dragleave={() => hoveringOverBasket = null}
    on:drop|preventDefault={event => drop(event, basketIndex)}
    on:dragover|preventDefault
  >
    {#each basket.items as item, itemIndex}
      <li
        draggable="true"
        on:dragstart={event => dragStart(event, basketIndex, itemIndex)}
      >
        {item}
      </li>
    {/each}
  </ul>
{/each}

<style>
  .hovering {
    border-color: orange;
  }
  li {
    background-color: lightgray;
    cursor: pointer;
    display: inline-block;
    margin-right: 10px;
```

```
      padding: 10px;
    }
    li:hover {
      background: orange;
      color: white;
    }
    ul {
      border: solid lightgray 1px;
      height: 40px; /* 내용이 비어 있을 경우 해당 높잇값을 사용함 */
      padding: 10px;
    }
  </style>
```

항목 크기를 조절하거나 하는 등의 추가 기능이 필요하다면, 최연규 님의 svelte-moveable
(*http://mng.bz/vxY4*)를 참고하기 바랍니다.

7.6 여행 준비물 앱 만들기

지금까지 배운 내용을 여행 준비물 앱에 적용해보겠습니다. 완성된 코드는 *http://mng.bz/XPKa*
에서 확인할 수 있습니다.

[예제 7-6]처럼 dialog 폴리필에 대한 설정을 합니다. *https://github.com/mvolkmann/
svelte-dialog*의 src/Dialog.svelte 파일을 복사해서 src 디렉터리 아래에 위치시킵니
다. 이를 사용해서 사용자가 이미 존재하는 분류를 또 만들려고 하거나 이미 존재하는 항목을 추
가하려고 하거나 비어 있지 않은 분류를 삭제하려고 할 때 경고를 표시하도록 만들 것입니다.

Category.svelte 파일을 다음과 같이 수정합니다.

1. 다음과 같이 불러오기 코드를 추가합니다.

```
import Dialog from './Dialog.svelte';
```

2. DOM dialog 요소에 대한 참조를 저장할 변수를 선언합니다.

```
let dialog = null;
```

3. addItem 함수의 alert(message); 코드를 dialog.showModal();로 수정합니다.

4. HTML 영역의 마지막에 다음 내용을 추가합니다.

```
<Dialog title="Category" bind:dialog>
  <div>{message}</div>
</Dialog>
```

Checklist.svelte 파일을 다음과 같이 수정합니다.

1. 다음과 같이 불러오기 코드를 추가합니다.

```
import Dialog from './Dialog.svelte';
```

2. DOM dialog 요소에 대한 참조를 저장할 변수를 선언합니다.

```
let dialog = null;
```

3. addCategory 함수의 alert(message); 코드를 dialog.showModal();로 수정합니다.

4. 비어 있지 않은 분류를 삭제하는 것을 막기 위해 deleteCategory 함수의 시작 부분에 다음과 같이 코드를 추가합니다.

```
if (Object.values(category.items).length) {
  message = 'This category is not empty.';
  dialog.showModal();
  return;
}
```

5. HTML 영역 마지막 부분에 다음 내용을 추가합니다.

```
<Dialog title="Checklist" bind:dialog>
  <div>{message}</div>
</Dialog>
```

파일을 수정하고 난 뒤 이미 있는 분류를 다시 추가하거나 분류 내에 존재하는 항목을 다시 추가해보면 두 가지 경우 모두에서 이미 존재한다는 대화 상자를 표시하고 아무것도 추가하지 않습니다.

비어 있지 않은 분류를 삭제하면 분류가 비어 있지 않다는 대화 상자를 확인할 수 있으며, 해당 분류는 삭제되지 않을 것입니다.

이번에는 드래그 앤드 드롭 기능을 추가해보겠습니다. 이 기능을 써서 항목을 분류 사이에서 옮길 수 있도록 만들겠습니다.

`Item.svelte` 파일을 다음과 같이 수정합니다.

1. 각 Item이 현재 어떤 분류에 속하는지 알 수 있도록 categoryId 프롭스를 정의합니다.

   ```
   export let categoryId;
   ```

2. drag와 drop 메서드를 가진 객체를 전달받을 dnd 프롭스를 추가합니다.

   ```
   export let dnd;
   ```

3. li 요소 안의 span 요소에 다음 속성값을 추가합니다.

   ```
   draggable="true"
   on:dragstart={event => dnd.drag(event, categoryId, item.id)}
   ```

`Category.svelte` 파일을 다음과 같이 수정합니다.

1. drag와 drop 메서드를 가진 객체를 전달받을 수 있도록 dnd 프롭스를 추가합니다.

   ```
   export let dnd;
   ```

2. 현재 끌어서 옮기고 있는 Item 항목이 위를 지나고 있는지 여부를 표시할 불리언 변수 hovering 을 추가합니다.

   ```
   let hovering = false;
   ```

3. section 요소에 다음 속성값들을 추가합니다.

   ```
   class:hover={hovering}
   on:dragenter={() => (hovering = true)}
   on:dragleave={event => {
   ```

```
    const {localName} = event.target;
    if (localName === 'section') hovering = false;   ◁
}}                                                          ┌─────────────────────┐
on:drop|preventDefault={event => {                         │ 루트 요소 또는 분류 위치를
  dnd.drop(event, category.id);                            │ 벗어나면 hovering 변숫값을
  hovering = false;                                        │ false로 지정합니다.
}}                                                          └─────────────────────┘
on:dragover|preventDefault
```

4. Item 컴포넌트 인스턴스에 categoryId 값을 전달해서 각 Item 인스턴스가 어느 분류에 속해 있
   는지 알 수 있도록 합니다.

```
categoryId={category.id}
```

5. Item 컴포넌트에 dnd를 프롭스로 전달합니다.

```
{dnd}
```

6. style 요소에 hover에 대한 스타일을 추가합니다.

```
.hover {
  border-color: orange;
}
```

Checklist.svelte를 다음과 같이 수정합니다.

1. dragAndDrop 변수를 정의합니다. 이 변수에는 drag와 drop 메서드를 가진 객체가 저장됩니다.

```
let dragAndDrop = {
  drag(event, categoryId, itemId) {
    const data = {categoryId, itemId};
    event.dataTransfer.setData('text/plain', JSON.stringify(data));
  },
  drop(event, categoryId) {
    const json = event.dataTransfer.getData('text/plain');
    const data = JSON.parse(json);


    const category = categories[data.categoryId];        ◁─── 한 분류에서 항목을 제거합니다.
    const item = category.items[data.itemId];
```

```
        delete category.items[data.itemId];

        categories[categoryId].items[data.itemId] = item;      ◁──  다른 분류에 항목을
                                                                    추가합니다.
        categories = categories;   ◁──
      }                                 │
    };                              업데이트를 유발합니다.
```

2. Category 인스턴스에 dnd 프롭스를 전달합니다.

```
dnd={dragAndDrop}
```

파일을 고치고 나면 항목을 끌어서 다른 분류로 옮겨보세요. 항목이 분류 위를 지나면 경계선이 주황색으로 변하는 것을 볼 수 있습니다.

다음 장에서는 스벨트의 '라이프사이클' 함수들을 배웁니다.

7.7 마치며

- 스벨트 컴포넌트는 {@html markup} 문법을 써서 HTML 문자열을 화면에 그릴 수 있습니다.

- HTML 문자열을 어디서 가져왔느냐에 따라 위험한 요소를 제거하는 것이 안전할 때도 있습니다.

- 스벨트에서는 특정 요소가 DOM에 추가되었을 때 지정된 함수를 실행할 수 있습니다.

- 스벨트 tick 함수를 써서 다른 코드를 실행하기 전 DOM이 실제 업데이트를 마칠 때까지 기다릴 수 있습니다. 이 함수를 써서 DOM이 업데이트되기 전의 상태를 복구할 수 있습니다.

- HTML의 dialog 요소를 써서 스벨트로 Dialog 컴포넌트를 만들 수 있습니다.

- HTML 드래그 앤 드롭 API로 드래그 앤 드롭을 지원하는 스벨트 컴포넌트를 만들 수 있습니다.

CHAPTER 8

라이프사이클 함수

이 장의 핵심 내용

◆ 컴포넌트가 DOM에 추가될 때 코드를 실행할 수 있는 `onMount`

◆ 매 컴포넌트 업데이트 전마다 코드를 실행할 수 있는 `beforeUpdate`

◆ 매 컴포넌트 업데이트 후마다 코드를 실행할 수 있는 `afterUpdate`

◆ 컴포넌트가 DOM에서 제거될 때 코드를 실행할 수 있는 `onDestroy`

애플리케이션의 목적에 따라서 컴포넌트가 DOM에 추가되거나 DOM에서 제거될 때 무언가를 해야 할 때도 있습니다. 때에 따라서는 컴포넌트가 업데이트되기 전이나 되고 난 후에 어떤 조치를 취해야 할 때도 있습니다. 스벨트에서는 컴포넌트 인스턴스의 라이프사이클에 따라서 발생하는 다음 네 가지 이벤트에 호출할 함수를 등록할 수 있습니다.

- 마운트^{mount}될 때(DOM에 추가될 때)
- 업데이트되기 전
- 업데이트된 후
- 파괴될 때(DOM에서 제거될 때)

컴포넌트는 자신에게 전달되는 프롭스 또는 상태변숫값이 바뀌면 업데이트됩니다. 복습하는 차원에서, 상태변수는 HTML 영역에서 사용되는 변수로서 컴포넌트의 최상위 수준에 선언된 변수를 뜻합니다.

8.1 설정

라이프사이클 이벤트에 함수를 등록하려면 다음과 같이 **svelte** 패키지에서 라이프사이클 함수들을 불러와야 합니다.

```
import {afterUpdate, beforeUpdate, onDestroy, onMount} from 'svelte';
```

호출하려는 함수를 인자로 전달해서 이 함수들을 호출합니다. 이 함수들은 컴포넌트 초기화 과정에서 호출되어야 합니다. 각 컴포넌트 인스턴스가 마운트된 뒤, 즉 DOM에 추가된 뒤에 호출하거나 조건부로 호출해서는 안 됩니다.

[예제 8-1], [예제 8-2]는 라이프사이클 이벤트를 활용한 예제입니다. 코드를 REPL에 복사해서 붙여넣은 다음 콘솔 화면을 엽니다. 'Show' 체크박스를 체크한 다음 'Demo' 버튼을 클릭해서 라이프사이클 함수가 어떻게 호출되는지 확인할 수 있습니다.

예제 8-1 라이프사이클 함수를 쓰는 Demo 컴포넌트

```
<script>
  import {onMount, beforeUpdate, afterUpdate, onDestroy} from 'svelte';

  let color = 'red';

  function toggleColor() {
    color = color === 'red' ? 'blue' : 'red';   ⟵ 색값을 바꾸면서 beforeUpdate 함수가
  }                                                 호출되고, 버튼의 색이 바뀌고,
                                                    그다음 afterUpdate 함수가 호출됩니다.
  onMount(() => console.log('mounted'));
  beforeUpdate(() => console.log('before update'));
  afterUpdate(() => console.log('after update'));
  onDestroy(() => console.log('destroyed'));
</script>

<button on:click={toggleColor} style="color: {color}">
  Demo
</button>
```

```
<script>
  import Demo from './Demo.svelte';
  let show = false;        ⟵─┐    Demo 컴포넌트를 화면에 그릴 것인지 결정합니다. 이 값을 바꾸면 Demo 컴포넌트
</script>                       가 DOM에 추가되었다가 제거되었다 합니다. beforeUpdate 함수가 onMount 전
                                에 호출되고, onMount 이후에 afterUpdate 함수가 호출됩니다.
<label>
  <input type="checkbox" bind:checked={show}>
  Show
</label>
{#if show}
  <Demo />
{/if}
```

라이프사이클 함수는 몇 번이고 호출할 수 있습니다. onMount 함수에 세 개의 함수를 전달하고 onMount가 세 번 호출된다면, 세 개의 함수가 등록한 순서대로 계속 호출되는 것을 확인할 수 있습니다. beforeUpdate 함수로 전달한 함수는 onMount 함수로 전달한 함수보다 먼저 호출되는데 이는 컴포넌트를 DOM에 추가하기 전에 프롭스나 상태를 먼저 확인하기 때문입니다.

8.2 onMount 라이프사이클 함수

onMount 함수는 라이프사이클 함수 중에서도 가장 많이 사용됩니다. 흔히 사용되는 예시는 컴포넌트가 화면에 그리는 폼에 사용자가 데이터를 입력할 것이라 예상하고, onMount 함수를 통해 컴포넌트를 화면에 처음 그릴 때 입력 칸으로 초점을 옮겨두는 것입니다. 곧 예제로 살펴봅니다.

또 다른 사용법으로 컴포넌트에 필요한 데이터를 API 서비스로 가져오는 것입니다. 직원 정보를 표시하는 컴포넌트의 경우 onMount 함수에서 이 정보를 가져온 다음 이 데이터를 컴포넌트의 최상위 수준 변수에 저장해서 화면에 그리는 것입니다. 8.2.2절에서 이 내용을 다룹니다.

8.2.1 초점 옮기기

탭 키를 누르거나 input 요소를 클릭하지 않고도 이름을 바로 입력할 수 있도록 초점을 옮겨봅시다.

> **NOTE_** 초점을 옮길 때는 접근성 문제를 고려하기 바랍니다. 초점을 옮기면 화면 내용을 다 읽어주기 전에 입력 칸으로 초점이 옮겨지는 문제가 생길 수 있습니다.

```
<script>
  import {onMount} from 'svelte';
  let name = '';
  let nameInput;
  onMount(() => nameInput.focus());
</script>

<input bind:this={nameInput} bind:value={name}>
```

bind:this 지시자를 써서 변수에 DOM 요소에 대한 참조를 지정합니다. 위 코드에서 nameInput이 HTML input의 DOM 요소에 대한 참조를 가집니다. 이 변수를 써서 onMount 함수에서 input 요소로 초점을 옮길 것입니다. 7.2절에서는 액션을 써서 더 쉬운 방법으로 초점을 움직이도록 만들었습니다.

8.2.2 API 서비스로 데이터 가져오기

이번에는 컴포넌트가 마운트되면 직원 정보를 가져오도록 만들어봅시다. 4.3절에서 쓴 API와 같은 서비스입니다. 직원 정보를 담은 객체 배열은 이름순으로 정렬되어 있으며 그다음에는 성을 기준으로 정렬합니다. 이 데이터를 가져온 뒤 최상위 수준 변수에 저장합니다. 그리고 가져온 직원 정보를 [그림 8-1]처럼 표로 표시합니다.

Employees	
Name	**Age**
Airi Satou	33
Ashton Cox	66
Bradley Greer	41
Brielle Williamson	61
Caesar Vance	21

그림 8-1 직원 정보 표

예제 8-3 onMount에서 데이터 불러오기 예제

```
<script>
  import {onMount} from 'svelte';

  let employees = [];
  let message;

  onMount(async () => {                           브라우저에서 제공하는 Fetch API에 대해서는
    const res = await fetch(                       부록 B를 참고하세요.
      'https://dummy.restapiexample.com/api/v1/employees');
    const json = await res.json();
    if (json.status === 'success') {               직원을 이름 기준으로
      employees = json.data.sort(                  오름차순 정렬합니다.
        (e1, e2) => e1.employee_name.localeCompare(e2.employee_name));
      message = '';
    } else {
      employees = [];
      message = json.status;
    }
  });
</script>

<table>
  <caption>Employees </caption>
  <tr><th>Name</th><th>Age</th></tr>
  {#each employees as employee}
    <tr>
      <td>{employee.employee_name}</td>
      <td>{employee.employee_age}</td>
    </tr>
  {/each}
```

```
</table>
{#if message}
  <div class="error">Failed to retrieve employees: {message}</div>
{/if}

<style>
  caption {
    font-size: 18px;
    font-weight: bold;
    margin-bottom: 0.5rem;
  }
  .error {
    color: red;
  }
  table {
    border-collapse: collapse;
  }
  td, th {
    border: solid lightgray 1px;
    padding: 0.5rem;
  }
</style>
```

8.3 onDestroy 라이프사이클 함수

DOM에서 컴포넌트가 제거될 때 함수를 호출하고 싶으면 해당 함수를 onDestroy 함수의 인자로 전달합니다. 이런 유형의 함수들은 정리 작업을 위해 사용되는데, 가령 setTimeout 등으로 생성된 타이머 함수나 setInterval로 지정된 주기적으로 호출되는 함수들을 제거하는 것입니다. 또는 $ 문법을 써서 자동 구독을 하지 않은 스토어의 구독을 취소할 때도 씁니다.

우선 0.5초마다 문자열의 색을 바꾸는 코드를 살펴봅시다.

예제 8-4 src/Colorcycle.svelte 파일의 ColorCycle 컴포넌트

```
<script>
  import {onDestroy, onMount} from 'svelte';
  export let text;
```

```
    const colors = ['red', 'orange', 'yellow', 'green', 'blue', 'purple'];
    let colorIndex = 0;
    let token;

    onMount(() => {
      token = setInterval(() => {
        colorIndex = (colorIndex + 1) % colors.length;
      }, 500);
    });

    onDestroy(() => {
      console.log('ColorCycle destroyed');
      clearInterval(token);
    });
  </script>

  <h1 style="color: {colors[colorIndex]}">{text}</h1>
```

예제 8-5 ColorCycle 컴포넌트를 불러와서 쓰는 앱

```
  <script>
    import ColorCycle from './ColorCycle.svelte';
    let show = true;
  </script>

  <button on:click={() => show = !show}>Toggle</button>

  {#if show}
    <ColorCycle text="Some Title" />
  {/if}
```

onDestroy 함수를 쓰는 대신, onMount 함수에서 함수를 반환하면 컴포넌트가 DOM에서 제
거될 때 해당 함수를 호출합니다. [예제 8-6]은 ColorCycle 컴포넌트를 이 방법으로 구현한
것입니다.

> **NOTE_** onMount 함수에서 함수를 반환하는 것은 리액트의 useEffect를 쓰는 것과 비슷합니다. 다만 리
> 액트의 useEffect 함수는 컴포넌트가 마운트될 때와 업데이트될 때 모두 호출된다는 차이점이 있습니다.

```svelte
<script>
  import {onMount} from 'svelte';
  export let text;

  const colors = ['red', 'orange', 'yellow', 'green', 'blue', 'purple'];
  let colorIndex = 0;

  onMount(() => {
    const token = setInterval(() => {
      colorIndex = (colorIndex + 1) % colors.length;
    }, 500);
    return () => clearInterval(token);
  });
</script>

<h1 style="color: {colors[colorIndex]}">{text}</h1>
```

이 방법의 장점은 token과 같은 변수가 컴포넌트의 최상위 변수일 필요 없이 onMount 함수 내에서만 유효하면 된다는 것입니다. 이런 식으로 컴포넌트를 초기화하고 정리하는 것은 코드를 보면 이해하기가 더 쉽습니다.

8.4 beforeUpdate 라이브사이클 함수

컴포넌트가 업데이트되기 전마다 함수를 호출하고 싶으면 beforeUpdate를 쓰면 됩니다. beforeUpdate 함수는 많이 쓰이지는 않습니다. beforeUpdate 함수를 쓰는 주된 이유는 스벨트가 컴포넌트를 업데이트해서 DOM의 상태가 바뀌기 전의 값을 저장하는 것입니다. 이 값은 afterUpdate 함수에서 컴포넌트를 이전 상태값으로 복구할 때 쓰입니다. 이를테면 입력 칸의 커서 위치를 저장한 다음, 값이 바뀌고 난 뒤 입력 위치를 복구하는 것입니다. 다음 컴포넌트에서 'UPPER' 버튼을 클릭하면 이런 방식으로 동작한다는 것을 알 수 있습니다. 이 버튼을 클릭하면 입력 칸의 문자들을 전부 대문자로 수정해줍니다. [그림 8-2]와 [그림 8-3]이 버튼을 클릭하기 전과 후를 나타냅니다. 이 과정에서 선택 영역과 함께 커서의 위치가 변하지 않고 그대로 유지됩니다.

그림 8-2 버튼을 클릭하기 전 'fine' 영역을 선택했을 때

그림 8-3 버튼을 클릭한 후 'FINE' 영역이 계속 선택되어 있음

예제 8-7 beforeUpdate와 afterUpdate를 활용한 앱

```
<script>
  import {afterUpdate, beforeUpdate} from 'svelte';

  let input, name, selectionEnd, selectionStart;

  beforeUpdate(() => {
    if (input) ({selectionStart, selectionEnd} = input);
  })

  afterUpdate(() => {
    input.setSelectionRange(selectionStart, selectionEnd);
    input.focus();
  });
</script>

<input bind:this={input} bind:value={name}>
<button on:click={() => name = name.toUpperCase()}>UPPER</button>
```

> DOM의 input 객체에서 두 개의 속성값을 얻기 위해 구조 분해 할당(destructing) 구문을 씁니다.

> bind:this 지시자를 써서 관련된 DOM 요소에 대한 참조를 얻습니다.

8.5 afterUpdate 라이프사이클 함수

컴포넌트가 업데이트된 후마다 함수를 호출하고 싶으면 **afterUpdate** 함수를 씁니다. 스벨트가 DOM을 업데이트한 뒤 추가로 DOM을 업데이트할 때 주로 씁니다.

앞선 절에서 이미 **afterUpdate**에 대한 예시를 살펴보았지만, **beforeUpdate**와 함께 썼기 때문에 이번에는 다른 예시를 살펴봅시다. 이 앱은 생일 선물로 원하는 물건을 입력받습니다. [그림 8-4]처럼 최대 세 개 항목을 표시하며 새 항목을 추가하면 목록의 가장 끝에 추가됩니다.

항목을 추가할 때마다 스크롤을 가장 아래쪽으로 옮겨서 가장 최근에 추가된 항목이 보이도록
만듭니다.

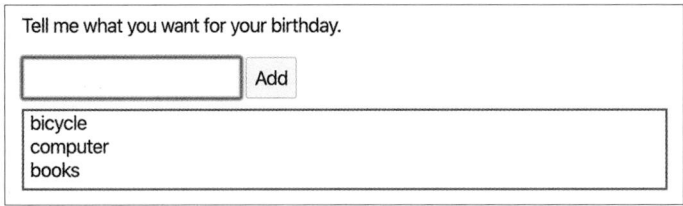

그림 8-4 생일 선물 목록

afterUpdate 함수는 전달된 함수가 목록의 가장 끝으로 스크롤을 옮기는 일을 담당합니다.

예제 8-8 afterUpdate 활용 예시

```
<script>
  import {afterUpdate} from 'svelte';
  let input;
  let item = '';
  let items = [];
  let list;

  afterUpdate(() => list.scrollTo(0, list.scrollHeight));

  function addItem() {      ←┤ 이 함수는 상태변수에 접근할 수 있습니다.
    items.push(item);
    items = items;     ←┤ 이 구문으로 업데이트를 유발합니다.
    item = '';     ←┤ 입력 칸을 초기화합니다.
    input.focus();     ←┤ 사용자가 다른 내용을 입력할 수 있도록 준비합니다.
  }
</script>

<style>
  .list {
    border: solid gray 2px;
    height: 52px;     ←┐ 세 개의 항목을 목록에 표시할 수 있는
    overflow-y: scroll;      │ 높잇값입니다.
    padding: 5px;
  }
</style>
```

```
<p>Tell me what you want for your birthday.</p>

<form on:submit|preventDefault>
  <input bind:this={input} bind:value={item}>
  <button on:click={addItem}>Add</button>
</form>

<div class="list" bind:this={list}>
  {#each items as item}
    <div>{item}</div>
  {/each}
</div>
```

8.6 도우미 함수

여러 컴포넌트가 함께 쓸 수 있도록 라이프사이클 기능을 구현하기 위해 도우미[helper] 함수 내에서 라이프사이클 함수를 호출하도록 만들 수 있습니다. 이런 도우미 함수들은 별도의 .js 파일 내에 정의하는 것이 가장 좋습니다. 그래야 여러 컴포넌트에서 이 함수들을 불러와서 쓸 수 있기 때문입니다. 리액트에서 사용자 정의 훅을 정의하는 것과 비슷합니다. 리액트에서 훅의 이름을 'use'로 시작하도록 만드는 것과 비슷하게 도우미 함수의 이름은 'on'으로 시작하는 것이 좋습니다.

컴포넌트가 마운트되면 첫 번째 input 요소로 초점을 옮기고 내용을 기록하는 라이프사이클 도우미 함수를 만들어봅시다.

예제 8-9 src/helper.js에 정의한 도우미 함수들

```
import {onMount} from 'svelte';

export function onMountFocus() {
  onMount(() => {
    const input = document.querySelector('input');   ← 첫 번째 input 요소를 찾습니다.
    input.focus();
  });
}
```

```
export function onMountLog(name) {
  onMount(() => console.log(name, 'mounted'));
}
```

이 도우미 함수들을 불러와서 쓰는 두 개의 컴포넌트를 만들어봅시다. [그림 8-5], [예제 8-10]의 NameEntry 컴포넌트는 사람의 이름을 입력하게 합니다. [그림 8-6], [예제 8-11]의 AgeEntry 컴포넌트는 사람의 나이를 입력하게 합니다. 이 두 컴포넌트는 모두 [예제 8-9]에서 정의한 도우미 함수들을 씁니다.

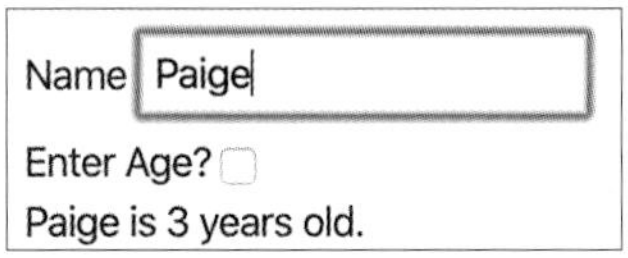

그림 8-5 NameEntry 컴포넌트

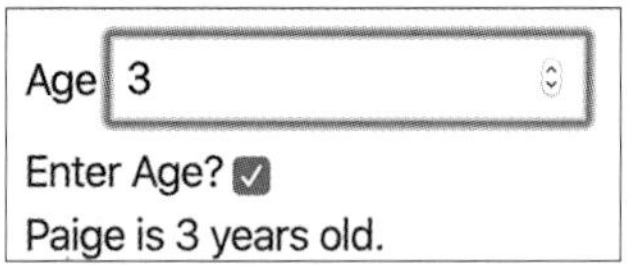

그림 8-6 AgeEntry 컴포넌트

NameEntry와 AgeEntry 컴포넌트를 화면에 그리는 컴포넌트는 [예제 8-12]와 같이 'Enter Age?'라는 제목의 체크박스값에 따라서 둘 중 하나의 컴포넌트를 화면에 그립니다.

예제 8-10 src/NameEntry.svelte 파일의 NameEntry 컴포넌트

```
<script>
  import {onMountFocus, onMountLog} from './helper';
  export let name;
  onMountLog('NameEntry');
  onMountFocus();
</script>

<label>
  Name
  <input bind:value={name}>
</label>
```

예제 8-11 src/AgeEntry.svelte 파일의 AgeEntry 컴포넌트

```
<script>
  import {onMountFocus, onMountLog} from './helper';
  export let age;
  onMountLog('AgeEntry');
  onMountFocus();
</script>

<label>
  Age
  <input type="number" min="0" bind:value={age}>
</label>
```

예제 8-12 AgeEntry와 NameEntry 컴포넌트를 불러와서 화면에 그리는 앱

```
<script>
  import {onMountLog} from './helper';
  import AgeEntry from './AgeEntry.svelte';
  import NameEntry from './NameEntry.svelte';

  let age = 0;
  let enterAge = false;
  let name = '';
  onMountLog('App');
</script>

{#if enterAge}
  <AgeEntry bind:age />          ◁——  AgeEntry에서 age 값을 가져오기 위해
{:else}                               bind:age 구문을 사용합니다.
  <NameEntry bind:name />        ◁——  NameEntry에서 name 값을 가져오기 위해
{/if}                                 bind:name 구문을 사용합니다.

<label>
  Enter Age?
  <input type="checkbox" bind:checked={enterAge}>
</label>

<div>{name} is {age} years old.</div>
```

8.7 여행 준비물 앱 만들기

여행 준비물 앱에서 라이프사이클 함수가 필요한 부분은 Dialog.svelte 밖에 없습니다. 이 파일에서 dialog 인스턴스가 마운트되면 dialog에 대한 폴리필을 등록합니다. Dialog 컴포넌트와 이 컴포넌트의 활용법은 7장의 여행 준비물 앱 만들기에서 다루었습니다.

dialog 폴리필은 다음과 같이 등록합니다.

```
onMount(() => dialogPolyfill.registerDialog(dialog));
```

여기에서 쓰는 변수 dialog는 다음과 같이 bind:this 지시자로 묶여 있습니다.

```
<Dialog title="some-title" bind:dialog>
```

다음 장에서는 앱의 페이지들 간의 라우팅을 어떻게 구현하는지 배워봅니다.

8.8 마치며

- 컴포넌트는 라이프사이클 내의 특정 지점에서 호출될 함수를 등록할 수 있습니다.
- onMount 함수를 쓰면 DOM에 컴포넌트 인스턴스가 추가될 때 호출될 함수를 등록할 수 있습니다.
- onDestroy 함수를 쓰면 DOM에서 컴포넌트 인스턴스가 제거될 때 호출될 함수를 등록할 수 있습니다.
- beforeUpdate 함수를 쓰면 컴포넌트 인스턴스가 새로운 프롭스값을 전달받거나 상태가 변해서 업데이트되기 전에 호출될 함수를 등록할 수 있습니다.
- afterUpdate 함수를 쓰면 컴포넌트 인스턴스가 새로운 프롭스값을 전달받거나 상태가 변해서 업데이트된 이후 호출될 함수를 등록할 수 있습니다.
- 라이프사이클 함수로 전달할 함수들은 컴포넌트 바깥의 자바스크립트 파일 내에 정의할 수 있습니다. 이렇게 정의한 함수들은 여러 컴포넌트나 다른 자바스크립트 함수와 함께 쓸 수 있습니다.

CHAPTER 9

클라이언트 사이드 라우팅

> **이 장의 핵심 내용**
>
> ◆ 수동 라우팅
>
> ◆ 해시 라우팅
>
> ◆ page.js 라이브러리를 활용한 라우팅
>
> ◆ 그 외의 라우팅 방법

클라이언트 사이드 라우팅^{client side routing}은 웹 애플리케이션 페이지들을 오갈 수 있는 방법 중 하나입니다. 웹 애플리케이션은 여러 가지 방법으로 앱의 경로를 바꿀 수 있습니다.

- 링크나 버튼 클릭
- 현재 앱의 상태에 따라 애플리케이션이 경로 변경
- 브라우저 주소창에 직접 새로운 경로 입력

스벨트 기반 새퍼를 쓰면 스벨트 앱에 더 쉽게 라우팅 기능을 추가할 수 있습니다. 이 내용은 15장과 16장에서 다룹니다. 라우팅 외에 새퍼의 기능이 필요 없거나, 다른 라우팅 기법을 쓰고 싶을 때 적용할 수 있는 다양한 스벨트 애플리케이션 라우팅 방법이 있습니다. 다양한 오픈소스 라이브러리를 쓸 수도 있고, **해시 라우팅**^{hash routing}을 써서 라이브러리 설치 없이 URL 해시를 활용할 수도 있습니다. 가장 쉬운 방법은 최상위 컴포넌트에서 '페이지^{page}' 컴포넌트를 화면에 그리는 것입니다. 이런 라우팅 방식을 **수동 라우팅**^{manual routing}이라고 합니다.

우선 수동 라우팅을 살펴본 다음 해시 라우팅을 알아보고, 그 뒤 page.js 라이브러리를 쓰는 방법을 배워봅니다. 그리고 여행 준비물 앱에 해시 라우팅과 page.js를 적용해봅시다.

9.1 수동 라우팅

수동 라우팅의 단점은 브라우저의 '뒤로 가기' 버튼을 눌러도 이전 페이지로 돌아가지 않으며, 페이지가 바뀌어도 브라우저의 주소창에 있는 URL이 바뀌지 않는다는 점입니다. 대부분의 애플리케이션에서는 주소창의 URL이 바뀌는 기능이 별로 중요하지 않습니다. 특히 앱이 시작하면 항상 같은 페이지에서 시작하고, 앱 실행 도중 위치를 기억할 필요가 없는 경우에는 더욱 그렇습니다.

수동 라우팅은 기본적으로 다음과 같이 구현합니다.

페이지를 표시하는 모든 컴포넌트를 최상위 컴포넌트에서 불러옵니다. 최상위 컴포넌트는 대개 App이라는 이름을 가집니다.

1. App 내에 페이지 이름과 페이지 컴포넌트를 연결하는 객체를 만듭니다. pageMap 정도의 이름이면 충분합니다.
2. App 내에 현재 페이지의 이름을 지정하는 변수를 추가합니다.
3. 페이지 이름 변수가 변경되는 경우를 처리할 수 있는 이벤트 처리기를 지정합니다.
4. <svelte:component ... />라는 특별한 요소를 써서 현재 페이지를 화면에 그립니다. 이 요소는 14장에서 자세히 설명합니다.

수동 라우팅으로 간단한 쇼핑 앱을 만들어봅시다. 전체 코드는 *http://mng.bz/jgq8*에서 확인할 수 있습니다.

쇼핑 앱은 Shop, Cart, Ship 세 가지 페이지 컴포넌트로 구성됩니다. 상단 버튼을 클릭해서 각 페이지로 이동할 수 있습니다. Cart 페이지로 갈 수 있는 버튼은 쇼핑카트 아이콘과 카트에 담은 항목의 개수가 표시됩니다. 단, 담은 항목의 총 수량은 표시되지 않습니다. 'Shop'과 'Ship' 버튼은 단순히 텍스트만 표시합니다.

모든 페이지 컴포넌트는 cartStore라는 쓰기 가능한 스토어를 공유합니다. 이 스토어에는 카트에 담은 항목에 대한 배열이 저장됩니다. cartStore는 stores.js 파일에 정의했으며 처음에는 빈 배열로 시작합니다.

```
import {writable} from 'svelte/store';

export const cartStore = writable([]);
```

구매 가능한 항목들의 정보 및 가격은 items.js 파일에 정의했습니다.

예제 9-2 src/items.js 파일에 정의한 항목들

```
export default [
  {description: 'socks', price: 7.0},
  {description: 'boots', price: 99.0},
  {description: 'gloves', price: 15.0},
  {description: 'hat', price: 10.0},
  {description: 'scarf', price: 20.0}
];
```

NavButton 컴포넌트를 써서 앱의 페이지 간에 이동할 수 있습니다. App 컴포넌트는 세 개의
NavButton 컴포넌트 인스턴스를 사용합니다.

예제 9-3 src/NavButton.svelte 파일에 정의한 NavButton 컴포넌트

```
<script>
  export let name;          ◁── │ 버튼과 연관된 이름값입니다.
  export let pageName;      ◁──── 현재 선택한 페이지에 대한 이름입니다. 부모 컴포넌트인 App이
</script>                          버튼을 클릭했을 때 해당 정보를 받을 수 있도록 App 컴포넌트의
                                   변수와 이 프롭스를 묶을 것입니다.
<button
  class:active={pageName === name}
  on:click={() => pageName = name}
>
  <slot />
</button>

<style>
  button {
    --space: 0.5rem;
    background-color: white;
    border-radius: var(--space);
    height: 38px;
```

```
      margin-right: var(--space);
      padding: var(--space);
    }

    .active {
      background-color: yellow;
    }
  </style>
```

App 컴포넌트에 수동 라우팅을 구현합니다. 클릭하면 앱의 세 페이지로 각각 이동할 수 있는
버튼을 화면에 그립니다. 한 번에 하나의 페이지 컴포넌트만 화면에 그립니다.

예제 9-4 NavButton 컴포넌트를 불러와서 사용하는 App 컴포넌트

```
  <script>
    import {cartStore} from './stores';

    import NavButton from './NavButton.svelte';


    import Cart from './Cart.svelte';      ◁──┐
    import Ship from './Ship.svelte';            페이지 컴포넌트들입니다.
    import Shop from './Shop.svelte';

    const pageMap = {
      cart: Cart,
      ship: Ship,
      shop: Shop
    }

    let pageName = 'shop';      ◁──┐ 화면에 그려야 할 현재 페이지의 이름이
  </script>                          저장되어 있습니다.

  <nav>
    <NavButton bind:pageName name='shop'>Shop</NavButton>
    <NavButton bind:pageName name='cart'>
      &#x1F6D2; {$cartStore.length}   ◁──┐ 쇼핑카트에 해당하는 유니코드 문자입니다.
    </NavButton>
    <NavButton bind:pageName name='ship'>Ship</NavButton>
  </nav>

  <main>
```

```
    <svelte:component this={pageMap[pageName]} />
</main>
```
지정한 컴포넌트를 화면에 그리는
특별한 스벨트 요소입니다.

```
<style>
  main {
    padding: 10px;
  }

  nav {
    display: flex;
    align-items: center;
    background-color: cornflowerblue;
    padding: 10px;
  }
</style>
```

Shop 페이지에서는 [그림 9–1]과 같이 수량을 0보다 큰 값으로 바꿔 해당 항목을 카트에 담습니다. 수량 부분의 값을 지우거나 값을 0으로 만들면 해당 항목을 카트에서 지웁니다.

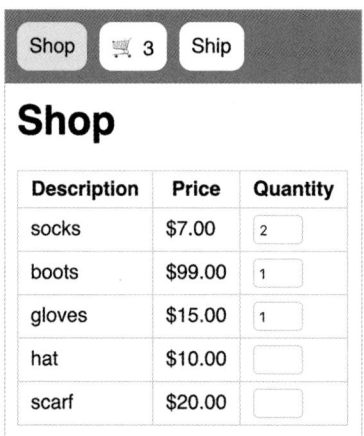

그림 9-1 Shop 컴포넌트

예제 9-5 src/Shop.svelte 파일에 정의한 Shop 컴포넌트

```
<script>
  import items from './items';
  import {cartStore} from './stores';
```

```
  function changeQuantity(event, item) {
    const newQuantity = Number(event.target.value);
    cartStore.update(items => {
      // 새로운 수량이 0이 아니고 기존 수량이 0이라면 ...
      if (newQuantity && !item.quantity) {
        items.push(item);        ◄──────────── 항목을 카트에 추가합니다.
        // 새로운 수량이 0이고 기존 수량이 0이 아니라면 ...
      } else if (newQuantity === 0 && item.quantity) {
        const {description} = item;
        items = items.filter(i => i.description !== description);  ◄─── 카트에서 항목을
      }                                                                  제거합니다.

      item.quantity = newQuantity;

      return items;
    });
  }
</script>

<h1>Shop</h1>

<table>
  <thead>
    <tr>
      <th>Description</th>
      <th>Price</th>
      <th>Quantity</th>
    </tr>
  </thead>
  <tbody>
    {#each items as item}
      <tr>
        <td>{item.description}</td>
        <td>${item.price.toFixed(2)}</td>
        <td>
          <input
            type="number"
            min="0"
            on:input={e => changeQuantity(e, item)}
            value={item.quantity}
          >
        </td>
      </tr>
    {/each}
```

```
      </tbody>
    </table>

    <style>
      input {
        width: 60px
      }
    </style>
```

Cart 페이지는 [그림 9-2]처럼 카트에 담긴 항목 정보와 카트 전체 항목의 가격을 표시합니다.

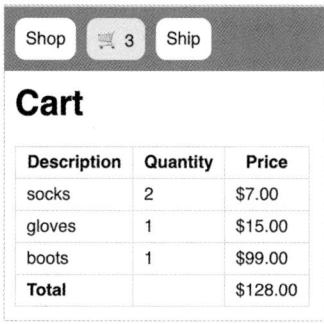

그림 9-2 Cart 컴포넌트

예제 9-6 src/Cart.svelte 파일에 정의한 Cart 컴포넌트

```
    <script>
      import {cartStore} from './stores';

      let total =
        $cartStore.reduce((acc, item) => acc + item.price * item.quantity, 0);
    </script>

    <h1>Cart</h1>

    {#if $cartStore.length === 0}
      <div>empty</div>
    {:else}
      <table>
        <thead>
          <tr>
            <th>Description</th>
```

```
            <th>Quantity</th>
            <th>Price</th>
          </tr>
        </thead>
        <tbody>
          {#each $cartStore as item}
            <tr>
              <td>{item.description}</td>
              <td>{item.quantity}</td>
              <td>${item.price.toFixed(2)}</td>
            </tr>
          {/each}
        </tbody>
        <tfoot>
          <tr>
            <td colspan="2"><label>Total</label></td>
            <td></td>
            <td>${total.toFixed(2)}</td>
          </tr>
        </tfoot>
      </table>
  {/if}
```

Ship 페이지에서는 [그림 9-3]처럼 구매자가 이름과 배송 주소를 입력할 수 있습니다. 또한 배송할 항목의 총 합계 금액, 배송 비용, 전체 금액도 표시합니다.

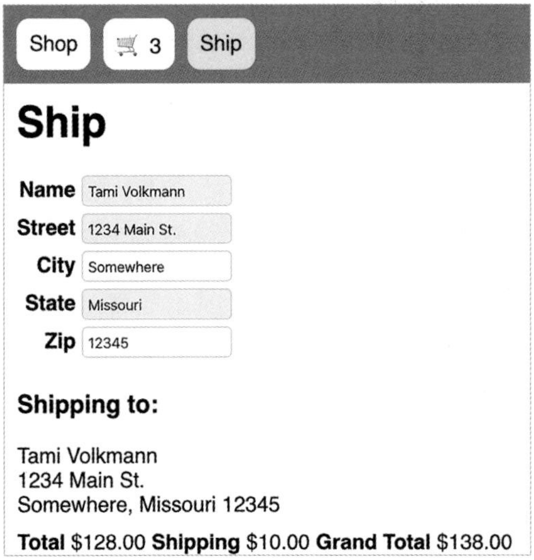

그림 9-3 Ship 컴포넌트

```svelte
<script>
  import {cartStore} from './stores';

  let total = $cartStore.reduce(
    (acc, item) => acc + item.price * item.quantity, 0);

  let city = '';
  let name = '';
  let state = '';
  let street = '';
  let zip = '';

  $: shipping = total === 0 ? 0 : total < 10 ? 2 : total < 30 ? 6 : 10;

  const format = cost => '$' + cost.toFixed(2);
</script>

<h1>Ship</h1>

<form on:submit|preventDefault>
  <label>
    Name
    <input bind:value={name}>
  </label>
  <label>
    Street
    <input bind:value={street}>
  </label>
  <label>
    City
    <input bind:value={city}>
  </label>
  <label>
    State
    <input bind:value={state}>
  </label>
  <label>
    Zip
    <input bind:value={zip}>
  </label>
</form>
```

구매할 항목 전체의 가격을 토대로 배송 비용을 계산합니다.

이 함수로 금액 부분에 달러 기호를 붙이고 소수점 이하 두 자리까지만 표시하도록 만듭니다.

```
<h3>Shipping to:</h3>
<div>{name}</div>
<div>{street}</div>
<div>{city ? city + ',' : ''} {state} {zip}</div>

<div class="totals">
  <label>Total</label> {format(total)}
  <label>Shipping</label> {format(shipping)}
  <label>Grand Total</label> {format(total + shipping)}
</div>

<style>
  form {
    display: inline-block;
  }

  form > label {
    display: block;
    margin-bottom: 5px;
    text-align: right;
    width: 100%;
  }

  .totals {
    margin-top: 10px;
  }
</style>
```

그리고 전역 스타일을 public/global.css 파일에 정의합니다.

예제 9-8 public/global.css 파일에 정의한 전역 스타일

```
body {
  font-family: sans-serif;
  margin: 0;
}

h1 {
  margin-top: 0;
}

input {
```

```
  border: solid lightgray 1px;
  border-radius: 4px;
  padding: 4px;
}

label {
  font-weight: bold;
}

table {
  border-collapse: collapse;
}

td,
th {
  border: solid lightgray 1px;
  padding: 5px 10px;
}
```

전체 코드에서 아주 일부분만을 라우팅에 사용합니다. 위 예제에서는 최상위 컴포넌트인 **App** 만 라우팅에 관여합니다. 그 외 컴포넌트는 일반적인 스벨트 컴포넌트입니다.

9.2 해시 라우팅

수동 라우팅과 달리 해시 라우팅을 쓰면 사용자가 다른 페이지로 이동하게 될 때 브라우저의 주소창에 있는 URL도 같이 바뀝니다. 브라우저의 **Window** 객체는 URL에서 # 뒤의 값이 바뀌 면 hashchange 이벤트를 전달받습니다. 이 이벤트를 써서 클라이언트 사이드 라우팅을 쉽게 구현할 수 있습니다. 해야 할 일은 다음 세 가지가 전부입니다.

- hashchange 이벤트를 전달받아서 처리합니다.
- 해시값에 따라서 화면에 그려야 할 컴포넌트를 변경합니다.
- 페이지를 이동하려면 URL의 해시값을 수정합니다.

> **NOTE_** 어떤 사람들은 URL의 해시값을 써서 앱 페이지를 이동하도록 만드는 것이 보기에 좋지 않다고 생각하기도 합니다.

이전과 같은 앱을 해시 라우팅으로 구현해보겠습니다. 완성된 코드는 *http://mng.bz/WPWl*에서 확인할 수 있습니다.

사용자는 브라우저 주소창의 URL을 직접 수정해서 페이지를 이동할 수 있습니다. 이 경우 앱 페이지와 연결되지 않는 해시값을 써넣을 수도 있습니다. 이때는 다음과 같이 NotFound 컴포넌트를 화면에 그리도록 만듭니다.

예제 9-9 src/NotFound.svelte 파일의 NotFound 컴포넌트

```
<h1>Page Not Found</h1>
```

App 컴포넌트에 해시 라우팅을 구현합니다. [예제 9-4]에서 만든 수동 라우팅과 비슷하지만, NavButton 컴포넌트 대신 앵커anchor 요소를 써서 페이지 이동을 구현합니다. 그래서 App.svelte 파일만 고치면 됩니다. 나머지 파일은 수정할 필요가 없습니다.

예제 9-10 해시 라우팅을 적용한 쇼핑 앱

```
<script>
  import {cartStore} from './stores';

  import Cart from './Cart.svelte';          ◁──┐ 페이지를 표시할
  import NotFound from './NotFound.svelte';      │ 컴포넌트들입니다.
  import Ship from './Ship.svelte';
  import Shop from './Shop.svelte';

  let component;        ◁──┐ 화면에 그릴 페이지 컴포넌트가
                            │ 담겨 있습니다.
  const hashMap = {
    '#cart': Cart,
    '#ship': Ship,
    '#shop': Shop
  };
                               ┌ URL의 해시값이 바뀌면
                               │ 이 함수가 호출됩니다.
  function hashChange() {  ◁───┘
    component = hashMap[location.hash] || NotFound;
  }
</script>
```

```svelte
<svelte:window on:hashchange={hashChange} />
```
> window 객체에 이벤트 처리 함수를 등록할 수 있는 특별한 스벨트 요소입니다. 이 요소를 쓰면 컴포넌트가 파괴될 때, 즉 DOM에서 제거될 때 처리 작업을 위한 코드를 쓸 필요가 없습니다.

```svelte
<nav>
  <a href="/#shop" class:active={component === Shop}>Shop</a>
  <a href="/#cart" class:active={component === Cart} class="icon">
    &#x1F6D2; {$cartStore.length}
  </a>
  <a href="/#ship" class:active={component === Ship}>Ship</a>
</nav>

<main>
  <svelte:component this={component} />
</main>
```
> 지정된 컴포넌트를 화면에 그리는 특별한 스벨트 요소입니다.

```svelte
<style>
  :root {
    --space: 0.5rem;
  }
```
> 어떤 CSS 규칙에서도 쓸 수 있는 전역 CSS 변수를 정의합니다.

```svelte
  a {
    background-color: white;
    border-radius: var(--space);
    margin-right: var(--space);
    padding: var(--space);
    text-decoration: none;
  }

  a.active {
    background-color: yellow;
  }

  .icon {
    padding-bottom: 6px;
    padding-top: 6px;
  }

  main {
    padding: var(--space);
  }

  nav {
    display: flex;
    align-items: center;
```

```
    background-color: cornflowerblue;
    padding: var(--space);
  }
</style>
```

수동 라우팅과 마찬가지로 라우팅 구현에 코드의 극히 일부만 사용했습니다. 또한 최상위 컴포넌트만 해시 라우팅을 쓴다는 사실을 인식하며, 그 외 컴포넌트는 일반적인 스벨트 컴포넌트입니다.

9.3 page.js 라이브러리

page.js 라이브러리를 쓰면 해시 라우팅과 마찬가지로 사용자가 다른 페이지로 이동하면 브라우저 주소창의 URL도 바뀝니다. 하지만 page.js는 해시 라우팅과는 달리 URL의 해시값을 쓰지 않습니다. 몇몇 사람들이 URL의 해시값을 보기 싫어한다는 점을 감안하면 이는 큰 장점이 될 수 있습니다.

page.js 라이브러리는 스벨트 전용이 아닙니다. *https://visionmedia.github.io/page.js* 페이지 내용에 따르면 스스로를 'Express에서 영감을 얻은 1,200바이트에 불과한 아주 작은 클라이언트 사이드 라우터'라고 표현합니다. page.js는 npm install page 명령을 통해 설치할 수 있습니다.

페이지 URL 중 쿼리 파라미터, 즉 '?key=value' 형태로 데이터를 전달하는 경우가 있다면 npm install query-string 명령을 통해 query-string도 설치해야 합니다.

똑같은 쇼핑 앱을 해시 라우팅 대신 page.js로 구현해보겠습니다. 이전과 동일하게 App.svelte 파일 외의 다른 모든 파일들은 수정할 필요가 없습니다. 완성한 코드는 *http://mng.bz/8p5w*에서 확인할 수 있습니다.

> **NOTE_** page.js는 브라우저의 History API를 사용합니다. 그리고 스벨트 REPL에서는 이 API를 쓸 수 없습니다. 따라서 다음 예제 코드는 REPL에서 실행되지 않고, 대신 다음과 같은 오류 메시지가 출력될 것입니다. "Failed to execute 'replaceState' on 'History': A history state object with URL *https://svelte.dev/srcdoc*' cannot be created in a document with origin 'null' and URL 'about:srcdoc'."

```
<script>
  import page from 'page';
  import {cartStore} from './stores';

  import Cart from './Cart.svelte';
  import NotFound from './NotFound.svelte';        페이지를 담당하는
  import Ship from './Ship.svelte';                컴포넌트들입니다.
  import Shop from './Shop.svelte';

  let component;
                                                   화면에 그릴 페이지 컴포넌트가
  page.redirect('/', '/shop');                     저장됩니다.
  page('/cart', () => (component = Cart));
  page('/ship', () => (component = Ship));
  page('/shop', () => (component = Shop));

  page('*', () => (component = NotFound));          '*'는 가장 나중에 등록되며 모든 문자열과 일치
                                                    합니다. 따라서 위에서 발견되지 않은 문자열을
  page.start();                                     처리합니다. 첫 번째 인자로 전달하는 '*'를 생
</script>                                           략해도 동일하게 동작합니다.

<nav>
  <a href="/shop" class:active={component === Shop}>Shop</a>
  <a class="icon" href="/cart" class:active={component === Cart}>
    &#x1F6D2; {$cartStore.length}
  </a>
  <a href="/ship" class:active={component === Ship}>Ship</a>
</nav>

<main>
  <svelte:component this={component} />             주어진 컴포넌트를 화면에 그리는
</main>                                             특별한 스벨트 요소입니다.

<style>
  /* 이 컴포넌트에 적용할 스타일은 이전에 본 스타일과 같아서 생략함 */
</style>
```

스벨트 애플리케이션을 만들 때 대부분 깃허브 저장소인 sveltejs/template에서 시작하는
데, 이렇게 만든 애플리케이션은 테스트할 때 정적 파일 등을 관리하기 위해 sirv 서버(*www.*
npmjs.com/package/sirv)를 사용합니다. 운영 환경에서는 대개 그 외의 서버 애플리케이션

을 사용합니다.

sirv는 기본적으로 public 디렉터리 안에서 HTTP 요청과 일치하는 파일을 찾아서 제공하도록 동작합니다. 하지만 애플리케이션이 page.js 라이브러리처럼 URL로 라우팅을 구현하는 경우 URL이 제대로 동작하지 않습니다. 예를 들면 위 예제에서 /ship 페이지로 접근할 경우, sirv는 public 디렉터리 아래의 'ship'이라는 파일이나 경로를 찾는 것입니다. 이 문제를 해결하려면 package.json 파일의 start 스크립트를 다음과 같이 수정합니다.

```
"start": "sirv public --single"
```

이렇게 바꾸면 제대로 동작합니다. 다만 페이지에 대한 URL이 해시 대신 경로 및 슬래시(/) 문자로 끝나게 됩니다. URL이 /shop, /cart, /ship 외의 값으로 끝날 경우 NotFound 페이지가 표시됩니다.

9.4 page.js로 경로 및 쿼리 파라미터 처리하기

page.js의 기본적인 사용법을 알아보았으니, 이번에는 경로 파라미터path parameter와 쿼리 파라미터query parameter를 라우팅에 활용해보도록 하겠습니다. 이전에 만든 쇼핑 앱에는 이 기능이 필요하지 않지만, 화면에 그려지는 새로운 페이지 컴포넌트에 데이터를 전달할 필요가 있을 수 있습니다. 예를 들면 곧 열릴 콘서트에 대한 정보를 표시하는 페이지 컴포넌트에 해당 콘서트에 대한 고유한 ID 값을 전달해서 관련 데이터를 가져오도록 만들 수 있습니다.

경로와 쿼리 파라미터

경로와 쿼리 파라미터에 대해서 다시 설명하기 위해, *https://mycompany.com/myapp/v1/v2?q1=v3&q2=v4*라는 경로가 있다고 생각해보겠습니다. 이 URL은 *mycompany.com*이라는 도메인을 가지며 경로는 myapp입니다. URL은 두 개의 경로 파라미터인 v1과 v2를 가지고 있습니다. 또한 두 개의 쿼리 파라미터 q1과 q2가 있습니다. q1의 값은 v3이며 q2의 값은 v4입니다.

두 개의 페이지 Page1과 Page2만 가진 간단한 앱으로 경로와 쿼리 파라미터를 다루어보겠습니다. Page1 컴포넌트는 네 개의 프롭스를 전달받는데, 이 중 두 개는 쿼리 파라미터로 전달받습니다. 페이지는 전달받은 이 파라미터 값을 화면에 표시해줍니다. 또한 [그림 9-4]처럼 클릭해서 두 번째 페이지로 갈 수 있는 버튼도 화면에 그립니다. 또한 사용자가 링크를 클릭하지 않아도 앱의 프로그래밍을 통해 페이지 간 이동하는 방법도 살펴볼 수 있습니다.

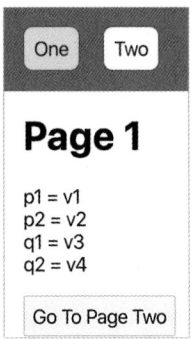

그림 9-4 Page1 컴포넌트

예제 9-12 src/Page1.svelte 파일의 Page1 컴포넌트

```
<script>
  import page from 'page';

  export let p1;  // 반드시 있어야 하는 값
  export let p2 = undefined;  // 없어도 되는 값
  export let q1;  // 반드시 있어야 하는 값
  export let q2 = undefined;  // 없어도 되는 값

  console.log('Page1 $$props =', $$props);
</script>

<h1>Page 1</h1>
<div>p1 = {p1}</div>
<div>p2 = {p2}</div>
<div>q1 = {q1}</div>
<div>q2 = {q2}</div>

<button on:click={() => page.show('/two')}>
  Go To Page Two
```

단 한 개의 객체로 모든 프롭스에 접근할 수 있습니다. $$props는 비공식 변수로 나중에 바뀔 수도 있습니다.

프로그래밍을 통한 페이지 이동을 구현한 부분입니다.

```
</button>

<style>
  button {
    margin-top: 1rem;
  }
</style>
```

[그림 9-5]의 **Page2** 컴포넌트는 프롭스를 사용하지 않습니다. 여러 페이지 간 이동을 구현하기 위해 추가한 단순한 페이지 컴포넌트입니다.

그림 9-5 Page2 컴포넌트

예제 9-13 src/Page2.svelte 파일의 Page2 컴포넌트

```
<h1>Page 2</h1>
```

[예제 9-15]는 두 개의 페이지 컴포넌트를 불러와서 표시하는 최상위 컴포넌트 코드입니다.

예제 9-15 Page1, Page2 컴포넌트를 불러와서 쓰는 앱

```
<script>
  import page from 'page';
  import qs from 'query-string';

  import Page1 from './Page1.svelte';
  import Page2 from './Page2.svelte';

  let component;    ←─┤ 화면에 그릴 페이지 컴포넌트가 저장되어 있습니다.

  let props = {};   ←─┤ 페이지 컴포넌트로 전달한 모든 프롭스가 저장되어 있습니다.

  function parseQueryString(context, next) {    ←─┐ 쿼리 문자열을 분석해서 그 결과를 다시
    context.query = qs.parse(context.querystring);   콘텍스트 객체에 저장하는 미들웨어 함수입니다.
    props = {};    ←─┤ 이전 값을 초기화합니다.
```

```
    next();    ◁─┤ 다음 미들웨어를 실행합니다.
  }
                              모든 경로에 대해 parseQueryString 미들웨어를 실행합니다.
                              첫 번째 인자인 '*'를 생략해도 같은 행동을 취합니다.
  page('*', parseQueryString);    ◁

  page('/', context => {    ◁─┐
    component = Page1;           └ 앱의 루트 경로입니다.
    props = {p1: 'alpha', q1: 'beta'};
  });
                              이 경로는 경로 파라미터인 p1이 필요하며 추가적으로
                              경로 파라미터 p2를 지정할 수도 있습니다. 없어도 되는
                              p2 경로 파라미터는 그 이름 뒤에 물음표가 따라옵니다.
  page('/one/:p1/:p2?', context => {    ◁─ 이 경로와 연결되는 컴포넌트인 Page1은 또한 쿼리 파라
    component = Page1;                      미터 q1과 q2도 전달받지만 쿼리 파라미터는 필수 혹은
    const {params, query} = context;       추가적인 파라미터라는 것을 알려줄 수 없습니다.
    props = {...params, ...query};    ◁─┐
  });                                     │ 경로 및 쿼리 파라미터 값들은 나중에 <svelte:component>
                                          └ 에서 화면에 그려질 컴포넌트에 프롭스로 전달됩니다.

  page('/two', () => component = Page2);    ◁─┐
                                              │ 이 경로는 경로 또는 쿼리 파라미터를
  page.start();                               └ 사용하지 않습니다.
</script>

<nav>
  <a
    class:active={component === Page1}
    href="/one/v1/v2?q1=v3&q2=v4"    ◁─┐
  >                                     │ 앞서 지정된 경로와 여기서 사용된 경로의 차이점을 눈여겨보기
    One                                 │ 바랍니다. 여기에서의 경로는 경로 파라미터와 쿼리 파라미터를
  </a>                                  └ 지정해서 p1 값을 alpha, q1 값을 beta로 지정하고 있습니다.
  <a class:active={component === Page2} href="/two">Two</a>
</nav>

<main>
  <svelte:component this={component} {...props} />    ◁─┐ 주어진 컴포넌트를 화면에 그리는
</main>                                                 └ 특별한 스벨트 요소입니다.

<style>
  :global(body) {    ◁─┐
    padding: 0;         │ 이런 전역 CSS 규칙은 public/global.css 파일에 정의할 수도 있습니다.
  }                     └ 다른 방법으로 전역 스타일을 지정하는 방법을 정의했습니다.
  :global(h1) {
    margin-top: 0;
  }
```

```
  a {
    --padding: 0.5rem;
    background-color: white;
    border: solid gray 1px;
    border-radius: var(--padding);
    display: inline-block;
    margin-right: 1rem;
    padding: var(--padding);
    text-decoration: none;
  }

  .active {
    background-color: yellow;
  }

  main {
    padding: 1rem;
  }

  nav {
    background-color: cornflowerblue;
    padding: 1rem;
  }
</style>
```

경로 및 쿼리 파라미터를 지원하도록 만드는 것이 확실히 더 복잡해 보이긴 하지만 그렇게 어렵지는 않습니다. page.js 라이브러리의 기능은 여기에서 소개한 것이 전부가 아닙니다. 자세한 내용은 *https://visionmedia.github.io/page.js*에서 확인할 수 있습니다.

그 외의 라우팅 라이브러리들

page.js 외에 스벨트에서만 쓸 수 있는 오픈소스 라우팅 라이브러리들이 있습니다.

- navaid: *https://github.com/lukeed/navaid*
- Routify: *https://routify.dev*
- svelte-routing: *https://github.com/EmilTholin/svelte-routing*
- svelte-spa-router: *https://github.com/ItalyPaleAle/svelte-spa-router*

9.5 여행 준비물 앱 만들기

지금까지 배운 라우팅 관련 기능을 여행 준비물 앱에도 적용해봅시다. 완성한 코드는 *http://mng.bz/NKW1*에서 확인할 수 있습니다.

지금까지 구현한 내용으로는 App 컴포넌트가 Login 컴포넌트를 화면에 그릴지 아니면 Checklist 컴포넌트를 화면에 그릴지 결정합니다. 하지만 각 컴포넌트를 그린다고 해서 브라우저의 주소창에 있는 URL이 바뀌지는 않습니다.

우선 해시 라우팅을 써서 각 컴포넌트를 페이지처럼 다루고 각 페이지별로 고유한 URL을 지정하겠습니다. 깃허브에 있는 코드는 해시 라우팅이 아닌 page.js 라이브러리를 쓰고 있지만, 여기 있는 내용만으로도 해시 라우팅을 적용해보기에는 충분합니다.

우선 [예제 9–9]의 NotFound.svelte 파일을 src 디렉터리에 똑같이 만듭니다. 그다음 App.svelte 파일을 다음과 같이 수정합니다.

1. 다음과 같이 NotFound 컴포넌트를 불러옵니다.

```
import NotFound from './NotFound.svelte';
```

2. let page = Login; 코드를 다음과 같이 대체합니다.

```
const hashMap = {
  '#login': Login,
  '#checklist': Checklist
};

let component = Login;

const hashChange = () => (component = hashMap[location.hash] || NotFound);
```

3. HTML 영역의 시작 위치에 다음 코드를 추가합니다.

```
<svelte:window on:hashchange={hashChange} />
```

4. 어떤 컴포넌트를 화면에 그릴지 결정하는 {#if} 블록을 다음 내용으로 대체합니다.

```
<svelte:component
  this={component}
```

```
      on:login={() => (location.href = '/#checklist')}
      on:logout={() => (location.href = '/#login')}
    />
```

클라이언트 사이드 라우팅 구현에 코드가 많이 필요하지 않다는 것을 알 수 있습니다. 위에서
설명한 대로 코드를 잘 수정했다면, 여행 준비물 앱이 변함없이 잘 동작할 것입니다. 하지만
Login과 Checklist 페이지를 오갈 때마다 URL이 바뀐다는 것을 알 수 있습니다. URL의 해
시 부분을 수정해서 수동으로 각 페이지를 오갈 수도 있습니다. 만약 지원하지 않는 해시값을
쓰면 NotFound 컴포넌트가 화면에 표시됩니다.

이번에는 해시 라우팅 대신 page.js를 쓰도록 바꾸겠습니다. 프로젝트 최상위 디렉터리에서
npm install page 명령을 실행해서 라이브러리를 우선 설치합니다. 그다음 App.svelte 파
일을 다음과 같이 수정합니다.

1. script 요소의 가장 상단 부분에서 다음과 같이 page.js 라이브러리를 불러옵니다.

```
import page from 'page';
```

2. hashMap 변수 선언 부분을 제거합니다.

3. hashChange 함수 선언부를 제거합니다.

4. script 요소 마지막 부분에 다음 코드를 추가합니다.

```
page.redirect('/', '/login');
page('/login', () => (component = Login));
page('/checklist', () => (component = Checklist));
page('*', () => (component = NotFound));
page.start();
```

5. HTML 영역 가장 윗부분의 <svelte:window> 요소를 제거합니다.

6. <svelte:component> 요소 부분을 다음과 같이 수정합니다.

```
<svelte:component
  this={component}
  on:login={() => page.show('/checklist')}
  on:logout={() => page.show('/login')} />
```

7. package.json 파일의 start 스크립트 부분에 --single 옵션을 추가합니다.

제대로 수정한다면 앱은 기존과 똑같이 동작하면서, URL이 해시가 아닌 각 페이지별 고유한 주솟값으로 바뀌는 것을 볼 수 있습니다. 아직 로그인을 위한 인증 기능을 구현하지 않았지만 만약 인증 기능을 구현한다면 사용자 이름과 비밀번호를 제대로 입력하지 않았을 때는 Checklist 페이지로 이동할 수 없도록 만들어야 할 것입니다.

다음 장에서는 스벨트 컴포넌트에서 애니메이션을 사용하는 법을 배워볼 것입니다.

9.6 마치며

- 클라이언트 사이드 라우팅을 써서 웹 애플리케이션의 각 페이지 간 이동을 구현할 수 있습니다.
- 스벨트는 클라이언트 사이드 라우팅을 기본적으로 지원하지는 않습니다. 하지만 스벨트 앱에 라우팅을 구현할 수 있는 여러 방법이 존재합니다.
- 라우팅을 구현하는 가장 유명한 방법은 새퍼를 쓰는 것입니다. 새퍼에는 라우팅 기능이 내장되어 있습니다.
- 수동 라우팅이나 해시 라우팅, page.js 라이브러리를 통한 라우팅 등이 스벨트 앱에서 라우팅을 쉽게 구현할 수 있는 방법입니다.
- 이 외에도 스벨트 앱에 라우팅 기능을 추가할 수 있는 다양한 오픈소스 라이브러리가 있습니다.

CHAPTER 10

애니메이션

이 장의 핵심 내용

◆ 애니메이션에 사용되는 이징 함수 쉽게 구현하기

◆ svelte/animate 패키지

◆ svelte/motion 패키지

◆ svelte/transition 패키지

◆ 사용자 정의 전환 만들기

◆ 전환 이벤트

웹 애플리케이션에 애니메이션을 사용하면 사용자의 관심을 더 이끌 수 있고, 몇몇 작업을 더욱 직관적으로 만들 수도 있습니다. 많은 웹 프레임워크에서 애니메이션은 라이브러리를 통해 추가하고 구현해야 하지만 스벨트에는 애니메이션 기능이 내장되어 있습니다.

스벨트는 다양한 transition 지시자의 값 및 함수를 제공해서 다양한 요소에 CSS 기반 애니메이션을 적용할 수 있습니다. 자바스크립트가 아닌 CSS 기반이므로 메인 스레드^{thread}를 중단시키지 않아서 성능상 이점을 가집니다. 이 장에서는 스벨트에서 제공되는 각 애니메이션에 대해서 살펴보고 사용자 정의 전환$^{custom\ transition}$을 어떻게 만드는지 알아봅니다.

스벨트는 요소를 더하거나 삭제하는 애니메이션과 값을 바꾸는 애니메이션, 이렇게 두 가지 종류의 애니메이션을 지원합니다. DOM에 요소를 추가하거나 삭제할 때 밀리초^{millisecond} 단위로 특별한 효과를 지정할 수 있습니다. 추가하는 요소는 서서히 나타나고, 삭제하는 요소는 브라우저 창 밖으로 미끄러져 나가는 효과 등을 지정할 수 있습니다. 단순히 요소를 추가 및 삭제하는 것보다 훨씬 더 눈에 잘 띕니다.

값을 바꾸는 애니메이션은 변숫값이 바뀔 때 서서히 변하게 만듭니다. 서서히 변하는 시간은 동일하게 밀리초 단위로 지정할 수 있습니다. 변하는 값이 컴포넌트의 상태에 해당하는 경우, 변하는 중간중간의 값마다 해당 DOM 객체가 업데이트됩니다. 예를 들어 막대그래프의 값이 0에서 10까지 500밀리초 동안 변하도록 지정하면, 막대그래프의 길이가 갑자기 0에서 300픽셀 크기로 증가하는 것이 아니라 서서히 증가하면서 애니메이션처럼 변하는 것입니다.

이제 스벨트 애니메이션을 자세히 배워봅시다. 각 절에서는 스벨트가 제공하는 패키지와 애니메이션 관련 주제도 살펴봅니다.

10.1 이징 함수

애니메이션은 지정된 시간 동안 다양한 속도로 표현됩니다. 이 속도와 시간은 이징easing 함수로 지정할 수 있습니다. 각 애니메이션은 기본 이징 함수를 가지고 있으며 **easing** 항목을 써서 재정의할 수 있습니다.

svelte/easing 패키지에는 현재 11가지 이징 함수가 정의되어 있습니다. 물론 사용자 정의 이징 함수도 쓸 수 있습니다. 이 이징 함수들은 0에서 1 사이의 숫자를 받아서 같은 범위 내의 숫자를 반환하는 단순한 함수들입니다.

제공되는 이징 함수들은 *https://svelte.dev/examples#easing*의 'Ease Visualizer'에서 더 쉽게 이해할 수 있습니다(그림 10-1). 값이 변하는 방법과 유형(Ease In, Ease Out, Ease In Out)을 선택하면 이에 해당하는 효과를 보여줄 수 있는 곡선과 지정된 시간 동안 움직이는 애니메이션을 보여줍니다.

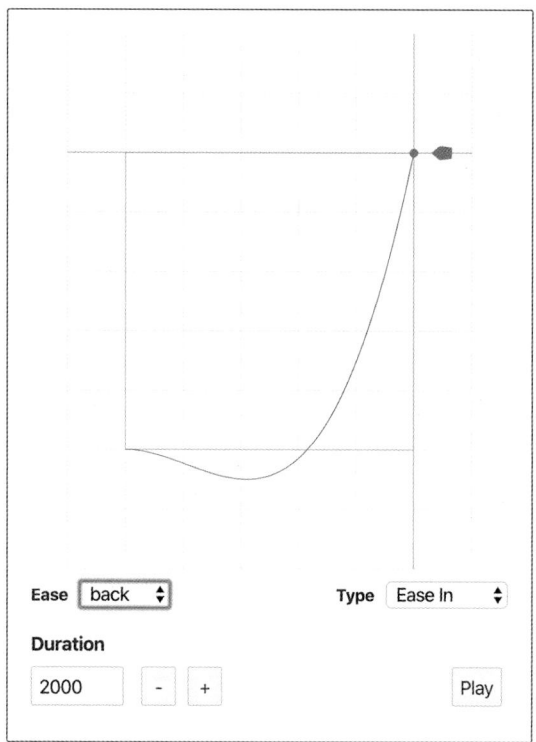

그림 10-1 Ease Visualizer

linear 이징 함수가 가장 기본적인 함수입니다. 부드럽고, 일정한 비율로 움직이는 애니메이션입니다. sine, quad, cubic, quart, quint, expo, circ은 모두 간단한 곡선형 이징 함수이며 차이점은 애니메이션 중간에 가속되는 정도입니다. 가장 많이 변하는 함수는 바로 expo입니다.

back이나 elastic, bounce 같은 이징 함수는 위아래로 움직이기 때문에 더 재미있습니다. bounce 이징 함수는 진행 방향이 일곱 번 바뀌며, elastic은 방향이 다섯 번 바뀝니다. back은 방향이 딱 한 번만 바뀌기 때문에 튀는 정도가 가장 덜합니다.

모든 이징 함수들의 실제 이름은 In이나 Out 또는 InOut으로 끝납니다. bounce의 경우 bounceIn, bounceOut, bounceInOut이 되는 것입니다. 함수 이름이 In으로 끝나면 해당 효과는 움직임이 시작할 때만 적용되고 Out으로 끝나면 해당 효과가 움직임이 끝날 때만 적용됩니다. InOut으로 끝나는 것은 움직임이 시작하고 끝날 때 그 효과가 적용된다는 의미입니다.

10.2 svelte/animate 패키지

svelte/animate 패키지에는 **first, last, invert, play**를 뜻하는 `flip` 함수가 있습니다. 실제로 뭔가를 뒤집지는 않습니다. 대신 특정 요소의 새로운 위치를 결정하고 이전 x, y 위치에서 새로운 x, y로 이동시킵니다. 목록의 항목 위치를 바꿀 때 애니메이션을 표시하는 용도로 많이 사용합니다.

[그림 10-2]에서 'Add' 버튼을 클릭하면 목록에 새로운 숫자를 추가하며, 목록의 숫자들은 버튼으로 표시됩니다. 새 숫자는 목록의 시작 부분에 추가되며 공간을 확보하기 위해 기존의 숫자 버튼들이 움직입니다. 숫자 버튼을 클릭하면 해당 버튼이 사라지며 빈 공간을 채우기 위해 뒤쪽의 숫자 버튼들이 움직입니다. 목록은 [그림 10-3]처럼 수평 또는 수직 방향으로 바꿀 수 있습니다. 수평에서 수직, 또는 수직에서 수평으로 바꾸는 것 역시 애니메이션 효과를 적용했습니다.

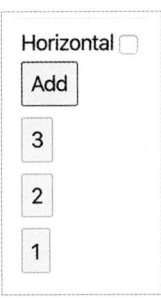

그림 10-2 수직 방향에서의 `flip` 애니메이션

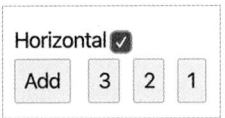

그림 10-3 수평 방향에서의 `flip` 애니메이션

예제 10-1 `flip` 애니메이션

```
<script>
  import {flip} from 'svelte/animate';
```

```
    let horizontal = false;
    let next = 1;
    let list = [];

    function addItem() {
      list = [next++, ...list];          ⟵┐ 목록의 첫 부분에
    }                                       └ 다음 숫자를 추가합니다.

    function removeItem(number) {
      list = list.filter(n => n !== number);
    }

    const options = {duration: 500};
</script>

<label>
  Horizontal
  <input type="checkbox" bind:checked={horizontal}>
</label>

<button on:click={addItem}>Add</button>

{#each list as n (n)}    ⟵┐ 각 블록에 키/값을 지정합니다.
  <div animate:flip={options} class="container" class:horizontal>    ⟵┐ flip 애니메이션을
    <button on:click={() => removeItem(n)}>{n}</button>              └ 지정합니다.
  </div>
{/each}

<style>
  .container {
    width: fit-content;    ⟵┐ 수직 목록과 수평 목록을 오가는 애니메이션을 제대로 표시하려면
  }                           해당 효과가 적용되는 요소의 폭을 제대로 알아야 합니다.
                           └ 그래서 이 부분이 아주 중요합니다.
  .horizontal {
    display: inline-block;
    margin-left: 10px;
  }
</style>
```

진행 중인 애니메이션 효과가 다 끝나기 전에 체크박스를 체크하거나 해제하면 진행 중인 애니메이션 효과는 취소되고 새로운 애니메이션이 시작됩니다. 이때 요소들이 전부 기존의 위치로 돌아갑니다.

[예제 10-1]에서 볼 수 있듯이 flip 애니메이션을 쓰기 위한 animate 지시자는 반드시 HTML 요소에 지정해야만 합니다. 사용자 정의 컴포넌트에는 지정해도 아무런 효과가 없습니다.

flip 애니메이션에는 다양한 옵션을 지정할 수 있습니다.

- delay: 애니메이션을 시작하기 전에 얼마나 기다릴지 밀리초 단위로 지정할 수 있습니다. 기본값은 0 입니다.
- duration: 애니메이션이 끝날 때까지 얼마나 시간을 소요할지 밀리초 단위로 지정할 수 있습니다. 값 대신 움직여야 할 거리를 픽셀 단위로 받아서 이에 소요할 시간을 반환하는 함수로 지정할 수 있습니다. 기본으로 d => Math.sqrt(d) * 120이라는 함수가 지정되어 있습니다.
- easing: 사용할 이징 함수를 지정할 때 쓰며 기본값은 cubicOut입니다. 그 외에 svelte/easing 패키지에서 다양한 이징 함수들을 불러와서 쓸 수 있습니다.

flip 애니메이션에 다음과 같이 별도의 옵션들을 추가할 수 있습니다.

```
<script>
  import {bounceInOut} from 'svelte/easing';
</script>
...
<div animate:flip={{delay: 200, duration: 1000, easing: bounceInOut}}>
```

10.3 svelte/motion 패키지

svelte/motion 패키지는 spring과 tweened 두 개의 함수를 제공합니다. 두 함수는 쓰기 가능한 스토어를 제공하는데, 이 스토어의 값은 이전 값에서 새로운 값으로 조금씩 변합니다. 다른 쓰기 가능 스토어와 마찬가지로 스토어의 set이나 update 메서드로 값을 바꿀 수 있습니다. set 메서드에는 새로 지정할 값을 전달하며, update 메서드에는 현잿값에 기반하여 새로운 값을 계산해 반환하는 함수를 전달합니다.

이 함수들은 대개 두 개의 값 사이를 보간합니다. 하지만 두 개의 배열에 저장된 여러 숫자 간에 보간을 할 수도 있고, 동일한 형태를 가지며 원시값으로 숫잣값만 가지는 두 개의 객체에 대한 보간도 가능합니다. 그래서 spring이나 tweened 함수로 원그래프의 변화를 그릴 수도 있습니다. 값이 10%에서 90%로 바뀐다고 하면, 원그래프로 그 사이의 값들을 계속 표시하면서 값의 변화를 애니메이션으로 나타낼 수 있습니다. 바뀐 값으로 바로 변하는 것보다 값의 변화가 더 부드럽게 표현됩니다.

spring과 tweened 함수 둘 다 초깃값과 부수적인 옵션을 전달받을 수 있습니다. 지원되는 옵션으로는 delay, duration, easing, interpolate가 있습니다. delay와 duration, easing은 flip 함수에서 설명한 내용과 같으니 생략하겠습니다. interploate는 숫자나 날짜 값이 아닌 값들을 보간할 때 쓰는 함수입니다. 자세한 내용은 이 절의 나중에 다룹니다.

[그림 10-4]와 같이 주어진 백분율값을 화면에 그리는 SVG 기반 원그래프 컴포넌트를 만들어봅시다. 원그래프에서 0°는 세 시 방향을 가리키며 각도는 반시계 방향으로 증가합니다. 애니메이션을 쓰지 않지만, 컴포넌트에서 백분율값 자체에 애니메이션을 적용할 수 있습니다. SVG로 원그래프를 만드는 자세한 내용은 'How to Create an SVG Pie Chart(*https://seesparkbox.com/foundry/how_to_code_an_SVG_pie_chart*)'를 참고하기 바랍니다.

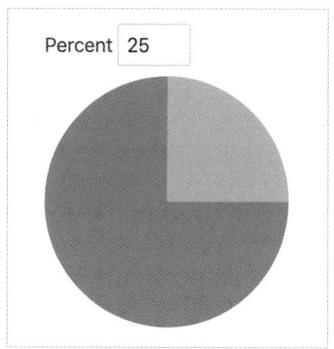

그림 10-4 원그래프 컴포넌트

예제 10-2 src/Pie.svelte 파일의 Pie 컴포넌트

```
<script>
  export let size = 200;
  export let percent = 0;
  export let bgColor = 'cornflowerblue';
  export let fgColor = 'orange';

  $: viewBox = `0 0 ${size} ${size}`;

  $: radius = size / 2;
  $: halfCircumference = Math.PI * radius;
```

```svelte
  $: pieSize = halfCircumference * (percent / 100);
  $: dashArray = `0 ${halfCircumference - pieSize} ${pieSize}`;
</script>

<svg width={size} height={size} {viewBox}>
  <circle r={radius} cx={radius} cy={radius} fill={bgColor} />    ← 배경이 되는
  <circle                                                            원을 그립니다.
    r={radius / 2}        ← 백분율값만큼의 크기를 가지는
    cx={radius}             부채꼴을 그립니다.
    cy={radius}
    fill={bgColor}
    stroke={fgColor}
    stroke-width={radius}
    stroke-dasharray={dashArray}
  />
</svg>
```

[예제 10-3]은 input 요소의 값과 Pie 컴포넌트로 원그래프를 그립니다. tweened 함수로 값
에 애니메이션을 적용합니다.

예제 10-3 Pie 컴포넌트를 사용하는 앱

```svelte
<script>
  import {tweened} from 'svelte/motion';
  import Pie from './Pie.svelte';

  let percent = 0;
  const store = tweened(0, {duration: 1000});
  $: store.set(percent || 0);    ← 백분율값이 바뀔 때마다 스토어를 업데이트합니다.
</script>                            아무것도 입력하지 않아서 백분율값이 정의되지 않은
                                     상태에도 스토어에 숫잣값을 저장하도록 만듭니다.
<label>
  Percent
  <input type="number" min="0" max="100" bind:value={percent}>
</label>
<Pie size={200} percent={$store} />
```

예제 코드를 복사해서 REPL에 붙인 다음 실행해봅시다.

spring 함수는 tweened 함수와 비슷하지만 stiffness, damping, precision 파라미터를
전달받아서 용수철이 튀는 듯한 효과를 줍니다. 또한 duration 파라미터를 전달받지 않습니

다. 위 원그래프 예제의 경우 간단히 tweened 함수 호출을 spring 함수 호출로 바꿈으로써 spring 애니메이션으로 쉽게 바꿀 수 있습니다.

```
const store = spring(0, {stiffness: 0.3, damping: 0.3});
```

REPL에서 고칠 때 tweened 함수 대신 spring 함수를 불러오는 것도 잊지 마세요.

spring과 tweened 함수는 둘 다 interpolate 함수를 인자로 전달받을 수 있습니다. 이 함수는 숫자나 시간값, 숫자 및 시간 배열, 숫자나 시간값만을 속성으로 가지는 객체를 제외한 다른 객체나 값에 대한 보간에 쓰입니다. interpolate 함수는 시작과 끝값을 인자로 전달받습니다. 그러면 함수를 반환하는데 이 함수는 0에서 1 사이의 값을 전달받고 시작값과 끝값 사이의 값을 반환합니다. 예를 들어 rrggbb 형태로 색을 나타내는 값을 interpolate 함수에서 사용한다고 가정해봅시다. 어떤 한 색에서 다른 색으로 바꾸는, 이를테면 빨간색에서 초록색으로 바꾸는 경우, [그림 10-5]처럼 색깔값을 서서히 변경해서 마치 색이 자연스럽게 변하는 것처럼 만들 수 있습니다.

그림 10-5 tweened를 이용한 색 변화 애니메이션

예제 10-4 tweened를 이용한 색 변화 애니메이션

```
<script>
  import {tweened} from 'svelte/motion';

  let colorIndex = 0;
  const colors = ['ff0000', '00ff00', '0000ff']; // 빨강, 초록, 파랑

  // 10진수 값을 두개의 문자로 이루어지는 16진수 값으로 수정합니다.
  const decimalToHex = decimal =>
    Math.round(decimal).toString(16).padStart(2, '0');

  // 색값 배열의 색인값을 순환합니다.
  const goToNextColor = () => colorIndex = (colorIndex + 1) % colors.length;
```

```
  // "rrggbb" 색깔값 문자열에서 두 개의 16진수 문자를 가져온 다음
  // 이에 해당하는 0에서 255 사이의 값을 반환합니다.
  const getColor = (hex, index) =>
    parseInt(hex.substring(index, index + 2), 16);

  // "rrggbb" 16진수 문자열에서 0에서 255 사이의 값을 가지는
  // 빨강, 초록, 파랑의 값 배열을 가져옵니다.
  const getRGBs = hex =>
    [getColor(hex, 0), getColor(hex, 2), getColor(hex, 4)];

  // t는 0에서 1 사이의 값이며, start와 start+delte 사이의 t% 지점에 해당하는 값을
  // 계산합니다.
  const scaledValue = (start, delta, t) => start + delta * t;

  // tweened 함수에서 사용하는 interpolate 함수입니다.
  function rgbInterpolate(fromColor, toColor) {
    const [fromRed, fromGreen, fromBlue] = getRGBs(fromColor);
    const [toRed, toGreen, toBlue] = getRGBs(toColor);
    const deltaRed = toRed - fromRed;
    const deltaGreen = toGreen - fromGreen;
    const deltaBlue = toBlue - fromBlue;

    return t => {          ←───┤ 함수를 반환합니다.
      const red = scaledValue(fromRed, deltaRed, t);
      const green = scaledValue(fromGreen, deltaGreen, t);
      const blue = scaledValue(fromBlue, deltaBlue, t);
      return decimalToHex(red) + decimalToHex(green) + decimalToHex(blue);
    };
  }

  // "rrggbb" 16진수 색값을 가지는 tweened 스토어를 만듭니다.
  const color = tweened(
    colors[colorIndex],
    {duration: 1000, interpolate: rgbInterpolate}
  );

  // 색깔값 색인이 바뀌면 변경되는 동안 중간 색을 그리게 합니다. 이러한 작업을
  // inbetweening 혹은 tweening이라고 합니다.
  $: color.set(colors[colorIndex]);
</script>

<button on:click={goToNextColor}>Next</button>
<span>color = {$color}</span>
```

```
<h1 style="color: #{$color}">Tweened Color</h1>
```

'Next' 버튼을 클릭하면
h1의 색이 변합니다.

이 코드를 복사해서 REPL에 붙여넣은 다음 실행해봅시다.

10.4 svelte/transition 패키지

svelte/transition 패키지는 crossfade 함수 및 이동 관련 지시자인 blur, draw, fade, fly, scale, slide를 제공합니다. 이 값들은 in, out, transition 지시자에 쓸 수 있습니다. in 지시자는 요소가 DOM에 추가될 때 적용되며 out 지시자는 요소가 DOM에서 제거될 때 적용됩니다. transition 지시자는 DOM에 추가될 때와 제거될 때, 두 가지 경우 모두 적용됩니다. animate 지시자와 마찬가지로 in이나 out, transition 지시자는 HTML 요소에 적용되어야 합니다. 사용자 정의 컴포넌트에 적용해도 아무런 효과가 나타나지 않습니다.

먼저 제공하는 모든 전환 기법과 적용할 수 있는 옵션을 살펴봅시다. 그리고 각 전환 방법에 대한 예시를 살펴보고 나란히 비교해봅시다.

fade는 0에서 현재 투명도까지 값을 변경시킵니다. 현재 투명도는 일반적으로 1입니다. DOM에 요소가 추가될 때 투명도가 0부터 시작해서 현재 투명도까지 증가합니다. 반대로 요소가 DOM에서 제거될 때는 투명도가 현재 투명도에서 0까지 감소합니다. fade에는 delay와 duration을 지정할 수 있는데, delay 옵션은 전환을 시작하기 전에 얼마나 기다릴 것인지를 밀리초 단위로 지정합니다. duration은 전환이 일어나는 동안 소요되는 시간을 밀리초 단위로 지정합니다.

blur 전환은 fade와 비슷하지만 또한 픽셀을 뿌옇게 만드는 효과도 함께 적용합니다. blur는 delay와 duration 외에도 easing, opacity, amount 옵션을 전달받습니다. easing 옵션은 10.1절에서 설명한 것과 동일합니다. opacity 옵션은 시작 투명도값을 지정합니다. 기본값은 0이며 대개 이 값을 많이 사용합니다. amount는 뿌옇게 표시할 픽셀 크기를 지정하며 기본값은 5입니다.

slide 전환은 창문 블라인드와 비슷합니다. 요소의 세로 길이를 조절해서 숨기거나 보여줍니다. 요소를 숨기는 경우 요소의 세로 길이가 0이 된 후 DOM에서 제거됩니다. 그 아래 위치한 요소들은 요소가 사라지고 남은 공간을 채우기 위해 위로 이동합니다. slide는 delay, duration, easing 옵션을 전달받을 수 있습니다.

scale 전환은 요소의 투명도와 크기를 조절합니다. delay, duration, easing, start, opacity 옵션을 전달받을 수 있습니다. start 옵션은 요소를 제거하기 전 취할 수 있는 가장 작은 크기를 의미합니다. 기본값은 0이며 대개 이 값을 사용합니다.

fly 전환은 요소의 x, y 위치를 변경합니다. delay, duration, easing, opacity, x, y 옵션을 전달받습니다. x, y 옵션은 음숫값을 지정할 수 있으며 이 경우 요소는 페이지의 왼쪽 위 방향으로 이동합니다. 기본으로 요소의 투명도값을 0으로 만들지만 opacity 옵션으로 원하는 투명도를 갖게 만들 수 있습니다. 투명도를 변경하지 않고 요소를 움직이고 싶다면 opacity 옵션을 1로 지정합니다.

draw 전환은 SVG 요소의 선을 그리는 듯한 효과를 냅니다. delay, duration, easing, speed 옵션을 사용할 수 있습니다. speed 옵션은 duration 대신 쓸 수 있는데, SVG의 path 부분, 즉 선의 길이를 속력으로 나누어서(length/speed) 시간을 계산합니다.

[그림 10-6]과 [예제 10-5]에서 이 전환들에 대한 예시를 볼 수 있습니다. 다음 코드를 복사해서 REPL에서 실행해봅시다. 'Toggle' 버튼을 클릭하면 각 h1 요소들이 어떻게 나타나고 사라지는지 전환 효과를 볼 수 있습니다. 각 효과가 어떻게 적용되는지 따로 확인해보기 바랍니다.

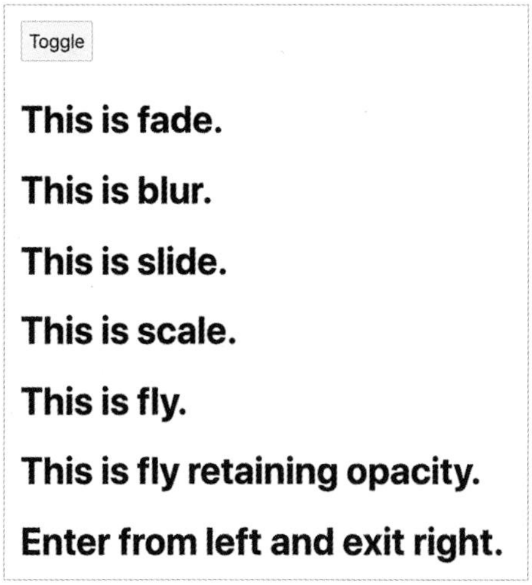

Toggle

This is fade.

This is blur.

This is slide.

This is scale.

This is fly.

This is fly retaining opacity.

Enter from left and exit right.

그림 10-6 전환 효과 예시 앱

```
<script>
  import {linear} from 'svelte/easing';
  import {blur, fade, fly, scale, slide} from 'svelte/transition';
  let show = true;
  let options = {duration: 1000, easing: linear};
</script>

<button on:click={() => show = !show}>
  Toggle
</button>
{#if show}
  <h1 transition:fade={options}>This is fade.</h1>
  <h1 transition:blur={options}>This is blur.</h1>
  <h1 transition:slide={{...options, x: -150}}>This is slide.</h1>
  <h1 transition:scale={options}>This is scale.</h1>
  <h1 transition:fly={{...options, x: -150}}>This is fly.</h1>
  <h1 transition:fly={{...options, opacity: 1, x: -400}}>
    This is fly retaining opacity.
  </h1>
  <h1
    in:fly={{...options, opacity: 1, x: -400}}
    out:fly={{...options, opacity: 1, x: 500}}
  >
    Enter from left and exit right.
  </h1>
{/if}
```

이징 함수로 linear를 쓰면 모든 애니메이션 효과를 동시에 보기에 더 좋습니다.

transition 지시자로 지정된 전환 효과들은 취소가 가능합니다. 전환을 취소한다는 것은 요소가 DOM에 있거나 있지 않거나 상관없이 이전 상태로 돌아간다는 뜻입니다. in 또는 out 지시자로는 지정된 전환 효과들은 취소할 수 없습니다. 이는 생각해보면 당연합니다. 예를 들어 blur 전환으로 DOM에 추가되던 요소를 갑자기 없애거나 fly 효과로 제거하던 요소를 갑자기 다시 위치시키면 이상해 보일 것입니다.

10.5 fade 전환과 flip 애니메이션

[그림 10-7]의 예제에서는 각 버튼을 클릭할 때마다 버튼을 왼쪽, 오른쪽 목록으로 움직입니다. fade 전환을 쓰기 때문에 클릭한 버튼은 현재 목록에서 서서히 사라진 다음 다른 목록에서 서서히 나타납니다. 또한 flip 애니메이션을 써서 사라진 버튼 아래쪽의 버튼들이 빈 공간을 채우기 위해 위로 움직입니다.

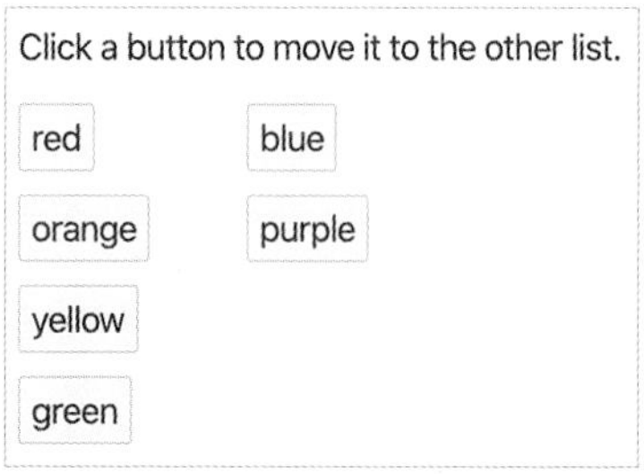

Click a button to move it to the other list.

red   blue

orange   purple

yellow

green

그림 10-7 fade와 flip으로 버튼 움직이기

두 개의 컴포넌트만으로 이 예제를 만들어봅시다. [예제 10-6]은 왼쪽과 양쪽 목록을 표시할 때 쓰이는 ButtonList 컴포넌트입니다.

예제 10-6 src/ButtonList.svelte 파일의 ButtonList 컴포넌트

```
<script>
  import {flip} from 'svelte/animate';
  import {fade} from 'svelte/transition';

  export let list;        ← 버튼에 표시할 문자열값으로
                            이루어진 배열입니다.
  export let moveFn;      ← 클릭한 버튼을 다른 목록으로
                            옮기는 함수입니다.
  const options = {duration: 1000};
</script>

<div class="list">
  {#each list as item (item)}
    <button
      class="item"
      on:click={moveFn}
      animate:flip={options}
      transition:fade={options}>
```

```
      {item}
    </button>
  {/each}
</div>

<style>
  .item {
    display: block;
    margin-bottom: 10px;
    padding: 5px;
  }

  .list {
    display: inline-block;
    vertical-align: top;
    width: 100px;
  }
</style>
```

[예제 10-7]은 **ButtonList** 컴포넌트를 활용한 앱 코드입니다.

예제 10-7 ButtonList 컴포넌트를 불러와서 쓰는 앱 코드

```
<script>
  import ButtonList from './ButtonList.svelte';

  let left = ['red', 'orange', 'yellow', 'green'];
  let right = ['blue', 'purple'];

  function move(event, from, to) {
    const text = event.target.textContent.trim();   ◁      ButtonList 컴포넌트의 버튼에 표시하는
    to.push(text);   ◁─┤ 목표가 되는 목록에 텍스트를 추가합니다.      문자열에 공백 문자가 있기 때문에
    return [from.filter(t => t !== text), to];   ◁      trim을 사용합니다.
  }                                                     원래 있던 목록에서
                                                        텍스트를 제거합니다.
  function moveLeft(event) {
    [right, left] = move(event, right, left);   ◁
  }
                                                   업데이트를 유발하기 위해서
  function moveRight(event) {                      left와 right에 새로운 값을 할당합니다.
    [left, right] = move(event, left, right);   ◁
  }
</script>
```

```
<p>Click a button to move it to the other list.</p>
<ButtonList list={left} moveFn={moveRight} />
<ButtonList list={right} moveFn={moveLeft} />
```

이제 코드를 REPL에 복사해서 붙여넣은 다음 실행해봅시다.

10.6 crossfade 전환

crossfade 전환은 send와 receive 전환을 만들어냅니다. 단어 그대로, 한 부모 요소에서 다른 부모 요소로 보낼 때 각각 쓰이는 전환 효과입니다. **지연 전환**deferred transition이라고도 합니다. 자세한 내용은 *https://svelte.dev/tutorial/deferred-transitions*에서 확인할 수 있습니다.

crossfade는 [그림 10-8]처럼 두 개의 목록 사이에 아이템을 주고받을 때 사용할 수 있습니다. send 전환은 요소가 다른 위치에서 receive 전환 효과를 적용받는지 확인할 때까지 지연됩니다. 그다음 현재 위치에서 새로운 위치로 옮겨가는 전환 효과를 보여줍니다. fade 전환을 써서 만든 것보다 훨씬 더 보기 좋은 효과입니다.

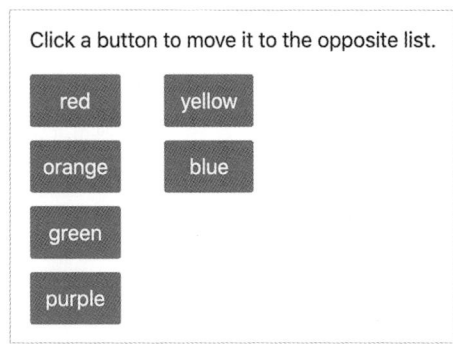

그림 10-8 croassfade 예시 앱

[예제 10-8]의 코드는 crossfade 전환을 사용한 예시입니다. 이전 예제와 마찬가지로 flip 애니메이션을 써서 이동한 항목 아래에 항목들은 빈 공간을 채우기 위해 위로 움직입니다.

```
<script>
  import {flip} from 'svelte/animate';
  import {crossfade} from 'svelte/transition';
  const [send, receive] = crossfade({});

  let left = ['red', 'orange', 'green', 'purple'];
  let right = ['yellow', 'blue'];

  function move(item, from, to) {
    to.push(item);
    return [from.filter(i => i !== item), to];
  }

  function moveLeft(item) {
    [right, left] = move(item, right, left);
  }

  function moveRight(item) {
    [left, right] = move(item, left, right);
  }
</script>

<main>
  <p>Click a button to move it to the opposite list.</p>
  <div class="list">
    {#each left as item (item)}
      <button
        animate:flip
        in:receive={{key: item}}
        out:send={{key: item}}
        on:click={() => moveRight(item)}
      >
        {item}
      </button>
    {/each}
  </div>

  <div class="list">
    {#each right as item (item)}
      <button
        animate:flip
        in:receive={{key: item}}
```

crossfade 함수에는 반드시 옵션값이 지정된 객체를 전달해야 하지만, 빈 객체를 전달해서 기본값만 사용하게 할 수도 있습니다.

```
            out:send={{key: item}}
            on:click={() => moveLeft(item)}
        >
          {item}
        </button>
      {/each}
    </div>
  </main>

  <style>
    button {
      background-color: cornflowerblue;
      border: none;
      color: white;
      padding: 10px;
      margin-bottom: 10px;
      width: 100%;
    }

    .list {
      display: inline-block;
      margin-right: 30px;
      vertical-align: top;
      width: 70px;
    }
  </style>
```

10.7 draw 전환

draw 전환을 적용하면 SVG 요소의 선을 그리는 듯한 효과를 연출합니다. [예제 10-9]의 코드는 [그림 10-9]처럼 집 모양의 SVG 요소의 path 요소를 transition:draw로 그립니다. 'Toggle' 버튼을 클릭하면 집 모양을 그리거나 지웁니다.

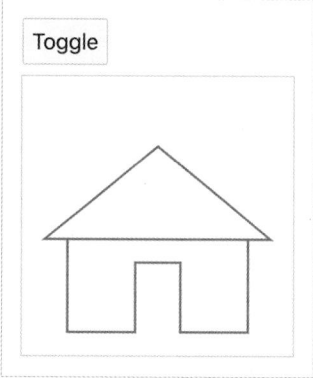

그림 10-9 draw 예시 앱

간단한 SVG 명령어

다음은 SVG에서 쓸 수 있는 간단한 명령어들입니다.

- M 명령어는 지정된 x, y 위치로 움직입니다.
- h 명령어는 주어진 dx 길이만큼 수평선을 그립니다.
- v 명령어는 주어진 dy 길이만큼 수직선을 그립니다.
- l 명령어는 주어진 dx, dy 길이만큼 직선을 그립니다.

원점은 기본적으로 왼쪽 위 지점입니다. SVG의 scale이나 translate 함수를 써서 좌표계를 뒤집으면 원점을 왼쪽 아래 지점으로 옮길 수 있습니다.

예제 10-9 draw 전환 예시 앱

```
<script>
  import {draw} from 'svelte/transition';
  const commands =
    'M 2 5 v-4 h3 v3 h2 v-3 h3 v4 h-9 l 5 4 l 5 -4 h-1';   ◁──┐ 집 모양을
  const max = 12;                                                그립니다.
  let show = true;
</script>
```

```
<div>
  <button on:click={() => show = !show}>
    Toggle
  </button>
</div>

{#if show}
  <svg width={200} height={200} viewBox="0 0 {max} {max}">    ←  x축과 y축이 각각 0부터
    <g transform="translate(0 {max}) scale(1 -1)">    ←  max 값까지 이어지는
      <path transition:draw={{duration: 1000}}    ←  좌표계를 만듭니다.
        d={commands}
        fill="none"                        scale 함수를 써서
        stroke="red"                       좌표계를 뒤집습니다.
        stroke-width="0.1px"    ←  현재 만든 좌표계에서
      />                                1px은 매우 넓습니다.
    </g>
  </svg>
{/if}

<style>
  svg {
    outline: solid lightgray 1px;
  }
</style>
```

10.8 사용자 정의 전환

사용자 정의 전환은 쉽게 만들 수 있습니다. 몇 가지 기본 규칙을 지키는 함수만 만들면 됩니다. 함수는 두 개의 인자로 전환을 적용할 DOM 노드, 그리고 옵션 객체를 전달받습니다. 이러한 옵션에는 다음의 내용이 포함될 수 있습니다.

- delay: 전환이 시작되기 전 얼마나 기다릴지를 밀리초 단위로 지정합니다.
- duration: 전환이 일어나는 데 소요될 시간을 밀리초 단위로 지정합니다.
- easing: 0에서 1 사이의 값을 받아서 같은 범위 내에 있는 값을 반환하는 이징 함수입니다.

해당 전환 효과에 필요한 옵션도 지정할 수 있습니다. 예를 들어 fly 전환의 경우 x, y라는 별도의 옵션을 전달받습니다.

이 함수는 전환 옵션과 css 메서드를 가지는 객체를 반환해야 합니다. css 메서드는 이징 함수를 호출해서 반환되는 0에서 1 사이의 값과 연관되는 CSS 문자열값을 반환해야 합니다. 스벨트는 delay, duration, easing 옵션을 주의 깊게 사용해서 효과를 적용합니다.

사용자 정의 함수에 인자로 값을 전달하지 않을 경우 사용할 기본값을 전환 옵션에 지정할 수 있습니다. duration이나 easing 옵션 등에 기본값을 제공할 수 있습니다.

[예제 10-10]은 사용자 정의 전환에 대한 예제 코드입니다. 크기와 회전을 조절해서 요소가 DOM에서 제거될 때 마치 소용돌이에 빨려 들어가듯 사라지게 만듭니다. [그림 10-10]에서 볼 수 있듯 "Take me for a spin!"이라는 문자열이 있는 div 요소에 이 전환 효과를 적용합니다. 'Springy' 체크박스를 활성화하면 linear 대신 backInOut을 이징 함수로 사용합니다.

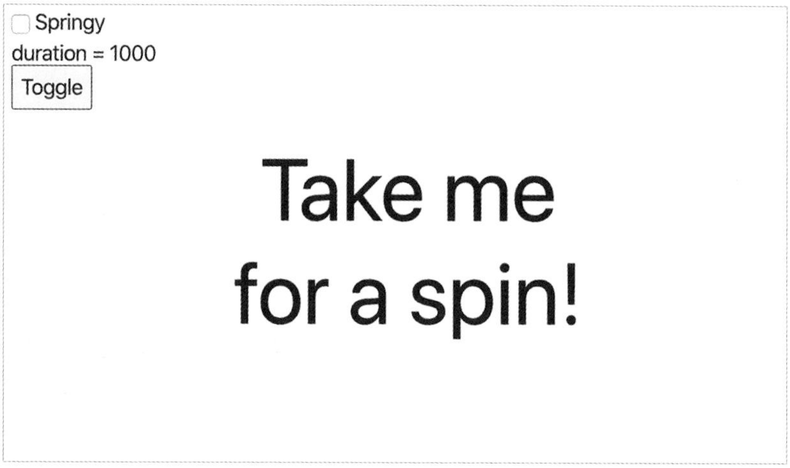

그림 10-10 사용자 정의 전환 예시 앱

예제 10-10 사용자 정의 전환 예시 앱

```
<script>
  import {backInOut, linear} from 'svelte/easing';

  let springy = false;
  $: duration = springy ? 2000 : 1000;
  $: easing = springy ? backInOut : linear;
  $: options = {duration, easing, times: 2};
```

```
    let show = true;
    const toggle = () => show = !show;

    function spin(node, options) {
      const {times = 1} = options;
      return {
        ...options,
        css(t) {
          const degrees = 360 * times;
          return `transform: scale(${t}) rotate(${t * degrees}deg);`;
        }
      };
    }
</script>
```

css 메서드로 전달되는 t 값은 in 전환의 경우 0에서 1 사이의 값이, out 전환의 경우 1에서 0 사이의 값이 됩니다.

얼마만큼 회전해야 하는지를 나타내는 각도입니다.

```
<label>
  <input type="checkbox" bind:checked={springy} /> Springy
</label>
<div>duration = {duration}</div>
<button on:click={toggle}>Toggle</button>

{#if show}
  <div class="center" in:spin={options} out:spin={options}>
    <div class="content">Take me for a spin!</div>
  </div>
{/if}
```

transition 대신 in, out을 쓰는 이유는 다음 절에서 설명합니다.

```
<style>
  .center {
    position: absolute;
    left: 50%;
    top: 50%;
    transform: translate(-50%, -50%);
  }

  .content {

    position: absolute;
    transform: translate(-50%, -50%);

    font-size: 64px;
    text-align: center;
    width: 300px;
  }
</style>
```

가로세로 폭이 0이며 콘텐츠를 페이지의 가운데에 위치하도록 만들 때만 사용합니다

이 CSS 속성들은 중심을 기준으로 회전값을 적용합니다.

10.9 transition 대 in/out 프롭스

in과 out에 대해서 전환 효과를 똑같이 적용할 때는 transition으로 지정할 수도 있다고 설명한 바 있습니다. 하지만 in과 out에 똑같은 전환 효과를 적용하는 것과 transition을 사용하는 것에는 약간의 차이가 있습니다. transition을 쓰면 in 효과가 적용된 뒤 전환 효과가 바뀌어도, out에는 in과 똑같은 전환 효과가 사용됩니다. 만약 in 효과가 적용된 뒤 바뀐 전환 효과를 out에 적용하고 싶다면, 반드시 transition 대신 in과 out 프롭스를 따로 명시해야 합니다. 그래서 이전 예시에서 'Springy' 체크박스로 전환 효과를 바꿀 때 효과가 제대로 적용되도록 하기 위해서 transition:spin={options} 대신 in:spin={options} out:spin={options}를 사용했습니다.

10.10 전환 이벤트

전환 동안에 특정 지점에서 이벤트가 발생합니다. in 전환을 시작하면 introstart 이벤트가 발생합니다. introend 이벤트는 in 전환이 끝나면 발생합니다. outrostart 이벤트는 out 전환이 시작하면 발생하며, 마찬가지로 outroend 이벤트가 out 전환의 종료 시점에 발생합니다.

다른 이벤트들과 마찬가지로 on 지시자를 써서 이들 이벤트를 처리할 함수를 등록할 수 있습니다. DOM에서 요소가 제거되고 나서 함수를 실행하고 싶으면 on:outroend= {someFunction}의 형태로 함수를 등록하면 됩니다. 이런 함수를 써서 연관된, 혹은 다른 컴포넌트에 변화를 줄 수도 있습니다. 예를 들면 DOM에 input 요소를 전환 효과로 추가한 다음 해당 input 요소에 초점을 맞추는 함수를 on:introend로 등록할 수 있습니다.

10.11 여행 준비물 앱 만들기

지금까지 배운 내용을 여행 준비물 앱에 적용해보겠습니다. 완성한 코드는 *http://mng.bz/ rrlD*에서 확인할 수 있습니다.

다음과 같이 네 가지 애니메이션을 추가합니다.

- 항목을 추가하거나 삭제할 때 애니메이션을 추가해서 새로운 위치로 미끄러져 들어오거나 나가도록 합니다.
- 분류를 추가하거나 삭제할 때 해당 분류들이 새로운 위치로 미끄러져 들어오거나 나가도록 합니다.
- 분류를 추가할 때 크기를 0에서 최대 사이즈로 증가시킵니다.
- 분류를 삭제할 때 회전시키고 크기를 줄여서 마치 소용돌이에 빨려 들어가는 듯한 효과를 줍니다.

`Category.svelte` 파일을 다음과 같이 수정합니다.

1. `flip`을 불러옵니다.

```
import {flip} from 'svelte/animate';
```

2. `Item` 컴포넌트와 주석 부분을 다음과 같이 `div` 요소로 감쌉니다.

```
<div class="wrapper" animate:flip>
    ...
</div>
```

이렇게 해서 항목을 추가하고 삭제할 때 애니메이션을 적용했습니다.

`Checklist.svelte` 파일을 다음과 같이 수정합니다.

1. `flip`을 불러옵니다.

```
import {flip} from 'svelte/animate';
```

2. `options` 상수를 선언합니다.

```
const options = {duration: 700};
```

3. `Category` 컴포넌트를 다음과 같이 `div` 요소로 감쌉니다.

```
<div class="wrapper" animate:flip={options}>
    ...
</div>
```

4. style 요소 안에 다음과 같이 CSS 규칙을 추가합니다.

```
.animate {
  display: inline-block;
}

.wrapper {
  display: inline;
}
```

이렇게 분류를 추가하고 삭제할 때 애니메이션을 추가했습니다.

Category.svelte 파일을 다음과 같이 변경합니다.

1. linear 이징 함수와 scale을 불러옵니다.

```
import {linear} from 'svelte/easing';
import {scale} from 'svelte/transition';
```

2. options 상수를 추가합니다.

```
const options = {duration: 700, easing: linear};
```

3. 분류에 해당하는 HTML 부분을 전부 감싸고 있는 section 요소에 다음 속성을 추가합니다.

```
in:scale={options}
```

이제 새 분류를 추가할 때 해당 분류를 0에서 최대 크기로 증가시키는 애니메이션이 적용됩니다.

Category.svelte 파일을 다음과 같이 수정합니다.

1. options 상수에 회전 수를 지정할 times 속성을 다음과 같이 추가합니다.

```
const options = {duration: 700, easing: linear, times: 2};
```

2. 주어진 DOM 노드를 지정된 시간 동안 크기를 조절하고 회전시키는 spin 사용자 정의 전환 함수를 추가합니다.

```
function spin(node, options) {
  const {easing, times = 1} = options;
  return {
    ...options,
    css(t) {
      const eased = easing(t);
      const degrees = 360 * times;        ←  회전하게 될 총 각도입니다.
      return 'transform-origin: 50% 50%; ' +
        `transform: scale(${eased}) ` +
        `rotate(${eased * degrees}deg);`;
    }
  };
}
```

3. section 요소에 다음 속성을 추가합니다.

```
out:spin={options}
```

네 번째 애니메이션을 추가해서, 분류를 삭제하게 되면 해당 분류가 소용돌이에 빨려 들어가듯 사라지게 되었습니다.

아주 적은 코드만으로 이 모든 애니메이션을 구현했습니다. 다음 장에서는 스벨트 애플리케이션을 디버깅하는 방법을 알아봅니다.

10.12 마치며

- 스벨트는 자바스크립트 기반이 아닌 CSS 기반 내장 애니메이션을 제공합니다. 그래서 메인 스레드를 중단시키지 않습니다.

- 이징 함수는 주어진 시간 동안 애니메이션이 얼마만큼 변화량을 보일지 제어합니다. 다양한 이징 함수가 제공되며 사용자 정의 이징 함수도 정의해서 쓸 수 있습니다.

- 애니메이션은 `svelte/easing`, `svelte/animate`, `svelte/transition`, `svelte/motion` 패키지에서 제공합니다.

- 사용자 정의 전환 효과도 쉽게 만들 수 있습니다.

CHAPTER 11

디버깅

이 장의 핵심 내용

◆ @debug 태그 사용법

◆ 디버깅을 위한 리액티브 구문 사용법

◆ 스벨트 개발자 도구 사용법

스벨트 애플리케이션 디버깅에는 주로 세 가지 방법을 사용합니다. 가장 많이 사용하는 첫 번째 방법은 @debug 태그를 써서 실행을 잠깐 멈추고 변숫값을 출력하는 것입니다. 두 번째 방법은 리액티브 구문을 써서 자바스크립트 표현식의 결과가 바뀔 때마다 그 값을 출력하는 것입니다. 첫 번째, 두 번째 방법은 모두 스벨트 내장 기법입니다. 마지막 방법은 '스벨트 개발자 도구'라는 브라우저 확장 기능을 써서 컴포넌트의 계층구조 등을 확인하는 것입니다. 여기에서 컴포넌트를 선택하면 해당 컴포넌트의 프롭스나 상태를 확인하고 수정할 수 있습니다.

> **NOTE_** 다른 웹 애플리케이션들과 마찬가지로 자바스크립트 코드에 **debugger** 구문을 쓰면 개발자 도구가 열려 있고 해당 구문까지 실행된 경우 실행을 멈춥니다.

11.1 @debug 태그

@debug 태그를 쓰면 주어진 최상위 수준의 변숫값이 변경되는 경우 실행을 멈추고 브라우저의 개발자 도구 콘솔에 해당 변숫값을 출력합니다. 물론 개발자 도구가 열려 있는 상태여야만 실

행을 멈춥니다. 브라우저의 디버거를 이용해서 코드를 살피고 또한 다른 변숫값을 확인할 수도 있습니다.

> NOTE_ debugger 구문이나 **@debug** 태그 둘 다 REPL에서 쓸 수 있지만, 개발자 도구가 열려 있어야만 실행을 멈춥니다.

@debug 태그를 쓰려면 script 요소가 아닌 HTML 부분의 가장 위에 써야 합니다. [예제 11-1]의 코드는 사용자가 값을 입력하면 그 길이의 반지름으로 원을 그리고 면적을 계산하는 스벨트 컴포넌트입니다. 이 코드에서 radius 또는 area 값이 변하면 코드 실행을 멈추고자 합니다.

예제 11-1 @debug 태그 예제

```
<script>
  export let radius = 1;
  $: area = 2 * Math.PI * radius**2;
</script>

{@debug radius, area}
<main>
  <label>
    Circle Radius:
    <input type="number" bind:value={radius}>
  </label>
  <label>
    Circle Area: {area}
  </label>
</main>
```

앱이 실행되고 있어도 개발자 도구가 열려 있지 않으면 **@debug** 태그는 아무 일도 하지 않습니다. 개발자 도구가 열려 있으면 [그림 11-1]처럼 실행을 멈추고 화면을 표시합니다. 이 화면에서 소스 코드를 확인하고 접근할 수 있는 모든 변숫값을 확인할 수 있습니다. 여기에서 콘솔 탭을 클릭하면 [그림 11-2]와 같은 화면을 볼 수 있습니다. '재생' 버튼을 누르면 실행을 계속합니다. 이제 반지름값을 바꾸면 앱은 실행을 멈추고 바뀐 값을 콘솔 탭에 표시합니다. 객체나 배열 등 모든 유형의 변숫값이 변경되는 것을 추적할 수 있습니다. 만약 컴포넌트의 상탯값 중 어느 것이라도 바뀔 경우 실행을 멈추고 싶다면, 다음처럼 변수 이름을 생략하고 태그만 씁니다.

```
{@debug}
```

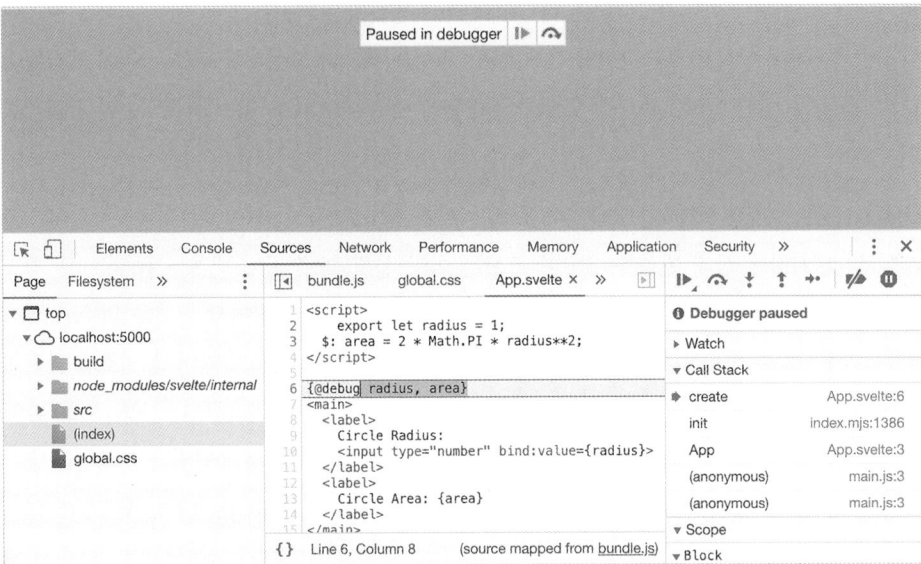

그림 11-1 크롬 개발자 도구의 소스 탭

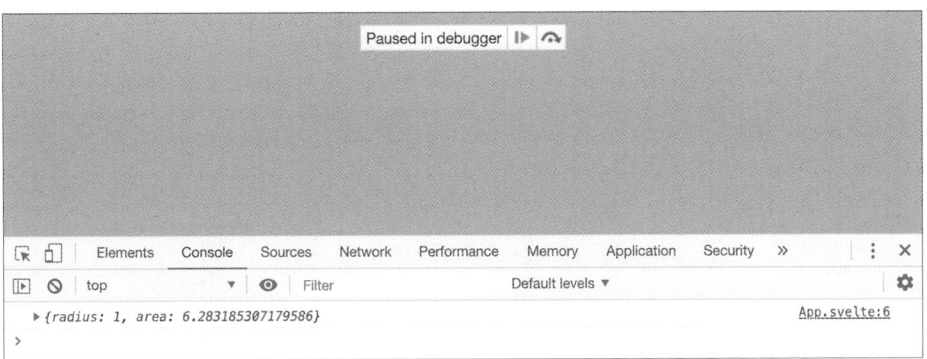

그림 11-2 크롬 개발자 도구의 콘솔 탭

여행 준비물 앱에도 똑같이 해보겠습니다. Category.svelte 앱의 HTML 부분 가장 상단에
다음 코드를 추가합니다.

```
{@debug status}
```

npm run dev 명령을 실행해서 앱을 실행한 다음, 로그인해서 체크리스트 페이지로 갑니다. status 변수는 해당 분류에서 아직 준비하지 못한 항목의 수, 그리고 분류에 있는 전체 항목의 수로 이루어진 문자열값을 가집니다. 이 status 변숫값을 바꾸는 경우 앱은 실행을 멈춥니다. 이 경우에는 항목을 추가하거나 삭제, 또는 항목의 체크박스 상태를 바꾸는 것이 해당합니다. 이런 경우 실행이 멈추고 개발자 도구의 콘솔에 새로운 status 값이 출력되는지 확인해보기 바랍니다.

@debug 태그를 쓰면 어떤 코드 때문에 상태 변화가 유발되었는지 확인하기는 어렵습니다. 실행이 멈춘 시점에 상태 변화를 유발한 코드는 이미 실행되었으며 디버거는 {@debug} 태그가 있는 코드에서 실행이 멈춘 것으로 표시합니다. 만약 특정 코드에서 실행을 멈추고 싶다면, 브라우저의 디버거를 써서 중단점을 지정할 수 있습니다. 소스 코드 옆의 줄 번호를 클릭해서 중단점을 지정하거나 해제할 수 있습니다. 또는 멈추고 싶은 자바스크립트 코드 바로 앞에 debugger; 구문을 써도 됩니다. 위의 원 그리기 예제에서 3번째 줄에 중단점을 지정하고 반지름값을 바꾸면 [그림 11-3]과 같이 지정한 위치에서 실행이 멈추는 것을 확인할 수 있습니다.

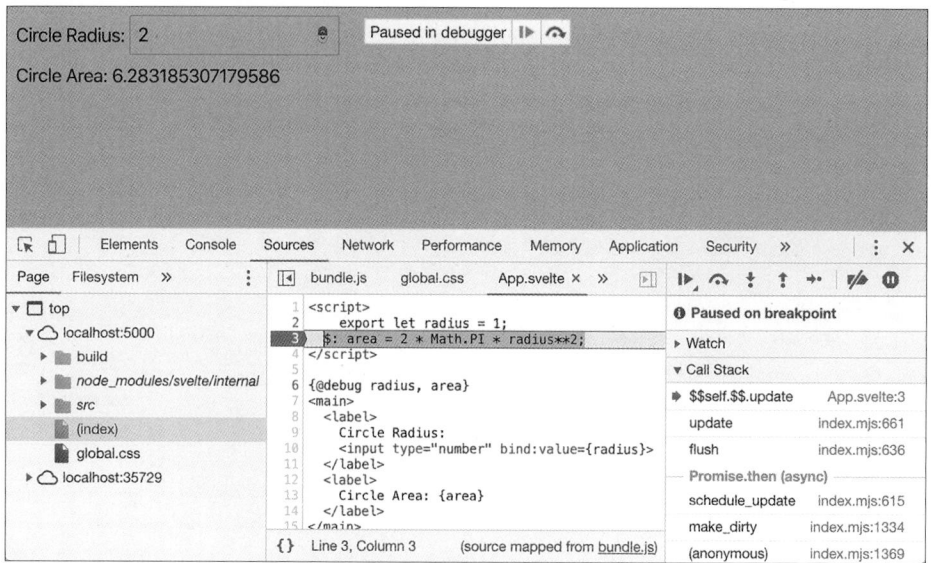

그림 11-3 크롬 개발자 도구로 지정한 중단점에서 실행 멈추기

11.2 리액티브 구문

$: 문법을 써서 변숫값이 바뀌면 그 값을 출력하도록 만들 수 있습니다. 3.10절에서도 이 방법을 썼었습니다. 컴포넌트의 최상위 변수로 date와 count가 있고, 이 변수들의 값이 바뀌는 것을 기록하고 싶다면 다음과 같이 코드를 작성합니다.

```
$: console.log('count on date', date, 'is', count);
```

여행 준비물 앱에도 적용해보겠습니다. Item.svelte 파일의 script 요소 내에 다음 코드를 추가합니다.

```
$: if (editing) console.log('editing item', item.name);
```

npm run dev 명령으로 앱을 실행한 다음 로그인해서 체크리스트 페이지로 갑니다. 브라우저의 개발자 도구를 열어서 콘솔 탭으로 갑니다. 그다음 항목을 클릭해서 문자열을 편집합니다. console.log에 의해 입력하고 있는 내용이 개발자 도구의 콘솔 창에 계속 표시됩니다.

11.3 스벨트 개발자 도구

스벨트 개발자 도구는 npm run dev 명령으로 개발자 모드에서 실행 중인 스벨트 앱을 디버깅할 때 쓸 수 있는 크롬 또는 파이어폭스 확장입니다. 티머시 존슨Timothy Johnson이 개발했으며 *https://github.com/RedHatter/svelte-devtools*에서 확인할 수 있습니다.

스벨트 개발자 도구는 크롬 웹 스토어(*https://chrome.google.com/webstore/category/extensions*)나 파이어폭스 애드온 페이지(*https://addons.mozilla.org/en-US/firefox*)에서 설치할 수 있습니다.

스벨트 개발자 도구를 쓰려면 스벨트 앱을 실행한 다음 앱 주소로 접근하여 브라우저의 개발자 도구를 연 다음 스벨트 탭을 클릭합니다. 왼쪽에 스벨트 애플리케이션의 계층구조가 표시됩니다. 이 계층구조에는 스벨트 컴포넌트와 각 컴포넌트들이 화면에 그리는 HTML 요소들, #if나 #each, #await 같은 스벨트 블록, 슬롯, 텍스트 노드 등이 표시됩니다. 계층구조 트리에서 삼각형을 클릭해서 부분을 펼치거나 닫을 수 있습니다. 선택한 컴포넌트의 프롭스와 상태를 수정할 수 있으며 이렇게 수정한 값들은 실행 중인 애플리케이션에도 영향을 줍니다.

이 기능을 여행 준비물 앱에도 적용해보겠습니다.

1. `npm run dev` 명령으로 앱을 실행합니다.
2. 로그인해서 체크리스트 페이지로 갑니다.
3. 'Clothes', 'Toiletries'라는 분류를 만듭니다.
4. 'Clothes' 분류에 'socks', 'shoes' 항목을 추가합니다.
5. 'Toiletries' 분류에 'toothbrush' 항목을 추가합니다.
6. 브라우저 개발자 도구를 엽니다.
7. 스벨트 탭을 클릭합니다.
8. 왼쪽의 계층구조를 표시하는 부분에서 삼각형을 클릭해서 원하는 부분을 펼칩니다. 왼쪽에서 컴포넌트를 클릭하면 오른쪽에서 해당 컴포넌트의 프롭스와 상태를 확인할 수 있습니다.

'Clothes' 분류에 해당하는 **Category** 컴포넌트를 클릭하면 [그림 11-4], [그림 11-5], [그림 11-6]과 같은 화면을 볼 수 있습니다.

```
▼ <App>
  ▼ <main class="svelte-1n0fmy6">
    ▶ <h1 class="hero svelte-1n0fmy6">…</h1>
    ▼ <Checklist on:login on:logout>
      ▼ <section class="svelte-rmek2h">
        ▶ <header>…</header>
        ▼ <div class="categories svelte-rmek2h">
          ▼ {#each categoryArray as category {category.id}}
              ↳
            ▼ <div class="animate svelte-rmek2h">
              ▼ <Category on:delete on:persist> == $s
                ▼ <section ondragover="return false" class="svelte-fin4p6" on:dragenter on:dragleave on:drop>
                  ▶ <h3 class="svelte-fin4p6">…</h3>
                  ▶ <form on:submit|preventDefault>…</form>
                  ▼ <ul class="svelte-fin4p6">
                    ▼ {#each itemsToShow as item (item.id)}
                        ↳
                      ▼ <div>
                        ▼ <Item on:delete>
                          ▼ <li draggable="true" class="svelte-ft3yg2" on:dragstart>
                              <input type="checkbox" class="svelte-ft3yg2" on:change />
                            ▼ {:else}
                              ▼ <span class="packed-false svelte-ft3yg2" on:click>
                                  socks
                                </span>
                            {/else}
                            ▼ <button class="icon svelte-ft3yg2" on:click>
                                🗑
                              </button>
                          </li>
                        </Item>
                      </div>
                        ↳
```

```
            ▶ <div>…</div>
          {/each}
        </ul>
      </section>
    ▶ <Dialog>…</Dialog>
  </Category>
</div>
↵
▼ <div class="animate svelte-rmek2h">
  ▼ <Category on:delete on:persist>
    ▶ <section ondragover="return false" class="svelte-fin4p6" on:dragenter on:dragleave on:drop>…</section>
    ▶ <Dialog>…</Dialog>
  </Category>
</div>
    {/each}
  </div>
</section>
▶ <Dialog>…</Dialog>
</Checklist>
</main>
</App>
```

그림 11-4 스벨트 개발자 도구의 왼쪽 화면

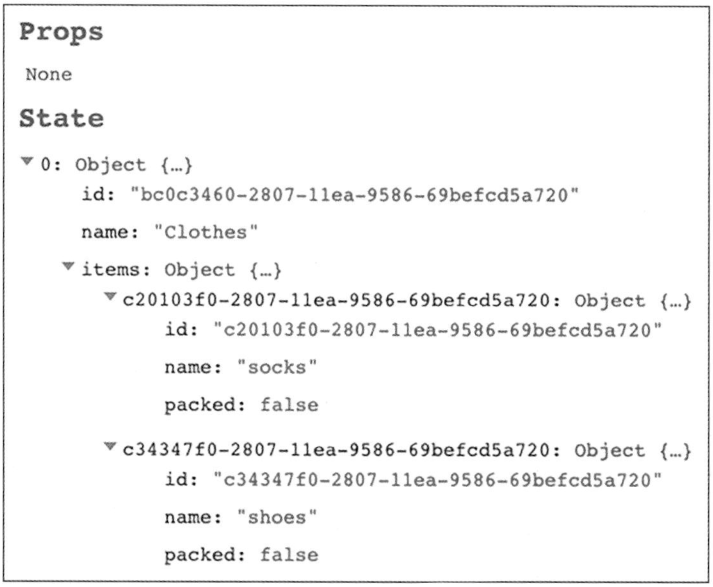

```
Props
 None
State
▼ 0: Object {…}
     id: "bc0c3460-2807-11ea-9586-69befcd5a720"

   name: "Clothes"

   ▼ items: Object {…}
      ▼ c20103f0-2807-11ea-9586-69befcd5a720: Object {…}
           id: "c20103f0-2807-11ea-9586-69befcd5a720"

         name: "socks"

         packed: false

      ▼ c34347f0-2807-11ea-9586-69befcd5a720: Object {…}
           id: "c34347f0-2807-11ea-9586-69befcd5a720"

         name: "shoes"

         packed: false
```

그림 11-5 'Clothing' 분류를 선택했을 때 스벨트 개발자 도구의 오른쪽 화면

```
Props
None
State
▼ 0: Object {…}
      id: "beb4e630-2807-11ea-9586-69befcd5a720"
      name: "Toiletries"
   ▼ items: Object {…}
      ▼ c65039d0-2807-11ea-9586-69befcd5a720: Object {…}
            id: "c65039d0-2807-11ea-9586-69befcd5a720"
            name: "toothbrush"
            packed: false
```

그림 11-6 'Toiletries' 분류를 선택했을 때 스벨트 개발자 도구의 오른쪽 화면

스벨트 개발자 도구의 왼쪽에서 요소 위에 마우스 커서를 올려두면 브라우저에 해당 부분이 강조되어 표시됩니다. 화면에 그려진 HTML 요소를 우클릭한 다음 '검사inspect'를 선택하면 개발자 도구의 'Element' 탭에서 볼 수 있습니다. 그리고 스벨트 탭을 다시 클릭하면 해당 HTML 요소를 화면에 그리는 스벨트 컴포넌트가 어떤 것인지 확인할 수 있습니다.

스벨트 탭의 눈 모양 아이콘을 클릭하면 왼쪽에 어떤 내용만 표시할지 지정할 수 있습니다. 예를 들면 [그림 11-7]처럼 HTML 요소나 블록, 슬롯, 앵커, 텍스트를 제외한 컴포넌트만 표시하게 할 수도 있습니다. 여기에 있는 앵커 요소들은 스벨트가 내부적으로 사용하기 위해 추가한 특별한 노드들입니다. 이 앵커들의 내용을 볼 필요가 거의 없기 때문에 기본값으로 보이지 않게 되어 있습니다.

```
▼ <App> == $s
  ▼ <Checklist on:login on:logout>
    ↳
    ▼ <Category on:delete on:persist>
      ↳
      ▼ <Item on:delete>
      </Item>
      ↳
      ▼ <Item on:delete>
      </Item>
      ▼ <Dialog>
      </Dialog>
    </Category>
    ↳
    ▼ <Category on:delete on:persist>
      ↳
      ▼ <Item on:delete>
      </Item>
      ▼ <Dialog>
      </Dialog>
    </Category>
    ▶ <Dialog>…</Dialog>
  </Checklist>
</App>
```

그림 11-7 스벨트 개발자 도구에서 왼쪽에 컴포넌트만 표시하게 했을 때

다음 장에서는 스벨트 애플리케이션을 어떻게 테스트하는지 알아봅니다.

11.4 마치며

- @debug 태그를 쓰면 지정된 상태변수가 바뀌거나 혹은 불특정 상태변숫값이 바뀔 때 실행을 멈춥니다.
- 리액티브 구문을 쓰면 컴포넌트의 상태변수가 바뀌는 경우 해당값을 개발자 도구 콘솔에 출력하게 만들 수 있습니다.
- 스벨트 개발자 도구는 크롬이나 파이어폭스에서 쓸 수 있으며 스벨트 애플리케이션이 실행되는 동안 계층적 구조를 표시해줍니다.

CHAPTER 12

테스팅

> **이 장의 핵심 내용**
>
> ◆ 제스트로 유닛 테스트
>
> ◆ 사이프레스로 엔드 투 엔드 테스트
>
> ◆ 스벨트 컴파일러와 라이트하우스, axe, WAVE로 접근성 테스트
>
> ◆ 스토리북으로 스벨트 컴포넌트 시연 및 디버깅하기

스벨트의 기능 대부분을 다뤄봤으니 이제 테스팅을 어떻게 하는지 알아볼 차례입니다. 열심히 만든 애플리케이션을 다양한 사용자가 쉽게 사용할 수 있으며 여러 번의 업데이트에도 그 기능을 충실히 수행한다면 더 좋을 것입니다. 애플리케이션에 대한 이런 자신감을 얻기 위해서 크게 세 가지 유형의 테스트를 많이 하는데, 바로 유닛 테스트, 엔드 투 엔드 테스트, 접근성 테스트입니다.

유닛 테스트unit test는 애플리케이션 전체에서 일부 코드를 독립적으로 테스트합니다. 개별 함수나 컴포넌트를 테스트하기에 적합합니다. 유닛 테스트는 제스트Jest라는 테스팅 프레임워크를 사용합니다.

엔드 투 엔드 테스트end to end test는 사용자가 실제로 애플리케이션을 쓰는 것과 같은 방법으로 테스트합니다. 필요하면 로그인하고, 앱의 각 페이지에 접근해보고, 사용자가 마주하게 될 앱의 다양한 상태를 실제로 만들어냅니다. 엔드 투 엔드 테스트는 사이프레스Cypress 테스팅 프레임워크를 사용합니다.

접근성 테스트accessibility test는 특별한 도움이 필요할 수도 있는 사람들이 앱을 사용할 때 문제가

없는지 확인합니다. 누군가에게는 고대비 색이나 화면을 읽어주는 기능이 필요할 수 있습니다. 이런 접근성에 대한 테스트는 스벨트 컴파일러나 라이트하우스Lighthouse, axe, WAVE를 사용합니다.

스토리북storybook은 개발자가 스벨트나 새퍼 애플리케이션의 문제점을 찾을 수 있도록 도와줍니다. 앱 배포된 뒤 사용자가 발견할 수도 있는 잠재적인 문제점을 찾는 데도 큰 도움이 됩니다.

이 장은 다른 장보다 코드 예시나 스크린샷이 많아서 좀 깁니다. 하지만 이 장의 내용 전부를 습득해서 스벨트 앱 테스트에 능숙해진다면 결국 더 좋은 앱을 만들 수 있을 것입니다.[1]

12.1 제스트로 유닛 테스트하기

제스트(*https://jestjs.io*)는 스스로를 '단순함에 초점을 둔, 아주 기분 좋은 자바스크립트 테스팅 프레임워크'라고 표현합니다. 제스트는 스벨트를 포함한 많은 웹 프레임워크에 대한 유닛 테스트를 만들 수 있습니다.

기본적으로 제스트의 테스트는 jsdom(*https://github.com/jsdom/jsdom*) 위에서 동작합니다. jsdom은 DOM 기반 테스트를 GUI 없이 실제 화면에 표시하지 않고도 할 수 있게 만들어줍니다. 그래서 지속적 통합continuous integration(CI) 환경에서도 제스트 테스트를 진행할 수 있습니다.

제스트는 소스와 테스트 파일의 변경을 감지해서 이 파일 중 일부가 수정되는 경우 테스트를 자동으로 다시 합니다. 디버깅 테스트가 실패하는 경우 아주 편리하게 쓸 수 있는 기능입니다.

제스트는 **스냅샷 테스트**snapshot test를 지원합니다. 스냅샷 테스트는 몇몇 테스트 결과가 이전 테스트 결과와 동일할 것이라고 가정하고 진행하는 간단한 테스트 방법입니다. 이 방법을 쓰면 테스트를 만드는 것이 쉬워지지만, 테스트가 실패한 경우 그 이유를 알아내는 것이 조금 번거롭고 힘든 편입니다.

제스트의 테스트 스위트suite는 함수로 정의되며 이 함수들은 describe 함수로 전달됩니다. 테

---

1 옮긴이_ 이 장에서 소개하는 모든 테스트는 테스트 시 사용하는 패키지들의 버전이 상이하면 잘 진행되지 않을 수 있습니다. 특히 스벨트 기본 앱을 직접 만들면서 실습하는 경우에 그렇습니다. 이 장의 테스트 코드를 실행할 때는 저자가 깃허브 저장소에서 제공하는 소스 코드를 사용하고, 원서 집필 시점의 패키지 버전을 사용할 것을 권합니다.

스트 스위트로 정의되는 함수들은 다음과 같은 일을 할 수 있습니다.

- 모든 테스트에서 사용되는 상수와 변수 선언하기
- 호출될 함수 지정하기
- 모든 테스트 스위트보다 앞서 호출될 함수(beforeAll)
- 모든 테스트 스위트가 끝난 후 호출될 함수(afterAll)
- 각 테스트 스위트가 실행되기 전 호출될 함수(beforeEach)
- 각 테스트 스위트가 끝난 후 호출될 함수(afterEach)
- 테스트 스위트 내의 각 테스트별로 test 함수를 한 번 호출하며, 테스트에 쓸 코드가 포함된 함수를 전달합니다. 여기서 it는 test에 대한 별칭으로 사용됩니다.

각 테스트 스위트는 .spec.js 확장자를 갖는 별도의 파일에 따로 작성할 수 있습니다. 이 파일들은 테스트할 .js나 .svelte 파일과 같은 디렉터리에 위치할 수도 있고, src 디렉터리와 같은 수준의 __tests__ 디렉터리에 만들 수도 있습니다.

NOTE_ 스벨트는 코드를 묶을 때 실제로 사용하는 코드만 포함합니다. 테스트 코드는 애플리케이션 실행에서는 쓰이지 않기 때문에 번들 과정에서 제외됩니다.

test 함수로 전달되는 함수는 다음과 같은 일을 할 수 있습니다.

- 스벨트 컴포넌트를 화면에 그리며, 추가로 프롭스값을 전달할 수 있습니다.
- 출력 결과에서 DOM 노드를 찾을 수 있습니다.
- DOM 업데이트를 유발할 수 있는 사용자 상호작용을 흉내 내기 위해 이벤트를 발생시킬 수 있습니다.
- expect 함수를 써서 DOM에서 발견될 것이라고 생각하는 것들을 지정할 수 있습니다.

expect 함수 사용법과 'matchers'를 써서 기대하는 바를 명시하는 방법에 대해서는 제스트 문서 'Using Matchers(*https://jestjs.io/docs/using-matchers*)'를 참고하기 바랍니다. 이 문서에서 다양한 예제도 함께 볼 수 있습니다.

스벨트 테스팅 라이브러리(*https://testing-library.com/docs/svelte-testing-library/intro*)와 제스트를 함께 써서 스벨트 컴포넌트에 대한 테스트를 쉽게 만들 수 있습니다. 특정 웹 프레임워크에 종속되지 않는 DOM 테스팅 라이브러리(*https://testing-library.com/docs/dom-testing-library/intro*)에 기반하여 만들어졌습니다.

스벨트 테스팅 라이브러리에서 제공하는 가장 중요한 함수는 바로 render와 fireEvent입니다. render 함수는 스벨트 컴포넌트와 컴포넌트에 전달할 프롭스를 포함한 객체를 인자로 전달받습니다. render 함수를 호출하면 객체를 반환하는데, 이 객체는 container 속성과 컴포넌트에 의해 생성되는 DOM 노드를 찾을 수 있는 질의 함수를 가지고 있습니다. container 속성값은 화면에 그려지는 컴포넌트의 최상위 DOM 요소입니다. 테스트 과정에서 이 DOM 요소 안의 노드들을 querySelector나 querySelectorAll이라는 DOM 메서드로 찾을 수 있습니다. render 함수가 반환하는 이런 질의 함수에 대해 궁금하다면 DOM 테스팅 라이브러리의 'Queries' 문서(*https://testing-library.com/docs/queries/about/*)를 읽어보기 바랍니다. 질의 함수 중에서 가장 많이 사용되는 것에는 getByText, getByLabelText, getByTestId가 있습니다.

fireEvent 함수는 특정 DOM 노드에 이벤트를 발생시킵니다. 이 덕분에 스벨트 컴포넌트가 DOM을 업데이트할 수도 있습니다. 뒤이어 expect 함수를 호출해서 DOM 업데이트가 예상하는 바와 똑같이 일어나는지를 확인할 수 있습니다.

스벨트 컴포넌트에 대한 유닛 테스트를 만들기 위해 필요한 다음의 패키지들은 프로젝트의 최상위 디렉터리에 가서 npm install -D *패키지이름* 명령어를 실행해서 설치할 수 있습니다.

- @babel/core
- @babel/preset-env
- @testing-library/svelte
- babel-jest
- jest
- svelte-jester

바벨Babel은 최신 자바스크립트 코드를 현재 브라우저에서 실행 가능한 자바스크립트 코드로 수정해줍니다. 프로젝트의 최상위 디렉터리에 다음 파일을 만들어서 바벨을 쓸 수 있도록 만듭니다.

예제 12-1 babel.config.js에 바벨 설정하기

```
module.exports = {
  presets: [
    [
```

```
    '@babel/preset-env',
    {
      targets: {
        node: 'current'    ⟵   'regenerator-runtime not found'라는
      }                          에러를 피하기 위해 이 설정을 추가합니다.
    }
  ]
 ]
};
```

`jest.config.js` 파일 역시 프로젝트 최상위 디렉터리에 만들어서 제스트를 설정합니다.

예제 12-2 jest.config.js 파일에 제스트 설정하기

```
module.exports = {            테스트 케이스 하나만 실패해도 제스트가 테스트를 종료하지 않게 합니다.
  bail: false,      ⟵       그러면 모든 테스트에 대한 결과를 받아볼 수 있습니다.
  moduleFileExtensions: ['js', 'svelte'],
  transform: {
    '^.+\\.js$': 'babel-jest',
    '^.+\\.svelte$': 'svelte-jester'
  },
  verbose: true     ⟵       제스트가 전체 테스트 결과를 요약해서 보여주지 않고,
};                           각 테스트의 결과를 보여줍니다.
```

`package.json` 파일에 다음 npm 스크립트를 추가합니다.

```
"test": "jest src",
"test:watch": "npm run test -- --watch"
```

유닛 테스트를 한 번만 실행하려면 `npm test` 명령을 실행합니다. 만약 코드를 변경할 때마다 테스트를 자동으로 실행하게 하려면, `npm run test:watch` 명령을 실행합니다.

12.1.1 Todo 앱에 대한 유닛 테스트

[예제 12-3]은 2장에서 만든 Todo 컴포넌트에 대한 제스트 테스트 스위트입니다.

예제 12-3 src/Todo.spec.js의 Todo 컴포넌트에 대한 제스트 테스트 스위트

```js
import {cleanup, render} from '@testing-library/svelte';

import Todo from './Todo.svelte';

describe('Todo', () => {
  const text = 'buy milk';
  const todo = {text};
                                  이 전 테스트에서 DOM에 추가한
  afterEach(cleanup);        ◁── 모든 컴포넌트를 제거합니다.

  test('should render', () => {
    const {getByText} = render(Todo, {props: {todo}});
    const checkbox = document.querySelector('input[type="checkbox"]');
    expect(checkbox).not.toBeNull(); // 체크박스를 찾은 경우
    expect(getByText(text)); // todo 문자열을 찾은 경우
    expect(getByText('Delete')); // 'Delete' 버튼을 찾은 경우
  });
});
```

체크박스 상태가 바뀌거나 'Delete' 버튼을 클릭했을 때 발생하는 이벤트를 쉽게 테스트하는 방법은 없습니다. 이 이벤트들은 TodoList 컴포넌트에 대한 테스트에서 처리합니다.

[예제 12-4]는 2장에서 만든 TodoList 컴포넌트에 대한 제스트 테스트 스위트입니다.[2]

예제 12-4 src/TodoList.spec.js 파일에 정의한 TodoList 컴포넌트의 제스트 테스트 스위트

```js
import {cleanup, fireEvent, render, waitForElement} from '@testing-library/svelte';

import TodoList from './TodoList.svelte';

describe('TodoList', () => {
  const PREDEFINED_TODOS = 2;   ◁── TodoList 컴포넌트에 자동으로 추가할
                                     todos 객체 수입니다.
  afterEach(cleanup);

  function expectTodoCount(count) {   ◁── expectTodoCount 함수는
                                           다른 많은 테스트 함수에서 사용합니다.
```

---

2 옮긴이_ 번역 시점의 현재 svelte 패키지 버전에서는 waitFor가 아닌 waitForElement 함수를 정의하는 것으로 확인되는데, 저자의 깃허브 코드에서는 waitFor 함수를 사용하고 있습니다. 책의 코드와 같이 waitForElement 함수를 불러와서 사용하도록 실습하되, 만약 해당 함수를 찾을 수 없다는 오류가 발생하면 waitFor 함수로 변경하기 바랍니다.

```
    return waitForElement(() => {        ◁──── DOM이 업데이트될 때까지 기다리기 위해
      const lis = document.querySelectorAll('li');   ◁      프로미스를 반환합니다.
      expect(lis.length).toBe(count);          각 Todo 컴포넌트는 최상위 요소로
    });                                        li 요소를 가집니다.
}

test('should render', async () => {
  const {getByText} = render(TodoList);
  expect(getByText('To Do List'));
  expect(getByText('1 of 2 remaining'));
  expect(getByText('Archive Completed')); // button
  await expectTodoCount(PREDEFINED_TODOS);
});

test('should add a todo', async () => {
  const {getByTestId, getByText} = render(TodoList);

  const input = getByTestId('todo-input');   ◁──── 이 코드를 위해, src/TodoList.svelte 파일의
  const value = 'buy milk';                         input 요소에 다음 속성을 추가해야 합니다.
  fireEvent.input(input, {target: {value}});        data-testid="todo-input"
  fireEvent.click(getByText('Add'));

  await expectTodoCount(PREDEFINED_TODOS + 1);
  expect(getByText(value));
});

test('should archive completed', async () => {
  const {getByText} = render(TodoList);
  fireEvent.click(getByText('Archive Completed'));
  await expectTodoCount(PREDEFINED_TODOS - 1);
  expect(getByText('1 of 1 remaining'));
});

test('should delete a todo', async () => {
  const {getAllByText, getByText} = render(TodoList);
  const text = 'learn Svelte';       ◁──── 첫 번째 할 일 항목에 대한
  expect(getByText(text));                  텍스트입니다.

  const deleteBtns = getAllByText('Delete');
  fireEvent.click(deleteBtns[0]);    ◁──── 첫 번째 항목을
  await expectTodoCount(PREDEFINED_TODOS - 1);   삭제합니다.
});
```

```
test('should toggle a todo', async () => {
  const {container, getByText} = render(TodoList);
  const checkboxes = container.querySelectorAll('input[type="checkbox"]');

  await fireEvent.click(checkboxes[1]);          ◁─┐ 두 번째 항목의 체크박스 상태를
  expect(getByText('0 of 2 remaining'));           │ 수정합니다.

  await fireEvent.click(checkboxes[0]);          ◁─┐ 첫 번째 항목의 체크박스 상태를
  expect(getByText('1 of 2 remaining'));           │ 수정합니다.
});
});
```

12.1.2 여행 준비물 앱에 대한 유닛 테스트

이번에는 여행 준비물 앱에도 유닛 테스트를 추가해보겠습니다. 완성한 코드는 *http://mng.
bz/QyNG*에서 확인할 수 있습니다.

우선 src/Item.svelte 파일의 button 요소에 data-testid 속성을 추가해서 테스트 과정
에 이 버튼을 쉽게 찾을 수 있도록 만듭니다.

예제 12-5 src/Item.svelte 파일의 Item 컴포넌트 수정

```
<button class="icon" data-testid="delete"
  on:click={() => dispatch('delete')}>
  &#x1F5D1;
</button>
```

[예제 12-6]은 Item 컴포넌트에 대한 제스트 테스트 스위트입니다.

예제 12-6 Item.spec.js 파일의 Item 컴포넌트에 대한 제스트 테스트 코드

```
import {cleanup, render} from '@testing-library/svelte';

import Item from './Item.svelte';

describe('Item', () => {
  const categoryId = 1;
```

```
const dnd = {};              ←────┐     Item 컴포넌트에 이 프롭스를
const item = {id: 2, name: 'socks', packed: false};     반드시 전달해야 하지만 해당 프롭스는
                                          테스트 동안에는 쓰이지 않기 때문에
afterEach(cleanup);                       오류를 피하기 위해서 빈 객체를
                                          프롭스로 제공합니다.
test('should render', () => {
  const {getByTestId, getByText} = render(Item, {categoryId, dnd, item});
  const checkbox = document.querySelector('input[type="checkbox"]');
  expect(checkbox).not.toBeNull();    ←──┤ 체크박스를 찾을 수 있는지 테스트합니다.
  expect(getByText(item.name));       ←──┤ item.name을 찾을 수 있는지 테스트합니다.
  expect(getByTestId('delete'));      ←──┤ 'delete' 버튼을 찾을 수 있는지 테스트합니다.
});
});
```

테스트에서는 간단히 Item 컴포넌트가 예상하는 DOM 요소들을 화면에 그리는지 확인합니다. 이런 테스트는 '스냅샷' 테스트로도 쉽게 할 수 있습니다. 스냅샷 테스트를 처음 실행하면 __snapshots__ 디렉터리를 생성하며 이 디렉터리에는 처음 실행될 때 화면에 그려진 내용이 파일로 저장됩니다. 그 뒤로 스냅샷 테스트를 실행하면 처음 생성된 이 파일과 테스트 결과를 비교합니다. 파일과 테스트 결과가 다른 경우 해당 테스트는 실패한 것으로 간주합니다.

스냅샷 테스트를 잘 활용할 수 있는지는 스냅샷 테스트를 실행하는 개발자가 어떻게 하느냐에 달려 있습니다. 스냅샷 테스트를 처음 실행하는 경우 개발자는 테스트 실행으로 화면에 그려지는 컴포넌트들이 올바른지 확인해야 합니다. 그 후에 스냅샷 테스트를 실행할 때 테스트가 실패하는 경우가 발생하면, 개발자는 해당 테스트가 실패한 원인이 코드를 변경한 것과 어떤 관련성이 있으며 어느 부분이 다른지 면밀히 확인해야 합니다. 만약 코드의 변화로 화면에 그려지는 내용 역시 바뀌는 게 맞다면 'U' 키를 눌러서 스냅샷 파일이 바뀐 내용과 일치하도록 업데이트합니다. 그렇지 않다면 에러를 수정해서 테스트를 통과하도록 만듭니다.

[예제 12-7]은 Item 컴포넌트에 대한 스냅샷 테스트 코드입니다. 바로 이전 테스트와 비교하면 놀랄 만큼 간단합니다.

예제 12-7 Item.spec.js 파일의 Item 컴포넌트에 대한 스냅샷 테스트 코드

```
test('should match snapshot', () => {
  const {container} = render(Item, {categoryId, dnd, item});
  expect(container).toMatchSnapshot();
});
```

Category 컴포넌트에 대한 테스트는 itenName 변수와 묶인 input 요소를 찾습니다. 더 쉽게 찾을 수 있도록 input 요소에 data-testid 속성을 추가합니다.

예제 12-8 src/Category.svelte 파일의 input 요소에 data-testid 속성 추가

```
<input data-testid="item-input" required bind:value={itemName} />
```

[예제 12-9]는 **Category** 컴포넌트에 대한 제스트 테스트 코드입니다.

예제 12-9 Category.spec.js 파일의 Category 컴포넌트에 대한 제스트 테스트 모음

```
import {cleanup, fireEvent, render, waitFor} from '@testing-library/svelte';

import Category from './Category.svelte';

describe('Category', () => {                    beforeEach 함수로 전달되는 함수에서 쓰는 값으로,
  let itemCount = 0;        ◀───             해당 분류에 몇 개의 항목을 추가할 것인지 결정합니다.

  const category = {id: 1, name: 'Clothes', items: {}};
  const categories = [category];
  const dnd = {};          ◀───
  const props = {categories, category, dnd, show: 'all'};    Category 컴포넌트에서 필수인 프롭스
                                                              이지만 테스트에서는 쓰지 않으므로
  beforeEach(() => {                                          빈 객체를 프롭스값으로 전달합니다.
    category.items = {
      1: {id: 1, name: 'socks', packed: true},
      2: {id: 2, name: 'shoes', packed: false}
    };
    itemCount = Object.keys(category.items).length;
  });

  afterEach(cleanup);

  test('should match snapshot', () => {
    const {container} = render(Category, props);
    expect(container).toMatchSnapshot();
  });

  function expectItemCount(count) {
    return waitFor(() => {
      const lis = document.querySelectorAll('li');    ◀───  각 Item 컴포넌트는 li를
                                                            최상위 요소로 가집니다.
```

```
    expect(lis.length).toBe(count);
  });
}

test('should render', async () => {
  const {getByText} = render(Category, props);
  expect(getByText('Clothes'));
  expect(getByText('1 of 2 remaining'));
  expect(getByText('New Item'));
  expect(getByText('Add Item'));
  await expectItemCount(itemCount);
});

test('should add an item', async () => {
  const {getByTestId, getByText} = render(Category, props);

  const input = getByTestId('item-input');
  const value = 't-shirts';
  fireEvent.input(input, {target: {value}});
  fireEvent.click(getByText('Add Item'));

  await expectItemCount(itemCount + 1);
  expect(getByText(value));
});

test('should delete an item', async () => {
  const {getAllByTestId} = render(Category, props);

  const deleteBtns = getAllByTestId('delete');
  fireEvent.click(deleteBtns[0]); // deletes first item
  await expectItemCount(itemCount - 1);
});

test('should toggle an item', async () => {
  const {container, getByText} = render(Category, props);

  const checkboxes = container.querySelectorAll('input[type="checkbox"]');
  expect(checkboxes.length).toBe(2);

  const [shoesCheckbox, socksCheckbox] = checkboxes;   ◁─┐ 각 항목은 정렬되어 shoes 항목이
                                                          │ socks 항목 앞에 옵니다.
  expect(socksCheckbox.nextElementSibling.textContent).toBe('socks');
  await fireEvent.click(socksCheckbox);
```

```
    expect(getByText('2 of 2 remaining'));          ◁──── 현재 분류 내에서 준비가 끝난 것으로 체크된
                                                            항목은 없습니다.
    expect(shoesCheckbox.nextElementSibling.textContent).toBe('shoes');
    await fireEvent.click(shoesCheckbox);
    expect(getByText('1 of 2 remaining'));          ◁──── 현재 분류 내에서 한 개의 항목만 준비가
  });                                                       끝난 것으로 체크되어 있습니다.
});
```

여행 준비물 앱에 대한 제스트 테스트를 시작하면 커스텀 Dialog 컴포넌트에서 쓰는 Dialog
Polyfill이 정의되지 않았다고 나옵니다. 이 문제를 해결하기 위해 src/Dialog.svelte 파
일의 onMount 부분을 다음과 같이 수정합니다.

예제 **12-10** svc/Dialog.svelte 파일의 Dialog 컴포넌트 onMount 수정하기

```
onMount(() => {
  if (dialogPolyfill) dialogPolyfill.registerDialog(dialog);
});
```

onMount로 전달되는 함수 내에 if 구문을 쓰는 것이 아니라, onMount 함수 자체를 if 구문으
로 둘러싸고 싶은 욕구가 생길지도 모릅니다. 하지만 그렇게는 못합니다. 라이프사이클 함수는
조건부로 호출할 수 없기 때문입니다.

일시적으로 특정 테스트 스위트를 건너뛰고 싶다면 describe 함수를 describe.skip으로
수정합니다. 테스트 스위트 내의 특정 테스트를 건너뛰고 싶다면 test 함수를 test.skip으
로 수정합니다. 테스트 스위트 내의 특정 테스트만 임시로 실행하고 싶다면 test 함수 이름을
test.only로 수정합니다.

이제 이전에 package.json에 추가한 npm 스크립트로 제스트 테스트를 시작할 준비가 끝났습
니다. 테스트가 실패하면 테스트를 실행한 터미널에 다음과 비슷한 메시지가 출력됩니다. [예
제 12-11]에서는 'socks'가 아닌 'SOCKS'로 검색했기 때문에 이에 해당하는 요소를 찾지 못
해서 실패했다는 사실을 알려주고 있습니다.

예제 **12-11** 실패한 테스트에 대한 제스트 출력

```
FAIL  src/Item.spec.js
  Item
```

```
┌ should render (32ms)
┌ should match snapshot (4ms)
```

● Item › should render

Unable to find an element with the text: SOCKS.
This could be because the text is broken up by multiple elements.
In this case, you can provide a function for your
text matcher to make your matcher more flexible.

```
<body>
  <div>
    <li
      class="svelte-ft3yg2"
      draggable="true"
    >
      <input
        class="svelte-ft3yg2"
        type="checkbox"
      />

      <span
        class="packed-false svelte-ft3yg2"
      >
        socks
      </span>

      <button
        class="icon svelte-ft3yg2"
        data-testid="delete"
      >
        ☐
      </button>
    </li>
  </div>
</body>
```

```
  15 ¦     const checkbox = document.querySelector('input[type="checkbox"]');
  16 ¦     expect(checkbox).not.toBeNull(); // 체크박스를 찾은 경우
> 17 ¦     expect(getByText(item.name.toUpperCase())); // item 이름을 찾은 경우
     ¦            ^
  18 ¦     expect(getByTestId('delete')); // 'delete' 버튼을 찾은 경우
  19 ¦   });
  20 ¦
```

```
        at getElementError (node_modules/@testing-library/dom/dist/query-helpers.js:22:10)
        at node_modules/@testing-library/dom/dist/query-helpers.js:76:13
        at getByText (node_modules/@testing-library/dom/dist/query-helpers.js:59:17)
        at Object.<anonymous> (src/Item.spec.js:17:12)


Test Suites: 1 failed, 1 passed, 2 total
Tests:       1 failed, 6 passed, 7 total
Snapshots:   2 passed, 2 total
Time:        1.964s, estimated 2s
Ran all test suites matching /src/i.


Watch Usage: Press w to show more.
```

테스트가 성공하면 테스트를 실행한 터미널에서 다음과 같은 메시지를 확인할 수 있습니다.

예제 12-12 테스트가 성공했을 때의 제스트 출력

```
PASS  src/Item.spec.js
  Item
    ┌ should render (22ms)
    ┌ should match snapshot (5ms)

  PASS  src/Category.spec.js
   Category
    ┌ should match snapshot (48ms)
    ┌ should render (16ms)
    ┌ should add an item (14ms)
    ┌ should delete an item (32ms)
    ┌ should toggle an item (11ms)

Test Suites: 2 passed, 2 total
Tests:       7 passed, 7 total
Snapshots:   2 passed, 2 total
Time:        1.928s, estimated 2s
Ran all test suites matching /src/i.

Watch Usage: Press w to show more.
```

12.2 사이프레스로 엔드 투 엔드 테스트하기

사이프레스[Cypress](*www.cypress.io*)는 '어느 브라우저에서나 동작하는 빠르고 쉽고 믿을 수 있는 테스팅'을 제공한다고 스스로 평가합니다. 스벨트를 포함한 어떤 웹 프레임워크에서도 엔드 투 엔드 테스트를 할 수 있으며, 심지어 웹 프레임워크가 없는 웹 애플리케이션도 테스트가 가능합니다. 이는 사이프레스가 유닛 테스트와는 달리 특정 컴포넌트에 초점을 두지 않고 웹 애플리케이션의 기능적인 측면을 테스트하기 때문입니다.

사이프레스의 모든 기능은 전역 변수인 cy를 통해 접근할 수 있습니다. 페이지의 요소를 찾을 수 있는 질의들은 문자열, 그리고 CSS 선택자로 검색하는 것도 가능합니다. 기본적으로 요소가 나타나기까지 4초간 기다립니다. 예를 들어 'Press Me'라는 버튼을 클릭하면 'Success'라는 문자열을 화면에 그린다고 가정해봅시다. 다음 코드를 통해 이 버튼을 찾고, 클릭한 다음 'Success'라는 문자열이 정말 나타나는지 검사합니다.

```
cy.get('button').contains('Press Me').click();
cy.contains('Success');
```

다음 코드로 input 요소를 찾아서 문자열을 입력합니다. input 요소가 data-testid 속성을 가지고 있다고 가정합니다.

```
cy.get('[data-testid=some-id]').type('some text');
```

사이프레스 테스트는 특히 여러 애플리케이션에서 상태를 검사하고 가정을 만들어내는 유틸리티 함수들을 만들어서 쓰는 경우 그 장점이 두드러집니다. 예를 들어 로그인 페이지로 이동해서 사용자 이름과 비밀번호를 입력한 다음 '로그인' 버튼을 누르는 함수는 로그인 기능이 구현된 거의 모든 웹 앱의 테스트에서 사용할 수 있습니다. 여행 준비물 앱의 테스트 코드에서도 이와 비슷한 여러 함수들을 확인할 수 있습니다.

스벨트 앱에 사이프레스를 설치하려면 npm install -D cypress 명령을 실행합니다. 그리고 다음 npm 스크립트를 package.json 파일에 추가합니다.

```
"cy:open": "cypress open",    ←── 사이프레스가 인터랙티브 모드에서 실행됩니다.
"cy:run": "cypress run"       ←── 사이프레스가 명령 줄 모드에서 실행됩니다.
```

사이프레스 테스트 도구를 인터랙티브 모드로 실행하려면 `npm run cy:open` 명령을 실행합니다. 소스 파일이나 테스트 파일이 수정되면 테스트가 자동으로 재실행됩니다. 명령을 실행했을 때 `cypress` 디렉터리가 없으면 이 디렉터리를 만드는데, 디렉터리에는 다음의 하위 디렉터리들이 만들어집니다.

- `fixtures`: 픽스처는 테스트에서 사용하는 데이터를 가지고 있습니다. 데이터는 일반적으로 `.json` 파일에 있으며 테스트에서 불러와서 사용합니다. 픽스처는 반드시 쓸 필요는 없습니다.
- `integration`: 테스트 구현 파일, 즉 spec 파일들이 여기 저장됩니다. 위치는 디렉터리 바로 안이 될 수도 있고, `integration` 디렉터리의 하위 디렉터리 안이 될 수도 있습니다.
- `plugins`: 플러그인으로 사이프레스의 기능을 확장할 수 있습니다. 사이프레스 플러그인들 중 하나로 *https://github.com/bahmutov/cypress-svelte-unit-test*를 참고해보기 바랍니다. 사이프레스는 각 테스트 구현 파일들을 실행하기 전, 이 `plugins` 디렉터리 안의 `index.js` 파일 코드를 먼저 실행합니다. 플러그인은 반드시 써야 하는 것은 아닙니다.
- `screenshots`: 이 디렉터리에는 `cy.screenshot()` 함수를 호출해서 생성하는 스크린샷들이 저장됩니다. 디버깅 테스트에서 자주 사용합니다.
- `support`: 이 디렉터리 안의 파일들로 커스텀 사이프레스 명령들을 추가할 수 있으며 테스트에 쓸 수도 있습니다. 사이프레스는 각 테스트 구현 파일들을 실행하기 전 이 디렉터리의 `index.js` 파일 코드를 먼저 실행합니다. 커스텀 사이프레스 명령들은 반드시 써야 할 필요는 없습니다.

이 하위 디렉터리에는 예제 파일들도 함께 만들어져 있는데, 다 지워도 관계없습니다. 여러분의 테스트 파일을 `cypress/integration` 디렉터리 아래에 `.spec.js` 확장자 파일로 만듭니다.

12.2.1 Todo 앱에 대한 엔드 투 엔드 테스트

[예제 12-13]은 2장에서 만든 Todo 앱에 대한 엔드 투 엔드 테스트 코드입니다.

예제 12-13 cypress/integration/TodoList.spec.js의 TodoList 컴포넌트 사이프레스 테스트 코드[3]

```
const baseUrl = 'http://localhost:5000/';

describe('Todo app', () => {
  it('should add todo', () => {
```

---

[3] 옮긴이_ 만약 npm run dev 명령으로 앱을 실행하는 포트가 5000이 아니라면, 테스트 코드의 첫 번째 줄의 *http://localhost:5000* 에서 포트 번호를 실행 중인 포트 번호로 변경해야 합니다.

```
  cy.visit(baseUrl);
  cy.contains('1 of 2 remaining');        문자가 입력되기 전까지 'Add' 버튼은 비활성화
  cy.contains('Add')                       상태여야 합니다.
    .as('addBtn')            ◁           나중에 쓸 수 있도록 발견한 요소에 대한 참조를
    .should('be.disabled');              저장해둡니다.

  const todoText = 'buy milk';   ◁
  cy.get('[data-testid=todo-input]')      할 일 문자열을 입력합니다.
    .as('todoInput')
    .type(todoText);

  const addBtn = cy.get('@addBtn');
  addBtn.should('not.be.disabled');
  addBtn.click();

  cy.get('@todoInput').should('have.value', '');
  cy.get('@addBtn').should('be.disabled');
  cy.contains(todoText);
  cy.contains('2 of 3 remaining');
});

it('should toggle done', () => {
  cy.visit(baseUrl);
  cy.contains('1 of 2 remaining');

  cy.get('input[type=checkbox]')
    .first()
    .as('cb1')                           첫 번째 체크박스를 찾아서
    .click();               ◁           상태를 변경합니다.
  cy.contains('2 of 2 remaining');

  cy.get('@cb1').check();                 같은 체크박스 상태를 다시 수정해서 이전과 같은
  cy.contains('1 of 2 remaining');   ◁   상탯값으로 돌아오는지 확인합니다.
});

it('should delete todo', () => {
  cy.visit(baseUrl);
  cy.contains('1 of 2 remaining');

  const todoText = 'learn Svelte'; // first todo
  cy.contains('ul', todoText);

  cy.contains('Delete').click();
  cy.contains('ul', todoText).should('not.exist');   ◁─┤ 첫 번째 삭제 버튼을 클릭합니다.
  cy.contains('1 of 1 remaining');
```

```
    });

    it('should archive completed', () => {
      cy.visit(baseUrl);

      const todoText = 'learn Svelte'; // first todo
      cy.contains('ul', todoText);

      cy.contains('Archive Completed').click();
      cy.contains('ul', todoText).should('not.exist');      ◁─┤ 'Archive Complete' 버튼을 찾아서
      cy.contains('1 of 1 remaining');                            클릭합니다.
    });
  });
```

인터랙티브 모드에서 테스트를 실행하려면 우선 `npm run dev` 명령을 실행해서 서버를 시작한 다음, 터미널을 하나 더 열어 `npm run cy:open`을 실행합니다. 그다음 사이프레스 도구의 오른쪽 상단 구석에 있는 'Run All Specs' 버튼을 클릭합니다. 테스트가 모두 끝나면 브라우저와 사이프레스 도구를 닫습니다. 디버깅도 함께 하고 싶으면 애플리케이션 코드에 `console.log` 호출을 추가합니다. `console.log` 함수를 많이 쓴다면 출력 메시지에 소스 파일 이름과 함수 이름을 함께 표기하는 것이 좋습니다. 예를 들어 `console.log('TodoList.svelte toggleDone: todo =', todo);`와 같이 코드를 작성하면 금방 위치를 확인할 수 있습니다. 이 함수들의 출력은 테스트 도중 개발자 도구에서 콘솔 탭을 열어서 확인할 수 있습니다.

명령 줄 모드로 테스트를 진행하고 싶다면 먼저 `npm run dev` 명령을 실행해서 서버를 시작합니다. 그다음 다른 터미널을 열어서 `npm run cy:run` 명령을 실행합니다. 테스트 결과는 테스트를 실행한 터미널에 출력되며 테스트 화면은 MP4 비디오로 녹화합니다. 녹화한 비디오는 `cypress/videos` 디렉터리에 저장됩니다.

12.2.2 여행 준비물 앱에 대한 엔드 투 엔드 테스트

이제 여행 준비물 앱을 위한 엔드 투 엔드 테스트를 만들어봅시다. 완성한 코드는 *http://mng.bz/eQqQ*에서 확인할 수 있습니다.

1. `npm install -D cypress` 명령으로 사이프레스를 설치합니다.
2. 12.2절의 내용처럼 npm 스크립트를 추가합니다.

3. `npm run dev` 명령으로 앱을 시작합니다.

4. 다른 터미널에서 `npm run cy:open`을 실행해서 cypress 디렉터리와 그 외 시작 파일들을 만듭니다.

5. cypress/integration/examples 디렉터리를 cypress/examples로 옮깁니다. 그러면 사이프레스 앱에 더 이상 테스트 예제가 표시되지 않고, 나중에 필요할 때 참고할 수도 있습니다.

6. src/Checklist.svelte 파일의 categoryName 변수와 묶인 input 요소에 data-testid 속성을 다음과 같이 추가합니다. 그러면 테스트에서 input 요소를 찾기 쉬워집니다.

```
<input
  data-testid="category-name-input"
  required
  bind:value={categoryName}
/>
```

7. cypress/integration 디렉터리에 [예제 12-14]의 내용으로 travel-packing.spec.js 파일을 만듭니다.

예제 12-14 cypress/integration/travel-packing.spec.js 파일의 여행 준비물 앱 사이프레스 테스트

```
const baseUrl = 'http://localhost:5000/';

function login() {
  cy.visit(baseUrl);
  cy.contains('Username')
    .children('input')
    .type('username');
  cy.contains('Password')
    .children('input')
    .type('password');
  cy.get('button')
    .contains('Login')
    .click();
}

function addCategories() {
  login();    ◁─────────────────────────   분류를 추가하기 위해서는
                                           반드시 로그인해야 합니다.
  cy.get('[data-testid=category-name-input]')
    .as('nameInput')
    .type('Clothes');
  cy.get('button')
```

```
    .contains('Add Category')
    .click();

  cy.get('@nameInput').type('Toiletries{enter}');  ◁──── type 메서드로 문자열을 전달할 때,
}                                                          이 문자열에 {enter}가 포함되어 있으면
                                                           사용자가 엔터키를 누르는 것을 흉내 냅니다.

function addItems() {
  addCategories();  ◁──────────────── 항목을 추가하기 전 반드시 분류를
                                       추가해야 합니다.
  cy.get('[data-testid=item-input]')
    .first()  ◁──────── 'Clothes' 분류에 있는
    .as('item-input-1')  input 요소를 찾습니다.
    .type('socks');
  cy.get('button')
    .contains('Add Item')
    .first()
    .click();
  cy.get('@item-input-1').type('shoes{enter}');
  verifyStatus('Clothes', '2 of 2 remaining');

  cy.get('[data-testid=item-input]')
    .last()  ◁────────────────────── 'Toiletries' 분류에 있는
    .type('razor{enter}');            input 요소를 찾습니다.
  verifyStatus('Toiletries', '1 of 1 remaining');
}

function deleteCategory(categoryName) {
  cy.contains(new RegExp(`^${categoryName}$`))
    .siblings('button')
    .click();
}

function deleteItem(itemName) {
  cy.contains(new RegExp(`^${itemName}$`))
    .siblings('button')
    .click();
}

function togglePacked(itemName) {
  cy.contains(new RegExp(`^${itemName}$`))
    .siblings('input[type="checkbox"]')
    .click();
}
```

```
function verifyStatus(categoryName, expectedStatus) {
  cy.contains(new RegExp(`^${categoryName}$`))
    // 이 기능은 올바른 요소가 있는지 확인하는 데 유용합니다.
    // 일치하는 모든 요소 주위에 빨간색 윤곽선을 그립니다.
    //.then(el => el.css('outline', 'solid red'))
    .siblings('span')
    .contains(expectedStatus);
}

describe('Travel Packing app', () => {
  it('should login', login);

  it('should add categories', addCategories);

  it('should add items', addItems);

  it('should toggle packed', () => {
    addItems();
    verifyStatus('Clothes', '2 of 2 remaining');

    togglePacked('shoes');
    verifyStatus('Clothes', '1 of 2 remaining');

    togglePacked('shoes');
    verifyStatus('Clothes', '2 of 2 remaining');
  });

  it('should delete item', () => {
    addItems();
    verifyStatus('Clothes', '2 of 2 remaining');

    deleteItem('shoes');
    verifyStatus('Clothes', '1 of 1 remaining');
  });

  it('should delete category', () => {
    addItems();
    verifyStatus('Toiletries', '1 of 1 remaining');

    deleteItem('razor');     ◀────────────────  분류를 삭제하려면 분류에 있는 모든 항목을
    verifyStatus('Toiletries', '0 of 0 remaining');        반드시 삭제해야만 합니다.

    const categoryName = 'Toiletries';
    // 해당 분류가 존재하는지 검사합니다.
```

```
    cy.get('.categories h2 > span').contains(categoryName);
    deleteCategory(categoryName);
    // 해당 분류가 삭제되어 더는 존재하지 않는지 검사합니다.
    cy.get('.categories h2 > span')
      .contains(categoryName)
      .should('not.exist');
  });

  it('should logout', () => {
    login();
    cy.get('button')
      .contains('Log Out')
      .click();
    cy.contains('Login');
  });
});
```

엔드 투 엔드 테스트를 위해 `npm run cy:open` 명령을 실행합니다. 그러면 [그림 12-1]과 같은 화면을 볼 수 있습니다. 성공한 테스트는 그 옆에 녹색 체크 기호가 표시됩니다.

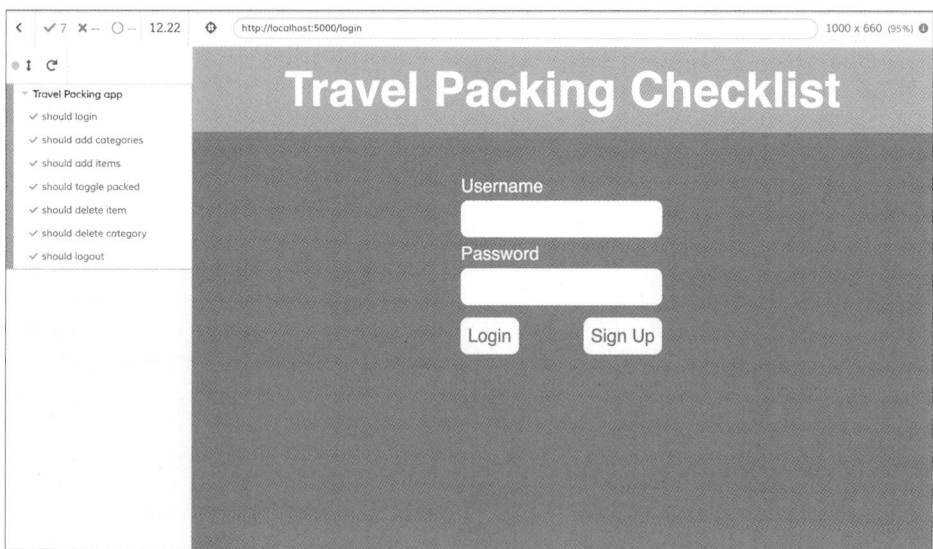

그림 12-1 크롬에서의 사이프레스 화면

명령 줄 모드로 엔드 투 엔드 테스트를 진행하고 싶다면 `npm run cy:run` 명령을 실행합니다. 그러면 터미널에서 [예제 12-15]와 같은 출력을 보게 됩니다.

예제 12-15 사이프레스 명령 줄 모드 출력

```
(Run Starting)


  ┌────────────────────────────────────────────────────────────────┐
  │ Cypress:    3.8.1                                                │
  │ Browser:    Electron 78 (headless)                               │
  │ Specs:      1 found (travel-packing.spec.js)                     │
  └────────────────────────────────────────────────────────────────┘


  ────────────────────────────────────────────────────────────────────


  Running:  travel-packing.spec.js                          (1 of 1)


  Travel Packing app
    ┌ should login (888ms)
    ┌ should add categories (1196ms)
    ┌ should add items (1846ms)
    ┌ should toggle packed (2057ms)
    ┌ should delete item (1973ms)
    ┌ should delete category (2037ms)
    ┌ should logout (1938ms)


  7 passing (13s)


  (Results)


  ┌────────────────────────────────────────────────────────────────┐
  │ Tests:        7                                                  │
  │ Passing:      7                                                  │
  │ Failing:      0                                                  │
  │ Pending:      0                                                  │
  │ Skipped:      0                                                  │
  │ Screenshots:  0                                                  │
  │ Video:        true                                               │
  │ Duration:     12 seconds                                         │
  │ Spec Ran:     travel-packing.spec.js                            │
  └────────────────────────────────────────────────────────────────┘


  (Video)
```

- Started processing: Compressing to 32 CRF
- Finished processing: /Users/mark/Documents/programming/languages/ (0 seconds)
                       javascript/svelte/book/svelte-and-sapper-in-action/
                       travel-packing-ch11/cypress/videos/
                       travel-packing.spec.js.mp4

```
===========================================================================

(Run Finished)


     Spec                        Tests  Passing  Failing  Pending  Skipped

   ┌ travel-packing.spec.js  00:12    7       7       -        -        - ┐

   ┌ All specs passed!       00:12    7       7       -        -        -
```

12.3 접근성 테스트하기

웹 UI의 접근성 문제들은 여러 도구들을 써서 찾을 수 있습니다.

- 스벨트 컴파일러: 스벨트 컴파일러는 몇몇 접근성 문제들을 표시해줍니다. 다음 절에서 자세한 내용을 살펴봅시다.

- 라이트하우스^{Lighthouse}(*https://developers.google.com/web/tools/lighthouse*): 무료로 쓸 수 있는 도구입니다. 크롬 개발자 도구의 라이트하우스 탭에서 쓸 수 있으며 명령 줄이나 노드 애플리케이션으로도 실행할 수 있습니다. 라이트하우스는 성능이나 프로그레시브 웹 애플리케이션 지표, 접근성, SEO에 대한 감사를 제공합니다.

- axe(*https://www.deque.com/axe*): 무료 크롬 확장입니다. axe 프로는 axe의 엔터프라이즈 버전으로 더 많은 문제점을 찾아줍니다.

- WAVE(*https://wave.webaim.org*): 무료 크롬 및 파이어폭스 확장 프로그램입니다. 포프 테크 (*https://pope.tech*)는 WAVE에 기반한 엔터프라이즈용 접근성 도구입니다.

이 도구들은 제각각 서로 다른 문제를 찾을 수도 있으므로, 하나 이상의 도구를 사용하는 것이 좋습니다. 나중에 살펴보겠지만, 사실 모든 문제를 찾아서 해결한다는 것은 불가능에 가까운 일입니다.

12.3.1 스벨트 컴파일러

스벨트 컴파일러는 접근성 문제를 탐지하면 'A11y:'로 시작하는 경고 메시지를 출력합니다. [표 12-1]에서 관련 코드와 메시지를 확인할 수 있습니다. 몇몇 코드는 두 개 이상의 메시지를 사용하기도 합니다.

표 12-1 스벨트 접근성 경고 코드 및 메시지

코드	메시지
a11y-distracting-elements	Avoid <{name}> elements
a11y-structure	<figcaption> must be an immediate child of <figure>
a11y-structure	<figcaption> must be first or last child of <figure>
a11y-aria-attributes	<{name}> should not have aria-* attributes
a11y-unknown-aria-attribute	Unknown aria attribute 'aria-{type}'
a11y-hidden	<{name}> element should not be hidden
a11y-misplaced-role	<{name}> should not have role attribute
a11y-unknown-role	Unknown role '{value}'
a11y-accesskey	Avoid using accesskey
a11y-autofocus	Avoid using autofocus
a11y-misplaced-scope	The scope attribute should only be used with <th> elements
a11y-positive-tabindex	Avoid tabindex values above zero
a11y-invalid-attribute	'{value}' is not a valid {attribute-name} attribute
a11y-missing-attribute	<a> element should have an href attribute
a11y-missing-content	<{name}> element should have child content
a11y-missing-attribute	<{name}> element should have {article} {sequence} attribute

어떤 경우에는 경고 메시지를 무시하거나 보고 싶지 않을 수도 있습니다. 그런 경우 경고 메시지가 출력되는 코드 라인 위에 특별한 주석을 달면 됩니다. 예를 들어 "Avoid using autofocus."라는 경고 메시지를 출력하고 싶지 않다면 자동으로 초점을 맞추는 기능을 사용하는 모든 **input** 요소 앞에 다음 주석을 추가합니다.

```
<!-- svelte-ignore a11y-autofocus -->
```

12.3.2 라이트하우스

라이트하우스Lighthouse로 접근성 문제를 찾는 가장 쉬운 방법은 다음 순서를 따르는 것입니다.

크롬에서 테스트할 웹사이트에 접근합니다.

1. 개발자 도구를 엽니다.
2. [그림 12-2]와 같이 라이트하우스 탭을 엽니다.
3. 'Accessibility' 체크박스가 체크되어 있는지 확인합니다.
4. 'Generate report' 버튼을 클릭합니다.
5. 현재 테스트 결과를 그대로 두고 다음 테스트를 위해서 새로운 탭을 열고 싶다면 라이트하우스 탭 하단의 왼쪽에 있는 '+' 버튼을 클릭합니다.
6. 테스트할 다른 페이지나 하위 사이트에 접근합니다.
7. 'Generate report' 버튼을 다시 클릭합니다.
8. 페이지 또는 사이트의 하위 사이트별로 6에서 7까지의 과정을 반복해서 접근성 테스트를 완료합니다.

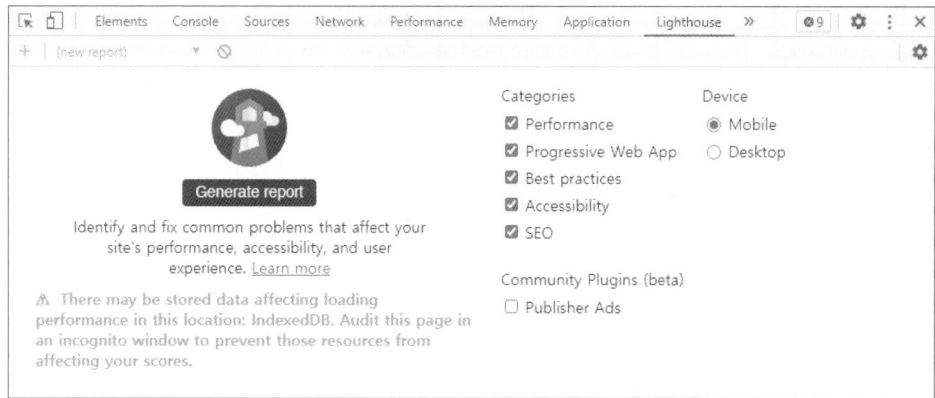

그림 12-2 크롬 개발자 도구에서 라이트하우스 설정

NOTE_ 이 장에서 만든 여행 준비물 앱의 접근성 문제는 이미 해결된 상태입니다. 문제점을 찾는 것을 보고 싶다면. 11장까지 실습한 여행 준비물 앱에서 접근성 문제를 찾아보기 바랍니다.

코드를 변경한 후 테스트를 다시 실행하고 싶다면 원 안에 사선이 그어져 있는 'Clear All' 아이콘을 클릭한 다음 'Generate report' 버튼을 클릭합니다.

라이트하우스는 로그인 페이지에 대해 두 가지 문제점을 발견합니다. 'Login'과 'Sign Up' 버튼의 색대비인 흰색과 회색이 충분하지 않다는 점입니다. 이 문제는 `public/global.css` 파일에서 버튼의 텍스트 영역 색상을 `gray`에서 `black`으로 변경해서 해결할 수 있습니다.

여행 준비물 앱의 체크리스트 페이지에서는 하나의 문제점만 보고합니다. 분류를 추가하고 여기에 항목을 추가한 경우, [그림 12-3]과 [그림 12-4]처럼 배경과 그 앞의 색대비가 충분하지 않다는 문제점을 보고합니다. 흰색 문자열과 주황색, 그리고 배경에 쓰인 옅은 파란색cornflowerblue은 접근성 관점에서 봤을 때 그 대비가 충분하지 않은 것으로 보입니다. 이 색대비 문제의 경우 `src/App.svelte`의 `.hero`에 쓰인 주황색과 `src/App.svelte`의 `main`에 쓰인 옅은 파란색, `src/Dialog.svelte`의 `header`에 쓰인 색을 다른 색으로 변경해서 해결할 수 있습니다.

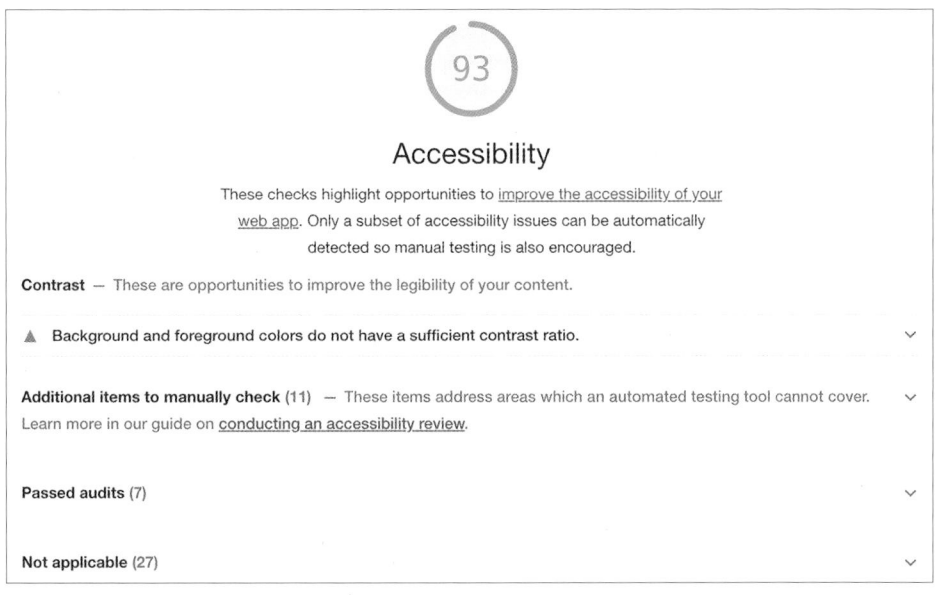

그림 12-3 크롬 개발자 도구에서의 라이트하우스 테스트 결과(페이지 상단)

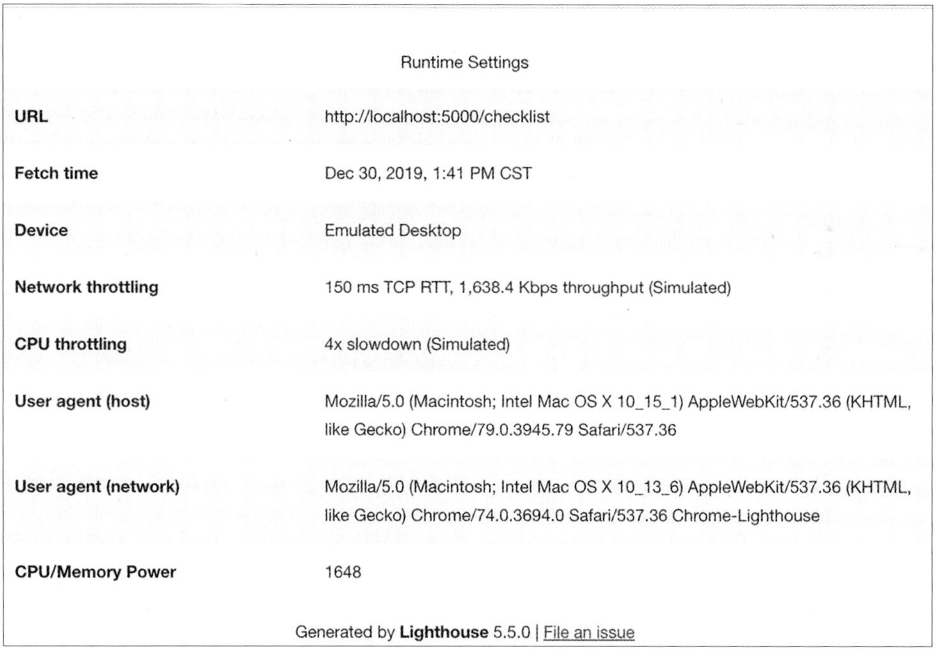

	Runtime Settings	
URL	http://localhost:5000/checklist	
Fetch time	Dec 30, 2019, 1:41 PM CST	
Device	Emulated Desktop	
Network throttling	150 ms TCP RTT, 1,638.4 Kbps throughput (Simulated)	
CPU throttling	4x slowdown (Simulated)	
User agent (host)	Mozilla/5.0 (Macintosh; Intel Mac OS X 10_15_1) AppleWebKit/537.36 (KHTML, like Gecko) Chrome/79.0.3945.79 Safari/537.36	
User agent (network)	Mozilla/5.0 (Macintosh; Intel Mac OS X 10_13_6) AppleWebKit/537.36 (KHTML, like Gecko) Chrome/74.0.3694.0 Safari/537.36 Chrome-Lighthouse	
CPU/Memory Power	1648	

Generated by **Lighthouse** 5.5.0 | File an issue

그림 12-4 크롬 개발자 도구에서의 라이트하우스 테스트 결과(페이지 하단)

색대비 비율이 좋은 색들을 찾기 위해 'Contrast Checker(*https://webaim.org/resour ces/contrastchecker*)'라는 도구를 쓸 수도 있습니다. 현재 색값을 입력한 다음 밝기 슬라이드를 움직여서 대비 비율이 최소 4.5가 되도록 만듭니다.

라이트하우스가 발견한 색대비 문제를 해결하려면 옅은 파란색(#6495ed)을 #3f6fde로 바꾸고 주황색(#ffa500)을 #a3660a로 수정합니다. 색값을 쉽게 바꾸려면 새로운 색을 적용할 때 이를 CSS 변수에 할당한 다음, 색값이 필요할 때 CSS 변수를 쓰는 것이 좋습니다. 그래서 src/App.svelte 파일의 스타일 요소에 :root 문법을 써서 다음과 같이 전역 CSS 변수를 정의하도록 하겠습니다.

```
:root {
  --heading-bg-color: #a3660a;
  --primary-color: #3f6fde;
  ...
}
```

그다음 색값을 써야 할 때 CSS 변수를 참조합니다.

```
background-color: var(--heading-bg-color);
background-color: var(--primary-color);
```

12.3.3 axe

크롬에 axe를 설치하려면 다음 단계를 따릅니다.

1. *https://www.deque.com/axe* 페이지에 접근합니다.
2. 'Install free Chrome extension' 버튼을 클릭합니다.
3. 'Add to Chrome' 버튼을 클릭합니다.

웹사이트에서 axe는 다음과 같이 실행합니다.

1. 테스트할 웹사이트로 이동합니다.
2. 브라우저 개발자 도구를 엽니다.
3. 'axe DevTools' 탭을 클릭합니다.
4. 'Analyze' 버튼을 클릭합니다.
5. 발견된 각 문제점이 표시되며, 클릭하면 자세한 내용이 표시됩니다.

같은 유형의 문제점들을 이어서 보고 싶다면 '<, >' 버튼을 클릭합니다. 보고된 문제점과 연관된 요소가 무엇인지 보고 싶으면 'highlight'를 클릭합니다. 문제점과 연결되는 DOM 요소를 보고 싶다면 '</> inspect' 버튼을 클릭합니다. 코드를 변경한 뒤 테스트를 다시 실행하려면 ↻ 버튼을 누릅니다.

여행 준비물 앱의 체크리스트 페이지에서 분류와 항목을 추가한 다음 axe를 실행하면 [그림 12-5], [그림 12-6], [그림 12-7]과 같은 결과 페이지를 볼 수 있습니다.

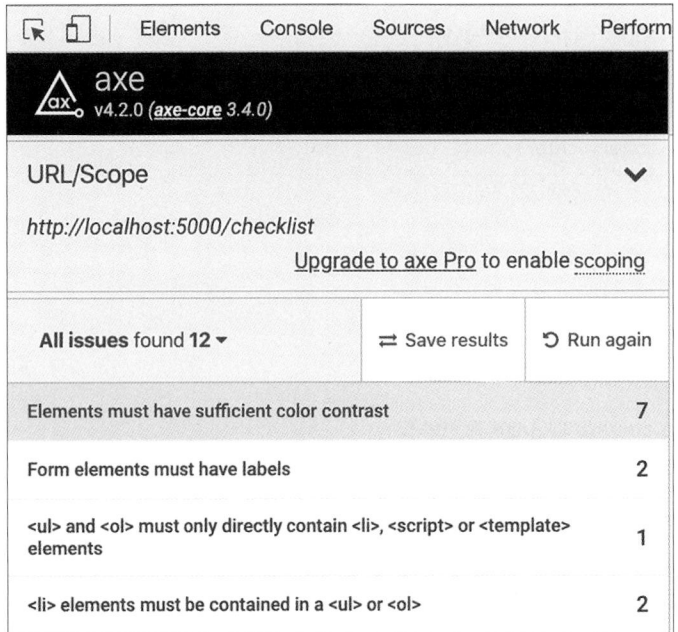

그림 12-5 axe 결과

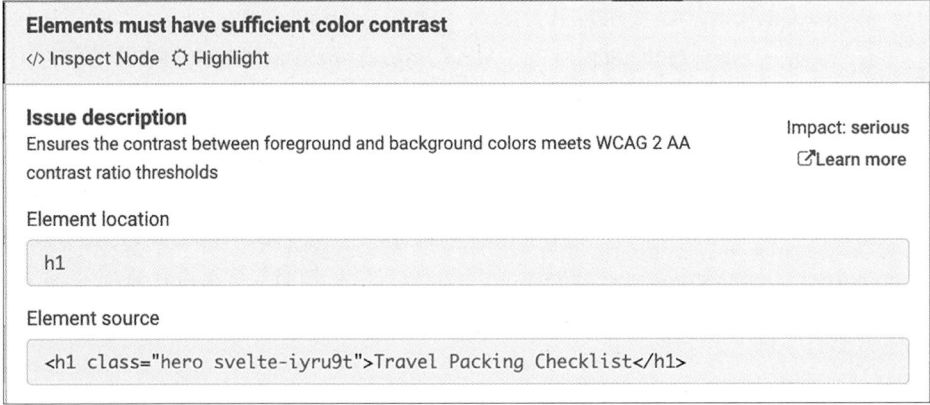

그림 12-6 문제점에 대한 자세한 내용

To solve this violation, you need to:

Fix the following:
Element has insufficient color contrast of 1.97 (foreground color: #ffffff, background color: #ffa500, font size: 48.0pt (64px), font weight: bold). Expected contrast ratio of 3:1

Related node:
</>Inspect

```
h1
```

그림 12-7 axe가 제안하는 해결책

그럼 발견된 문제점들을 하나씩 짚어보겠습니다.

- Element must have sufficient color contrast: 라이트하우스에서 발견한 색대비 문제와 동일한 내용입니다.

- Document must have one main landmark: App.svelte와 Dialog.svelte 둘 다 main 요소를 화면에 그리기 때문에 발견되는 문제점입니다. Dialog.svelte 파일에서 main 요소 대신 section 요소를 사용하도록 만들어서 해결할 수 있습니다.

- Form elements must have labels: src/Item.svelte 파일의 두 요소 때문에 발생하는 문제입니다. 첫 번째는 항목을 준비했는지 표시하기 위한 체크박스 input 요소입니다. 두 번째는 항목을 클릭했을 때 항목 이름을 편집할 수 있는 input 요소입니다. 두 input 요소에는 label이 빠져 있습니다. 하지만 이 두 가지 요소에 label 요소를 표시하고 싶지 않은 경우 input 요소에 다음과 같이 aria-label 속성을 추가해서 문제를 해결할 수 있습니다.

```
<input
  aria-label="Toggle Packed"
  type="checkbox"
  bind:checked={item.packed}
/>
{#if editing}
  <input
    aria-label="Edit Name"
    autofocus
    bind:value={item.name}
    on:blur={() => (editing = false)}
    on:keydown={blurOnKey}
    type="text"
  />
```

- <ul> and <ol> must only directly contain <li>, <script> or <template> elements: Category.svelte 파일에서 Item 컴포넌트를 화면에 그릴 때, li 요소들을 animate:flip 속성이 있는 div 요소로 감싸기 때문에 발생하는 문제입니다. 그렇지만 div 요소를 제거하고 li 요소에 animate:flip 속성을 줄 수는 없습니다. 왜냐하면 스벨트에서 "An element that use the animate directive must be the immediate child of a keyed each block."이라는 에러가 발생하기 때문입니다. 따라서 애니메이션 효과를 사용하려면 지금 당장은 이 접근성 문제를 무시할 수밖에 없습니다.
- <li> elements must be contained in a <ul> or <ol>: 역시 위와 동일한 문제입니다.
- Heading lavels should only increase by one: 이 문제는 분류 이름에서는 h3 요소를 쓰고 그 앞에 hero 부분(App.svelte의 main 요소에서 h1의 클래스를 hero로 정의했습니다)에서는 h1을 쓰기 때문에 일어납니다. 해결책 하나는 Category.svelte의 모든 h3을 h2로 바꾸는 것입니다. 필요하면 CSS를 써서 h2 요소의 글자 크기를 줄일 수 있습니다.

12.3.4 WAVE

WAVE를 다음과 같이 설치합니다.

1. https://wave.webaim.org에 접근합니다.
2. 메뉴에서 'Browser Extensions'를 클릭합니다.
3. 사용하는 브라우저에 해당하는 링크를 클릭합니다.
4. 확장을 브라우저에 설치합니다.

웹사이트에서 WAVE는 다음과 같이 실행합니다.

1. 테스트할 웹사이트로 이동합니다.
2. 브라우저 주소창 오른쪽에서 WAVE 아이콘(🔘)을 클릭합니다.
3. 페이지 왼쪽에 접근성 문제 보고서가 표시됩니다.
4. 'View Details' 버튼을 클릭합니다.

WAVE는 문제점과 함께, 발견된 좋은 부분(이를테면 이미지에 대한 alt 속성을 가지고 있다든지)들을 표시해줍니다. 문제점에 대한 아이콘을 클릭하면 해당하는 웹 페이지 부분으로 이동합니다. 여행 준비물 앱의 체크리스트 페이지에서 분류와 항목을 추가한 다음 WAVE로 문제점을 찾으면 [그림 12-8], [그림 12-9]와 같은 내용을 볼 수 있습니다.

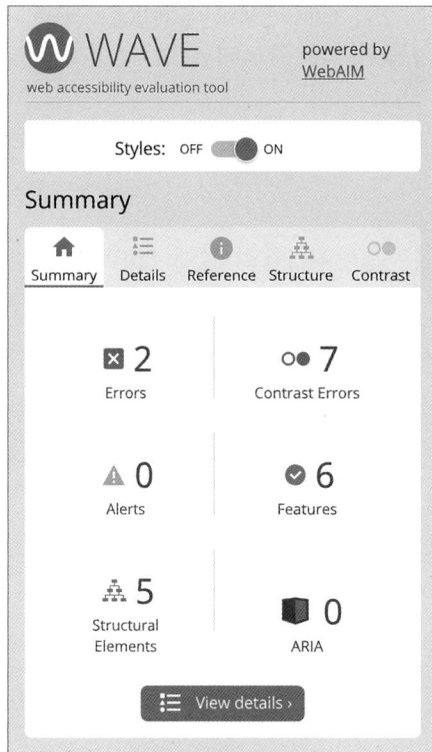

그림 12-8 WAVE 요약 페이지

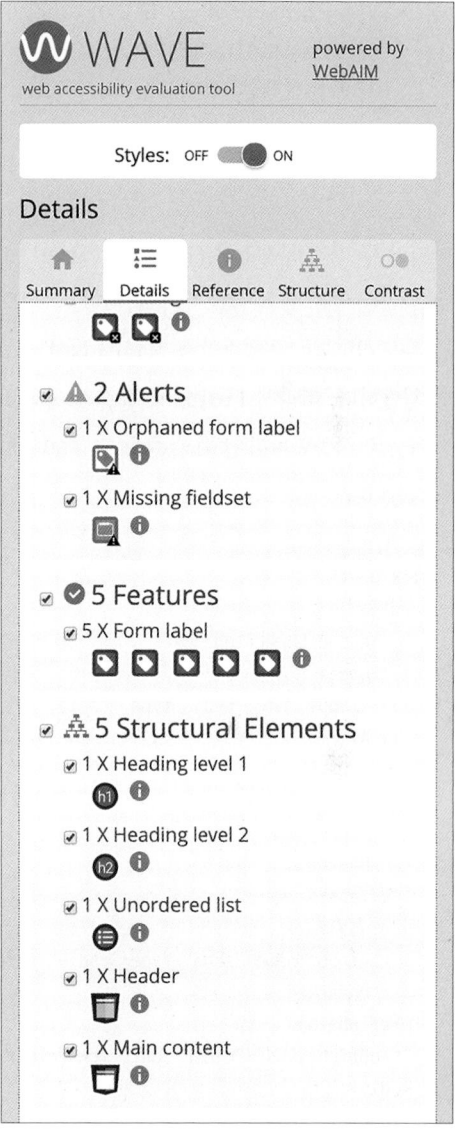

그림 12-9 WAVE 세부 항목 페이지

문제점을 하나씩 짚어봅시다.

- Missing form label: axe가 발견한 'Form elements must have labels'와 같은 문제입니다. 앞서 axe로 테스트하며 `src/Item.svelte` 파일을 수정하고 저장했다면, 이 문제는 나타나지 않을 수도 있습니다.
- Very low contrast: 라이트하우스에서 발견한 색대비 문제와 같은 내용입니다.

- Orphaned form label: 폼 레이블이 폼과 연결되어 있지 않아서 발생하는 문제입니다. 정확히는 Checklist.svelte 파일의 'Show' 레이블이 문제가 됩니다. 다음 문제점과 연관된 내용이기 때문에 나중에 함께 해결하겠습니다.
- Missing fieldset: 체크박스나 라디오 버튼 그룹이 fieldset 요소로 묶여 있지 않아서 발생하는 문제입니다.

마지막 두 가지 문제점은 Checklist.svelte 파일을 수정해서 라디오 버튼을 fieldset 요소로 감싸는 것으로 해결할 수 있습니다. 라디오 버튼을 가로로 배치하고 싶을 때 플렉스박스를 쓸 수도 있지만, 플렉스박스가 fieldset 요소를 제대로 지원하지 않는다는 브라우저 문제점이 있습니다. 따라서 fieldset 요소의 자식 요소들을 div로 묶은 다음, 여기에 플렉스박스 레이아웃을 적용합니다. <div class="radios"> 부분을 다음과 같이 수정해서 접근성 문제를 해결합니다.

```
<fieldset>
  <div>
    <legend>Show</legend>
    <label>
      <input name="show" type="radio" value="all" bind:group={show} />
      All
    </label>
    <label>
      <input name="show" type="radio" value="packed" bind:group={show} />
      Packed
    </label>
    <label>
      <input name="show" type="radio" value="unpacked" bind:group={show} />
      Unpacked
    </label>
    <button class="clear" on:click={clearAllChecks}>Clear All Checks</button>
  </div>
</fieldset>
```
.radios에 대한 CSS 규칙을 다음과 같이 수정합니다.

```
fieldset {
  border: none;
  margin: 0;
  padding: 0;
}

fieldset > div {
```

```
    display: flex;
    align-items: center;
}

fieldset input {
  margin-left: 1.5rem;
}

fieldset legend {
  padding: 0;
}
```

12.4 스토리북으로 컴포넌트 데모 및 디버깅하기

스토리북(*https://storybook.js.org*)은 UI 컴포넌트를 독립적으로 개발할 수 있는 오픈소스 도구입니다. 리액트나 뷰, 앵귤러, 스벨트 등 다양한 웹 프레임워크에서 동작합니다.

스토리북은 [그림 12-10]처럼 왼쪽 부분에 컴포넌트 목록들과 상태들을 표시합니다. 컴포넌트나 상태를 선택하면 이를 UI에 그립니다. 또한 컴포넌트가 허용하는 모든 종류의 상호작용도 해볼 수 있습니다. 스토리북에서 여행 준비물 앱의 **Category** 컴포넌트를 화면에 그리면 앱과 똑같이 분류 이름을 편집하고 항목을 추가하거나 이름을 바꾸고 준비 상태를 바꾸고 삭제할 수 있습니다.

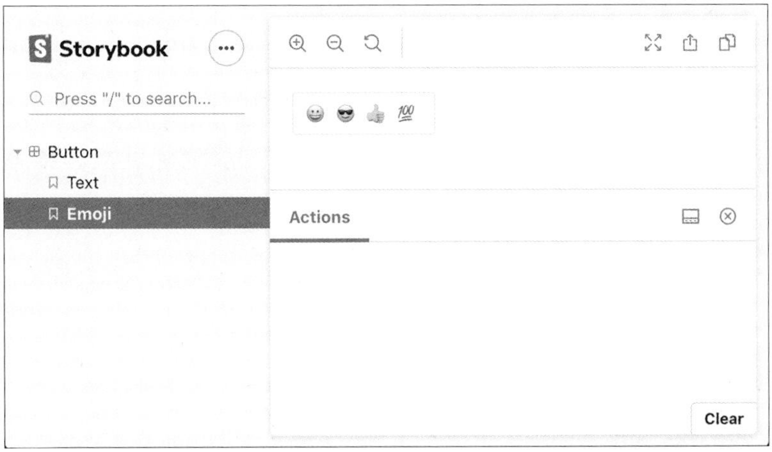

그림 12-10 스토리북 화면

스토리북은 다양한 방법으로 활용할 수 있습니다. 한 가지 활용법은 개발한 컴포넌트들을 시연하는 것입니다. 다른 활용법으로는 웹 앱과 독립적으로 각 컴포넌트들을 별도로 테스트하고 디버깅하는 것입니다. 웹 앱에서 특정 컴포넌트까지 이동하는 것에 비하면 훨씬 빠른 테스트가 가능합니다.

스토리북에서 스벨트 컴포넌트를 사용하는 자세한 방법은 스토리북 문서(*https://storybook.js.org/docs/svelte/get-started/introduction*)에서 확인할 수 있습니다. 개발한 스벨트 애플리케이션에 스토리북을 추가하려면, 애플리케이션의 최상위 디렉터리로 이동 후 다음 명령을 실행합니다.[4]

```
npx -p @storybook/cli sb init --type svelte
```

설치에는 몇 분이 소요될 수 있습니다. 설치되면 다음과 같은 변경 사항이 생깁니다.

- 스토리북에서 요구하는 디펜던시를 해결하기 위한 모든 패키지들이 설치됩니다.
- `package.json`에 다음과 같은 npm 스크립트를 추가합니다.

```
"storybook": "start-storybook",
"build-storybook": "build-storybook"
```

`.storybook` 디렉터리를 만듭니다. 이 디렉터리에는 `main.js`와 `preview.js` 파일이 있으며, 이중 `main.js` 파일은 스토리북이 사용할 스토리북 파일의 위치와 파일 이름 형식, 그리고 애드온 정보를 담고 있습니다.

`action` 함수로 전달되는 문자열값은 스토리북 UI의 메인 영역 아래에 표시됩니다. 'Actions' 영역 오른쪽 아래에 있는 'Clear' 버튼을 클릭하면 표시된 액션 목록을 지웁니다.

스토리북을 실행하려면 `npm run storybook` 명령을 입력합니다. 스토리북에 컴포넌트를 추가하고 싶다면 각 컴포넌트별 `.stories.js` 파일을 추가합니다. 각 스토리에서는 컴포넌트를

---

[4] 옮긴이_ 집필 시점의 스토리북은 5.2 버전이었으며, 현재 스토리북 버전은 6.2 버전입니다. 깃허브 코드를 받아서 그대로 실행하는 것으로 스토리북 동작을 확인할 수 있으나, 다음과 같은 변경 내역이 있다는 점을 참고하기 바랍니다.
   1. 더는 stories 디렉터리에 스토리북 파일을 만들 필요가 없습니다. 대신 깃허브 코드의 내용을 그대로 사용하려면 `.storybook/main.js`의 "stories" 항목에 `"../stories/*.stories.js"` 항목을 추가합니다.
   2. 깃허브의 코드에서는 `.storybook` 디렉터리 내에 `addon.js`와 `config.js` 파일이 있으며, 이 내용들은 `main.js` 파일에서 관리하는 것으로 변경되었습니다

다른 상태로 화면에 그립니다. 일반적으로 .stories.js 파일에 여러 스토리를 정의해서 하나의 컴포넌트를 다양한 상태로 화면에 그리도록 합니다. 각 상태는 왼쪽에 컴포넌트 이름 아래에 목록으로 표시됩니다. 스토리북이 실행되는 도중 새로운 .stories.js 파일을 만들면, 브라우저를 새로고침해서 왼쪽에 추가된 파일 내용이 표시되도록 합니다. .stories.js 파일을 수정하면 스토리북은 변경된 내용을 자동으로 탐지하고 왼쪽에 수정된 스토리를 표시합니다.

12.4.1 여행 준비물 앱에 대한 스토리북

여행 준비물 앱에 스토리북 스토리를 정의해보겠습니다. 완성한 코드는 *http://mng.bz/pBqz* 에서 확인할 수 있습니다.

[예제 12-16]은 [그림 12-11] 내용과 같은 스토리를 정의합니다.

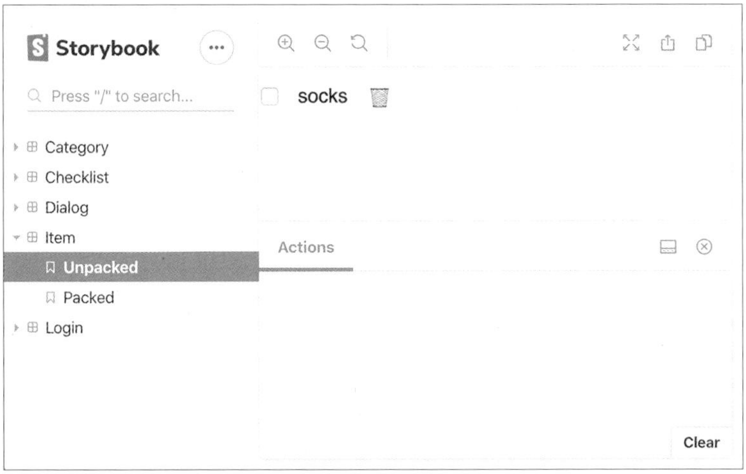

그림 12-11 Item 컴포넌트에 대한 스토리북 스토리

예제 12-16 stories/Item.stories.js 파일에 정의한 Item 컴포넌트의 스토리북 스토리

```
import {action} from '@storybook/addon-actions';
import Item from '../src/Item.svelte';
import '../public/global.css';      ← 여행 준비물 앱에
                                      전역 스타일을 적용합니다.
export default {title: 'Item'};
```

```
const getOptions = packed => ({
  Component: Item,
  props: {
    categoryId: 1,
    dnd: {},
    item: {id: 2, name: 'socks', packed}
  },
  on: {delete: action('item delete dispatched')}
});
```

'Actions' 영역에 발생한 action 들을 표시합니다.

```
export const unpacked = () => getOptions(false);
export const packed = () => getOptions(true);
```

각 스토리는 내보낸 함수로 정의됩니다.
이 함수는 객체를 반환하는데, 객체는 화면에
그릴 컴포넌트에 대한 정보와 이에 전달할
프롭스, 컴포넌트가 만들어서 전달할 이벤트를
처리하는 방법을 포함하고 있습니다.

스토리를 정의했으니 이제 기본으로 제공하는 예제 파일은 필요 없습니다. `button.svelte` 파일과 `index.stories.js` 파일을 지우면 스토리북에 더는 해당 내용이 표시되지 않습니다.

[예제 12-17]은 [그림 12-12] 내용의 스토리를 만듭니다.

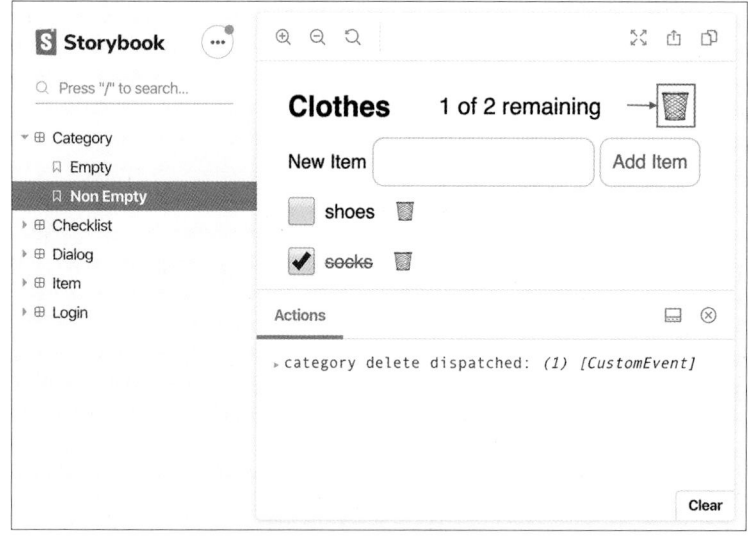

그림 12-12 스토리북의 Category 컴포넌트에 대한 스토리

```javascript
import {action} from '@storybook/addon-actions';
import Category from '../src/Category.svelte';
import '../public/global.css';

export default {title: 'Category'};

function getOptions(items) {
  const category = {id: 1, name: 'Clothes', items};
  return {
    Component: Category,
    props: {
      category,
      categories: {[category.id]: category},
      dnd: {},
      show: 'all'
    },
    on: {delete: action('category delete dispatched')}    ◁─┐  'Actions' 영역에 발생한
  };                                                          │  action 내용을 표시합니다.
}

export const empty = () => getOptions({});
export const nonEmpty = () =>
  getOptions({
    1: {id: 1, name: 'socks', packed: true},
    2: {id: 2, name: 'shoes', packed: false}
  });
```

여행 준비물 앱의 App 컴포넌트가 제공하는 스타일들은 스토리북에서는 표시되지 않습니다. 이는 스토리북이 컴포넌트를 화면에 그릴 때 App 컴포넌트 안에 그리지 않기 때문입니다. 스타일을 적용하고 싶다면 StyleWrapper 컴포넌트를 정의해서 주어진 컴포넌트를 div로 감싸고, 이 감싼 div에 지정한 스타일을 적용하도록 만듭니다. StyleWrapper 컴포넌트는 그 뒤의 스토리에서도 사용됩니다.

어떤 컴포넌트는 부모 컴포넌트에게 이벤트를 만들어서 전달합니다. 그리고 이 이벤트가 부모 컴포넌트에만 전달된다고 하면, StyleWrapper 컴포넌트를 집어넣은 경우 부모 컴포넌트가 이 이벤트들을 제대로 전달받지 못합니다. 따라서 StyleWrapper 컴포넌트가 전달받은 이벤트를 반드시 다른 곳으로 전달하도록 만들어야 합니다. 예시에서 사용되는 이벤트는 login과 logout이며, 이 이벤트들은 반드시 전달하도록 만듭니다.

예제 12-18 stories/StyleWrapper.svelte 파일에 정의한 StyleWrapper 컴포넌트

```
<script>
  export let component;
  export let style;
</script>

<div style={style}>
  <svelte:component this={component} on:login on:logout />     ◁  login, logout 이벤트를
</div>                                                              전달합니다.
```

[예제 12-19]는 [그림 12-13]에서 볼 수 있듯 Checklist 컴포넌트에 대한 스토리를 정의합니다. 각 스토리는 스토리를 정의하는 함수의 이름과 같은 이름을 가집니다. 따라서 이름만으로도 무슨 일을 하는지 쉽게 알 수 있도록 만드는 것이 좋습니다. Item 컴포넌트의 경우 스토리는 각각 unpacked와 packed입니다. Category 컴포넌트의 스토리 이름은 empty, nonEmpty입니다. 하지만 마땅히 붙일 이름이 없는 경우 basic 과 같은 이름을 써서 컴포넌트에 대한 기본적인 사용법을 시연하도록 만들 수도 있습니다.

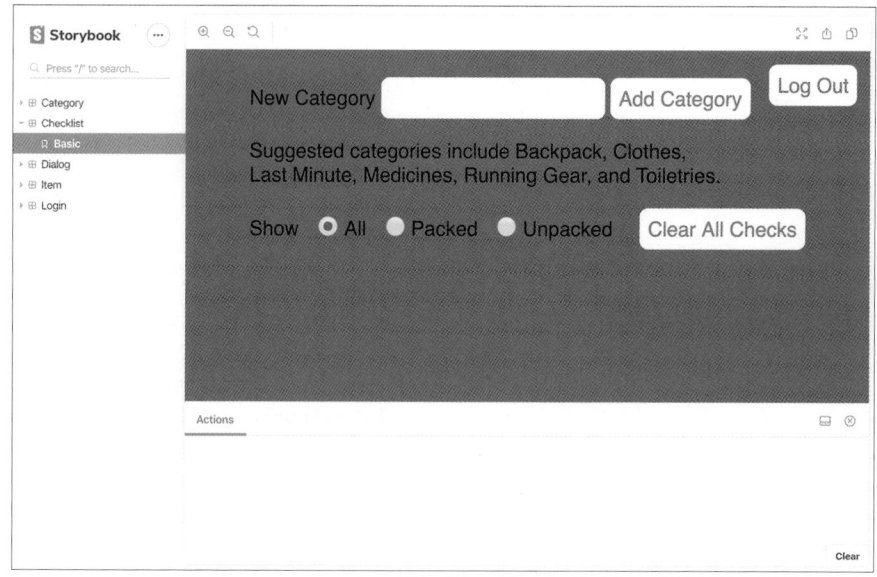

그림 12-13 Checklist 컴포넌트에 대한 스토리

```
import {action} from '@storybook/addon-actions';
import Checklist from '../src/Checklist.svelte';
import StyleWrapper from './StyleWrapper.svelte';
import '../public/global.css';

export default {title: 'Checklist'};

export const basic = () => ({
  Component: StyleWrapper,          ◁─────┐ 시연하는 컴포넌트를 StyleWrapper 컴포넌트로
  props: {                                │ 감쌉니다.
    component: Checklist,
    style: `
      background-color: cornflowerblue;
      color: white;
      height: 100vh;
      padding: 1rem
    `
  },
  on: {logout: action('logout dispatched')}
});
```

[예제 12-20]은 Login 컴포넌트에 대한 스토리입니다(그림 12-14).

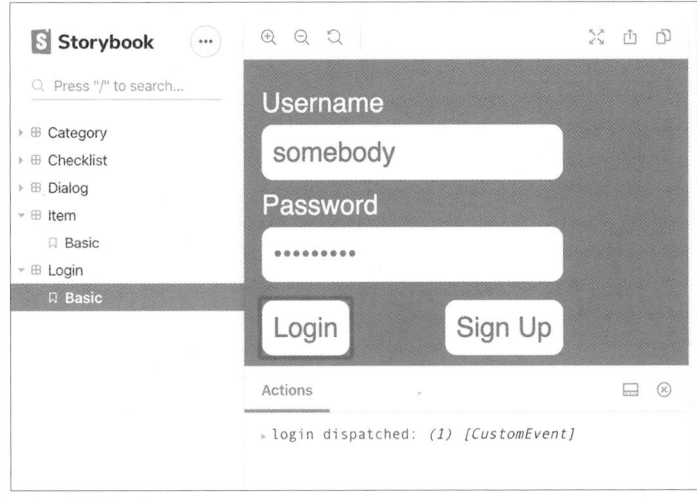

그림 12-14 Login 컴포넌트에 대한 스토리

예제 12-20 stories/Login.stories.js 파일에 정의한 Login 컴포넌트 스토리

```javascript
import {action} from '@storybook/addon-actions';
import StyleWrapper from './StyleWrapper.svelte';
import Login from '../src/Login.svelte';
import '../public/global.css';

export default {title: 'Login'};

export const basic = () => ({
  Component: StyleWrapper,
  props: {
    component: Login,
    style: `
      background-color: cornflowerblue;
      height: 100vh;
      padding: 1rem
    `
  },
  on: {login: action('login dispatched')}
});
```

스토리북으로 Diglog 컴포넌트의 제목과 콘텐츠를 지정하도록 하기 위해서, DialogWrapper 컴포넌트를 정의해서 제목과 콘텐츠에 대해서 입력할 수 있도록 만듭니다. 이 컴포넌트는 여행 준비물 앱에서는 사용하지 않고, 오직 스토리북에서만 사용합니다.

예제 12-21 stories/DialogWrapper.svelte 파일에 정의한 DialogWrapper 컴포넌트

```svelte
<script>
  import Dialog from '../src/Dialog.svelte';
  let content = 'This is some\\nlong content.';
  let dialog;
  let title = 'My Dialog Title';

  $: lines = content.split('\\n');    ◁── 콘텐츠 문자열은 \n 문자로 구분합니다.
</script>                                    \n은 새 줄을 뜻하는 문자로서 여러 줄로 구성된
                                            콘텐츠를 나타내기 위해 사용합니다.
<section>
  <label>
    Title
    <input bind:value={title} />
  </label>
```

```svelte
  <label>
    Content
    <textarea bind:value={content} />
    Insert \n to get multi-line content.
  </label>

  <button on:click={() => dialog.showModal()}>Show Dialog</button>

  <Dialog {title} bind:dialog={dialog} on:close={() => dialog.close()}>
    {#each lines as line}
      <div>{line}</div>
    {/each}
  </Dialog>
</section>

<style>
  input, textarea {
    margin: 0 1rem 1rem 1rem;
  }

  label {
    color: white;
    display: flex;
    align-items: flex-start;
  }

  section {
    background-color: cornflowerblue;
    height: 100vh;
    padding: 1rem;
  }
</style>
```

[예제 12-22]는 Dialog 컴포넌트의 스토리입니다(그림 12-15).

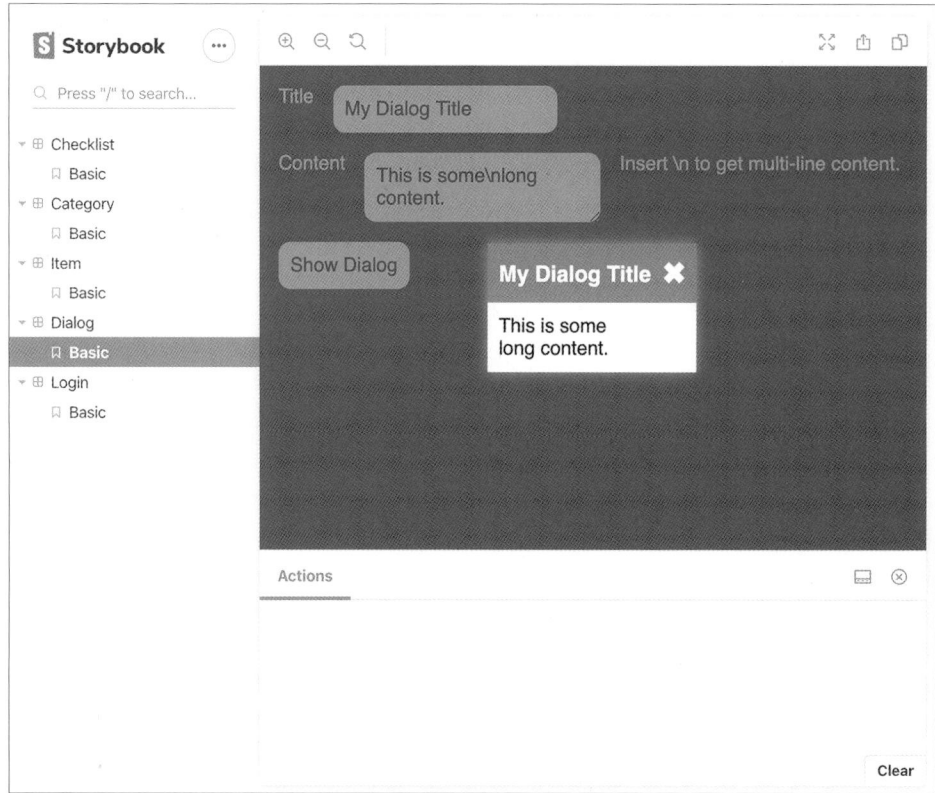

그림 12-15 Dialog 컴포넌트 스토리

예제 12-22 stories/Dialog.stories.js 파일에 정의한 Dialog 컴포넌트 스토리

```
import DialogWrapper from './DialogWrapper.svelte';
import '../public/global.css';

export default {title: 'Dialog'};

export const basic = () => ({Component: DialogWrapper});
```

이제 여행 준비물 앱의 모든 컴포넌트를 스토리북에 추가했습니다.

필요에 따라서는 등록한 모든 컴포넌트를 포함한 정적 스토리북을 만들고 배포해서 다른 사용자가 컴포넌트를 볼 수 있게 만들어야 할 수도 있습니다. 그런 경우 `npm run build-storybook` 명령을 실행해서 정적 스토리북을 만듭니다. `storybook-static` 디렉터리를 생성하고, 이 안에 필요한 모든 HTML과 자바스크립트 파일들을 저장합니다. 필요한 모든 CSS 규칙들은 자바스크립트 파일 안에 포함시킵니다. 이 디렉터리를 웹 서버에 복사해서 서비스할 수 있습니다. 간단히는 로컬 브라우저에서 `index.html` 파일을 열어서 확인할 수도 있습니다.

스토리북은 앱에서 사용하는 모든 컴포넌트를 살펴보고 각각을 실제로 사용해볼 수 있게 해줍니다. 컴포넌트의 버그가 발견되면 스토리북 콘텍스트 내에서 디버깅이 가능합니다. 이런 방식의 디버깅은 앱 전체를 사용한 디버깅보다 쉬운 편입니다.

다음 장에서는 스벨트 애플리케이션을 배포하는 방법을 살펴봅시다.

12.5 마치며

- 제스트는 스벨트 애플리케이션 유닛 테스트를 위한 훌륭한 테스트 도구입니다. 제스트와 스벨트 테스팅 라이브러리를 함께 써서 스벨트 유닛 테스트를 더욱 쉽게 만들 수 있습니다.
- 사이프레스는 스벨트 애플리케이션의 엔드 투 엔드 테스트를 구현할 수 있습니다.
- 라이트하우스, axe, WAVE로 스벨트 애플리케이션의 접근성을 테스트할 수 있습니다. 스벨트 컴파일러 역시 많은 접근성 문제를 찾아줍니다.
- 스토리북으로 스벨트 컴포넌트들을 시연하고 컴포넌트의 문제를 디버깅할 수 있습니다.

CHAPTER 13

배포

이 장의 핵심 내용

◆ HTTP 서버로 배포하기

◆ 네틀리파이로 배포하기

◆ 버셀로 배포하기

◆ 도커로 배포하기

스벨트 앱 개발은 재미있고 로컬에서 실행하기도 쉽습니다. 하지만 언젠가는 다른 사람도 쓸 수 있도록 서버에 앱을 배포해야만 할 것입니다. 여기에서 설명하는 것보다 훨씬 많은 배포 방법이 있으며, 이 장에서는 가장 많이 쓰는 방법들만 살펴봅니다.

네틀리파이Netlify나 버셀Vercel 같은 서비스들은 깃허브나 깃랩Gitlab, 비트버킷Bitbucket 등의 저장소를 등록할 수 있습니다. 저장소를 등록하면 각 서비스는 저장소를 지켜보면서 코드 변경을 감지합니다. 코드 변경이 반영되면 웹 앱을 다시 빌드하고 그 결과물로 서비스를 계속합니다.

13.1 HTTP 서버로 배포하기

스벨트 애플리케이션은 아주 쉽게 HTTP 서버로 배포할 수 있습니다. 이 예제에서는 노드 기반 익스프레스Express 서버에 배포해보겠습니다.

1. 프로젝트의 최상위 디렉터리로 이동합니다.

2. npm run build 명령을 실행해서 앱을 빌드합니다. 결과 파일은 public/build 디렉터리에 만들어집니다.

3. 최상위 디렉터리에 server 디렉터리를 만듭니다.

4. server 디렉터리로 이동합니다.

5. npm init 명령을 실행한 뒤, 질문에 답해서 package.json 파일을 만듭니다. 질의에 응답하지 않고 npm init --yes 명령을 실행해서 기본값으로 초기화할 수도 있습니다.

6. npm install express 명령으로 익스프레스를 설치합니다.

7. 다음 내용으로 server.js 파일을 만듭니다.

```
const express = require('express');
const path = require('path');

const app = express();

app.use(express.static(path.resolve(__dirname + '/..', 'public')));

const PORT = 1234;
app.listen(PORT, () => console.log('listening on port', PORT));
```

어느 디렉터리의 파일로 서비스를 할 것인지 지정합니다. 이 경우 server 디렉터리와 나란히 위치한 public 디렉터리가 대상이 됩니다.

원하는 다른 포트 번호를 쓸 수 있습니다.

8. package.json 파일에 다음 스크립트를 추가합니다.

```
"start": "node server.js"
```

9. server 디렉터리에서 npm start 명령을 실행해서 서버를 시작합니다.

10. localhost:1234(또는 설정한 포트)로 접근해서 앱을 실행합니다.

클라우드 기반 서버를 쓸 경우 public 디렉터리를 해당 위치에 업로드합니다.

13.2 네틀리파이로 배포하기

네틀리파이(www.netlify.com)는 최신 웹 프로젝트를 자동화할 수 있는 올인원all-in-one 플랫폼입니다. 네틀리파이를 시작하고 싶다면 우선 https://www.netlify.com에 접속한 후, 'Get Started for free' 버튼을 클릭해서 가입합니다. 네틀리파이 사이트는 'Let's Encrypt' 인증서로 HTTPS를 알아서 적용하기 때문에 안전합니다.

네틀리파이 사이트에 앱을 만들고 배포하는 방법은 두 가지가 있습니다. 하나는 웹사이트를 이용하는 것이고 다른 하나는 명령 줄을 쓰는 것입니다.

13.2.1 웹사이트에서 네틀리파이로 배포하기

웹사이트로 네틀리파이에 배포하려면, 배포할 웹 애플리케이션 코드가 반드시 깃허브나 깃랩, 또는 비트버킷 저장소에 있어야 합니다. 사이트가 코드 저장소와 연결되면, 변경된 코드를 반영하는 것만으로 앱을 새로 만들고 배포할 수 있습니다.

사이트를 만들고 앱을 만들어서 배포하려면 다음 단계를 따릅니다.

1. `https://www.netlify.com`에 접속합니다.
2. 이메일 주소와 비밀번호를 입력해서 로그인합니다.
3. 오른쪽 상단의 'New Site From Git' 버튼을 클릭합니다.
4. 사용할 저장소 서비스를 선택하면 대화 상자가 열립니다.
5. 네틀리파이가 코드 저장소에 접근할 수 있도록 'Authorize' 버튼을 클릭합니다.
6. 네틀리파이가 코드 저장소에 있는 애플리케이션을 빌드하고 설치할 수 있도록 계정을 선택합니다.
7. 네틀리파이가 모든 저장소에 접근하게 할 것인지, 지정된 저장소에만 접근하게 할 것인지를 결정합니다. 후자를 선택할 경우 접근할 수 있는 저장소를 지정합니다.
8. 'Install' 버튼을 클릭합니다.
9. 저장소 서비스에 대한 비밀번호를 입력합니다.
10. 네틀리파이 설정을 만들 수 있도록 저장소 이름을 클릭합니다. 이 설정에는 배포할 브랜치명, 실행하기 위한 빌드 명령, 빌드한 결과물을 포함할 디렉터리 이름 등이 있습니다. 스벨트와 새퍼의 경우 빌드 명령은 `npm install; npm run build`입니다. 스벨트의 빌드 디렉터리의 경우 `public`으로, 새퍼의 경우 `__sapper__/build`로 지정하면 됩니다.
11. 빌드 과정에 환경 변수가 필요한 경우 'Show Advanced' 버튼을 클릭한 다음 'New Variable' 버튼을 클릭해서 변수 이름과 값을 입력합니다.
12. 'Deploy Site' 버튼을 클릭합니다. 몇 초간 "Site deploy in progress"라는 메시지가 출력된 다음, 새로 배포된 애플리케이션에 대한 URL이 표시됩니다. 빌드에 실패할 경우 "Site deploy failed"라는 빨간색 메시지가 출력됩니다. 메시지를 클릭해서 에러 메시지를 확인할 수 있습니다.
13. 네틀리파이가 제공하는 애플리케이션 URL만으로도 테스트하기에는 충분하지만, 실제 사용자들이 접근하려면 더 나은 URL이 필요합니다. URL을 변경하고 싶으면 'Site Settins' 버튼을 클릭한 다

음 'Change Site Name' 버튼을 누릅니다. 그리고 새 사이트 이름을 입력합니다. 새 사이트 이름은 *.netlify.com*으로 끝나는 다른 모든 사이트와 겹치지 않아야 합니다. 예를 들어 여행 준비물 앱의 경우 *travel-packing*으로 만들 수 있습니다.

14. 사용자 정의 도메인을 추가하고 싶다면 'Domain Settings'를 클릭한 다음 'Add Custom Domain' 버튼을 누릅니다. 물론 이렇게 도메인을 추가하려면 도메인에 대한 소유권 및 권한을 가지고 있어야만 합니다.

15. 앱을 실행하려면 URL 링크를 클릭하거나 브라우저 주소창에 해당 URL을 입력해서 접근합니다.

저장소에 변경된 코드를 반영하면 네틀리파이가 자동으로 앱을 다시 빌드한 다음 사이트에 배포합니다. 이 내용은 네틀리파이 사이트의 'Deploys' 탭에서 확인할 수 있습니다. 배포 목록의 가장 위에 'Building'이라는 내용이 표시될 것입니다. 변경된 코드를 반영하기 전에 이미 해당 탭에 접속해 있었다면, 페이지를 새로고침해서 배포 목록을 업데이트합니다. 빌드 과정을 모니터링하고 싶다면, 'Deploy log'가 표시되는 'Building' 줄을 클릭합니다.

수동으로 다시 배포하고 싶다면 페이지 상단의 'Deploys'를 클릭한 다음 'Trigger Deploy' 선택 메뉴에서 'Deploy Site'를 고릅니다. 수동 배포는 빌드 명령을 바꾸는 등 배포 환경이나 설정을 바꾸었을 때 주로 사용합니다.

13.2.2 명령 줄에서 네틀리파이로 배포하기

다음 단계를 통해 네틀리파이 사이트에서 실행되는 네틀리파이 CLI를 설치합니다.

1. `npm install -g netlify-cli` 명령을 실행합니다.
2. `netlify login` 명령을 실행하면 웹사이트로 접속합니다.
3. 'Authorize' 버튼을 클릭합니다. 그러면 접근 가능 토큰을 홈 디렉터리 아래 `.netlify/config.json` 파일에 저장할 것입니다. 이 접근 가능 토큰은 네틀리파이 CLI 명령들이 사용합니다.

`netlify` 명령에 대한 도움말이 필요하면 `netlify help` 또는 `netlify`를 입력합니다.

현재 디렉터리의 코드로 네틀리파이 사이트를 만들고 싶다면 `netlify init` 명령을 실행한 다음 몇 가지 질문에 답합니다. 현재 디렉터리가 로컬 소스 저장소인 경우 해당 저장소와 사이트가 연결되며 저장소에 코드 변경을 반영하면 배포가 시작됩니다. 하지만 현재 디렉터리가 반드시 로컬 소스 저장소일 필요는 없습니다. 현재 디렉터리가 나중에 소스 저장소가 될 경우,

netlify link 명령을 통해 저장소와 네틀리파이 사이트를 연결할 수 있습니다. 그다음 저장소에 코드 변경을 반영하면 자동으로 빌드와 배포를 시작할 것입니다.

원격 저장소와 연결되지 않은 현재 디렉터리의 코드를 가지고 네틀리파이에 배포하고 싶다면 다음 단계를 거칩니다.

웹 애플리케이션의 디펜던시가 해결되지 않은 상태라면 npm install 명령으로 필요한 디펜던시들을 해결합니다.

1. npm run build 명령으로 앱을 빌드합니다.
2. netlify init 명령으로 이 앱에 대한 네틀리파이 사이트를 만듭니다.
3. 'Yes, create and deploy site manually'를 선택합니다.
4. 팀을 선택합니다.
5. 필요한 경우 사이트 이름을 공백 문자 없이 입력합니다.
6. netlify deploy --dir public 명령을 실행합니다.

그러면 사이트를 테스트할 수 있는 'live draft URL'을 출력합니다. 실제 운영 수준의 앱을 배포하고 싶다면 netlify deploy --prod --dir public 명령을 실행합니다. 그 경우 'live URL'이 표시되며 실제 사용자들이 접속할 수 있는 URL이 생성됩니다(사이트 이름이 포함됨). 이미 생성된 네틀리파이 사이트에 대해서도 같은 방법으로 앱을 새로 배포할 수 있습니다.

현재 디렉터리와 연결된 사이트에 대한 네틀리파이 관리자 UI를 열고 싶다면 netlify open:admin 명령을 실행합니다. 현재 디렉터리의 사이트를 열고 싶다면 netlify open:site 명령을 실행합니다. 현재 디렉터리와 연결된 네틀리파이 사이트를 삭제하고 싶다면, 다음 단계를 따릅니다.

1. netlify open을 입력합니다.
2. 'Site Settings' 버튼을 클릭합니다.
3. 페이지 마지막 부분에서 빨간색 'Delete This Site' 버튼을 누릅니다.
4. 입력 창에 사이트 이름을 입력합니다.
5. 빨간색 'Delete' 버튼을 클릭합니다.

네틀리파이에 대한 더 자세한 내용은 *https://docs.netlify.com/cli/get-started* 문서를 참고하기 바랍니다.

13.2.3 네틀리파이 플랜

이 글을 쓰는 시점에 네틀리파이는 세 가지 유형의 플랜을 제공합니다. 가격 정책에 대한 자세한 내용은 *www.netlify.com/pricing* 페이지를 참고하세요.

- 스타터: 무료 플랜입니다. 한 명만 사용할 수 있습니다. 한 번에 하나의 앱만 빌드할 수 있습니다. 개발 과정에서 개별 웹 개발자가 자신의 앱을 다른 사람들에게 보여줘야 하거나, 웹 애플리케이션에 큰 대역폭이나 그 외 고급 기능이 필요하지 않은 경우 쓸 만한 플랜입니다. 한 달에 최대 100GB 네트워크 대역폭을 무료로 제공하며 그 이상에 대해서는 비용을 청구합니다.
- 프로: 세 명의 팀 멤버를 지원하며 동시에 세 개의 앱 빌드를 지원합니다. 또한 비밀번호로 사이트를 보호할 수 있습니다. 팀 멤버를 추가할 경우 비용이 청구됩니다.
- 비즈니스: 다섯 명의 팀 멤버와 동시에 다섯 개의 앱 빌드를 지원합니다. 팀 멤버를 추가할 경우 비용이 청구됩니다. 또한 싱글 사인온single sign-on(SSO), 역할 기반 접근 제어role-based access control(RBAC), 전체 감사 로그, 24/7/365 지원, CDN, 99.99% 업타임 서비스 수준 협약서service level aggrement(SLA)를 제공합니다. 가격은 사용한 네트워크 대역폭과 한 달 동안 앱이 빌드된 전체 횟수에 따라 결정됩니다.

웹 앱을 호스팅하는 것 외에도 네틀리파이는 서버리스 함수serverless function와 파우나 DBFauna DB를 제공합니다. 그 외의 DB는 제공하지 않습니다.

13.3 버셀로 배포하기

버셀은 '프런트엔드 팀을 위한 최적의 워크플로'라고 스스로를 평가합니다. 버셀을 쓰고 싶다면 우선 *https://vercel.com*에 접속한 다음 'Start Deploying' 버튼을 클릭합니다. 깃허브나 깃랩, 비트버킷 등 사용하는 저장소와 관련된 버튼을 클릭합니다. 그리고 나머지 안내를 따라 계정을 생성합니다.

기본적으로 버셀 프로젝트는 소스 저장소와 연결되며 기본 브랜치로 지정되어 있는 마스터 브랜치의 코드를 배포합니다. 소스 저장소의 기본 브랜치를 바꾸면 마스터 외의 브랜치를 사용할 수 있습니다. 기본 브랜치가 아닌 특정 브랜치의 코드를 배포하려면 깃허브의 액션(*https://github.com/features/actions*)과 같은 사용자 정의 CI/CD 도구가 필요합니다.

버셀에서 프로젝트를 만들고 배포하는 방법 역시 두 가지입니다. 웹사이트에서 바로 배포하는 방법과 명령 줄을 사용하는 것입니다.

13.3.1 웹사이트에서 버셀로 배포하기

템플릿을 통해 새 사이트를 위한 코드를 만들 수 있습니다. 'Create React App', 'Next.js', 'Gatsby', 'Vue.js', 'Nuxt.js', 'Svelte', 'Sapper' 등 다양한 프로젝트 템플릿을 지원합니다. 템플릿을 사용하지 않는다면 깃허브나 깃랩, 비트버킷과 같은 소스 저장소에서 새 사이트 코드를 가져올 수도 있습니다. 연결된 소스 저장소에 변경된 코드가 반영되는 경우 자동으로 앱을 빌드하고 배포합니다. 프로젝트를 생성하고 앱을 만들고 배포하려면 다음 단계를 따릅니다.

1. *https://vercel.com*에 접속합니다.
2. 오른쪽 상단의 'Login' 버튼을 클릭해서 계정에 로그인합니다.
3. 'New Project' 버튼을 클릭합니다.
4. 'Import Git Repository' 메뉴에서 돋보기가 있는 창을 클릭하고 'Add Github Org or Account'를 클릭합니다.
5. 저장소 계정을 선택하고 'All Repositories'를 선택해서 모든 저장소를 사용하게 하거나 'Only Select Repositories'로 지정한 저장소에만 접근하게 합니다.
6. 'Install' 버튼을 누릅니다.
7. 저장소에 접근할 수 있는 비밀번호를 입력합니다.
8. 이미 있는 소스 저장소를 사용하고 싶으면 해당 저장소를 선택한 다음 'Import' 버튼을 클릭합니다.
9. 프로젝트가 초기화될 때까지 시간이 약간 소요됩니다.
10. 페이지의 'Visit' 버튼을 클릭해 접속합니다. 사이트 URL은 `project-name.vercel.app`의 형태로 제공됩니다.

이제 소스 저장소에 변경된 코드를 반영하면 버셀이 자동으로 앱을 빌드하고 프로젝트에 배포합니다. 빌드 과정을 수정하고 싶다면 프로젝트의 최상위 디렉터리에 있는 `package.json` 파일의 `npm build` 스크립트를 수정합니다.

13.3.2 명령 줄에서 버셀로 배포하기

버셀 프로젝트를 관리할 수 있는 `vercel` 명령어는 다음과 같이 설치합니다.

1. `npm install -g vercel` 명령을 실행합니다.
2. `vercel login` 명령을 실행합니다.
3. 프롬프트가 표시되면 계정의 이메일 주소를 입력합니다.
4. 이메일 주소로 전송되는 메일의 'Verify' 버튼을 클릭합니다.

vercel 명령의 도움말은 vercel help를 실행해서 확인할 수 있습니다. 현재 디렉터리에서 버셀 프로젝트를 만들고 배포하려면 vercel 명령을 실행합니다. 프로젝트가 반드시 소스 저장소일 필요는 없습니다. 이 방법이 현재까지는 웹 애플리케이션을 배포하는 가장 쉬운 방법입니다. 버셀에 배포한 전체 목록은 vercel ls 명령으로 확인할 수 있습니다. 배포한 내용을 삭제하려면, 프로젝트 최상위 디렉터리로 이동한 다음 vercel projects rm 프로젝트 이름 명령을 실행합니다.

13.3.3 버셀 티어

현재 버셀은 세 가지 등급으로 서비스됩니다. 자세한 가격 정책은 *https://vercel.com/pricing*에서 확인하기 바랍니다.

- 무료: 무료 등급은 한 명의 사용자만 지원합니다. 또한 서버리스 함수만 사용할 수 있습니다. 한 번에 하나의 앱만 빌드할 수 있습니다.
- 프로: 최대 10명의 팀 멤버와 동시에 최대 10개의 앱 빌드를 지원합니다. 팀 멤버를 추가하면 비용이 청구됩니다.
- 엔터프라이즈: 99.99% 업타임 SLA, 엔터프라이즈 수준의 지원, 감사 로그 등을 제공합니다.

13.4 도커로 배포하기

스벨트 애플리케이션은 도커 이미지 형태로도 배포할 수 있습니다. 스벨트 애플리케이션을 도커 이미지로 만들고 싶다면, 다음 단계를 따릅니다.

1. *https://docs.docker.com/get-docker*에서 도커를 설치합니다.
2. 다음 내용과 같이 Dockerfile 파일을 만듭니다.

```
FROM node:12-alpine
WORKDIR /usr/src/app
COPY package*.json ./
RUN npm install
COPY . .
EXPOSE 5000
ENV HOST=0.0.0.0
CMD ["npm", "start"]
```

3. `package.json` 파일에 다음 스크립트를 추가합니다.

```
"docker:build": "docker build -t svelte/app-name .",
"docker:run": "docker run -p 5000:5000 svelte/app-name",
```

4. `npm run docker:build` 명령을 실행합니다.
5. `npm run docker:run` 명령을 실행합니다.

클라우드에서 도커 이미지를 배포하는 방법은 서비스 제공자마다 다릅니다. 자세한 내용은 아마존 웹 서비스[AWS]나 구글 클라우드 플랫폼[GCP], 마이크로소프트 애저[Azure] 등의 페이지를 참고하기 바랍니다.

다음 장에서는 스벨트의 고급 기능에 대해서 배워봅니다.

13.5 마치며

- 스벨트 애플리케이션은 아주 쉽게 배포할 수 있습니다.
- 네틀리파이나 버셀과 같은 서비스로 배포하면 더욱 쉽습니다.
- 버셀이 현재까지 가장 쉬운 명령 줄 배포 방법을 제공하고 있습니다. 새 프로젝트를 만들고 배포하려면 vercel 명령을 실행하면 끝납니다.

CHAPTER 14

고급 스벨트

이 장의 핵심 내용

◆ 폼 검사

◆ CSS 라이브러리 사용하기

◆ 특수 요소들

◆ JSON 파일 불러오기

◆ 컴포넌트 라이브러리 만들기

◆ 웹 컴포넌트

이 장에서는 지금까지 다루지 않았던 스벨트의 기능에 대해서 살펴봅니다. 기본적인 스벨트 애플리케이션에서는 대개 사용하지 않는 기능들입니다.

웹 애플리케이션에서는 폼의 입력 기능을 사용할 때 대개 입력한 내용을 검사합니다. 이런 폼 내용 검사를 위한 다양한 서드 파티 라이브러리들이 존재하지만, 사실 HTML에서 제공하는 폼 검사 방법만으로도 충분할 때가 많습니다. 여기에서는 HTML에서 제공하는 방법을 어떻게 스벨트 애플리케이션에서 쓸 수 있는지 알아봅니다.

CSS 라이브러리는 일반적으로 세 가지를 제공합니다. 아주 근사한 사용자 인터페이스를 쉽게 만들 수 있는 공통 스타일과 페이지 레이아웃을 구성하고 화면 크기에 따라 사용자 인터페이스를 바꿀 수 있는 기능, 그리고 재사용 가능한 UI 컴포넌트입니다. CSS 라이브러리에는 대표적으로 부트스트랩Bootstrap이나 파운데이션Foundation, 머티리얼 UIMaterial UI 등이 있습니다. 이 중에서 스벨트 애플리케이션에서 쓸 수 있는 부트스트랩에 대해서 알아봅시다.

스벨트는 svelte:로 시작하는 여러 요소를 제공합니다. 이 요소들은 표현식에 따라 식별 가능한 컴포넌트를 화면에 그리거나, DOM window나 body 이벤트를 전달받아서 처리하거나, 다양한 DOM window 속성들을 변수와 묶거나, head 요소에 요소를 삽입하거나, 스벨트 컴파일러에 옵션을 지정하는 등 특별한 상황에 필요한 기능을 제공합니다.

애플리케이션 특성에 따라, 데이터를 JSON 파일에서 읽어오는 것이 더 편할 때도 있습니다. 스벨트는 JSON 파일을 읽어오는 것을 기본적으로 지원하지 않지만 모듈 번들러를 사용해서 이를 지원하게 만들 수 있습니다. 이 내용도 함께 살펴봅니다.

여러 스벨트 애플리케이션에서 쓸 수 있는 컴포넌트를 만들어야 할 때도 있습니다. 컴포넌트 라이브러리를 만드는 방법은 스벨트 애플리케이션을 만드는 과정과 아주 조금 다를 뿐 거의 같습니다. 컴포넌트 라이브러리를 만드는 방법도 배워봅시다.

스벨트 컴파일러는 스벨트 컴포넌트로 웹 컴포넌트를 만들 수도 있습니다. 웹 컴포넌트가 무엇인지 잘 모른다면, *www.webcomponents.org* 또는 벤 퍼렐[Ben Farrell]이 쓴 『Web Components in Action』(Manning, 2019)을 참고하기 바랍니다. 웹 컴포넌트는 리액트, 뷰, 앵귤러 같은 다른 웹 프레임워크로 만들어진 웹 애플리케이션에서도 불러와서 쓸 수 있습니다. 또는 웹 프레임워크 없이 만든 웹 애플리케이션에서도 쓸 수 있습니다. 이 장에서는 스벨트 컴포넌트로 몇 개의 웹 컴포넌트를 만든 다음, 이를 리액트 앱에서 불러와서 써보겠습니다.

이 장의 내용을 토대로 완성한 여행 준비물 앱 코드는 *http://mng.bz/YrlA*에서 확인할 수 있습니다.

14.1 폼 검사

스벨트 컴포넌트는 HTML이 제공하는 폼 검사 기능을 써서 사용자가 입력한 내용을 검사할 수 있습니다. 이 기능을 쓰면 브라우저에서 잘못 입력한 내용에 대한 오류 메시지를 멋지게 표시할 수 있습니다.

form 요소는 폼 제어 요소인 input이나 textarea, select 등을 가질 수 있습니다. 만약 사용자가 반드시 해당 폼 요소에 값을 입력하거나 값을 선택해야 한다면, required라는 속성을 추가합니다. input 요소는 type이라는 속성을 사용할 수 있는데, 이 속성에는 여러 값을 지정할 수 있습니다. 그리고 이 속성값 중 email이나 url 같은 값에는 검사 기능도 제공합니다. 만약 잘못된 값을 입력하면 해당 요소에는 :invalid라는 CSS 의사 클래스^{pseudo-class}가 부여됩니다. 잘못된 값이 입력된 요소는 이 클래스를 사용해서 테두리를 빨갛게 표시할 수 있습니다.

[그림 14-1]은 사용자에게 이름, 나이, 이메일 주소, 홈페이지 주소, 우편번호를 입력하도록 만든 폼입니다. 우편번호 형식은 선택한 국가가 미국인지, 캐나다인지에 따라 달라집니다.

그림 14-1 올바른 값을 입력한 폼

[그림 14-2]에서 [그림 14-8]까지는 사용자가 필수로 입력해야 하는 칸을 빼먹거나, 잘못된 값을 입력했을 때 에러 메시지를 어떻게 표시하는지 보여줍니다. 이 기능들은 브라우저가 input 요소에 지정된 요구 사항을 기반으로 구현해줍니다.

그림 14-2 필수 입력 칸을 빼먹었을 때

그림 14-3 이름을 잘못 입력했을 때

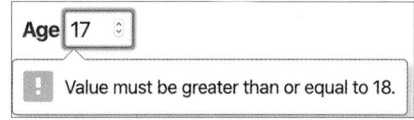

그림 14-4 나이를 잘못 입력했을 때

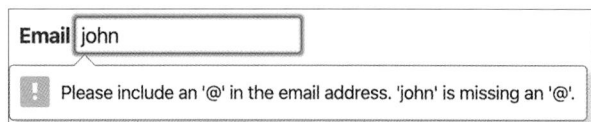

그림 14-5 이메일 주소를 잘못 입력했을 때

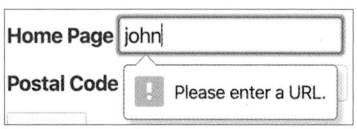

그림 14-6 홈페이지 주소를 잘못 입력했을 때

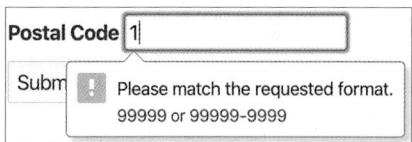

그림 14-7 거주지가 미국이고 잘못된 우편번호를 입력했을 때

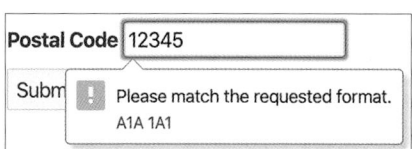

그림 14-8 거주지가 캐나다이고 잘못된 우편번호를 입력했을 때

[예제 14-1]은 위 폼들을 스벨트 컴포넌트로 만든 것입니다.

```
<script>
  const canadaRegExp = '[A-Z][0-9][A-Z] [0-9][A-Z][0-9]';
  const usRegExp = '[0-9]{5}(-[0-9]{4})?';
  const countries = ['Canada', 'United States'];

  let age = 18;
  let email = '';
  let homePage = '';
  let name = '';
  let postalCode = '';
  let postalCodeType = countries[1];

  $: isCanada = postalCodeType === countries[0];
  $: postalCodeExample = isCanada ? 'A1A 1A1' : '99999 or 99999-9999';
  $: postalCodeRegExp = isCanada ? canadaRegExp : usRegExp;

  function submit() {
    alert(`You submitted
      name = ${name}
      age = ${age}
      email = ${email}
      home page = ${homePage}
      postal code = ${postalCode}
    `);
  }
</script>

<form on:submit|preventDefault={submit}>
  <fieldset>
    <legend>Country</legend>
    <div>
      {#each countries as country}
        <label>
        <input
          type="radio"
          name="postalCodeType"
          value={country}
          bind:group={postalCodeType}
        />
        {country}
        </label>
      {/each}
```

input 요소의 pattern 속성은 \d와 같은 정규 표현식 문자를 인식할 수 없습니다.

5자리 숫자로 이루어지거나 '5자리 숫자–4자리 숫자' 형식으로 이루어진 우편번호를 인식합니다.

대개 input 요소 뒤에 체크박스, 라디오 버튼, 그와 관련된 텍스트 순서로 배치합니다.

```
      </div>
    </fieldset>
    <label>
      Name
      <input
        required
        minlength={2}
        maxlength={40}
        placeholder=" "
        bind:value={name}
      />
    </label>
    <label>
      Age
      <input required type="number" min={18} max={105} bind:value={age} />
    </label>
    <label>
      Email
      <input required placeholder=" " type="email" bind:value={email} />
    </label>
    <label>
      Home Page
      <input
        required
        placeholder="http(s)://something"
        type="url"
        bind:value={homePage}
      />
    </label>
    <label>
      Postal Code
      <input
        required
        pattern={postalCodeRegExp}
        placeholder={postalCodeExample}
        title={postalCodeExample}        ◁──────┐
        bind:value={postalCode}                  │ 툴팁에 예시 값을 표시합니다.
      />
    </label>
    <button>Submit</button>
</form>

<style>
  fieldset {
```

```
    display: inline-block;
    margin-bottom: 1rem;
  }

  input {
    border-color: lightgray;
    border-radius: 4px;
    padding: 4px;
  }

  input:not(:placeholder-shown) {      ◁──
    border-color: red;
  }

  input:valid {      ◁────
    border-color: lightgray;
  }

  label {
    font-weight: bold;
  }
</style>
```

이 스타일로 값이 입력된 모든 input 요소에 빨간 테두리를 추가합니다. 값이 입력되었는지는 placeholder 속성값이 없는 것으로 탐지합니다. 물론 이 방법을 사용하려면 이 기능을 쓰고자 하는 모든 input 요소에 placeholder 속성값을 줘야 하지만, 이때 속성값으로 placerholder=" "와 같이 간단하게 공백 문자 하나만 지정하면 됩니다.

값이 올바른 경우 빨간 테두리를 제거하고 밝은 회색 테두리를 추가합니다.

값을 잘못 입력한 input 요소에 한해서만 빨간 테두리를 표시하려면 훨씬 더 많은 일을 해야 합니다. 위와 같이 placeholder 속성을 이용해서 빨간 테두리를 표시하는 방법이 가장 간단해 보입니다.

14.2 CSS 라이브러리 사용하기

스벨트 앱에서 CSS 라이브러리를 사용하는 법을 배우기 위해, 부트스트랩을 사용해봅시다. 머티리얼 UI가 더 마음에 든다면 스벨트 머티리얼 UI 사이트(*https://sveltematerialui. com*)에서 스벨트 버전의 머티리얼 UI 테마 컴포넌트를 쓸 수 있습니다.

부트스트랩은 페이지 레이아웃을 구성하고 화면 크기에 맞춰서 사용자 인터페이스를 조절할 수 있는 다양한 CSS 클래스를 제공합니다. 페이지 레이아웃은 CSS 플렉스박스와 그리드grid 레이아웃을 써서 지원합니다. CSS 미디어 쿼리media query도 함께 쓸 수 있습니다. 플렉스박스를 쓰는 요소의 경우 flex-direction 속성값을 row나 column으로 수정해서 요소들을 수평 또는 수직으로 배치할 수 있습니다. 부트스트랩 컴포넌트도 스벨트 애플리케이션에서 쓸 수는 있지만, 대부분 jQuery를 불러와서 써야 하는데 그러기에는 앱의 번들 크기가 불필요하게 커집니다. 대신 스벨트스트랩 라이브러리(*https://bestguy.github.io/sveltestrap*)를 쓰는 것이 좋습니다. 스벨트스트랩은 거의 대부분의 부트스트랩 컴포넌트를 스벨트 컴포넌트로 만들었습니다. 스벨트스트랩 컴포넌트들은 부트스트랩 CSS 클래스를 사용하지만 스벨트스트랩 자체는 부트스트랩 CSS를 포함하지 않기 때문에, 반드시 부트스트랩 CSS를 별도로 다운로드한 다음 link 요소로 추가해야 합니다. 아울러 여기의 예제 코드는 스벨트스트랩 버전 4를 사용하고 있습니다.

부트스트랩 컴포넌트는 일반적으로 특별한 CSS 클래스가 적용된 HTML 요소들을 중첩해서 써야 합니다. 반면 스벨트스트랩 컴포넌트는 마크업markup을 적게 사용하기 때문에 쓰기 쉽습니다.

다음 단계를 거쳐 스벨트 애플리케이션에서 스벨트스트랩을 사용할 수 있습니다.

1. npm install bootstrap sveltestrap 명령을 실행합니다.
2. node_modules/bootstrap/dist/css 디렉터리의 bootstrap.min.css 파일과 bootstrap.min.css.map 파일을 public 디렉터리로 복사합니다.
3. public/index.html 파일의 다른 link 요소 아래에 다음 줄을 추가합니다.

```
<link rel='stylesheet' href='/bootstrap.min.css'>
```

NOTE_ REPL에서 만든 앱에 부트스트랩 스타일을 적용하려면 필요한 모든 파일을 CDN에서 불러와야 합니다.

[그림 14-9]부터 [그림 14-12]까지가 스벨트 앱에 스벨트스트랩을 사용한 예입니다. 해당 코드는 [예제 14-2]에서 확인할 수 있습니다.

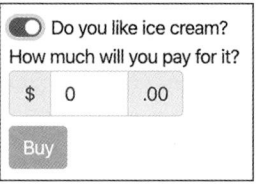

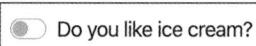

그림 14-9 CSS 파일을 불러오기 전

그림 14-10 CSS 파일을 불러온 후

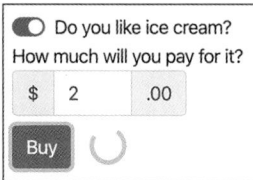

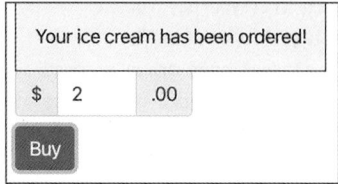

그림 14-11 수량을 입력한 후 'Buy' 버튼을
클릭했을 때 스피너 아이콘을 표시

그림 14-12 주문이 완료된 뒤 토스트를 화면에 표시

예제 14-2 스벨트스트랩을 사용한 스벨트 앱

```
<script>
  import {CustomInput, Spinner} from 'sveltestrap';          스벨트 컴포넌트로 다시 구현된
  import Toast from './Toast.svelte';                         부트스트랩 컴포넌트들입니다.

  let amount = 0;                                             이 컴포넌트 코드는 [예제 14-3]에서
  let like = false;                                           확인할 수 있습니다.
  let status = '';

  function buy() {
    status = 'buying';
    // 1초 후에 토스트를 보여줍니다.
    setTimeout(
      () => {
        status = 'bought';
        // 3초 후에 토스트를 숨깁니다.
        setTimeout(() => status = '', 3000);
      },
      1000);
  }
</script>
```

```svelte
<main>
  <CustomInput              ◁─────┐
    type="switch"                 │   부트스트랩 스위치 컴포넌트입니다.
    id="like"
    label="Do you like ice cream?"
    bind:checked={like} />

  {#if like}
    <label>
      How much will you pay for it?        입력 칸이 예쁘게 보이도록
      <div class="input-group">    ◁─────┤ 부트스트랩 스타일을 사용했습니다.
        <div class="input-group-prepend">
          <span class="input-group-text">$</span>
        </div>
        <input type="number" class="form-control" min="0" bind:value={amount}>
        <div class="input-group-append">
          <span class="input-group-text">.00</span>
        </div>
      </div>
    </label>
    <div class="btn-row">
      <button class="btn btn-success" disabled={!amount} on:click={buy}>   ◁──┐
        Buy                                                                   │
      </button>                      버튼에 부트스트랩 스타일을 사용했습니다.  │
      {#if status === 'buying'}
        <div class="spinner-container">
          <Spinner color="warning" />   ◁───┐
        </div>                              │
      {/if}                         부트스트랩 스피너 컴포넌트입니다.
    </div>
  {/if}

  {#if status === 'bought'}
    <Toast>Your ice cream has been ordered!</Toast>
  {/if}
</main>

<style>
  .btn-row {
    display: flex;
    align-items: center;
  }

  button {
```

```
      border: none;
    }

    .input-group {
      width: 150px;
    }

    .row > div {
      outline: solid red 1px;
    }

    .spinner-container {
      display: inline-block;
      margin-left: 1rem;
    }
  </style>
```

[예제 14–3]은 **Toast** 컴포넌트 코드입니다. **fly** 전환 효과를 써서 화면 상단에서 토스트가 나타나고 사라지게 만들었습니다.

예제 14-3 src/Toast.svelte 파일의 Toast 컴포넌트

```
  <script>
    import {fly} from 'svelte/transition';
    let height = 0;          ◁──┐ 기본값을 0으로 주었지만,
  </script>                      │ 아래 bind 지시자 때문에 값이 바뀝니다.

  <div
    class="my-toast"                       div 요소의 높잇값을 구합니다.
    bind:clientHeight={height}      ◁──┘
    transition:fly={{duration: 1000, opacity: 1, y: -height}}
  >
    <slot />
  </div>

  <style>                  부트스트랩에도 toast라는 이름의 CSS 클래스가 있으므로
    .my-toast {     ◁──┤ 여기에서는 my-toast라고 이름 지었습니다.
      display: inline-flex;
      align-items: center;

      background-color: linen;
      border: solid black 1px;
```

```
      border-top: none;
      box-sizing: border-box;
      padding: 1rem;
      position: absolute;
      top: 0;
    }
  </style>
```

14.3 특수 요소

스벨트는 다양한 특수 요소를 지원합니다. 이런 특수 요소들은 `<svelte:name props>` 형태로 구성됩니다. 특수 요소는 `.svelte` 파일의 HTML 영역에 쓸 수 있습니다.

`<svelte:component this={expression} optionalProps />`

expression 부분의 표현식에 해당하는 컴포넌트를 화면에 그립니다. 표현식값이 거짓으로 계산되면 아무것도 그리지 않습니다. optionalProps를 이용해서 컴포넌트에서 쓸 수 있는 프롭스를 전달할 수 있습니다. 이 특수 요소는 9장에서 수동 라우팅, 해시 라우팅, 페이지 라이브러리를 배울 때 이미 사용해보았습니다. 해시 라우팅을 적용할 때 **pageMap**이라는 변수에 페이지 이름과 연결되는 페이지 컴포넌트를 객체로 저장했습니다. 이 변수로 현재 페이지를 다음과 같이 화면에 그렸습니다.

`<svelte:component this={pageMap[pageName]} />`

또한 여행 준비물 앱의 **App.svelte** 파일에 구현한 해시 라우팅에서도 이 특수 요소를 사용했습니다.

`<svelte:self props />`

컴포넌트가 그 자신의 인스턴스를 화면에 그릴 수 있게 해줍니다. 컴포넌트의 재귀 사용이 가능하며, 특히 컴포넌트가 스스로를 불러올 수 없기 때문에 이 요소를 사용하는 경우가 생깁니다.

이 특수 요소는 거의 사용하지 않는 편이지만, 컴포넌트가 트리 구조로 구성된다고 할 때 사용해볼 만합니다. 예를 들어 가계도를 화면에 그리는 애플리케이션이 Person이라는 컴포넌트를 정의해서 사용한다고 생각해봅시다. 루트 노드를 Person 컴포넌트를 그리면, 자식 노드도 함께 화면에 그립니다. 그리고 화면에 그려지는 이 자식 노드들 역시 Person 컴포넌트이며, 다시 자신의 자식 노드들을 화면에 그립니다. 이 과정을 반복해서 전체 가계도를 그리게 될 것입니다.

<svelte:window on:eventName={handler} />

DOM window 객체에 의해 발생되는 이벤트를 전달받아서 처리할 함수를 등록할 때 사용합니다. 이를테면 resize 이벤트를 처리할 함수를 등록할 수도 있습니다. 이 이벤트를 처리할 수 있으면 화면 크기나 브라우저 창의 크기에 따라 컴포넌트의 레이아웃을 변경할 수 있습니다. 화면이 너무 작으면 일부 컴포넌트를 제거했다가, 다시 충분히 커지면 원래대로 추가할 수도 있습니다. 이 특수 요소는 9장에서 해시 기반 페이지 라우팅을 구현할 때 이미 사용했습니다. 9장에서는 hashchange 이벤트를 처리할 함수를 등록했습니다.

> **NOTE_** 창 크기에 따라 페이지 레이아웃을 변경하고 싶다면, 가능하면 CSS 미디어 쿼리를 사용할 것을 권장합니다. 미디어 쿼리의 더 자세한 내용은 *http://mng.bz/GVM0*의 MDN 웹 문서를 참고하세요.

<svelte:window bind:propertyName={variable} />

window 속성과 변수를 묶습니다. 사용 가능한 window 속성에는 innerHeight, innerWidth, outerHeight, outerWidth, scrollX, scrollY, online이 있습니다. 컴포넌트는 예컨대 innerWidth 속성값을 다음과 같이 읽어서 이 값에 따라 레이아웃을 바꿀 수 있습니다.

<svelte:window bind:innerWidth={windowWidth} />

다음 코드와 같이 스크롤 관련 속성값을 변경해서 창이 스크롤되게 만들 수도 있습니다. 그 외 모든 속성은 읽기 전용이며 값을 변경할 수 없습니다.

```
<script>
  const rows = 100;
  const columns = 150;
  let scrollX;
  let scrollY;
</script>

<svelte:window bind:scrollX={scrollX} bind:scrollY={scrollY} />

<button on:click={() => scrollX += 100}>Right</button>
```

```
<button on:click={() => scrollY += 100}>Down</button>

<!-- This just creates content that can be scrolled. -->
{#each Array(rows) as _, index}
  <div>{index + 1}{'#'.repeat(columns)}</div>
{/each}
```

주어진 배열 전체를 반복하지 않고
대신 주어진 횟수만큼만 반복합니다.

> **NOTE_** 컴포넌트에서는 **svelte:window** 요소를 단 하나만 사용할 수 있지만, 대신 이 요소 안에서 여러
> 이벤트나 속성들을 한꺼번에 처리할 수 있습니다.

\<svelte:body on:eventName={handler} />

DOM body 요소에서 생성된 이벤트를 처리할 수 있는 함수를 등록할 때 사용합니다. 이 특수 요소로 예를 들면 mouseenter, mouseleave 같은 이벤트를 처리할 수 있습니다. svelte:body 요소 역시 컴포넌트에서 딱 한 번만 사용할 수 있지만, 이 요소 안에 body 이벤트를 몇 개라도 등록할 수 있습니다. 마우스 커서가 브라우저 창에 진입하거나 빠져나가면 앱의 배경 색을 바꾸고자 할 때, 다음 코드처럼 만들 수 있습니다.

```
<script>
  let bgColor = 'white';
</script>

<svelte:body
  on:mouseenter={() => bgColor = 'white'}
  on:mouseleave={() => bgColor = 'gray'}
/>
<main style="background-color: {bgColor}">
  ...
</main>
```

\<svelte:head>element</svelte:head>

이 특수 요소를 사용해서 DOM 문서의 head 요소 안에 지정한 요소를 삽입할 수 있습니다. 예제 코드에서는 link, script, title 요소를 삽입합니다. 특히 title 요소를 삽입하면 브라우저의 제목 창과 북마크에 표시되는 내용이 바뀝니다.

예를 들어 여행 준비물 앱의 **src/Login.svelte** 파일에서 HTML 영역에 다음 내용을 추가합니다.

```
<svelte:head>
  <title>Login</title>
</svelte:head>
```

src/Checklist.svelte 파일의 HTML 영역에 다음 내용을 삽입합니다.

```
<svelte:head>
  <title>Checklist</title>
</svelte:head>
```

src/App.svelte 파일에 다음 내용을 추가해서 **title** 요솟값을 보간으로 나타낼 수 있습니다.

```
<script>
  const days = [
    'Sunday', 'Monday', 'Tuesday', 'Wednesday',
    'Thursday', 'Friday', 'Saturday'
  ];
  const dayName = days[new Date().getDay()];
</script>
<svelte:head>
  <title>Today is {dayName}</title>
</svelte:head>
<!-- More page content goes here. -->
```

여러 컴포넌트에서 **title**과 같이 중복 삽입이 불가능한 요소를 서로 추가하려고 하면, 이들 중 가장 마지막에 삽입한 내용이 최종값이 됩니다.

> **NOTE_** <svelte:head>는 REPL에서는 아무런 효과가 없습니다.

```
<svelte:options option={value} />
```

스벨트 컴파일러에 적용할 수 있는 옵션을 지정합니다. 대부분은 이 요소로 컴파일러 옵션을 지정하는 경우가 없지만, 중요한 내용이므로 알아두어야 합니다. 그래야 다른 곳에서 쓰였을 때 어떤 내용인지 파악할 수 있습니다.

이 요소는 .svelte 파일의 가장 상단에, 다른 모든 요소들보다 먼저 위치합니다. 따라서 script 요소 안에 위치하지 않습니다.

다음의 컴파일러 옵션을 지정할 수 있습니다.

- immutable: 프롭스를 불변으로 취급합니다. 프롭스를 불변으로 취급하면 최적화가 가능합니다. 기본값은 false입니다. 불변으로 취급하면, 부모 컴포넌트는 기존의 프롭스 객체를 수정해서 쓰지 않고 새로운 프롭스 객체를 만들게 됩니다. 따라서 객체의 속성값을 일일이 비교할 필요 없이, 프롭스 객체의 참조가 같은지를 비교해서 프롭스가 바뀌었는지 아닌지를 알 수 있습니다. 옵션값을 true로 지정하면, 부모 컴포넌트가 자식 컴포넌트의 객체 속성값을 수정하는 경우 자식 컴포넌트는 변경을 감지하지 못하고 따라서 상태가 갱신되지 않습니다.

  여행 준비물 앱의 경우 Dialog 컴포넌트의 소스 파일 상단에 <svelte:options immutable= {true} /> 또는 <svelte:options immutable />이라고 추가할 수 있습니다. 하지만 Category 컴포넌트의 경우 부모 컴포넌트인 Checklist에서 수정할 수 있는 categories라는 객체 속성을 가지고 있기 때문에 이 옵션을 추가해서는 안 됩니다. 마찬가지로 Item 컴포넌트는 item이라는 객체 속성을 가지고 있기 때문에 추가할 수 없습니다. item 객체 속성은 아이템의 체크박스 상태를 변경할 때 쓰는 packed라는 속성을 가지고 있습니다. Login이나 Checklist 컴포넌트는 프롭스를 전달받지 않기 때문에 옵션을 적용해도 아무런 효과가 없습니다.

- accessors: 컴포넌트 프롭스에 대한 게터[getter]와 세터[setter]를 추가합니다. 기본값은 false입니다. 스벨트 앱에서는 bind 지시자를 써서 프롭스와 변수를 묶을 수 있기 때문에 굳이 쓸 필요가 없습니다. 이 옵션은 스벨트 컴포넌트를 사용자 정의 요소로 컴파일해서 스벨트가 아닌 다른 앱에서 쓸 때 유용합니다. 이 내용은 14.6절에서 다룹니다.

  세터를 쓰면 스벨트가 아닌 코드에서도 화면에 그려진 이후의 컴포넌트 프롭스값을 바꿀 수 있습니다. 게터를 쓰면 스벨트가 아닌 코드에서 화면에 그려진 이후의 컴포넌트 프롭스값을 읽어올 수 있습니다.

- namespace="value": 컴포넌트의 네임 스페이스를 명시합니다. SVG만 화면에 그리는 스벨트 컴포넌트의 경우 이 요솟값을 svg로 지정해서 사용할 수 있습니다.

- tag="value": 스벨트 컴포넌트를 사용자 정의 요소로 컴파일할 때 쓸 이름을 지정할 수 있습니다. 스벨트가 아닌 앱에서 스벨트 컴포넌트를 사용자 정의 컴포넌트로 불러와서 쓸 수 있게 해줍니다. 14.6절에서 자세한 내용을 알아봅니다.

14.4 JSON 파일 불러오기

모듈 번들러 설정을 통해 스벨트 애플리케이션에서 JSON 파일을 불러올 수 있습니다. 스벨트 애플리케이션은 기본으로 롤업^{Rollup} 모듈 번들러를 사용합니다. 다음 단계를 거쳐 번들러를 설정합니다.

1. `npm install -D @rollup/plugin-json` 명령으로 필요한 롤업 플러그인을 설치합니다.
2. `rollup.config.js` 파일을 수정합니다.
3. 다른 불러오기 구문보다 위에 `import json from '@rollup/plugin-json'` 구문을 추가합니다.
4. `plugins` 배열에 `json()`을 추가합니다. `plugins` 배열에는 아마 `commonjs()`가 이미 포함되어 있을 것입니다.

스벨트 서버를 재시작하면 다음과 같이 JSON 파일을 불러올 수 있습니다.

```
import myData from './myData.json';
```

14.5 컴포넌트 라이브러리 만들기

스벨트 컴포넌트는 다른 여러 스벨트 애플리케이션에서도 사용할 수 있습니다. 막대그래프를 그릴 수 있는 컴포넌트를 만들었다면, 분기별 회사 이익을 보여주는 애플리케이션이나 월별 공공요금 변화량을 표시해주는 애플리케이션에서 가져다 쓸 수 있습니다.

스벨트 컴포넌트를 재사용하는 좋은 방법 중 하나로 컴포넌트를 정의하는 npm 패키지를 만드는 것이 있습니다. 컴포넌트가 필요한 앱은 패키지를 설치하고 컴포넌트를 불러와서 쓸 수 있습니다.

스벨트 컴포넌트를 정의하는 npm 패키지는 다음과 같이 만들 수 있습니다.

1. npm에 아직 등록되지 않은 라이브러리 이름을 정합니다.
2. 다음과 같이 라이브러리를 만들 수 있는 스벨트 프로젝트를 생성합니다.

```
npx degit sveltejs/component-template library-name
```

3. cd library-name 명령으로 생성된 디렉터리로 이동합니다.

4. src 디렉터리 안에 각 컴포넌트별로 .svelte 파일을 만듭니다.

5. 제공되는 예시 파일 src/Component.svelte 파일은 지웁니다.

6. src/index.js의 내용을 각 컴포넌트에 알맞게 다음과 같이 수정합니다.

```
export {default as MyComponentName} from './MyComponentName.svelte';
```

7. package.json 파일을 다음과 같이 수정합니다.

   • name 속성값을 라이브러리 이름으로 수정합니다.

   • "version": "0.1.0"과 같이 version 속성을 추가합니다.

8. npm run build 명령으로 컴포넌트 라이브러리를 만듭니다. dist 디렉터리가 생성되고 그 안에 index.js, index.mjs 파일이 저장됩니다. 이 파일에는 필요한 모든 스벨트 라이브러리 코드와 모든 컴포넌트에 대한 정의가 들어 있습니다. index.js 파일은 커먼JS[CommonJS] 정의를 담고 있습니다. index.mjs 파일에는 ES모듈 정의가 저장됩니다. 컴포넌트를 사용하는 스벨트 애플리케이션은 이들 파일에서 필요한 정의 내용을 찾게 됩니다.

9. 라이브러리에 대한 깃허브 저장소를 만듭니다.

10. 디렉터리 내용을 깃허브 저장소에 추가합니다.

11. npm에 로그인하지 않은 경우, npm login 명령으로 로그인합니다.

12. 변경된 코드를 공개할 필요가 있는 경우, package.json의 version 값을 수정한 다음 다음과 같이 명령을 실행해서 깃허브 저장소에 태그[tag]합니다.

```
npm version patch|minor|major        ← 어떤 유형의 코드 변경인지에 따라 표시된 값 중
git push --tags                          하나를 지정합니다.
git push
```

13. npm pub 명령으로 라이브러리를 공개합니다.

npm 패키지에 정의된 스벨트 컴포넌트는 다음과 같이 스벨트 앱에서 불러와서 쓸 수 있습니다.

1. npm install library-name 명령으로 필요한 라이브러리를 설치합니다. 예를 들어 rmv-svelte-components 라이브러리는 npm install rmv-svelte-components 명령으로 설치할 수 있습니다.

2. 사용할 컴포넌트를 불러옵니다. 이를테면 LabeledInput이나 Select 컴포넌트는 import {LabeledInput, Select} from rmv-svelte-components;로 불러옵니다.

3. 불러온 컴포넌트는 다른 스벨트 컴포넌트와 같은 방법으로 사용할 수 있습니다. [예제 14-9]의 코드는 rmv-svelte-component 라이브러리의 LabeledInput과 Select 컴포넌트를 사용하고 있습니다(그림 14-13).

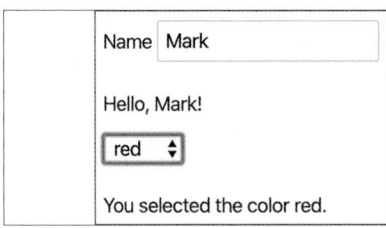

그림 14-13 라이브러리의 컴포넌트를 불러와서 사용하는 예제 프로그램

예제 14-4 rmv-svelte-component 라이브러리의 컴포넌트 불러와서 사용하기

```
<script>
  import {LabeledInput, Select} from 'rmv-svelte-components';
  let color = '';
  let name = 'Mark';
  let options = ['', 'red', 'green', 'blue'];
</script>

<main>
  <LabeledInput label="Name" bind:value={name} />
  <p>Hello, {name}!</p>
  <Select {options} on:select={event => color = event.detail} />
  <p>You selected the color {color}.</p>
</main>
```

14.6 웹 컴포넌트

웹 컴포넌트 표준으로 사용자 정의 요소를 만들 수 있습니다. 이렇게 만든 사용자 정의 요소는 리액트나 뷰, 앵귤러와 같은 다른 웹 프레임워크에서도 사용할 수 있는 사용자 정의 HTML 요소이며 심지어 자바스크립트와 DOM만 있는, 웹 프레임워크가 없는 환경에서도 쓸 수 있습니다.

스벨트 컴포넌트도 사용자 정의 요소로 컴파일할 수 있습니다만, 몇 가지 주의 사항이 있습니다.

- 사용자 정의 컴포넌트의 스타일은 생성되는 자바스크립트 코드로 복사되며 인라인 스타일로 적용되기 때문에 외부에 정의된 CSS 규칙이 인라인 스타일을 덮어쓸 수 없습니다. 따라서 스벨트 컴포넌트를 사용자 정의 컴포넌트로 만들 때는 CSS를 최소화하여 다른 애플리케이션이 컴포넌트를 가져다 쓸 때 스타일을 최대한 쉽게 적용할 수 있도록 만드는 것이 좋습니다.
- 스벨트 컴포넌트가 자식 콘텐츠를 화면에 그리기 위해 슬롯을 사용할 때, 슬롯을 감싸는 {#if}와 {#each} 블록은 무시됩니다.
- slot의 :let 지시자가 무시됩니다. 다행히도 이 지시자는 거의 쓰이지 않습니다.
- 스벨트 기반 사용자 정의 요소를 옛날 브라우저에서 쓰려면 폴리필을 써야 합니다.

다음의 단계를 거쳐서 스벨트 컴포넌트를 사용자 정의 요소로 만들 수 있습니다.

1. npx degit sveltejs/template *project-name* 명령으로 새 스벨트 프로젝트를 만듭니다.
2. cd *project-name*으로 프로젝트 디렉터리로 이동합니다.
3. npm install 명령을 실행합니다.
4. src 디렉터리에 컴포넌트를 정의하는 .svelte 파일을 추가합니다. 이 예제에서는 기본 컴포넌트로 src/Greet.svelte 파일에 Greet 컴포넌트를 다음과 같이 정의하겠습니다.

```
<script>
  export let name = 'World';
</script>

<div>Hello, {name}!</div>
```

그리고 src/Counter.svelte 파일에 Counter 컴포넌트를 정의합니다.

```
<script>
  export let count = 0;
</script>

<div class="counter">
  <button on:click={() => count--}>-</button>
  <span>{count}</span>
  <button on:click={() => count++}>+</button>
</div>

<style>
  button {
    border: solid lightgray 1px;
    border-radius: 4px;
    padding: 10px;
  }
```

```
      .counter {
        font-size: 24px;
      }
    </style>
```

5. 각 .svelte 파일의 상단부에 태그를 지정합니다. 태그는 최소한 한 개의 붙임표^{hyphen}(-) 문자가
   포함되어야 합니다. 태그는 일반적으로 공통으로 사용하는 접두사와 그 뒤에 붙임표 문자, 마지막
   에 요소 이름을 붙인 형식으로 구성합니다. 여기에서는 svelte를 접두사로 사용하겠습니다. src/
   Greet.svelte 파일에 다음과 같이 태그를 추가합니다.

```
    <svelte:options tag="svelte-greet" />
```

src/Counter.svelte에는 다음과 같이 태그를 지정합니다.

```
    <svelte:options tag="svelte-counter" />
```

태그에 문자열 대신 {null}을 사용하면, 사용자 정의 요소를 불러오는 애플리케이션이 사용자 정
의 요소의 이름을 지정하고 사용할 수 있습니다. 이렇게 하면 사용자 정의 요소를 불러오고 사용하
는 방식이 바뀌게 되는데 이 내용은 곧 설명합니다.

6. 컴포넌트가 제대로 동작하는지 확인하기 위해 컴포넌트를 App.svelte 파일에서 다음과 같이 불러
   와서 사용해봅니다.

```
    <script>
      import Counter from './Counter.svelte';
      import Greet from './Greet.svelte';
    </script>

    <Greet name="Mark" />
    <Counter />
```

7. npm run dev 명령을 실행한 후 *localhost:5000*으로 접근해서 컴포넌트 동작을 확인합니다.

8. 컴포넌트를 불러와서 내보내는 src/custom-elements.js 파일을 만듭니다. Counter와 Greet
   컴포넌트를 불러오는 경우, 다음과 같이 파일 내용을 채웁니다.

```
    import Counter from './Counter.svelte';
    import Greet from './Greet.svelte';
    export {Counter, Greet};
```

9. rollup.config.js 파일을 rollup.ce-config.js라는 이름으로 복사합니다. ce는 'custom elements'를 뜻하는 이름이지만, 이름이 중요하지는 않습니다.

10. rollup.ce-config.js 파일을 다음과 같이 수정합니다.

   - input 속성값 'src/main.js'을 'src/custom-elements.js'로 수정합니다.

   - output의 format 속성값 iife을 es로 수정합니다.

   - plugins 배열에서 svelte 함수로 전달되는 객체에 customElement: true를 추가합니다.

11. package.json 파일에 다음 npm 스크립트를 추가합니다.

```
"custom-elements": "rollup -c rollup.ce-config.js",
```

12. npm run custom-elements 명령을 실행합니다. public/build 디렉터리가 생성되고 그 안에 컴포넌트에 대한 사용자 정의 요소가 저장됩니다.

다음 단계를 거쳐 새로운 리액트 앱을 만든 다음 사용자 정의 요소를 불러와서 사용해봅시다.

1. npx create-react-app *app-name* 명령으로 새 리액트 앱을 만듭니다.

2. cd app-name 명령으로 앱 디렉터리로 이동합니다.

3. 위 스벨트 프로젝트에서 생성된 public/build/bundle.js 파일을 리액트 앱의 src 디렉터리로 복사한 다음 이름을 svelte-elements.js로 수정합니다.

4. (쓰지 않을 리 없겠지만) ESLint를 사용한다면 svelte-element.js 파일 가장 윗부분에 다음 두 줄을 추가해서 몇 가지 ESLint 이슈를 무시하도록 만듭니다. 리액트는 ESLint를 기본으로 적용하기 때문에 다음 두 줄을 추가해야 사용자 정의 요소를 제대로 불러올 수 있습니다.

```
/* eslint-disable eqeqeq, no-self-compare, no-sequences, no-unused-expressions */
// eslint-disable-next-line
```

5. src/index.js 파일을 수정합니다. 만약 사용자 정의 요소가 {null} 태그를 사용한 경우, 기존의 불러오기 구문 아래에 다음 코드를 추가해서 사용자 정의 요소가 정의된 클래스를 불러오고 이름을 부여하도록 합니다.

```
import {Counter, Greet} from './svelte-elements';
customElements.define('svelte-greet', Greet);
customElements.define('svelte-counter', Counter);
```

사용자 정의 요소 각각이 태그 이름을 지정했다면 위 코드가 이미 svelte-elements.js 파일에 있을 것입니다. 사용자 정의 요소를 사용하는 개발자가 저렇게 이름을 부여할 필요가 없는 것입니다. 이 경우 다음과 같이 불러오기 구문을 추가해서 이미 이름을 가지고 있는 사용자 정의 요소들을 불러와서 사용할 수 있습니다.

```
import './svelte-elements';
```

NOTE_ {null} 태그를 지정하는 것이 개발자가 사용자 정의 요소에 대한 이름을 정의할 수 있게 해주므로 더 자주 사용됩니다. 스벨트에서 컴포넌트를 불러와서 쓰는 방식과도 일치하는데, 스벨트의 컴포넌트는 소스 파일에서 정의되지만 컴포넌트 이름을 지정하지는 않기 때문입니다. 웹 컴포넌트에 이름을 지정하는 경우, 운이 나쁘면 두 개 이상의 컴포넌트가 같은 이름을 가질 수도 있습니다. 그런 경우 앱에서 같은 이름을 가지는 컴포넌트를 불러와서 쓰는 것이 어려워집니다.

1. 사용자 정의 요소를 JSX 형태로 그립니다.

```
<svelte-greet name="Mark" />
<svelte-counter />
```

빈 사용자 정의 요소

위 코드와 같이 사용자 정의 요소의 여는 태그가 스스로 닫는 방식은 JSX 형태에서만 사용 가능합니다. JSX가 지원되지 않는 경우에는 반드시 다음과 같이 사용해야 합니다.

```
<svelte-greet name="Mark"></svelte-greet>
<svelte-counter></svelte-counter>
```

2. npm start 명령으로 리액트 앱을 실행합니다.
3. 사용자 정의 요소가 제대로 표시되는지 확인합니다.

NOTE_ 리액트에서는 현재 사용자 정의 요소의 프롭스로 원시값, 즉 숫자나 문자열과 같은 기본값만 사용할 수 있습니다. 객체나 배열은 전달할 수 없습니다. 관련 내용은 *https://custom-elements-everywhere.com*에서 확인할 수 있습니다. 상당히 중요한 제약점입니다. 리액트는 또한 리액트만의 **합성 이벤트** synthetic event를 사용해서 DOM 이벤트를 처리합니다. 사용자 정의 요소에서 생성되는 DOM 이벤트는 전달받고 처리할 수 없습니다.

뷰나 앵귤러에서도 비슷한 방법으로 사용자 정의 요소를 불러와서 쓸 수 있습니다.

스벨트 컴포넌트를 사용자 정의 요소로 만드는 다른 방법은 'How to create a web component in sveltejs' 영상(*http://mng.bz/zjqQ*)을 참고하기 바랍니다.

*https://github.com/philter87*의 publish-svelte, 또는 'plete'라는 명령 줄 도구를 사용하면 스벨트 컴포넌트를 사용자 정의 요소로 만드는 과정을 자동으로 처리할 수 있습니다. 이 도구는 현재 단일 스벨트 컴포넌트를 컴파일하고 묶어서 사용자 정의 요소로 만듭니다. 그리고 만들어진 사용자 정의 요소를 npm으로 공개해서 다른 애플리케이션에서 사용할 수 있게 만듭니다. 이 도구의 개발자는 향후 여러 스벨트 컴포넌트를 하나의 npm 패키지로 묶어서 공개할 수 있는 기능을 추가할 예정이라고 합니다.

다음 장에서는 스벨트에 더 많은 기능을 추가해줄, 스벨트 기반 프레임워크인 새퍼에 대해서 살펴봅시다.

14.7 마치며

- HTML에서 제공하는 기능을 써서 스벨트 앱에 폼 검사 기능을 구현할 수 있습니다.
- 스벨트 앱에서 부트스트랩, 파운데이션, 머티리얼 UI와 같은 CSS 라이브러리들을 사용할 수 있습니다.
- 스벨트는 스벨트 앱에서 HTML 요소만으로는 구현할 수 없는 기능들을 지원하기 위한 다양한 특수 요소들을 제공합니다.
- 모듈 번들러가 JSON 파일을 지원하도록 설정한 경우 스벨트 앱에서 JSON 파일을 불러와서 사용할 수 있습니다.
- 스벨트 컴포넌트를 컴포넌트 라이브러리로 만들어서 여러 애플리케이션에서 컴포넌트를 재사용하도록 만들 수 있습니다.
- 스벨트 컴포넌트를 사용자 정의 요소로 만들어서 다른 웹 프레임워크로 만든 애플리케이션이나, 심지어 웹 프레임워크를 사용하지 않은 곳에서도 불러와서 쓰도록 만들 수 있습니다.

새퍼의 세계로

3부에서는 스벨트에 더 많은 기능을 제공하는 스벨트 기반 도구인 새퍼에 대해서 알아봅니다. 이전에 만든 쇼핑 앱을 새퍼 애플리케이션으로 만들어보고 페이지 라우팅이나 페이지 레이아웃, 프리로딩preloading, 프리페칭prefetching, 코드 분할과 같은 기능을 배웁니다. 또한 서버 라우팅을 통해 클라이언트 사이드 웹 앱과 같은 프로젝트에서 API 서비스를 구현하는 방법도 알아봅니다. 새퍼 앱은 정적 사이트로 변환해서 빌드 타임에 필요한 HTML 파일을 미리 만들 수도 있습니다. 그리고 서비스 워커 캐싱 전략과 이벤트를 사용한 예제 앱도 만들어봅니다. 마지막으로 새퍼 앱의 오프라인 동작에 대해서도 살펴봅니다.

Part III

새퍼의 세계로

CHAPTER 15

처음 만나는 새퍼 앱

이 장에서는 새퍼를 사용했을 때 어떤 장점이 있는지와 새퍼 앱을 만드는 방법에 대해서 알아봅니다.

1장에서 설명했듯이 새퍼(*https://sapper.svelte.dev*)는 스벨트 기반 프레임워크입니다. 애플리케이션에서 다음과 같은 강력한 기능들이 필요할 때 유용하게 사용할 수 있습니다.

- **새퍼는 페이지 라우팅을 제공합니다.** 페이지 라우팅은 URL을 앱의 페이지와 연결하고 각 페이지 간의 이동을 어떻게 할지 정의합니다. 페이지별로 고유한 URL을 사용하게 하면 각 페이지를 즐겨찾기에 추가할 수 있으며 사용자가 앱을 각각 다른 페이지에서 시작할 수도 있습니다.
- **새퍼는 페이지 레이아웃을 지원합니다.** 페이지 레이아웃은 앱에서 자주 사용하는 페이지들에 대한 레이아웃을 의미합니다. 페이지에서 공통으로 사용하는 상단header이나 하단footer, 네비게이션navigation 등도 여기에서 처리할 수 있습니다.
- **새퍼는 서버 사이드 렌더링을 지원합니다.** 서버 사이드 렌더링은 브라우저가 아닌 서버에서 페이지에 대한 HTML을 생성하는 것을 뜻합니다. 특히 첫 페이지 같은 경우, 브라우저가 자바스크립트 파일이나 그 외 필요한 파일을 다운로드하고 화면에 HTML을 분석해서 그리는 것보다 서버에서 미리 생성한 HTML을 다운로드해서 그리는 것이 훨씬 빠르기 때문에 더 좋은 사용자 경험을 제공할 수 있습니다. 그리고 사용자가 첫 페이지에서 다른 페이지로 이동하기 전, 필요한 다른 자바스크립트 파일들을 다운로드할 수 있습니다.
- **새퍼는 서버 라우트를 제공합니다.** 서버 라우트를 사용하면 프런트엔드 웹 애플리케이션과 같은 프로

젝트 내에서 노드 기반 API 서비스를 쉽게 구현할 수 있습니다. 여러 프로그래밍 언어를 쓸 필요 없이, 사용자 인터페이스 개발에 사용한 것과 같은 프로그래밍 언어로 API 서비스를 만들 수 있는 것입니다. 또한 프런트엔드와 백엔드 코드를 같은 프로젝트에서 구현하면 자연스럽게 같은 소스 저장소를 사용하게 되며, 두 가지를 한꺼번에 만들어야 하는 개발자들이 각 코드를 더 쉽게 관리할 수 있습니다.

- **새퍼는 코드 분할을 지원합니다.** 코드 분할을 통해 애플리케이션의 각 페이지에 필요한 자바스크립트 코드를 해당 페이지에 방문할 때만 처음 다운로드하도록 만들 수 있습니다. 사용하지 않을지도 모르는 앱 전체의 코드를 다운로드할 필요가 없기 때문에 앱의 첫 페이지를 다운로드하는 시간을 크게 단축할 수 있습니다. 그리고 절대 방문하지 않을 페이지의 코드를 다운로드하는 일도 피할 수 있습니다.

- **새퍼는 프리페칭을 지원합니다.** 프리페칭은 사용자가 마우스 커서를 링크에 올려두면, 해당 페이지를 곧 방문할 수도 있다고 판단하고 페이지 내용을 미리 다운로드합니다. 페이지 링크를 설정하면 사용자가 마우스 커서를 링크에 올려두었을 경우, 사용자가 링크를 클릭하기 전 새퍼가 해당 링크의 페이지에 필요한 파일들을 다운로드하기 시작합니다. 다음 페이지를 화면에 그리기 위해 필요한 시간이 줄어들기 때문에 더 나은 사용자 경험을 제공할 수 있습니다.

- **새퍼는 정적 사이트 생성을 지원합니다.** 정적 사이트 생성을 사용하면 빌드 과정에서 스벨트 웹 앱의 각 페이지를 미리 방문하고 결과로 생성되는 HTML 파일들을 저장해둡니다. 이런 HTML 파일에 해당하는 페이지를 사용자가 방문하면 서버나 클라이언트 측에서 HTML을 생성할 필요가 없기 때문에 더 빠르게 동작합니다. 물론 정적 사이트에서도 자바스크립트 코드를 활용해서 동적 반응을 구현할 수도 있습니다.

- **새퍼는 오프라인 사용을 지원합니다.** 새퍼는 네트워크 연결이 끊어진 상태에서도 서비스 워커service worker를 통해 애플리케이션에 필요한 몇 가지 기능들을 제공할 수 있습니다. 네트워크 연결은 인터넷 서비스 공급자 또는 이동전화 서비스 공급자 등의 문제로 끊어질 수 있습니다.

이 장에서는 9장에서 만든 쇼핑 앱을 새퍼로 다시 만들어볼 것입니다. 쇼핑 앱에서는 페이지 라우팅과 페이지 레이아웃, 서버 사이드 렌더링, 코드 분할 기능을 사용해봅니다. 새퍼에서 이런 강력한 기능들을 사용하는 것이 얼마나 쉬운지 알게 될 것입니다.

15.1 새로운 새퍼 앱 만들기

새퍼 애플리케이션을 어떻게 만들 수 있는지 알아봅시다. 새퍼 앱을 생성하면 기본으로 'home', 'about', 'blog' 페이지가 있으며, 각 페이지 간 이동도 가능합니다. 새퍼 홈페이지에서는 이 애플리케이션을 시작점으로 삼은 다음 하나씩 고치면서 여러분의 앱을 만들 것을 권하고 있습니다.

1. 우선 Node.js가 설치되지 않았다면 *https://nodejs.org*에서 설치합니다.
2. 새 애플리케이션의 기본 디렉터리 구조 및 파일을 생성합니다. 먼저 모듈 번들러로 롤업을 쓸 것인지 웹팩을 쓸 것인지 정합니다. 롤업을 쓰려면 `npx degit sveltejs/sapper-template#rollup app-name` 명령을 실행합니다. 웹팩의 경우 `npx degit sveltejs/sapper-template#webpack app-name` 명령을 입력합니다.
3. `cd app-name`으로 앱 디렉터리로 이동합니다.
4. `npm install` 명령을 실행합니다.
5. `npm run dev` 명령을 실행합니다. 로컬 HTTP 서버를 실행하며 코드를 수정하면 페이지를 자동으로 다시 불러오는 라이브 리로드를 지원합니다. `npm start` 명령의 경우 라이브 리로드를 제공하지 않습니다. 그다음 웹 브라우저에서 *localhost:3000*으로 접근합니다.

기본 새퍼 앱은 세 개의 페이지로 구성되어 있으며 페이지 상단에 각 페이지로 이동할 수 있는 링크가 있습니다. 갈 수 있는 페이지는 각각 'home', 'about', 'blog'입니다. 'blog' 페이지는 특정 블로그 콘텐츠를 화면에 그리는 하부 페이지로 연결됩니다. 각 페이지는 [그림 15-1], [그림 15-2], [그림 15-3]에서 확인할 수 있습니다.

그림 15-1 home 페이지

그림 15-2 about 페이지

그림 15-3 blog 페이지

blog 페이지에서 첫 번째 링크를 클릭하면 [그림 15-4]의 페이지를 볼 수 있습니다.

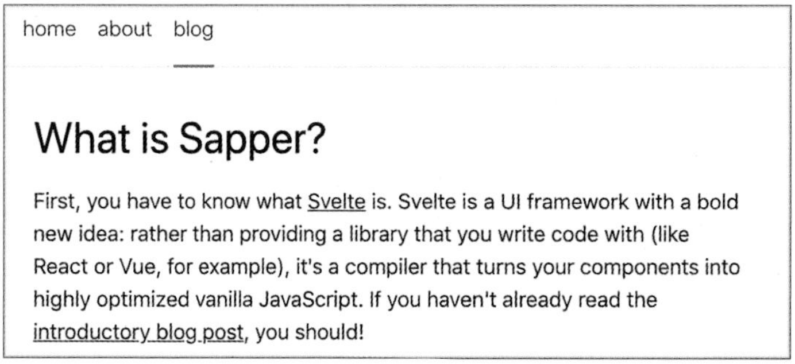

그림 15-4 "What is Sapper?" 페이지

이제 앱을 수정할 일만 남았습니다.

15.2 쇼핑 앱을 새퍼로 다시 만들기

9장에서 만든 쇼핑 앱을 새퍼로 다시 만들어봅시다. 쇼핑 앱 코드는 *http://mng.bz/NKG1*에서 다운로드할 수 있습니다. 쇼핑 앱이 여행 준비물 앱보다 간단하기 때문에 시작하기에 좀 더 좋습니다. 16장에서는 여행 준비물 앱을 새퍼로 만들어볼 것입니다.

우선 페이지 상단의 링크를 각각 'Shop', 'Cart', 'Ship'으로 바꾸겠습니다. Nav.svelte 파일의 li 요소들을 다음과 같이 수정합니다.

예제 15-1 src/components/Nav.svelte 파일의 Nav 컴포넌트

```
<li>
  <a aria-current={segment === undefined ? 'page' : undefined}
    href=".">Shop</a>
</li>
<li>
  <a aria-current={segment === "cart" ? 'page' : undefined}
    href="cart">Cart</a>
</li>
<li>
  <a aria-current={segment === "ship"? 'page' : undefined}
    href="ship">Ship</a>
</li>
```

> **NOTE_** aria-current 속성에 대한 자세한 내용은 W3C 문서(*www.w3.org/TR/wai-aria-1.1/#aria-current*)에 명시되어 있습니다. 이 문서에 따르면 area-current 속성은 "현재 항목을 표현하는 요소를 컨테이너나 다른 연관된 요소에 표시해줍니다."

> **NOTE_** 페이지 상단에 페이지 링크를 표시하지 않거나 다른 방법으로 표시하고 싶다면 16.2절의 내용을 참고하기 바랍니다.

src/routes 디렉터리의 파일들은 앱의 각 페이지를 나타냅니다. 각 파일들은 스벨트 컴포넌트를 정의하지만 대신 파일 이름이 전부 소문자로 이루어져 있습니다. 이는 각 페이지 파일이 방문할 페이지의 URL에 해당하며, 일반적으로 URL은 소문자로 표시하기 때문입니다.

src/routes 디렉터리의 파일들을 다음과 같이 수정합니다.

1. about.svelte 파일 이름을 cart.svelte로 수정합니다.

2. cart.svelte 파일 내용을 다음과 같이 수정합니다.

```
<svelte:head>
  <title>Cart</title>
</svelte:head>

<h1>Cart</h1>

<p>This is the 'cart' page.</p>
```

3. cart.svelte 파일을 복사한 다음 복사한 파일 이름을 ship.svelte로 수정합니다.

4. ship.svelte 파일 내용을 다음과 같이 수정합니다.

```
<svelte:head>
  <title>Ship</title>
</svelte:head>

<h1>Ship</h1>

<p>This is the 'ship' page.</p>
```

5. src/routes의 blog 디렉터리를 삭제합니다.

6. 앱의 홈페이지를 나타내는 index.svelte 파일의 마지막 부분을 다음과 같이 수정합니다.

```
<svelte:head>
  <title>Shop</title>
</svelte:head>

<h1>Shop</h1>
```

7. src/routes/_layout.svelte 파일에서 다음 부분을 삭제해서 각 페이지의 내용을 왼쪽에 정렬합니다.

```
max-width: 56em;
```

페이지 레이아웃에 대한 부분은 다음 장에서 다룹니다.

쇼핑 앱에서 사용하는 세 개의 페이지를 만들었습니다. 앱을 실행하고 페이지 상단의 링크를 클릭해서 다른 페이지로 이동하는지 확인해봅니다. 앱 페이지는 브라우저 주소창의 URL을 직접 수정해서 이동할 수 있습니다. URL 마지막 부분을 /cart 또는 /ship으로 수정해서 해당 페이지로 이동하는지 확인합니다. 경로 마지막 부분을 제거하면 앱의 홈페이지인 Shop 페이지로 돌아갑니다.

이제 9장에서 만든 코드를 복사해서 각 페이지들을 완성해봅시다.

1. 9장에서 만든 쇼핑 앱의 public/global.css 파일을 static 디렉터리에 복사해서 기존 파일을 덮어씁니다. 이 파일에는 표에 대한 스타일이 포함되어 있습니다.

2. 9장에서 만든 src/items.js 파일을 src 디렉터리로 복사합니다. 판매 항목에 해당하는 내용을 다루는 파일입니다.

3. src/stores.js 파일을 src 디렉터리로 복사합니다. 쓰기 가능 스토어와 장바구니에 담은 항목을 관리하는 내용이 포함되어 있습니다.

4. 9장에서 만든 src/Shop.svelte 파일의 코드를 src/routes/index.svelte 파일로 복사합니다. 이때 <svelte:head> 요소는 반드시 남겨두어야 합니다. 이 요소는 script 요소 다음에 처음으로 나오는 요소여야만 합니다. 그리고 파일의 경로가 src 아래에서 src/routes 아래로 변경되었기 때문에, script 요소 상단의 import 구문에서 사용하는 경로명에 ..을 추가해서 변경된 경로를 반영해줍니다.

5. 위와 동일하게 9장에서 만든 src/Cart.svelte 파일의 코드를 src/routes/cart.svelte 파일에, 9장의 src/Ship.svelte 파일 코드를 src/routes/ship.svelte 파일로 복사해줍니다.

앱이 제대로 동작하면, 데이터를 입력했을 때 [그림 15-5], [그림 15-6], [그림 15-7]과 비슷한 화면을 볼 수 있습니다.

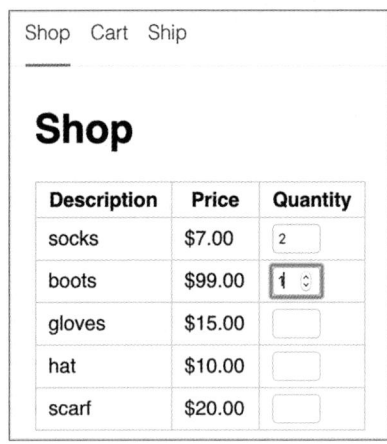

Shop Cart Ship
Shop
Description Price Quantity
socks $7.00 2
boots $99.00 1
gloves $15.00
hat $10.00
scarf $20.00

그림 15-5 Shop 페이지

Shop Cart Ship
Cart
Description Quantity Price
socks 2 $7.00
boots 1 $99.00
Total $113.00

그림 15-6 Cart 페이지

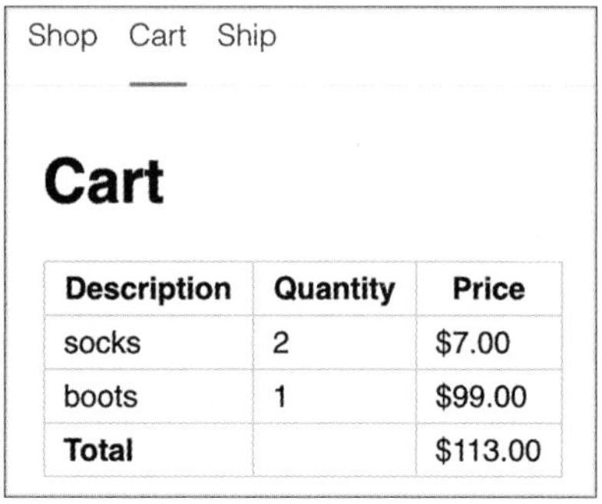

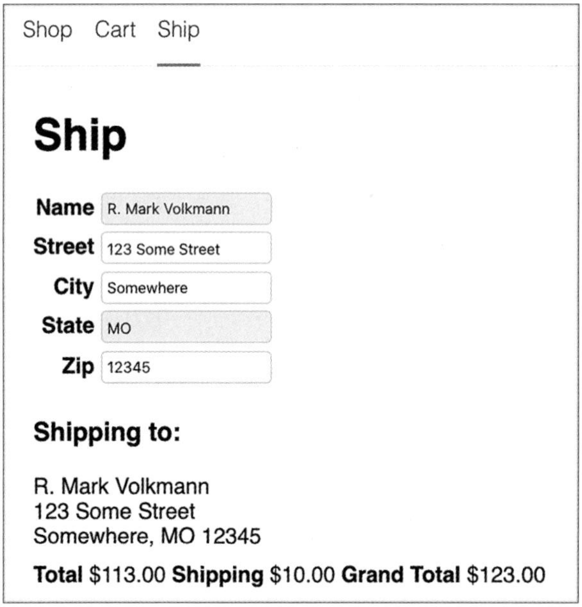

Shop Cart Ship
Ship
Name R. Mark Volkmann
Street 123 Some Street
City Somewhere
State MO
Zip 12345
Shipping to:
R. Mark Volkmann
123 Some Street
Somewhere, MO 12345
Total $113.00 Shipping $10.00 Grand Total $123.00

그림 15-7 Ship 페이지

스벨트만 써서 쇼핑 앱을 만든 것과 비교했을 때, 새퍼를 함께 써서 얻은 것은 무엇일까요? 바로 간단한 페이지 라우팅, 서버 사이드 렌더링, 코드 분할을 쓸 수 있다는 것입니다. 서버 사이드 렌더링의 동작을 확인하고 싶다면 앱이 실행되고 있는 브라우저에서 개발자 도구를 연 다음 네트워크 탭을 선택한 후 브라우저 화면을 새로고침합니다. 네트워크 탭에서 *http://localhost:3000*에 대한 **GET** 요청을 전달하고, 그 결과로 첫 화면인 Shop 페이지에 대한 HTML 파일이 전달되는 것을 볼 수 있습니다. 그 외 페이지는 브라우저가 자바스크립트 코드를 다운로드한 뒤 화면에 그립니다.

코드 분할의 경우 똑같이 개발자 도구의 네트워크 탭을 연 다음, 페이지 상단의 'Cart' 또는 'Ship' 링크를 클릭하면 확인할 수 있습니다. 페이지를 처음 화면에 그릴 때 *cart.hash.js*, *ship.hash.js*, *ship.hash.css* 같은 파일들을 다운로드합니다. 'Cart' 페이지는 style 요소를 가지고 있지 않기 때문에 *cart.hash.css* 파일은 없습니다.

다음 장에서는 새퍼 프로젝트를 더 깊숙이 파헤쳐봅니다. 새퍼 프로젝트의 디렉터리 구조와 더 많은 라우팅 기법, 페이지 레이아웃, 프리로딩, 프리페칭, 코드 분할 등을 알아봅니다.

15.3 마치며

- 새퍼는 스벨트 기반 프레임워크로써 많은 추가 기능을 제공합니다.
- 새퍼 앱을 새로 만드는 것은 npm degit을 실행하는 것만큼이나 쉽습니다.
- 새퍼 앱의 페이지들은 src/routes 디렉터리 안의 파일들로 정의됩니다.
- 새퍼 앱에서 페이지 간 이동은 HTML의 앵커[anchor] 요소(<a>)로 구현합니다.
- 새퍼는 자동으로 다양한 기능을 제공합니다.

CHAPTER 16

새퍼 앱

이 장의 핵심 내용

◆ 새퍼 프로젝트의 파일 구조

◆ 페이지 라우트

◆ 페이지 레이아웃

◆ 에러 처리

◆ 서버 및 클라이언트 모두에서 실행하기

◆ Fetch API 래퍼

◆ 페이지에서 필요한 데이터 프리로딩

◆ 더 빠른 페이지 읽기를 위한 프리페칭

◆ 코드 분할

앞 장의 내용은 새퍼 맛보기에 불과합니다. 이 장에서는 새퍼에서 자주 사용되는 기능들을 훑어보면서 새퍼를 제대로 알아보겠습니다.

- **파일 구조**: 물론 새퍼 프로젝트의 모든 디렉터리와 파일 구조를 알아야 할 기술적인 이유는 없지만, 알아두면 새퍼가 어떤 기능을 어디서 어떻게 제공하는지 파악하고, 이들을 어떻게 조합해서 쓰는지 아는 데 큰 도움이 됩니다. 이 장을 마치면 새퍼 프로젝트로 만든 애플리케이션을 파악하는 데 어려움이 없어질 것입니다.

- **페이지 라우트**: 새퍼는 15장에서 만든 쇼핑 앱의 세 페이지처럼 여러 페이지를 오가는 이동 기능을 쉽게 만들 수 있습니다.

- **페이지 레이아웃**: 페이지 레이아웃을 통해 스벨트 컴포넌트에 여러 페이지들의 공통된 레이아웃을 적용할 수 있습니다. 이런 공통 레이아웃은 예를 들면 페이지 상단, 하단, 왼쪽 메뉴 막대 등을 들 수 있습니다. 사용자 정의 페이지 레이아웃을 만들어서 어떻게 이 기능을 사용하는지 배워봅시다.

- **에러 처리**: 웹 앱이 서버 API 등을 호출할 때 문제가 발생하는 경우가 있습니다. API 서비스의 URL 이 바뀌었거나, 서비스에 장애가 발생했거나, 잘못된 데이터를 전달하거나, 데이터베이스에 문제가 있거나, 서버 측 코드에 문제가 있는 등 그 이유는 매우 다양합니다. 이런 에러들은 반드시 전용 에러 페이지에서 정확하고 잘 구성된 정보와 함께 명확하게 사용자에게 전달해야 합니다. 새퍼에서 이런 에러 페이지를 어떻게 구성할 수 있는지를 곧 배워볼 것입니다.
- **클라이언트 및 서버 코드**: 새퍼 앱을 만들 때, 자바스크립트 코드가 각각 어떤 환경에서 실행되는지 고려해야 합니다. 어떤 코드는 브라우저에서 실행되거나, 서버에서만 실행되거나, 두 가지 환경 모두에서 실행될 수 있습니다. 코드가 어떤 환경에서 실행되는지 판단하고 코드가 잘못된 환경에서 실행되는 것을 피하는 방법을 배우고, 이것이 왜 중요한지도 알아봅니다.
- **프리로딩과 프리페칭**: 새퍼는 더 빠른 데이터 불러오기와 성능 향상을 위한 프리로딩 및 프리페칭을 제공합니다. 이 장에서는 이 두 가지 기능을 어떻게 사용하는지 배웁니다.
- **코드 분할**: 마지막으로 코드 분할이 어떤 장점을 가지는지, 어떤 방식인지 알아보고 프리페칭과의 연관성을 살펴봅니다.

다루는 내용이 많지만, 별로 어렵지 않으니 걱정하지 않아도 됩니다.

> **NOTE_** 이 장에서 말하는 'API 서비스'는 웹 앱의 클라이언트 측에서 원격지로 요청하는 모든 유형의 서비스를 지칭합니다. 여기에는 REST 서비스도 포함됩니다.

16.1 새퍼 파일 구조

여기에서는 sveltejs/sapper-template으로 만든 새퍼 앱의 기본 디렉터리 구조를 설명합니다. 설명하는 대부분의 파일들은 수정할 필요가 없습니다. 수정할 필요가 있는 파일은 별도로 그 내용을 설명할 것입니다. 우선 프로젝트의 큰 구조를 살펴봅시다.

```
sapper_app_root
├── __sapper__
|   ├── build
|   ├── dev
|   └── export
├── node_modules
├── node_modules
├── package-lock.json
├── package.json
```

```
├── rollup.config.js
├── scripts
│   └── setupTypeScript.js
├── src
│   ├── ambient.d.ts
│   ├── client.js
│   ├── components
│   │   └── Nav.svelte
│   ├── node_modules
│   ├── routes
│   │   ├── _error.svelte
│   │   ├── _layout.svelte
│   │   ├── about.svelte
│   │   ├── blog
│   │   │   ├── [slug].json.js
│   │   │   ├── [slug].svelte
│   │   │   ├── _posts.js
│   │   │   ├── index.json.js
│   │   │   └── index.svelte
│   │   └── index.svelte
│   ├── server.js
│   ├── service-worker.js
│   └── template.html
└── static
    ├── favicon.png
    ├── global.css
    ├── logo-192.png
    ├── logo-512.png
    └── manifest.json
```

- **__sapper__** 디렉터리: 이 디렉터리에는 다음과 같이 하위 디렉터리들이 있습니다.

  - **build** 하위 디렉터리: 빌드된 결과물들이 이 디렉터리에 저장됩니다. npm run build 명령을 실행해서 생성된 결과 디렉터리와 파일들이 생성됩니다. 이렇게 만들어진 결과물은 npm start 명령을 실행한 뒤 웹 브라우저로 *localhost:3000*에 접근해 확인할 수 있습니다.

  - dev 하위 디렉터리: 개발 모드로 실행한 경우 생성되는 파일들이 여기에 저장됩니다. npm run dev 명령을 실행할 때 앱이 실행되기 위해 필요한 디렉터리와 파일들이 생성됩니다.

  - export 하위 디렉터리: npm run export 명령을 실행해서 정적 사이트를 만들면 그 결과로 생성되는 파일이 여기에 저장됩니다. 리액트 컴포넌트를 개츠비를 사용해 정적 사이트로 만든 것과 비슷하다고 볼 수 있습니다. 이 내용은 18장에서 자세히 다룹니다.

- **node_modules** 디렉터리: npm install 명령으로 설치되는 디펜던시 패키지들이 이 디렉터리에 저장됩니다. 프로젝트의 모든 디펜던시는 package.json 파일에 기록됩니다.

- **src** 디렉터리: 애플리케이션 코드가 여기에 저장됩니다. 이 디렉터리의 대부분의 내용을 고치게 될 것입니다.
  - **components** 하위 디렉터리: 앱의 페이지에 해당하는 스벨트 컴포넌트들이 이 디렉터리 파일로 저장됩니다. 이 디렉터리에는 기본으로 앱의 페이지 이동 링크를 포함한 네비게이션 바가 정의된 Nav.svelte 파일이 있습니다. 이 파일을 수정해서 페이지 네비게이션을 수정할 수 있습니다.
  - **routes** 하위 디렉터리: 앱의 각 페이지에 해당하는 스벨트 컴포넌트 파일들이 저장됩니다.
  - **clients.js**: 새퍼 앱에서 클라이언트 사이드의 시작 지점을 담당합니다. 대개의 경우 수정하지 않습니다.
  - **server.js**: 서버 사이드 라우트에서 사용할 서버에 대한 설정이 저장된 파일입니다. 기본으로 폴카(*https://github.com/lukeed/polka*)를 사용하지만, 필요하다면 익스프레스(*https://expressjs.com*) 등으로 바꿀 수 있습니다. 서버 프로그램을 바꾸는 방법은 17장에서 다룹니다. 이 파일을 수정하는 또 다른 때는 서비스 요청의 분석이나 요청 내용을 기록하는 등의 작업을 위해 서버 미들웨어를 추가할 때입니다.

    환경 변수 PORT로 실행되는 서버가 몇 번 포트를 사용할지 지정할 수 있습니다. 기본 포트는 3000번입니다.

    NODE_ENV 환경 변숫값이 development인 경우, 서버는 개발 모드에서 실행됩니다. 개발 모드에서 서버를 실행하면 다음과 같이 동작합니다.

    - 에러가 발생할 경우, 새퍼 에러 페이지에 스택 추적[stack trace] 내용을 함께 표시합니다.

    - 폴카 서버가 정적 파일을 제공할 수 있도록 sirv 미들웨어를 사용합니다. 이 경우 파일 캐싱 기능이 비활성화되고 sirv의 etag, immutable, maxAge, setHeaders 옵션을 무시합니다. 따라서 앱 코드가 변경되면 해당 내용이 즉각 반영됩니다.

    - rollup.config.js 파일에 정의된 롤업 스벨트 플러그인들에 dev 옵션값을 전달합니다. 플러그인은 이 값을 사용하지 않지만, 지원하지 않는 옵션값이 스벨트 컴파일러로 전달되기 때문에 결국 스벨트 컴파일러로 이 dev 옵션값이 전달됩니다. 스벨트 컴파일러는 dev 옵션이 활성화되면 실행하는 동안 몇 가지 검사 기능을 제공하고 디버깅 정보를 출력하기 위한 추가 코드를 생성합니다.

    - **service-worker.js**: 캐싱 전략을 담당하는 서비스 워커를 정의하는 파일입니다. 자세한 내용은 19장에서 다룹니다.

    - **template.html**: 앱에서 사용하는 HTML 템플릿이 정의되어 있습니다. client.js 파일에서 사용하는 DOM ID sapper를 정의합니다. 또한 static 디렉터리에서 여러 파일을 불러와서 사용합니다.

- **static** 디렉터리: 이미지 등의 정적 리소스가 저장되어 있습니다. 앱에서 사용하는 이미지는 여기에 저장하며, 사용하지 않는 이미지는 삭제합니다. 또한 template.html에서 사용하는 다음과 같은 파일들이 저장되어 있습니다.
  - static/global.css에는 전역 스타일이 정의되어 있습니다. 이 파일에 스타일을 추가하거나 수정하면 모든 컴포넌트에 영향을 줄 수 있습니다.
  - static/manifest.json은 PWA에서 사용하는 파일입니다. 자세한 내용은 19장에서 다룹니다.
  - static-favicon.png는 앱이 실행될 때 브라우저 제목 창에 표시되는 아이콘입니다.
- **package.json**: 디펜던시 패키지와 npm 스크립트 dev, build, export, start를 정의하는 파일입니다.
- **README.md**: 새퍼를 사용하기 위해 필요한 기본적인 내용을 담은 문서입니다. 여러분이 만든 파일에 대한 자세한 내용을 이 파일에 기록할 수 있습니다.
- **rollup.config.js**: 롤업 모듈 번들러에 필요한 세부 설정이 저장되어 있습니다. Sass나 타입스크립트 등의 전처리기를 사용해야 할 때 수정하는 경우가 있습니다.

src 디렉터리 아래에도 node_modules 디렉터리가 있습니다. npm run dev, npm run build, npm run export 명령을 실행하면 새퍼가 이 디렉터리와 파일들을 생성합니다. 여기에 있는 파일들은 노드의 규칙에 따라서 소스 파일에서 불러올 수도 있고, 상대 경로를 통해 불러올 수도 있습니다.

node_modules 디렉터리의 구조는 다음과 같습니다.

```
node_modules/
└── @sapper
    ├── app.mjs
    ├── index.d.ts
    ├── internal
    │   ├── App.svelte
    │   ├── error.svelte
    │   ├── layout.svelte
    │   ├── manifest-client.mjs
    │   ├── manifest-server.mjs
    │   └── shared.mjs
    ├── server.mjs
    └── service-worker.js
```

- @sapper 디렉터리: src/node_modules 디렉터리에는 새퍼에 의해 생성되는 @sapper 디렉터리가 있으며, 그 내용을 수정해서는 안 됩니다.

  - app.mjs: 다음의 새퍼 API 함수들을 내보냅니다.

    - goto: 프로그램 코드를 통한 페이지 이동에 쓰입니다.

    - start: 페이지 이동을 위한 이벤트 처리 설정에 사용됩니다. 이 함수는 client.js 파일에서 사용합니다.

  - server.mjs: 앱으로 전송되는 HTTP 요청들을 처리할 수 있는 새퍼 middleware 함수를 내보냅니다. 이 함수는 server.js 파일에서 사용합니다.

  - service-worker.js: src/service-worker.js 파일에서 사용하는 상숫값들을 내보냅니다.

    - files: 서비스 워커가 캐싱할 정적 파일 목록

    - shell: 서비스 워커가 캐싱할 새퍼 파일 목록

  - internal 디렉터리: 다음 파일들이 위치합니다.

    - App.svelte: 현재 페이지를 나타냅니다. 에러가 있다면 에러 페이지를 나타냅니다.

    - error.svelte: src/routes/_error.svelte 파일이 없으면 대신 사용하는 기본 에러 페이지 컴포넌트 파일입니다. NODE_ENV 환경 변숫값이 development인 경우 스택 추적 내용도 표시합니다.

    - layout.svelte: src/routes/_layout.svelte 파일이 없을 때 대신 사용하는 기본 레이아웃 컴포넌트 파일입니다. 이 파일에는 현재 페이지를 담당하는 컴포넌트를 화면에 그리기 위한 <slot> 요소만 있습니다.

    - manifest-client.mjs: 컴포넌트와 라우팅(앱 페이지)에 대한 정보를 제공합니다. app.mjs 파일에서 사용합니다.

    - manifest-server.mjs: 17장에서 설명할 서버 라우트와 페이지에 대한 정보를 제공합니다. server.mjs 파일에서 사용합니다.

    - shared.mjs: 현재로서는 특별히 제공하는 기능이 없습니다. 향후 사용을 위해 미리 생성하는 파일로 추측됩니다.

16.2 페이지 라우트

라우트^{route}는 15장의 쇼핑 앱에서 각 페이지를 나타낸 것처럼 페이지에 대한 경로로 이해할 수 있습니다. 새퍼 앱의 각 페이지는 src/routes 디렉터리에 정의된 스벨트 컴포넌트 형태로 구현됩니다. 라우트 이름은 .svelte 파일 이름과 파일이 위치한 디렉터리 이름으로 결정됩니다.

기본 새퍼 앱은 Nav 컴포넌트를 모든 페이지 상단에 표시합니다. Nav 컴포넌트는 각 페이지에 대한 링크를 화면에 그립니다. 페이지를 이동할 때는 버튼과 같은 다른 요소가 아닌, 앵커 요소 (`<a>`)를 쓴다는 점에 유의하세요. 새퍼에서의 페이지 이동은 URL의 변경을 필요로 하며, 앵커 요소를 클릭하는 것으로 URL을 바꿀 수 있기 때문입니다. 또한 18장에서 배울 정적 사이트 생성에서도 첫 페이지부터 시작해서 각 페이지의 앵커 요소들을 따라가면서 페이지 정보를 수집합니다.

src/components/Nav.svelte 파일 내용을 수정해서 페이지 이동을 위한 링크를 추가 또는 삭제할 수 있습니다. 기본 새퍼 앱에서 Nav 컴포넌트는 각 페이지에 대한 링크 코드를 가지고 있습니다.

```
<li>
  <a aria-current={segment === 'about' ? 'page' : undefined} href="about">
    about
  </a>
</li>
```

앵커 요소의 href 속성값이 각 페이지에 대한 URL 경로를 나타냅니다. src/routes/index.svelte 파일에 해당하는 홈페이지의 경우 href 속성값을 '.' 또는 '/'로 지정하면 됩니다.

새퍼는 모든 레이아웃 컴포넌트에 segment라는 프롭스를 전달합니다. routes/_layout.svelte 파일에서 제공되는 이 레이아웃은 Nav 컴포넌트로 전달됩니다. segment 프롭스값은 현재 페이지를 나타내며, 현재 페이지의 앵커 요소를 다른 페이지에 대한 앵커 요소와 구분할 수 있도록 스타일을 다르게 지정할 수 있습니다. 그래서 앵커 요소에 대한 aria-current 속성값을 지정할 때, 앵커 요소가 현재 페이지를 가리키는 것인지를 판단하는 것입니다. 기본 Nav 컴포넌트는 현재 선택한 페이지의 앵커 요소에 대해서 CSS의 [aria-current]::after 규칙을 적용함으로써 빨간색 밑줄을 표시합니다.

src/routes 디렉터리에 컴포넌트를 만들어서 페이지를 추가할 수 있습니다. 새 페이지에 대한 앵커 요소를 추가하고 싶다면 src/components/Nav.svelte 파일에 다른 앵커 요소와 비슷한 내용으로 새 페이지에 대한 앵커 요소를 추가합니다. dogs라는 라우트 이름을 가진 페이지 컴포넌트 소스 파일은 src/routes/dogs.svelte 또는 src/routes/dogs/index.svelte가 됩니다. 두 번째 경우는 페이지가 연관 서버 라우트를 가지고 있을 때 주로 사용합니다. 서버 라우트는 17장에서 살펴봅니다. dogs 디렉터리를 만들면 관련 파일에 대한 공통 저장 위치를 제공할 수 있습니다.

routes 디렉터리 아래 중첩 디렉터리 구조를 만들면 URL경로에 해당 중첩 디렉터리 이름이 추가됩니다. 예를 들어 src/routes/baseball/cardinals/roster.svelte라는 파일로 페이지 컴포넌트를 만들었다면, 해당 페이지로 접근하는 URL은 /baseball/cardinals/roster가 됩니다. 이런 식으로 연관 페이지들을 한데 묶어서 관리할 수 있습니다.

라우트 관련 디렉터리 안에 있는 파일들 중 그 이름이 밑줄(_)로 시작하는 것은 도우미 파일로 간주되며 라우트에 포함되지 않습니다. 이런 파일들은 대개 여러 라우트 파일들이 함께 쓰는 자바스크립트 파일을 정의하고 내보내는 일을 담당합니다.

> **NOTE_** 이름 짓는 규칙으로 인해서 앱의 많은 소스 파일들이 별다른 의미가 없는 이름을 가지고 있습니다. index.svelte, _layout.svelte 파일 등이 대표적이라 할 수 있습니다. 그래서 몇몇 편집기는 이런 이름을 가지는 파일을 열 때, 탭에 디렉터리 이름과 파일 이름을 붙여서 함께 표시해주기도 합니다. VSCode의 경우 workbench.editor.labelFormat 옵션값을 short 등으로 지정해서 이 기능을 활성화할 수 있습니다.

16.3 페이지 레이아웃

페이지 레이아웃은 여러 페이지가 공통으로 사용하는 레이아웃을 제공하는 스벨트 컴포넌트입니다. 페이지 레이아웃을 통해 공통으로 사용하는 페이지 상단이나 하단, 왼쪽 메뉴 막대 등을 페이지에 표시할 수 있습니다.

최상위 페이지 레이아웃은 src/routes/_layout.svelte 파일에 정의됩니다. 이 파일은 모든 페이지에 대한 기본 레이아웃을 정의하기 때문에 새퍼가 특별히 취급합니다.

레이아웃 컴포넌트는 현재 앱의 상태에 따라 여러 가지 레이아웃을 적용할 수 있도록 조건문을 사용할 수 있습니다. 이를테면 다른 페이지와 달리 로그인 페이지는 별도의 레이아웃을 사용해야 할 수도 있습니다. 로그인 페이지에서는 대개 다른 페이지로 이동할 수 있는 링크나 메뉴를 표시하지 않습니다.

현재 화면에 표시되고 있는 페이지에 대한 경로 정보는 제공되는 스토어로 알아낼 수 있습니다. @sapper/app 패키지는 stores 함수를 제공하는데, 이 함수를 통해 page, preloading, session이라는 세 개의 스토어를 가지는 객체를 얻을 수 있습니다.

page 스토어는 host, path, query, params라는 속성을 가지는 객체를 저장하고 있습니다. host와 path 속성값은 문자열이며 각각 호스트와 경로에 대한 값을 가집니다. query와 params 속성은 각각 URL의 쿼리와 경로path 파라미터를 가지고 있습니다. 각 페이지에서는 이 객체를 가지고 어떤 레이아웃을 적용할지 결정할 수 있습니다.

preloading 스토어는 읽기 전용으로 현재 프리로딩 중인지를 나타내는 불리언값을 가집니다.

session 스토어는 세션 데이터를 가지고 있으며 쓰기가 가능한 스토어입니다. 이 스토어의 기본값은 undefined이며, 현재 세션 데이터가 없음을 뜻합니다. 데이터를 저장하면 앱의 여러 페이지에서 데이터를 공유할 수 있습니다.

다음 레이아웃 예시는 현재 URL의 경로가 '/', 즉 최상위 페이지를 가리키는 경우에는 페이지 컴포넌트만 화면에 그립니다. 로그인 페이지에 적용하기 위해서입니다. 그 외 경로에 대해서는 Nav 컴포넌트와 main 요소를 화면에 그리고, 이 main 요소는 다시 경로에 해당하는 페이지를 화면에 그리는 section 요소를 가집니다.

예제 16-1 src/routes/_layout.svelte 파일에 정의한 최상위 레이아웃

```
<script>
  import {stores} from '@sapper/app';
  import Nav from '../components/Nav.svelte';

  export let segment;          이 프롭스는 자동으로
                               모든 레이아웃에 전달됩니다.
  const {page} = stores();
</script>
```

```
{#if $page.path === '/'}
  <slot />
{:else}
  <Nav {segment} />
  <main>
    <section>
      <slot />
    </section>
  </main>
{/if}

<style>
  main {
    display: flex;
    justify-content: center;

    background-color: linen;
    box-sizing: border-box;
    height: calc(100vh - var(--nav-height));    ◁───┐ CSS 변수 --nav-height는
    padding: 2em;                                     │ static/global.css에 정의할 수 있습니다.
    width: 100vw;
  }
</style>
```

페이지 레이아웃은 중첩해서 정의할 수 있습니다. src/routes/_layout.svelte 파일에 정의되는 최상위 페이지 레이아웃은 모든 페이지에 적용됩니다. 라우트의 각 하위 디렉터리는 자신만의 _layout.svelte 파일을 가질 수 있으며 이 파일에서 slot 요소로 콘텐츠를 표시합니다. 새퍼 앱에 다음과 같이 src/routes/blog/_layout.svelte 파일을 추가해서 [그림 16-1]처럼 각 블로그 글이 밝은 파란색 배경을 가지는 div 요소 내에 표시되도록 만들 수 있습니다.

예제 16-2 src/routes/blog/_layout.svelte 파일

```
<div>
  <p>It's blog time!</p>
  <slot />
</div>
```

```
<style>
  div {
    background-color: lightblue;
    padding: 0.2rem 1rem;
  }
</style>
```

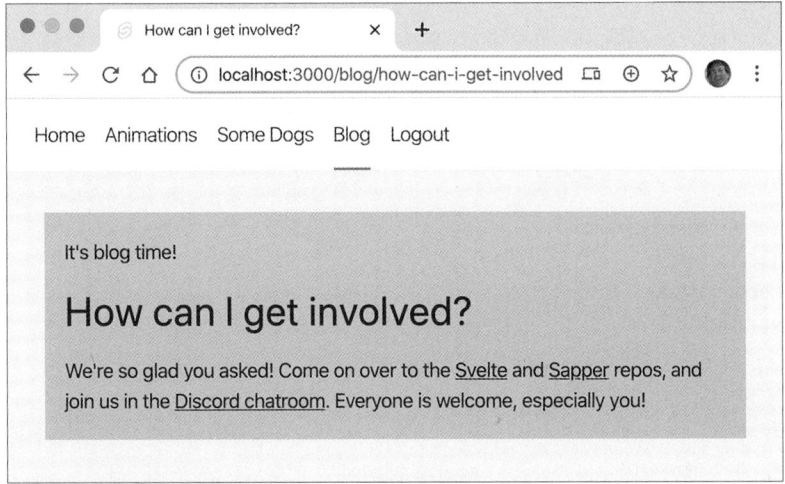

그림 16-1 블로그 페이지에 중첩 레이아웃을 적용한 결과

16.4 에러 처리

특정 유형의 에러가 발생하면 `src/routes/_error.svelte` 파일에 정의된 컴포넌트가 화면
에 그려집니다. 이런 유형의 에러에는 페이지 이동 에러나 서버 측에서 발생한 에러가 포함됩
니다. 예를 들면 사용자가 정의되지 않은 경로로 이동하려고 할 때, 여기에 정의한 에러 컴포넌
트가 화면에 표시됩니다. 이 파일 내용을 수정해서 에러 페이지를 입맛에 맞게 고칠 수 있습니
다. 이를테면 404 에러를 다른 에러와는 다르게 표시하고 싶다면, [예제 16-3]과 같이 에러 페
이지를 수정할 수 있습니다. 에러가 발생한 페이지의 경로는 제공되는 스토어로 알아낼 수 있
습니다.

예제 16-3 src/routes/_error.svelte 파일에 정의한 에러 페이지

```
<script>
  import {stores} from '@sapper/app';
  const {page} = stores();

  export let status;
  export let error;

  const dev = process.env.NODE_ENV === 'development';
</script>

{#if status === 404}
  There is no page mapped to {$page.path}.
{:else}
  <h1>Error: {error.message}</h1>
  <p>status: {status}</p>
  {#if dev && error.stack}
    <pre>{error.stack}</pre>
  {/if}
{/if}
```

새퍼 앱은 하나의 에러 페이지만 사용합니다. 페이지 레이아웃 컴포넌트와 달리, 라우트의 하위 디렉터리에서만 쓸 수 있는 에러 페이지를 중첩 정의할 수 없습니다.

16.5 서버와 클라이언트 모두에서 실행하기

서버에서 동작하도록 만들어진 새퍼 앱을 시작하면, `<script context="module">` 요소 안의 코드에서 불러오는 모든 라우트와 모든 컴포넌트들이 실행됩니다. 그래서 웹 소켓web socket 연결을 맺는 등 초기 설정 작업을 할 수 있습니다. 모듈 콘텍스트는 흔히 `preload` 함수만 정의하고 그 외 즉시 실행해야 하는 다른 코드는 가지고 있지 않습니다.

새퍼 앱은 서버에서 방문할 첫 번째 페이지를 그립니다. 따라서 첫 번째 페이지에 있는 `script` 요소 안의 자바스크립트 코드는 두 번 실행됩니다. 한 번은 서버에서, 한 번은 웹 브라우저에서 말입니다. 그 이후에 그려지는 페이지에 있는 자바스크립트 코드는 오직 브라우저에서만 실행됩니다.

만약 script 요소의 코드가 브라우저에서만 제공되는 window 객체나 sessionStorage, localStorage 등에 접근해야 한다면, 이런 코드는 서버에서 실행되지 않도록 주의해야 합니다. 서버에서 실행되지 않게 하는 한 가지 방법은 이런 코드들을 onMount, beforeUpdate, afterUpdate와 같은 라이프사이클 함수에서 사용하는 것입니다. 이 함수들은 오직 브라우저에서만 실행됩니다. 또 다른 방법은 브라우저에서 코드가 실행되는 경우 그 값이 참인 process.browser 변수를 확인하는 것입니다.

16.6 Fetch API 래퍼

Fetch API(*http://mng.bz/xWqe*)는 전역 함수 fetch와 Body, Headers, Request, Response 객체에 대한 인터페이스를 정의합니다. API 서비스를 요청할 때 fetch 함수를 주로 사용합니다. 브라우저 환경에서는 기본으로 제공되지만, Node.js 환경에서는 그렇지 않습니다.

모듈 콘텍스트는 알다시피 컴포넌트 인스턴스가 아닌 모듈과 연관되는 변수 및 함수를 정의할 때 사용합니다. 모듈 콘텍스트는 <script context="module"> 요소 안에 정의된 모든 것들을 가지고 있습니다.

일반적인 script 요소에서는 브라우저가 제공하는 fetch 함수를 써서 API 서비스를 요청할 수 있습니다. 반면, <script context="module"> 요소 안에서는 fetch 대신 this.fetch를 써야 합니다. 서버 사이드 렌더링 과정에서 서버가 fetch 함수를 호출하는 경우 때문에 fetch 대신 this.fetch를 사용하는 것입니다. this.fetch를 쓰는 방법은 다음 절에서 살펴봅시다.

16.7 프리로딩

페이지를 화면에 그리기 전, 필요로 하는 데이터를 API 서비스에서 가져와야 할 필요가 있다면 preload 함수를 사용할 수 있습니다. 이는 반드시 페이지 컴포넌트의 모듈 콘텍스트, 즉 <script context="module"> 요소 안에 정의해야 합니다. preload 함수는 두 개의 인자를 전달받으며 통상 page와 session이라고 이름 짓습니다. 이들의 값은 16.3절에서 이미 설명했기 때문에 자세한 내용은 생략합니다.

preload 함수는 데이터를 가져오기 위해 몇 번의 API 서비스라도 요청할 수 있습니다. API 서비스가 아니더라도 GraphQL 질의나 웹 소켓 연결 등 다른 방법을 사용할 수도 있습니다. preload 함수는 반드시 객체를 반환해야 하며, 이 객체의 속성들의 이름은 해당 페이지 컴포넌트가 전달받을 수 있는 프롭스 이름과 같고, 속성값은 페이지 컴포넌트로 전달되는 프롭스값이 됩니다. 라우트에 포함되지 않는 페이지 컴포넌트에 preload 함수를 정의하면 호출되는 경우가 없기 때문에 아무런 효과가 없습니다.

기본 새퍼 앱에 [그림 16-2]와 같이 직원 정보 페이지를 추가해서 프리로딩을 사용해봅시다.

그림 16-2 직원 정보 페이지

우선 [예제 16-4]의 내용으로 routes 디렉터리에 employees.svelte 파일을 만듭니다.

예제 16-4 src/routes/employees.svelte 파일

```
<script context="module">
  export async function preload(page, session) {
    try {
      const url = 'https://dummy.restapiexample.com/api/v1/employees';
      const res = await this.fetch(url);

      if (res.ok) {
```

fetch 대신 this.fetch를 사용한다는 점에 유의하세요.

가짜 직원 정보를 제공하는 무료 공개 API 서비스입니다.

```
        const result = await res.json();
        const employees = result.data;
```
이 API 서비스는 data 속성을 가진 JSON 객체를 반환합니다. data 속성은 employee 객체 배열을 가집니다.

```
        // 직원을 이름, 성 순으로 정렬합니다.
        employees.sort((emp1, emp2) => {
          const [first1, last1] = emp1.employee_name.split(' ');
          const [first2, last2] = emp2.employee_name.split(' ');
          const compare = last1.localeCompare(last2);
          return compare ? compare : first1.localeCompare(first2);
        });

        return {employees};
```
컴포넌트에 프롭스로 전달할 값이 저장된 객체가 반환됩니다.

```
      } else {
        const msg = await res.text();
        this.error(res.statusCode, 'employees preload error: ' + msg);
      }
    } catch (e) {
      this.error(500, 'employees preload error: ' + e.message);
    }
  }
}
</script>
```
이런 방식으로 에러를 처리합니다.

```
<script>
  export let employees;

  const formatter = new Intl.NumberFormat('en-US', {
    style: 'currency',
    currency: 'USD',
    minimumFractionDigits: 0
  });
</script>
```
숫잣값을 US 화폐 단위로 수정해서 표현합니다. 센트(cent) 값은 0이 아닌 경우에만 표시합니다.

```
<svelte:head>
  <title>Employees</title>
</svelte:head>

<table>
  <caption>Employees</caption>
  <tr>
    <th>Name</th>
    <th>Age</th>
    <th>Salary</th>
  </tr>
  {#each employees as employee}
```

```
    <tr>
      <td>{employee.employee_name}</td>
      <td class="right">{employee.employee_age}</td>
      <td class="right">{formatter.format(employee.employee_salary)}</td>
    <tr>
  {/each}
</table>

<style>
  caption {
    font-size: 2rem;
    font-weight: bold;
  }

  table {
    border-collapse: collapse;
  }

  td, th {
    border: solid lightgray 1px;
    padding: 0.5rem;
  }

  .right {
    text-align: right;
  }
</style>
```

routes/_layout.svelte 파일을 열어서 main에 대한 규칙에서 CSS 속성 position,
max-width, margin을 제거합니다. 그러면 표가 페이지의 왼쪽에 정렬됩니다. 그리고
components/Nav.svelte 파일을 수정해서 새로 만든 직원 정보 페이지에 대한 링크를 추가
합니다. 다음과 같이 li 요소를 'About' 페이지 링크 다음에 추가합니다.

```
<li>
  <a aria-current={segment === 'employees' ? 'page' : undefined}
    href="employees">
    employees
  </a>
</li>
```

이 정도면 충분합니다. 이제 화면에 그리기 전에 필요한 데이터를 API 서비스로 미리 가져오는 컴포넌트를 만들었습니다. 이런 라우트 경로는 컴포넌트의 .svelte 파일 위치와도 연관되므로, 같은 컴포넌트를 여러 라우트 경로에 등록해서 쓸 수는 없다는 점에 유의하세요.

또한 onMount 라이프사이클 함수와 preload 함수의 차이점에 대해서도 알아두는 것이 좋습니다. onMount 함수는 컴포넌트의 상태를 나타내는 컴포넌트 최상위 수준 변수에 직접 접근이 가능한 반면, preload 함수는 컴포넌트에 전달할 프롭스값을 객체로 반환하기 때문에 컴포넌트의 상태변수에 접근할 수 없습니다.

16.8 프리페칭

라우트 설정을 통해 사용자가 마우스 커서를 앵커 요소 위에 올려두었을 때, 해당 페이지에 필요한 데이터를 미리 다운로드할 수 있습니다. 해당 앵커 요소를 클릭해서 페이지로 이동하면 더 빠르게 페이지를 표시할 수 있습니다.

프리페칭은 페이지 컴포넌트에 대한 앵커 요소에 rel="prefetch"라는 속성을 추가하는 것으로 적용할 수 있습니다. 현재 표준 HTML의 앵커 요소 속성으로 이렇게 프리페칭을 적용하는 방법을 추가하는 것도 검토 중입니다. 자세한 내용은 *http://mng.bz/AAnK*에서 확인할 수 있습니다.

프리페칭은 코드 분할과 함께 사용할 수 있습니다. 사용자가 페이지 컴포넌트에 대한 링크인 앵커 요소에 처음 커서를 올려두거나 모바일 장치에서 탭하는 경우, 해당 페이지에서 필요한 자바스크립트 코드를 다운로드하고 preload 함수가 있으면 실행합니다. 이 모든 일이 컴포넌트를 화면에 그리기 전에 일어납니다.

그렇다면 모든 페이지에 대한 링크에 프리페칭을 적용하는 것이 좋을까요? 물론 성능상 많은 이점을 볼 수 있습니다. 하지만 사용자가 마우스 커서를 링크 위에 올렸다고 해서 반드시 해당 링크를 클릭하고 페이지를 방문한다는 법은 없습니다. 방문하지 않는 페이지에 대해서 API 서비스를 요청하고 기타 작업을 처리하는 것은 자원을 낭비하는 것이나 다름없습니다. 비단 웹 앱뿐만 아니라, 이런 API 서비스 요청을 받고 처리하고 관련 작업의 기록을 남기는 서버에서도 자원이 낭비됩니다. 따라서 앱의 각 페이지별로 프리페칭을 적용할 것인지 말 것인지를 판단하는 것이 좋습니다.

프리페칭이 적용되지 않으면, 사용자가 특정 라우트에 대한 앵커 요소를 클릭하고 해당 라우트
가 현재 라우트 경로와 다른 경우에만 preload 함수가 호출됩니다. 반면 프리페칭이 적용되
면, 사용자가 앵커 요소에 커서를 올려두기만 해도 preload 함수가 호출됩니다. 사용자가 다
른 라우트 경로의 페이지로 처음 이동하거나, preload 함수가 정의된 다른 라우트 경로에 마
우스 커서를 올리지 않는 이상 원래 링크에 마우스 커서를 다시 올린다고 preload 함수가 호
출되지는 않습니다.

이전 장에서 만든 직원 정보 페이지에 프리페칭을 적용하려면, components/Nav.svelte 파일
을 열어서 employees에 대한 앵커 요소에 다음과 같이 rel="prefetch" 속성을 추가합니다.

예제 16-5 employees 라우트에 프리페칭 적용하기

```
<li>
  <a
    aria-current={segment === 'employees' ? 'page' : ''}
    href="employees"
    rel="prefetch">
    employees
  </a>
</li>
```

제대로 동작하는지 확인하려면 employees.svelte 파일의 preload 함수 안에서 console.
log 함수를 호출해봅니다.

예제 16-6 src/routes/employees.svelte 파일에서 프리페칭 확인하기

```
<script context="module">
  export async function preload(page, session) {
    console.log('employees.svelte preload: entered');
    ...
  }
</script>
```

그리고 다음 단계를 따라 합니다.

1. 앱이 실행되고 있는 웹 브라우저 탭에서 개발자 도구를 연 다음 콘솔 탭을 클릭하고 페이지를 새로 수정합니다.
2. 'employees' 링크 위에 마우스 커서를 올려두면 preload 함수가 호출되는 것을 확인할 수 있습니다.
3. 다른 링크 위에 마우스 커서를 올려두었다가 다시 'employees' 링크 위에 마우스 커서를 올려둡니다. 이번에는 preload 함수가 호출되지 않습니다.
4. 'about' 등 다른 링크를 클릭합니다.
5. 다시 'employees' 링크 위에 마우스 커서를 올려둡니다. 다시 preload 함수가 호출되는 것을 알 수 있습니다.

rel="prefetch" 속성은 button 요소에는 적용할 수 없습니다. 대신 앵커 요소를 다음과 같이 꾸며서 버튼처럼 보이게 만들 수 있습니다.

예제 16-7 src/components/Nav.svelte 파일의 스타일 정의

```
<style>
  a {
    border: solid gray 1px;
    border-radius: 4px;
    padding: 4px;
    text-decoration: none;
  }
</style>
```

16.9 코드 분할

스벨트는 다른 웹 프레임워크보다 훨씬 작은 크기의 번들을 만듭니다. 여기에 코드 분할까지 적용하면, 초기에 다운로드하는 파일 크기를 더 줄일 수 있습니다. 첫 페이지를 화면에 그려야 할 때 앱의 전체 자바스크립트 코드를 다운로드하지 않아도 되기 때문입니다. 코드 분할을 사용하면 인터넷이 느린 환경이나 모바일 기기에서 앱을 훨씬 더 빠르게 실행할 수 있습니다. 그리고 새퍼는 코드 분할을 자동으로 적용해줍니다. 브라우저가 새퍼 앱을 처음 불러오면, 첫 페이지 또는 첫 라우트 경로에서 필요로 하는 자바스크립트 코드만 다운로드합니다. 다른 경로

나 페이지에 대한 코드는 해당 페이지에 접근하기 전까지는 다운로드하지 않습니다. 사용자가 URL을 바꾸거나 앵커 요소를 클릭해서 다른 경로로 접근해야 해당 페이지의 자바스크립트 코드를 다운로드합니다.

페이지에 대한 앵커 요소에 rel="prefetch" 속성이 지정된 경우 해당 페이지의 자바스크립트 코드는 사용자가 마우스 커서를 올린 순간부터 다운로드하기 시작합니다. 새퍼 시작 앱의 경우 src/components/Nav.svelte 앱의 앵커 요소에 이 속성이 지정되어 있습니다. 'blog' 경로에서도 프리페칭을 사용하며, 위에서 추가한 'employees' 경로에도 역시 프리페칭이 적용되어 있습니다. 'Employees' 페이지에 코드 분할이 어떻게 적용되는지는 다음과 같은 과정을 거쳐 확인할 수 있습니다.

1. 브라우저의 개발자 도구를 연 다음 네트워크 탭을 선택합니다.
2. 'home' 링크를 클릭해서 첫 번째 페이지로 이동합니다.
3. 페이지를 새로고침합니다.
4. 이때 세 개의 파일이 다운로드 됩니다.
   - client.some-hash.js: 새퍼 앱의 src/client.js 파일에 해당하는 코드입니다. 이 파일에는 특정 페이지에 관련된 코드가 없습니다.
   - sapper-dev-client.some-hash.js: 개발 모드에서 실행되는 경우에만 다운로드하는 파일입니다. 디버깅 정보를 출력하기 위한 추가 코드가 있습니다.
   - index.some-hash.js: 'home' 페이지에 대한 코드가 담겨 있습니다.
5. 개발자 도구에서 index.some-hash.js 파일을 클릭해서 그 내용을 확인합니다. 'home' 페이지에 있는 "Great success!"라는 문자열은 있지만, 'about' 페이지에 있는 "About this site"라는 문자열은 없습니다.
6. 앱에서 'about' 링크를 클릭합니다. 이제 about.some-hash.js 파일이 다운로드되는 것을 확인할 수 있습니다.
7. 개발자 도구에서 about.some-hash.js 파일을 클릭해서 내용을 확인합니다. 이번에는 "About this site"라는 문자열은 있지만, "Great success!" 문자열은 없습니다.
8. 앱에서 'employees' 링크 위에 마우스 커서를 올려둡니다. rel="prefetch" 속성을 지정했기 때문에 링크를 클릭하지 않아도 employees.some-hash.js 파일을 다운로드한다는 것을 알 수 있습니다.
9. 앱에서 'employees' 링크를 클릭합니다. 필요한 자바스크립트 코드를 이미 다운로드했기 때문에 아무것도 다운로드하지 않습니다.

코드 분할은 웹 애플리케이션의 성능을 향상시킬 수 있는 훌륭한 기능이며, 새퍼는 이를 자동으로 제공해줍니다.

16.10 여행 준비물 앱 만들기

이번에는 여행 준비물 앱을 새퍼 앱으로 만들어봅시다. 두 개의 라우트 경로를 가지며 페이지 레이아웃을 사용하고 코드 분할이 적용될 것입니다. 완성한 코드는 *http://mng.bz/Z2B0*에서 확인할 수 있습니다. 앱에서 쓸 수 있는 API 서비스가 아직 없기 때문에 여기서는 프리로딩이나 프리페칭을 사용하지 않습니다. 이 기능은 17장에서 추가할 것입니다.

우선 새로운 새퍼 애플리케이션을 만듭니다.

1. 애플리케이션을 만들 디렉터리로 이동합니다.
2. `npx degit sveltejs/sapper-template#rollup sapper-travel-packing` 명령을 실행합니다.
3. `cd sapper-travel-packing` 명령으로 앱 디렉터리로 이동합니다.
4. `npm install` 명령으로 패키지를 설치합니다.
5. `npm install package-name` 명령으로 `sveltejs/sapper-template`에서 사용하지 않는 다른 필요한 패키지를 설치합니다. 여행 준비물 앱의 경우 `dialog-polyfill`과 `uuid` 패키지를 사용합니다.

이제 스벨트에서 만든 파일들을 새퍼 애플리케이션으로 복사합니다. 해야 할 일이 많아 보이지만, 새퍼에서 제대로 동작할 수 있도록 수정하는 작업밖에 없습니다. 처음부터 새퍼 앱으로 시작했다면 이런 과정을 거치지 않아도 됩니다.

1. 스벨트 버전의 `public/global.css` 파일을 새버 버전의 `static/global.css`로 옮겨서 기존 파일을 덮어씁니다.
2. `src/routes` 디렉터리에서 사용하지 않는 페이지 컴포넌트들을 삭제합니다. 여기에는 아마 `index.svelte`, `about.svelte`와 `blog` 디렉터리가 해당할 것입니다.
3. 스벨트 버전의 `src` 디렉터리에 있는 페이지를 나타내는 컴포넌트 파일들을 새퍼의 `src/routes` 디렉터리로 복사합니다. 이에 해당하는 파일은 `Login.svelte`와 `Checklist.svelte`입니다.
4. `.svelte` 파일 이름들을 케밥 표기법^{kebab case}에 따라 수정합니다. 케밥 표기법은 각 단어 사이를 대시(-)로 연결합니다. 이를테면 `TwoWords.svelte` 파일은 `two-words.svelte` 파일로 이름을

바꾸는 것입니다. 이는 파일 이름을 페이지 URL로 사용하기 때문입니다. 또한 첫 페이지로 사용할 소스 파일을 index.svelte라고 이름을 수정합니다. 여행 준비물 앱의 경우 Login.svelte 파일을 index.svelte로, Checklist.svelte 파일은 checklist.svelte로 수정합니다.

5. 페이지 컴포넌트가 아닌 다른 컴포넌트 파일들은 src 디렉터리에서 src/components 디렉터리로 옮깁니다. 여기에는 Category.svelte, Dialog.svelte, Item.svelte, NotFound.svelte 파일이 해당합니다.

6. .js 파일을 새 프로젝트의 같은 디렉터리로 옮깁니다. 여행 준비물 앱의 경우 src 디렉터리의 util.js 파일을 똑같이 src 디렉터리로 복사합니다.

7. src/routes 디렉터리로 옮긴 .svelte 파일 안의 불러오기 구문에 있는 파일 경로를 수정합니다. checklist.svelte 파일은 다음과 같이 수정합니다.

```
import Category from '../components/Category.svelte';    ← ../components/로
import Dialog from '../components/Dialog.svelte';           경로를 추가합니다.
import {getGuid, sortOnName} from '../util';      ←
                                                   .을 ..으로 바꾸었습니다.
```

그리고 Item.svelte 파일도 다음과 같이 수정합니다.

```
import {blurOnKey} from '../util';
```

8. src/components로 복사한 .svelte 파일의 불러오기 구문 경로 역시 수정합니다. Category.svelte 파일을 다음과 같이 수정합니다.

```
import {getGuid, sortOnName} from '../util';
```

9. src/routes/_layout.svelte 파일을 다음과 같이 수정합니다.

   – script 요소와 그 내용은 사용하지 않으므로 전부 삭제합니다.

   – Nav 요소를 삭제합니다.

   – slot 요소 위에 다음 코드를 삽입합니다.

```
<h1 class="hero">Travel Packing Checklist</h1>
```

   – style 요소와 내용을 스벨트 앱의 src/App.svelte 파일의 style 요소와 내용으로 수정합니다.

10. 사용하지 않는 src/components/Nav.svelte 파일을 삭제합니다.

11. src/routes/index.svelte 파일을 다음과 같이 수정해서 로그인 버튼을 다룰 수 있도록 만듭니다.

– goto 함수를 불러오는 구문을 추가합니다.

```
import {goto} from '@sapper/app';
```

– createEventDispatcher 함수를 불러오는 구문을 삭제합니다.

– dispatch 변수를 삭제합니다.

– login 함수를 다음과 같이 수정합니다.

```
const login = () => goto('/checklist');
```

12. src/routes/checklist.svelte 파일을 다음과 같이 수정합니다.

    – 가장 위에 import {onMount} from 'svelte'; 구문을 추가합니다.

    – restore() 함수 호출을 onMount(restore)로 수정해서 restore 함수가 브라우저에서 실행될 때만 호출되도록 만듭니다.

    – createEventDispatcher 함수를 불러오는 구문을 삭제합니다.

    – dispatch 변수를 제거합니다.

    – let restored = false; 구문을 추가합니다. 이 구문은 script 요소 내에 다른 변수 선언문 근처에 추가합니다.

    – 코드를 수정해서 localStorage를 사용하는 메서드가 브라우저에서 실행되는 경우에만 호출되도록 만듭니다. 라이프사이클 함수로 전달된 함수는 브라우저에서만 실행된다는 점을 이용합니다. persist와 restore 함수를 다음과 같이 수정합니다.

```
function persist() {
  if (process.browser && restored) {
    localStorage.setItem('travel-packing', JSON.stringify(categories));
  }
}

function restore() {
  const text = localStorage.getItem('travel-packing');
  if (text && text !== '{}') categories = JSON.parse(text);
  restored = true;
}
```

– 'Log Out' 버튼을 다음과 같이 수정합니다.

```
<a class="button logout-btn" href="/">Log Out</a>
```

13. `static/global.css` 파일에 다음 CSS 규칙을 추가해서 앵커 요소가 버튼처럼 보이도록 만듭니다.

```css
.button {
  background-color: white;
  border-radius: 10px;
  color: gray;
  padding: 1rem;
  text-decoration: none;
}
```

14. `src/components/Dialog.svelte` 파일을 다음과 같이 수정합니다.

– `import dialogPolyfill from 'dialog-polyfill';` 구문을 삭제합니다. 전역 변수 window 에 접근해야 하는데, 서버에서 실행되는 경우 해당 변수가 없기 때문입니다.

– 브라우저에서만 실행되는 onMount 함수를 다음과 같이 호출합니다.

```js
onMount(async () => {
  const {default: dialogPolyfill} = await import('dialog-polyfill');
  dialogPolyfill.registerDialog(dialog);});
```

비동기 불러오기 구문입니다.

이제 `npm run dev` 명령으로 앱을 실행합니다.[1]

정말 많은 일을 했고, 그만큼 얻은 것도 많습니다. 앞으로 페이지를 더 쉽게 추가할 수 있으며, 코드 분할과 프리로딩 기능이 적용되었으며, 공통 페이지 레이아웃도 적용했습니다. 더 큰 앱 일수록 새퍼를 사용함으로 얻는 이득이 커집니다.

다음 장에서는 새퍼 앱에서 노드 기반 API 서비스를 구현하는 방법을 배워봅니다.

....

1 옮긴이_ 깃허브 코드를 받아서 실행 시작 시 compiler.js와 관련된 오류가 발생하는 경우, 다음 단계로 실행해보기 바랍니다.
   1. package.json에서 rollup-plugin-svelte의 버전을 6.1.1로, svelte의 버전을 3.29.6으로 지정한 다음 `npm install` 명령으로 패키지를 다시 설치합니다.
   2. `npm run build` 명령을 실행합니다.
   3. `npm run start` 명령을 실행합니다.

16.11 마치며

- 새퍼 앱은 잘 정의된 파일 구조를 가집니다.

- 새퍼 앱의 페이지는 **src/routes** 디렉터리 아래에 디렉터리 및 파일들로 정의됩니다.

- 새퍼 앱의 최상위 페이지 레이아웃은 모든 페이지에 적용됩니다.

- 하위 라우트에서 자신만의 레이아웃을 정의하고 **slot** 요소에 페이지 컴포넌트 내용을 표시할 수 있습니다.

- 새퍼 앱은 단 하나의 에러 페이지만 가집니다.

- 새퍼 앱은 서버 사이드에서 코드를 쉽게 실행할 수 있습니다. 다만 몇몇 자바스크립트 코드는 서버에서 실행되지 않도록 주의해야 합니다.

- Fetch API 래퍼를 써서 **preload** 함수 등과 같이 서버에서 Fetch API 사용하는 경우를 지원할 수 있습니다.

- 프리로딩을 사용해서 페이지가 화면에 그려지기 전에 필요한 데이터를 미리 받을 수 있습니다.

- 프리페칭을 통해 사용자가 페이지를 방문하기 전 해당 페이지에서 필요로 하는 코드와 데이터를 미리 다운로드할 수 있습니다.

- 새퍼는 코드 분할을 자동으로 제공합니다. 코드 분할을 통해 사용자가 해당 페이지를 방문하거나, 프리페칭 옵션이 적용된 경우나 페이지 링크에 커서를 올려둔 경우에만 해당 페이지의 자바스크립트 코드를 다운로드합니다.

CHAPTER 17

새퍼 서버 라우트

이 장의 핵심 내용

◆ 서버 라우트

◆ 서버 라우트 소스 파일

◆ 서버 라우트 함수

◆ CRUD 예제

◆ 익스프레스로 전환하기

서버 라우트는 노드 기반 API/REST 서비스입니다. 새퍼로 서버 라우트를 구현하고 서비스할 수 있으며, 클라이언트 측의 코드가 해당 API로 서비스를 요청하고 응답받을 수 있습니다. 또한 서버 측 코드를 클라이언트 측 코드와 같은 코드 프로젝트에서 구현할 수 있습니다. 여러 소스 저장소를 관리하지 않아도 되고, 서버 측 코드와 클라이언트 측 코드를 같은 프로그래밍 언어로 만들 수 있다는 점에서 풀스택 개발자에게 여러모로 쓸모 있는 기능입니다.

> **NOTE_** 새퍼를 쓰지 않아도 스벨트 앱과 노드 기반 API 서버를 같은 소스 저장소에서 관리할 수 있습니다. 하지만 이 경우 각 코드가 개별 소스 트리로 나뉘게 되며, 각 코드가 자신만의 **package.json** 파일을 가지게 됩니다. 반면 새퍼를 쓰면 프런트엔드와 백엔드 코드가 같은 소스 트리에 위치하며, 프런트엔드 자원 처리와 API 요청 처리에 같은 HTTP 서버를 사용합니다.

서버 라우트 소스 파일은 새퍼 애플리케이션 코드의 일부를 서버 측 코드 함수로 지정합니다. 이런 코드로 PostgreSQL과 같은 관계형 데이터베이스나 몽고 DB^{MongoDB} 같은 NoSQL 데이터베이스 등의 데이터를 관리합니다. 이를테면 직원 정보를 관리하는 앱의 경우 이런 직원 정보를 생성하고 읽고 수정하고 삭제하는 API를 제공하는 것입니다.

그렇다고 새퍼 앱에 반드시 서버 라우트로 서버 측 기능을 구현해야 하는 것은 아닙니다. 새퍼 앱은 서버 라우트로 만들어진 API 외에도 새퍼 앱 밖에서 다른 프로그래밍 언어나 다른 프레임워크로 만든 다른 API 서비스를 얼마든지 요청할 수 있습니다.

이 장에서는 새퍼 서버 라우트를 어떻게 구현하는지, 소스 파일은 어디에 저장해야 하는지, 파일 이름을 어떻게 정하는지, 이 파일들에 어떤 함수들을 구현해야 하는지 알아봅니다.

17.1 서버 라우트 소스 파일

서버 라우트를 정의할 소스 파일은 src/routes 디렉터리 아래에 위치합니다. 물론 이 디렉터리에는 이전에도 살펴봤듯 앱의 페이지를 담당하는 스벨트 컴포넌트 파일이 저장되기도 합니다.

API 서비스는 .js 확장자를 가지는 파일 내에 자바스크립트 코드로 정의됩니다. 서비스 요청에 대한 응답으로 JSON 데이터를 반환하는 코드 파일은 .json.js 확장자를 붙입니다.

src/routes 아래 각 디렉터리들은 .svelte 파일이나 .js 파일을 모두 가질 수 있습니다. 해당 디렉터리의 페이지 컴포넌트만 해당 위치의 서버 라우트 기능을 사용하면 이렇게 관련 소스 파일을 같은 위치에 두는 것이 좋습니다. 페이지 컴포넌트가 다른 서버 라우트 기능들도 같이 사용하면 해당 디렉터리에는 .svelte 파일만 둡니다. 마찬가지로 서버 라우트 기능을 여러 페이지 컴포넌트가 사용하는 경우 해당 디렉터리에는 서버 라우트 소스 파일만 저장하는 것이 좋습니다. 어쨌든 지켜야 하는 것은 페이지 컴포넌트든 서버 라우트든 상관없이, 그 소스 파일은 src/routes 디렉터리 아래에 저장되어야 한다는 점입니다.

새퍼에는 서버 라우트에서 쓰는 소스 파일 이름을 짓는 규칙이 정해져 있습니다. 이 장에서 사용할 예제 코드는 견종에 대한 정보를 제공해주는 서비스이며 이 서비스를 쓰는 페이지 컴포넌트의 라우트 경로 이름은 dogs입니다. 이 서비스는 다음과 같이 JSON 형태로 요청한 견종 정보를 제공할 것입니다.

```
{
  "id": "5e4984b33c9533dfdf102ac8",
  "breed" : "Whippet",
  "name" : "Dasher"
}
```

서버 라우트 중 전체 자원 정보를 가져오거나 새 자원을 만드는 등 URL에 경로 파라미터[path parameter]를 사용하지 않는 라우트들은 src/routes/dogs/index.json.js와 같이 명명할 수 있습니다. 서버 라우트가 URL의 경로 파라미터를 쓰는 경우, 이를테면 특정 자원을 수정 또는 삭제하는 경우 서버 라우트 소스 파일은 src/routes/families/[familyId]/dogs/[dogId].json.js 형식으로 만듭니다. 여기서 대괄호([])는 상황에 맞게 파일 이름을 지으라는 뜻이 아니고, 파일 이름에 실제 대괄호와 경로 파라미터 이름을 써야 함을 의미합니다. 이렇게 서버 라우트 소스 파일을 만들면, 견종이 속하는 과[family]의 ID가 'f3'이고 견종 ID가 'd7'인 자원에 대한 수정 요청은 /families/f3/dogs/d7 URL로 PUT 요청을 보내는 것으로 이루어집니다.

17.2 서버 라우트 함수

서버 라우트 소스 파일은 서버 라우트 함수를 정의합니다. 이 함수들은 익스프레스[Express] (https://expressjs.com)의 미들웨어 함수와 비슷하게 HTTP 요청을 처리합니다. 이런 함수들은 대개 요청 객체를 처리하고 응답 객체에 메서드를 호출해서 응답 데이터를 반환합니다.

익스프레스 미들웨어 함수

익스프레스 미들웨어 함수는 HTTP 요청 처리에 주로 사용합니다. 미들웨어 함수는 등록된 순서대로 실행됩니다. 각 미들웨어 함수에는 세 가지 인자가 전달되는데, 바로 요청 객체, 응답 객체, next 함수입니다. 미들웨어 함수들은 다음 중 한 가지 행동을 취합니다.

- 요청 객체를 수정하고 next 함수를 호출해서 다음 미들웨어 함수가 요청을 처리하게 합니다.
- 응답 객체에 메서드를 호출해서 응답 데이터를 반환합니다.
- 응답 객체를 수정하고 next 함수를 호출해서 다음 미들웨어 함수가 응답 객체를 수정하거나 데이터를 추가하게 합니다.

몇몇 미들웨어 함수는 에러를 처리하고 기록을 남기기만 합니다. 에러 정보를 next 함수에 전달해서 호출하면 그다음(혹은 첫 번째) 에러 처리 미들웨어 함수가 실행됩니다. next 함수에 아무 인자도 없이 호출하면 그다음 일반적인 미들웨어 함수가 실행됩니다.

[표 17-1]은 서버 라우트 함수의 이름을 HTTP 메서드와 연결한 것입니다.

표 17-1 CRUD

CRUD	HTTP 메서드	함수 이름
생성	POST	post
읽기	GET	get
업데이트	PUT	put
삭제	DELETE	del

17.3 CRUD 예제

몽고 DB로 견종 정보를 관리할 수 있도록 CRUD를 제공하는 페이지를 만들어봅시다. PostgreSQL과 같은 관계형 데이터베이스를 쓴다고 코드가 많이 바뀌지는 않습니다. 몽고 DB에서 사용할 수 있는 SQL 구문을 사용하는 부분만 바뀔 뿐입니다. [그림 17-1]과 같은 화면이 여기에서 만들려는 애플리케이션입니다.

그림 17-1 견종 페이지

이 UI에서는 다음의 기능들을 사용할 수 있습니다.

- 데이터베이스에 있는 모든 견종 정보를 확인합니다.
- 'Add' 버튼을 눌러서 견종 정보와 이름을 입력하고 새로운 견종을 추가합니다.
- 연필 모양 아이콘을 눌러 데이터베이스에 이미 있는 견종 정보를 수정하고 'Modify' 버튼을 눌러 저장합니다. 연필 모양 아이콘을 클릭하면 'Add' 버튼이 'Modify' 버튼으로 바뀝니다.
- 휴지통 아이콘을 클릭해서 견종 정보를 데이터베이스에서 삭제합니다.

우선 다음 명령들을 순서대로 실행해서 새로운 새퍼 앱을 만듭니다.

1. `npx degit sveltejs/sapper-template#rollup dog-app`
2. `cd dog-app`
3. `npm install`
4. `npm install body-parser mongodb`

body-parser 라이브러리는 HTTP 요청의 바디 부분을 분석해줍니다. mongodb 라이브러리는 몽고 DB 데이터베이스에 연결하고 작업을 하기 위해 필요합니다. 몽고 DB를 설치하고 몽고 DB 셸shell 또는 자바스크립트에서 몽고 DB를 사용하는 자세한 방법은 부록 C를 참고하기 바랍니다.

서버 라우트는 기본으로 폴가(*https://github.com/lukeed/polka*) 서버를 통해 관리됩니다. 폴가는 스스로를 "너무나 작고 빠른 웹 서버라서 당신을 춤추게 만듭니다"라고 소개할 만큼 빠르고 가벼운 웹 서버입니다. 익스프레스와 비교할 때 약 33~50% 정도 빠릅니다. 그러면서도 익스프레스와 거의 같은 API와 미들웨어 함수를 제공합니다. 폴가는 새퍼 코드 기여자이기도 한 루크 에드워즈Luke Edwards가 만들었습니다.

우선 서버 라우트 함수에 HTTP 요청 바디를 전달할 수 있도록 다음과 같이 src/server.js 파일을 수정합니다.

다음과 같이 json 함수를 불러옵니다.

```
import {json} from 'body-parser';
```

polka() 함수 호출에 다음과 같이 호출 체인을 추가합니다.

```
.use(json())         ◁
                     │ 미들웨어 함수를 등록합니다.
```

> **NOTE_** import {json} from 'body-parser'; 구문이 제대로 동작하지 않는 경우. 다음과 같이 json 함수를 불러올 수 있습니다.
>
> ```
> const {json} = require('body-parser');
> ```

src/routes/dogs 디렉터리를 만듭니다. 이 디렉터리에 다음의 파일들을 만듭니다.

- index.svelte: [그림 17-1]과 같은 화면을 그리는 컴포넌트를 정의합니다.
- index.json.js: 모든 견종에 대한 정보를 가져오고 새 정보를 만드는 미들웨어 함수를 내보냅니다. 다른 수많은 프로그래밍 언어와 프레임워크로도 API 서비스를 만들 수 있지만, 새퍼만으로도 얼마나 쉽게 API 서비스를 만들 수 있는지 알게 될 것입니다.
- [id].json.js: 특정 견종 정보를 수정하거나 삭제하는 미들웨어 함수를 내보냅니다. 또 다른 API

서비스인 것입니다.

- _helpers.js: 몽고 DB 컬렉션 dogs에 쓸 수 있는 객체를 반환하는 도우미 함수를 정의합니다.

[예제 17-1]은 dogs 페이지 컴포넌트 코드입니다. 양이 많지만, 스벨트와 새퍼에 대해서 이미 알고 있는 내용만으로도 충분히 이해가 가능합니다.

예제 17-1 src/routes/dogs/index.svelte 파일의 dogs 페이지 컴포넌트

```
<script context="module">
  export async function preload() {          ◁── 견종 정보를 가져오기 위해 컴포넌트가 화면에 그려지기 전
    try {                                          이 함수를 호출합니다. 프리로드 함수는 16장에서 설명했습니다.
      const res = await this.fetch('dogs.json');        ◁── dogs/index.json.js에 정의된
      if (res.ok) {                                          get 미들웨어 함수를 호출합니다.
        const dogs = await res.json();

        const dogMap = dogs.reduce((acc, dog) => {     ◁── 견종 ID와 견종 객체 간
          acc[dog._id] = dog;                               연결 정보를 만듭니다.
          return acc;
        }, {});

        return {dogMap};          ◁── 여기서 반환하는 객체의 속성들은 컴포넌트에 프롭스로 전달됩니다.
      } else {                         이 코드의 경우 dogMap 객체가 프롭스로 전달됩니다.
        // 에러 처리
        const msg = await res.text();
        this.error(res.statusCode, 'Dogs preload: ' + msg);
      }
    } catch (e) {
      this.error(500, 'Dogs preload error: ' + e.message);
    }
  }
</script>

<script>
  export let dogMap = {};          ◁── 위에서 정의한 preload 함수가
                                        dogMap 프롭스를 제공합니다.
  let breed = '';
  let breedInput;
  let error = '';
  let id = '';
  let name = '';
                                                     견종에 대한 ID가 주어졌다는 뜻은
                                                     해당 견종 정보를 수정한다는 것을 의미합니다.
  $: saveBtnText = id ? 'Modify' : 'Add';     ◁── 그렇지 않은 경우 새 견종 정보를 생성합니다.
```

```
$: sortedDogs = Object.values(dogMap).sort((dog1, dog2) =>
  dog1.name.localeCompare(dog2.name)
);

function clearState() {
  id = breed = name = '';
  breedInput.focus();
}

async function deleteDog(id) {
  try {
    const options = {method: 'DELETE'};
    const res = await fetch(`dogs/${id}.json`, options);  ◁─┐  [id].json.js 파일에
                                                              │  정의된 del 미들웨어 함수를
                                                              └  호출합니다.
    if (!res.ok) throw new Error('failed to delete dog with id ' + id);
    delete dogMap[id];
    dogMap = dogMap;  ◁─┐  UI 컴포넌트에서 dogMap을 쓰는 부분에 대한
    clearState();       └  업데이트를 유발합니다.
  } catch (e) {
    error = e.message;
  }
}

function editDog(dog) {
  ({breed, name} = dog);
  id = dog._id;
}

async function saveDog() {  ◁─┐  여기에서 견종 정보의 생성 및 수정을
  const dog = {breed, name};   └  둘 다 처리합니다.
  if (id) dog._id = id;  ◁─┐  id 값이 지정되어 있다면 견종 정보를 수정하고,
                            └  지정되지 않았다면 새 견종 정보를 만든다는 뜻입니다.

  try {
    const options = {
      method: id ? 'PUT' : 'POST',
      headers: {'Content-Type': 'application/json'},
      body: JSON.stringify(dog)
    };
    const path = id ? `dogs/${id}.json` : 'dogs.json';
    const res = await fetch(path, options);  ◁─┐  경우에 따라 index.json.js에 정의된
    const result = await res.json();            │  post 미들웨어 함수를 호출하거나
                                                │  [id].json.js 파일에 정의된
    if (!res.ok) throw new Error(result.error); └  put 미들웨어 함수를 호출합니다.
```

```
        dogMap[result._id] = result;
        dogMap = dogMap;          ◁─┐ UI 컴포넌트에서 dogMap을 쓰는 부분에 대한
                                    │ 업데이트를 유발합니다.
        clearState();
      } catch (e) {
        error = e.message;
      }
    }
  }
</script>

<svelte:head>
  <title>Dogs</title>
</svelte:head>

<section>
  <h1>Dogs</h1>

  {#if error}
    <div class="error">Error: {error}</div>
  {:else}
    {#each sortedDogs as dog}
      <div class="dog-row">
        {dog.name} is a {dog.breed}.
        <button class="icon-btn" on:click={() => editDog(dog)}>
          <!-- 연필 아이콘 -->
          &#x270E;
        </button>
        <button class="icon-btn" on:click={() => deleteDog(dog._id)}>
          <!-- 휴지통 아이콘 -->
          &#x1F5D1;
        </button>
      </div>
    {/each}
  {/if}

  <form>
    <div>
      <label>Breed</label>
      <input bind:this={breedInput} bind:value={breed} />
    </div>
    <div>
      <label>Name</label>
      <input bind:value={name} />
    </div>
```

```
      <button disabled={!breed || !name} on:click={saveDog} type="button">
        {saveBtnText}
      </button>

      {#if id}
        <button on:click={clearState} type="button">Cancel</button>
      {/if}
    </form>
  </section>

  <style>
    button {
      border: none;
      font-size: 1rem;
      padding: 0.5rem;
    }

    .dog-row {
      display: flex;
      align-items: center;
    }

    form {
      margin-top: 1rem;
    }

    form > div {
      margin-bottom: 0.5rem;
    }

    .icon-btn {
      background-color: transparent;
      font-size: 18px;
      margin-left: 0.5rem;
    }

    .icon-btn:hover {
      background-color: lightgreen;
    }

    input {
      border: none;
      padding: 0.5rem;
```

```
    width: 200px;
  }

  label {
    margin-right: 0.5rem;
  }

  section {
    background-color: linen;
    padding: 1rem;
  }
}
</style>
```

이번에는 이 애플리케이션의 서버 측 코드를 살펴봅시다. [예제 17-2]는 몽고 DB의 dogs 컬렉션에 접근해서 작업을 수행할 수 있는 도우미 함수들입니다.

예제 17-2 src/routes/dogs/_helpers.js 파일에 정의한 몽고 DB 도우미 함수들

```
const {MongoClient} = require('mongodb');          몽고 DB는 localhost와 127.0.0.1을 다른
                                                   데이터베이스로 간주합니다. 몽고 셸에서 127.0.0.1
                                                   을 사용하기 때문에 여기에서도 똑같이 127.0.0.1을
const url = 'mongodb://127.0.0.1:27017';  ◄─────── 사용하게 했습니다.
const options = {useNewUrlParser: true, useUnifiedTopology: true};  ◄──── 향후 지원되지 않는
let collection;  ◄─── 이 변수에 dogs 컬렉션 정보가 저장됩니다.                      기능을 사용해서
                     따라서 세션당 한 번만 읽으면 됩니다.                          표시되는 경고
export async function getCollection() {                                메시지를 피하려면
  if (!collection) {                                                  이 옵션을
    const client = await MongoClient.connect(url, options);           사용합니다.
    const db = client.db('animals');  ◄───────── 몽고 DB의 animals 데이터베이스에 접근합니
    collection = await db.collection('dogs');  ◄── 다. db 변수에 대해서 close 메서드를 호출하지
  }                                              않아도 됩니다. 자세한 내용은 http://mng.bz/
                     animals 데이터베이스에서       qMqw에서 확인하기 바랍니다.
  return collection;  dogs 컬렉션을 가져옵니다.
}
```

[예제 17-3]은 GET과 POST 요청에 대한 서버 라우트 코드입니다. 이 서버 라우트는 경로 파라미터를 처리할 필요가 없습니다. 또한 함수들의 이름은 반드시 get, post이어야 합니다.

예제 **17-3** src/routes/dogs/index.json.js 파일에 정의한 GET 및 POST 라우트

```
import {getCollection} from './_helpers';

export async function get(req, res) {
  try {
    const collection = await getCollection();
    const result = await collection.find().toArray();    ◁── 몽고 DB의 dogs 컬렉션에 있는
    res.end(JSON.stringify(result));    ◁──                 모든 정보를 가져옵니다.
  } catch (e) {                    dog 객체 배열을 JSON 형태로 반환합니다.
    console.error('index.json.js get:', e);
    res.status(500).json({error: e.message});
  }
}

export async function post(req, res) {
  const dog = req.body;
  try {                                       몽고 DB dogs 컬렉션에
    const collection = await getCollection();  새 정보를 추가합니다.
    const result = await collection.insertOne(dog);    ◁──
    const [obj] = result.ops;    ◁──          삽입한 문서를 가져옵니다.
    res.end(JSON.stringify(obj));    ◁──      여기에는 견종 정보와 할당된
  } catch (e) {                               고유 ID가 있습니다.
    console.error('index.json.js post:', e);  클라이언트에게 dog 객체를 JSON 형태로
    res.status(500).json({error: e.message}); 반환합니다. 객체에 고유 ID가 있으므로
  }                                           이 ID로 추가한 견종 정보에 접근할 수 있습니다.
}
```

[예제 17-4]는 DELETE와 PUT에 대한 서버 라우트 코드입니다. 이 서버 라우트들은 **id**라는 경로 파라미터를 전달받습니다. 각 서버 라우트에 해당하는 함수 이름은 반드시 **del**과 **put**이어야 합니다.

예제 **17-4** src/routes/dogs/[id].json.js 파일의 DELETE 및 PUT 서버 라우트 코드

```
const {ObjectId} = require('mongodb');    ◁── 몽고 DB에서 사용하는 문서 ID를 생성할 때
import {getCollection} from './_helpers';     쓰는 함수입니다.

export async function del(req, res) {
  const {id} = req.params;    ◁── 경로 파라미터에서 삭제 대상이 되는 정보의
  try {                           ID를 가져옵니다.
    const collection = await getCollection();
```

```
      const result = await collection.deleteOne({_id: ObjectId(id)});
      if (result.deletedCount === 0) {
        res.status(404).send(`no dog with id ${id} found`);
      } else {
        res.end();
      }
    } catch (e) {
      console.error('[id].json.js del:', e);
      res.status(500).json({error: e.message});
    }
  }
```

◁ dogs 컬렉션에서 해당 ID를 가지는 문서를 삭제합니다.

```
export async function put(req, res) {
  const {id} = req.params;
  const replacement = req.body;

  delete replacement._id;

  try {
    const collection = await getCollection();
    const result = await collection.replaceOne(
      {_id: ObjectId(id)},
      replacement
    );
    const [obj] = result.ops;
    obj._id = id;
    res.end(JSON.stringify(obj));
  } catch (e) {
    console.error('[id].json.js put:', e);
    res.status(500).json({error: e.message});
  }
}
```

◁ 경로 파라미터에서 수정 대상이 되는 정보의 ID를 가져옵니다.

◁ 몽고 DB의 replaceOne 메서드로 전달하는 객체는 _id 속성을 가지면 안 되기 때문에 제거합니다.

◁ 지정된 고유 ID를 가지는 문서 내용을 수정합니다.

◁ JSON으로 반환하기 전 해당 객체에 삭제한 _id 속성값을 복구합니다.

필요한 모든 서버 측 기능을 만들었으니 이제 네비게이션 막대에 dogs 페이지 링크를 추가합니다. Nav 컴포넌트에 다음과 같이 dogs 페이지에 대한 링크를 추가합니다.

예제 17-5 수정한 src/components/Nav.svelte 파일

```
<li>
  <a
    rel="prefetch"
    aria-current={segment === 'dogs' ? 'page' : undefined}
```

```
    href="dogs"
  >
    dogs
  </a>
</li>
```

rel="prefetch" 속성은 16장에서도 설명했듯 사용자가 링크 위에 마우스 커서를 올려두면 src/routes/index.svelte 파일에 정의된 preload 함수를 호출하게 만듭니다. 또한 'dogs' 페이지에서 필요로 하는 자바스크립트 코드도 함께 다운로드합니다. 이 과정을 직접 확인하고 싶다면 브라우저 개발자 도구를 연 다음 네트워크 탭으로 간 후 'dogs' 링크에 마우스 커서를 올려둡니다.

npm run dev 명령을 실행한 후 브라우저에서 localhost:3000으로 접근합니다. 이렇게 간단한 방법으로 CRUD를 지원하는 서버 라우트를 만들 수 있습니다.

17.4 익스프레스로 전환하기

새퍼 애플리케이션에서 폴카 서버 대신 익스프레스와 같은 Node.js 서버를 사용하게 만들 수도 있습니다. 다음 단계를 거쳐서 폴카 대신 익스프레스를 사용하도록 만들어봅시다.

1. npm uninstall polka 명령을 실행합니다.
2. npm install express 명령을 실행합니다.
3. src/server.js 파일을 다음과 같이 수정합니다.
    - import polka from 'polka'; 구문을 삭제합니다.
    - import express from 'express'; 구문을 추가합니다.

새퍼는 기본으로 sirv를 써서 정적 파일을 서비스합니다. 위 단계를 거쳐서 익스프레스 서버를 적용했다면, 다음과 같이 익스프레스가 정적 파일도 서비스할 수 있도록 만듭니다.

1. npm uninstall sirv 명령을 실행합니다.
2. src/server.js 파일을 다음과 같이 수정합니다.
    - import sirv from 'sirv'; 구문을 삭제합니다.

– sirv('statc', {dev}), 구문을 express.static('static'),으로 수정합니다.

– polka() 함수 호출을 express() 함수 호출로 수정합니다.

3. 서버를 재시작합니다.

17.5 여행 준비물 앱 만들기

16장에서 만든 새퍼 버전 여행 준비물 앱에 서버 라우트를 적용해봅시다. 준비물 체크리스트를 몽고 DB에 저장할 것입니다. 완성한 코드는 *http://mng.bz/7XN9*에서 확인할 수 있습니다.

몽고 DB의 데이터베이스 이름은 'travel-packing'이라고 지었습니다. 그 안에는 categories라는 하나의 컬렉션만 있습니다. 컬렉션 안의 각 문서들은 분류와 분류 안의 모든 항목들을 저장합니다.

우선 다음 명령을 실행해서 HTTP 요청 내용을 분석하는 패키지와 몽고 DB를 사용하기 위한 DB, HTTP 응답을 쉽게 보낼 수 있는 패키지를 설치합니다.

```
npm install body-parser mongodb @polka/send-type
```

그리고 src/server.js 파일을 다음과 같이 수정해서 HTTP 요청 내용을 분석하게 합니다.

다음의 불러오기 구문을 추가합니다.

```
const {json} = require('body-parser');
```

첫 polka() 함수 호출 다음에 다음 코드를 추가합니다.

```
.use(json())
```

다음의 API 서비스들을 만듭니다.

1. **분류 만들기**: routes/checklist.svelte 파일에 addCategory 함수로 만들어져 있습니다. src/routes/categories/index.json.js 파일에 post 함수를 정의해서 /categories URL로 POST 요청을 전송하도록 만듭니다.

2. **모든 분류 가져오기**: routes/checklist.svelte 파일의 restore 함수에 구현되어 있습니다. 이를 src/routes/categories/index.json.js 파일에 get 함수를 정의해서 /categories URL로 GET 요청을 전송하도록 만듭니다.

3. **분류 삭제하기**: routes/checklist.svelte 파일의 deleteCategory 함수로 만들어져 있습니다. 이를 src/categories/[categoriID]/index.json.js 파일에 del 함수를 만들어서 /categories/{category-id} URL로 DELETE 요청을 전송하도록 만듭니다. 실제 디렉터리 이름이 [categoryId]입니다.

4. **분류 이름 변경**: routes/checklist.svelte 파일에 persist 함수로 정의되어 있으며, categories 객체의 어떤 데이터라도 수정되면 이 함수가 호출됩니다. 이를 src/routes/categories/[categoryId]/index.json.js 파일에 put 함수를 정의해서 /categories/{category-id} URL에 PUT 요청을 전송하게 만듭니다.

5. **분류에 항목 추가하기**: components/Category.svelte 파일의 addItem 함수로 구현되어 있습니다. 이를 src/routes/categories/[categoryId]/items/index.json.js 파일에 post 함수를 정의해서 /categories/{category-id}/items URL에 POST 요청을 보내도록 만듭니다.

6. **분류에서 항목 삭제하기**: components/Category.svelte 파일에 deleteItem 함수로 구현되어 있습니다. 이를 src/routes/categories/[categoryId]/items/[itemId].json.js 파일에 del 함수를 정의해서 /categories/{category-id}/items/[item-id] URL에 DELETE 요청을 보내도록 만듭니다.

7. **항목 이름을 변경하거나 준비 상태 변경하기**: components/Category.svelte 파일에 persist 함수로 구현되어 있습니다. 이 함수는 categories 객체의 어떤 데이터라도 변경되면 호출됩니다. 이를 src/routes/categories/[categoryId]/items/[itemId].json.js 파일에 put 함수를 정의해서 /categories/{category-id}/items/{item-id} URL로 PUT 요청을 보내도록 합니다.

분류 정보를 조회하면 이에 해당하는 모든 항목 정보도 함께 주기 때문에, 주어진 분류에 해당하는 모든 항목을 가져오는 API는 만들지 않았습니다. 위 API 서비스를 구현하고 나면 다음과 같은 디렉터리 구조가 됩니다.

- routes 디렉터리
  - categories 디렉터리
    - index.json.js: get / post 함수
    - [categoryId] 디렉터리
      - index.json.js: put / del 함수
      - items 디렉터리
        - index.json.js: post 함수
        - [itemId].json.js: put / del 함수

다음 단계를 거쳐 API 서비스들을 구현합니다.

1. src/routes 디렉터리 아래에 categories 디렉터리를 만듭니다.

2. 다음과 같이 src/routes/categories/_helpers.js 파일을 만듭니다. 이 파일에는 몽고 DB의 'travel-packing' 데이터베이스에 있는 checklist 컬렉션에 연결하고 작업을 실행할 수 있는 도우미 함수들을 정의합니다. [예제 17-2]에 정의한 src/routes/dogs/_helper.js 파일과 내용이 비슷하니, 해당 예제의 주석을 참고하기 바랍니다.

```
const {MongoClient} = require('mongodb');

const url = 'mongodb://127.0.0.1:27017';
const options = {useNewUrlParser: true, useUnifiedTopology: true};
let collection;

export async function getCollection() {
  if (!collection) {
    const client = await MongoClient.connect(url, options);
    const db = client.db('travel-packing');
    collection = await db.collection('categories');
  }
  return collection;
}
```

3. src/routes/categories/index.json.js 파일에 분류 정보를 가져오고 새 분류를 만들 수 있는 API 서비스를 다음과 같이 만듭니다.

```
const send = require('@polka/send-type');        ◁──┐ send 함수를 사용해서 HTTP 응답을
import {getCollection} from './_helpers';           └ 쉽게 구현할 수 있습니다.

export async function get(req, res) {             ◁──┐ 데이터베이스에서 모든 분류를
  try {                                             └ 가져옵니다.
    const collection = await getCollection();
    const result = await collection.find().toArray();
    res.end(JSON.stringify(result));
  } catch (e) {
    console.error('categories/index.json.js get:', e);
    send(res, 500, {error: e});
  }
}

export async function post(req, res) {            ◁──┐ 데이터베이스에 새 분류를
  const category = req.body;                        └ 추가합니다.
```

```
  try {
    const collection = await getCollection();
    const result = await collection.insertOne(category);
    const [obj] = result.ops;              ┌─ 데이터베이스 추가한 객체를 그대로 반환해서
    res.end(JSON.stringify(obj));  ◁───────┤  클라이언트가 추가된 객체에 부여된 _id 값을
  } catch (e) {                            └─ 알 수 있게 해줍니다.
    console.error('categories/index.json.js post:', e);
    send(res, 500, {error: e});
  }
}
```

4. src/routes/categories/[categoryId]/index.json.js 파일에 분류를 삭제하거나 수정할
   수 있는 API 서비스를 다음과 같이 추가합니다.

```
const send = require('@polka/send-type');
const {ObjectId} = require('mongodb');       ◁──── ┌─ 이 함수로 문서 ID를 나타내는
import {getCollection} from '../_helpers';          └─ 객체를 만듭니다.

export async function del(req, res) {    ◁──── ┌─ 데이터베이스에서 분류를
  const {categoryId} = req.params;              └─ 삭제합니다.
  try {
    const collection = await getCollection();
    const result =
      await collection.deleteOne({_id: ObjectId(categoryId)});
    if (result.deletedCount === 0) {
      send(res, 404, `no category with id ${categoryId} found`);
    } else {
      res.end();
    }
  } catch (e) {
    console.error(
      'categories/[categoryId]/index.json.js del:',
      e
    );
    send(res, 500, {error: e});
  }
}

export async function put(req, res) {    ◁──── ┌─ 데이터베이스에서 분류 정보를
  const {categoryId} = req.params;              └─ 수정합니다.
  const replacement = req.body;

  delete replacement._id;    ◁──── ┌─ 몽고 DB의 replaceOne 메서드로 전달되는
                                    └─ 객체에는 _id 속성이 있으면 안 됩니다.
```

```
    try {
      const collection = await getCollection();
      const result = await collection.replaceOne(
        {_id: ObjectId(categoryId)},
        replacement
      );
      const [obj] = result.ops;
      obj._id = categoryId;        ◁─────────┐
      res.end(JSON.stringify(obj));          │  _id 속성값을 복구합니다.
    } catch (e) {
      console.error(
        'categories/[categoryId]/index.json.js put:',
        e
      );
      send(res, 500, {error: e});
    }
  }
```

5. src/routes/categories/[categoryId]/items/index.json.js 파일에 항목을 추가하는
   API 서비스를 다음과 같이 구현합니다.

```
const {ObjectId} = require('mongodb');
const send = require('@polka/send-type');
import {getCollection} from '../../_helpers';

export async function post(req, res) {     ◁─────────┐ 데이터베이스의 분류 문서에
  const {categoryId} = req.params;                   │ 항목을 추가합니다.
  const item = req.body;
  try {
    const collection = await getCollection();
    const itemPath = `items.${item.id}`;
    await collection.updateOne(
      {_id: ObjectId(categoryId)},
      {$set: {[itemPath]: item}}
    );
    res.end();
  } catch (e) {
    console.error(
      'categories/[categoryId]/items/index.json.js post:',
      e
    );
    send(res, 500, {error: e});
  }
}
```

6. src/routes/categories/[categoryId]/items/[itemId].json.js 파일에 분류 내 항목을
삭제하거나 수정하는 API 서비스를 다음과 같이 만듭니다.

```js
const {ObjectId} = require('mongodb');
const send = require('@polka/send-type');
import {getCollection} from '../../_helpers';

export async function del(req, res) {        ◁──┐ 데이터베이스의 분류 문서에서 항목을
  const {categoryId, itemId} = req.params;       │ 삭제합니다.
  try {
    const collection = await getCollection();
    const itemPath = `items.${itemId}`;
    const result = await collection.updateOne(
      {_id: ObjectId(categoryId)},
      {$unset: {[itemPath]: ''}}
    );
    if (result.deletedCount === 0) {
      res
        .status(404)
        .send(
          `no item with id ${itemId} found ` +
          `in category with id ${categoryId}`
        );
    } else {
      res.end();
    }
  } catch (e) {
    console.error(
      'categories/[categoryId]/items/[itemId].json.js del:',
      e
    );
    send(res, 500, {error: e});
  }
}

export async function put(req, res) {        ◁──┐ 데이터베이스의 분류 문서에 있는
  const {categoryId} = req.params;               │ 항목 내용을 수정합니다.
  const item = req.body;

  try {
    const collection = await getCollection();
    const itemPath = `items.${item.id}`;
    await collection.updateOne(
      {_id: ObjectId(categoryId)},
```

```
          {$set: {[itemPath]: item}}
        );
        res.end();
      } catch (e) {
        console.error(
          'categories/[categoryId]/items/[itemId].json.js put:',
          e
        );
        send(res, 500, {error: e});
      }
    }
  }
```

이렇게 만들어진 API 서비스를 새퍼 앱의 클라이언트 측 코드가 사용할 수 있도록 다음과 같이 수정합니다.

1. **분류 객체의 _id 속성을 변경합니다.** 몽고 DB에서 반환하는 객체는 분류를 나타내는 고유 ID 값을 _id 속성에 지정합니다. 하지만 현재 모든 클라이언트 측 코드는 분류 객체에 id 속성값을 사용합니다. 이를 _id로 수정합니다.

2. **src/routes/checklist.svelte 파일을 수정합니다.** 많은 내용을 수정해야 합니다. 위에서 구현한 API 서비스 요청을 호출하려면 preload, drop, deleteCategory, saveCategory 함수를 수정해야 합니다. 자세한 내용은 *http://mng.bz/mBqr*의 checklist.svelte 파일을 참고하기 바랍니다.

3. **src/components/Category.svelte 파일을 수정합니다.** 이 파일 역시 많은 내용을 고쳐야 합니다. deleteItem과 saveItem 함수에서 위 API 서비스들을 요청하도록 만듭니다. 자세한 내용은 *http://mng.bz/5a8B*의 Category.svelte 파일을 참고하기 바랍니다.

4. **src/components/Item.svelte 파일을 수정합니다.** 이 파일은 persist 이벤트 부분만 수정하면 됩니다. 자세한 내용은 *http://mng.bz/6QEo*의 Item.svelte 파일을 참고하기 바랍니다.

모든 수정을 마쳤으면 다음과 같이 앱을 테스트합니다.

1. 몽고 DB 서버를 실행합니다.
2. npm run dev 명령으로 앱 서버를 시작합니다.[1]
3. 분류를 몇 개 추가합니다.

....
1 옮긴이_ 깃허브 코드를 받아서 실행 시 compiler.js와 관련된 오류가 발생하는 경우, package.json에서 rollup-plugin-svelte 의 버전을 6.1.1로, svelte의 버전을 3.29.6으로 지정한 다음 패키지를 다시 설치(npm install)하고 실행해보길 권합니다.

4. 분류 이름을 클릭해서 수정하고 엔터키를 눌러서 저장합니다.

5. 분류의 휴지통 아이콘을 클릭해서 삭제합니다.

6. 분류에 항목을 몇 개 추가합니다.

7. 항목 이름을 클릭해서 수정한 다음 엔터키를 눌러서 저장합니다.

8. 아이템의 휴지통 아이콘을 클릭해서 삭제합니다.

9. 항목을 한 분류에서 다른 분류로 끌어서 옮깁니다.

10. 브라우저의 앱 실행 창을 새로 고쳐서 모든 분류와 항목들이 수정한 그대로 유지되는지 확인합니다.

이렇게 여행 준비물 앱의 데이터를 브라우저의 localStorage가 아닌 몽고 DB에 저장하도록 만들어보았습니다. 이제 같은 웹 브라우저가 아닌 다른 곳에서 접속해도 같은 데이터를 볼 수 있습니다. 현재 여행 준비물 앱의 체크리스트는 접속하는 모든 사용자가 공유하지만, 원한다면 각 사용자가 별도의 데이터를 사용하도록 앱을 수정할 수도 있습니다.

다음 장에서는 새퍼 애플리케이션으로 정적 사이트를 만드는 법을 배워볼 것입니다.

17.6 마치며

- 서버 라우트는 노드 기반 API/REST 서비스를 제공해서 같은 새퍼 프로젝트 내에서 클라이언트 코드와 서버 코드를 함께 구현할 수 있도록 해줍니다.

- 서버 라우트 소스 파일은 src/routes 디렉터리 아래에 페이지 컴포넌트를 정의하는 .svelte 파일과 같은 위치에 저장됩니다. 서버 라우트 소스 파일은 특별한 명명 규칙을 따릅니다.

- 서버 라우트 함수는 마치 익스프레스의 미들웨어 함수와 비슷합니다. 이 함수들은 HTTP 요청들을 처리합니다.

- 서버 라우트는 모든 종류의 CRUD 작업을 구현할 수 있습니다.

- 굳이 그럴 필요는 없지만, 원한다면 폴카 서버 대신 익스프레스를 쓰도록 바꿀 수 있습니다.

CHAPTER 18

새퍼 앱을 정적 사이트로 만들기

> **이 장의 핵심 내용**
>
> ◆ 새퍼 앱을 정적 사이트로 변환하기
>
> ◆ 정적 사이트를 써야 하는 경우
>
> ◆ 정적 사이트 앱 예제

애플리케이션을 빌드할 때, 방문 가능한 모든 페이지에 대해서 미리 HTML 페이지를 만들면 애플리케이션을 정적 사이트로 만들 수 있습니다. 이런 방법을 자주 사용하는 곳이 바로 블로그 사이트입니다. 블로그에 접속하는 사람들은 특정 글을 읽을 텐데, 블로그 작가가 새 글을 쓰면 해당 글은 정적 사이트를 다시 생성한 경우에만 사용자들에게 노출될 것입니다. 이런 경우 매일 밤 등 주기적으로 정적 사이트를 다시 생성할 수 있도록 변환 작업을 자동화해둘 수 있습니다. 또는 새 글이 작성되거나, 글을 수정하거나, 코드를 변경하거나, 추가하는 경우 정적 사이트를 다시 만들 수도 있습니다.

정적 사이트는 실행 성능이 무척 뛰어납니다. 당연하게도 HTML 페이지만 다운로드하면 되며, 자바스크립트 코드로 페이지를 생성하지 않기 때문입니다. 또한 자바스크립트 코드도 적게 다운로드합니다. 어떤 사이트는 사용자와의 상호작용이 필요 없기 때문에 자바스크립트 코드를 전혀 사용하지 않는 경우도 있습니다. 또한 정적 사이트는 상대적으로 더 안전합니다. 정적 사이트의 자바스크립트 코드는 대부분의 경우 서버에서 실행되며, 따라서 API 서비스 호출 등도 사용자와의 상호작용으로 이루어지지 않고 오직 서버에서 실행됩니다. 악의적인 사용자가 사이트에 접근해서 API 호출 등으로 서버에 침입하는 경우가 훨씬 덜할 것입니다.

새퍼 앱을 정적 사이트로 변환하는 것은 리액트에서 개츠비^{Gatsby}(*www.gatsbyjs.org*)를 사용하는 것과 비슷합니다. 이 장에서는 새퍼 애플리케이션을 어떻게 정적 사이트로 변환하는지 그 과정을 자세히 살펴보고 예제 앱에 적용해봅니다.

여행 준비물 앱은 서버 라우트를 사용해서 몽고 DB에 데이터를 질의하고 수정하는 등의 작업을 하기 때문에 정적 사이트와는 잘 맞지 않습니다. 새퍼 앱을 정적 사이트로 변환하면 서버 라우트는 쓸 수 없습니다. 따라서 여행 준비물 앱 대신 두 가지 일을 하는 간단한 사이트를 만들어볼 것입니다. 이 사이트는 가위바위보 게임에 대한 정보와 선택한 견종에 대한 정보를 제공할 것입니다.

18.1 새퍼 앱을 정적 사이트로 변환하기

정적 사이트로 변환되지 않은 새퍼 애플리케이션은 오직 첫 번째로 방문하는 페이지에 대해서만 서버 사이드 렌더링을 제공합니다. 그 외 모든 페이지는 브라우저에서 처리합니다. 반면 정적 사이트로 변환한 새퍼 앱은 빌드 시점에 모든 페이지에 대한 HTML 파일을 생성합니다. 서버나 브라우저에서 페이지를 생성하지 않습니다. 새퍼는 앱이 시작할 때 표시되는 페이지에서 출발해서 발견되는 모든 앵커 요소(`<a>`)를 통해 재귀적으로 방문할 수 있는 페이지를 계속 방문하며 렌더링합니다. 이렇게 만들어진 정적 사이트는 어떤 방식으로도 서비스할 수 있습니다. 새퍼 앱의 자바스크립트 코드가 서버에서 실행되지 않기 때문에 노드 기반 서버를 쓸 필요도 없습니다.

새퍼 앱을 정적 사이트로 변환하는 동안 방문 가능한 페이지에서 `preload` 함수를 정의한다면, 이 함수를 호출합니다. 이 함수에서 새퍼 앱의 서버 라우트 기능을 사용하지 않는, 외부의 API 서비스를 요청하는 경우 이 서비스를 제공하는 서버가 반드시 정적 변환 과정 동안 동작하고 있어야 합니다.

`preload` 함수는 정적 사이트 변환 동안에만 호출되며, 그다음 사용자가 정적 사이트를 방문하는 경우에는 호출되지 않습니다. 이 함수로 가져오는 데이터는 대개 `.svelte` 파일이 컴포넌트를 화면에 그릴 때 사용합니다. 이런 데이터는 정적 사이트를 만드는 과정에서 받아온 데이터를 계속 사용합니다. API 서비스 등으로 요청해서 받은 데이터는 `.json` 파일에 기록해두며, 사용자가 정적 사이트를 방문하면 API 호출 대신 미리 생성한 `.json` 파일을 사용하게 됩니다.

일부 앱은 이런 식으로 사용자에게 데이터를 제공해도 별다른 문제가 없겠지만, 대부분의 앱에서는 문제가 될 것입니다. 이런 경우 preload 함수가 아닌 곳에서 API 서비스를 요청하면, 정적 사이트로 변환했다고 해도 실시간으로 호출이 가능합니다. 하지만 정적 사이트로 변환한 새퍼 앱에서는 서버 라우트를 쓸 수 없기 때문에, 이렇게 실시간으로 요청하고자 하는 API 서비스는 반드시 서버 라우트가 아닌 다른 방식으로 구현해야 합니다.

새퍼 앱을 정적 사이트로 만들려면 npm run export 명령을 실행합니다. 생성된 파일들은 __sapper__/build와 __sapper__/export 디렉터리에 저장됩니다.

18.2 정적 사이트를 써야 하는 경우

새퍼 앱을 정적 사이트로 변환하기 전, 다음의 사항들을 고려해보아야 합니다.

첫째, 사이트에서 사용하는 모든 페이지를 빌드 시점에 모두 파악하고 생성할 수 있는지를 고려해야 합니다. 이는 대개 필요로 하는 데이터가 최신이어야 하는지와 밀접한 연관을 가집니다. 물건을 판매하는 사이트에서 물건 목록을 정적 사이트를 생성하는 시점의 데이터로만 제공해도 충분할까요? 해당 데이터만으로도 충분하다면, 정적 사이트를 만들어도 될 것입니다. 아니라면, 정적 사이트가 아닌 일반적인 새퍼 앱을 만들어서 사용자가 페이지를 방문할 때마다 데이터를 받아와서 페이지를 만드는 것이 더 좋습니다.

둘째, 정적 사이트를 새로 만들어야 하는 주기를 고려해야 합니다. 이 간격에 따라 자동으로 매일 밤마다 정적 사이트를 새로 만들도록 자동화해야 할 수도 있습니다. 데이터가 한 시간 간격으로 갱신된다면, 정적 사이트 역시 매시간마다 다시 만들어야 할 것입니다. 정적 사이트를 다시 만들어야 하는 시간 간격이 적당한지 아닌지는 정적 사이트를 만드는 데 소요되는 시간과도 연관됩니다. 만약 위에서 예로 든 쇼핑 사이트에 물건 목록이 엄청나게 많아서 가능한 모든 페이지를 방문해 미리 HTML 파일을 생성하는 데 수없이 많은 컴퓨팅 자원과 시간이 소요된다면, 정적 사이트를 주기적으로 새로 만드는 것은 좋지 않은 방법일 것입니다. 이런 경우에도 역시 일반적인 새퍼 앱을 쓰는 것이 더 좋습니다.

18.3 정적 사이트 앱 예제

예제 앱을 통해 새퍼 앱을 정적 사이트로 어떻게 변환하는지 알아봅시다. 완성한 앱의 코드와 이미지들은 *http://mng.bz/oPqd*에서 받을 수 있습니다.

우선 애플리케이션을 정적 사이트로 변환하기 전에 테스트해봅시다. 이 환경에서는 코드 등이 변경되면 바로 페이지를 새로 고치기 때문에 편하게 확인할 수 있습니다.

우선 제공되는 템플릿으로 새로운 새퍼 앱을 만듭니다.

1. npx degit "sveltejs/sapper-template#rollup" my-static-site 명령을 실행합니다.
2. cd my-static-site 명령을 실행해서 프로젝트 디렉터리로 이동합니다.
3. npm install 명령으로 필요한 패키지를 설치합니다.
4. npm run dev 명령을 실행해서 앱 서버를 시작합니다.
5. 브라우저에서 *http://localhost:3000*에 접근합니다.
6. 상단 페이지 링크 등을 클릭해서 앱이 제대로 동작하는지, 페이지가 제대로 표시되는지 확인합니다.
7. 앱을 실행한 터미널에서 Ctrl+C를 눌러서 서버를 종료합니다.
8. npm run export 명령을 실행해서 정적 사이트를 생성합니다.
9. 8번 명령을 실행한 결과 화면에서 제안하는 것처럼 npx serve __sapper__/export 명령을 실행해서 정적 사이트 서버를 시작합니다.
10. 웹 브라우저에서 *http://localhost:5000*에 접근합니다.
11. 상단 페이지 링크 등을 클릭해서 앱이 제대로 동작하는지, 페이지가 제대로 표시되는지 확인합니다.
12. 앱을 실행한 터미널에서 Ctrl+C를 눌러서 서버를 종료합니다.

정적 사이트 개발 동안 export나 serve 명령을 자주 사용합니다. 이 과정을 편하게 하고 싶다면 npm install -D npm-run-all serve 명령으로 필요한 npm 패키지들을 설치합니다. 그리고 package.json 파일에 다음 npm 스크립트를 추가합니다.

```
"serve": "serve __sapper__/export",
"static": "npm-run-all export serve"
```

이제 npm run static 명령만 실행하면 export와 serve 스크립트가 같이 실행됩니다. 명령을 실행해서 *http://localhost:5000*에 접속한 후 제대로 동작하는지 확인합니다.

이제 다음과 같이 홈페이지 내용을 수정해보겠습니다.

1. npm run dev 명령으로 동적 사이트 형태로 앱을 실행합니다.

2. http://localhost:3000에 접속합니다.

3. src/routes/index.svelte 파일을 열어서 다음과 같이 내용을 수정합니다.

```
<svelte:head>
  <title>Home</title>
</svelte:head>

<h1>Purpose</h1>

<p>
  This is a Sapper app that can be used
  to demonstrate exporting a static site.
</p>
```

4. src/routes/_layout.svelte 파일을 다음과 같이 수정합니다.

   – main에 대한 CSS 규칙에서 CSS 속성 max-width와 margin을 삭제합니다. 그러면 페이지 콘텐츠가 왼쪽 정렬됩니다.

5. 브라우저에서 홈페이지가 [그림 18-1]처럼 표시되는지 확인합니다.

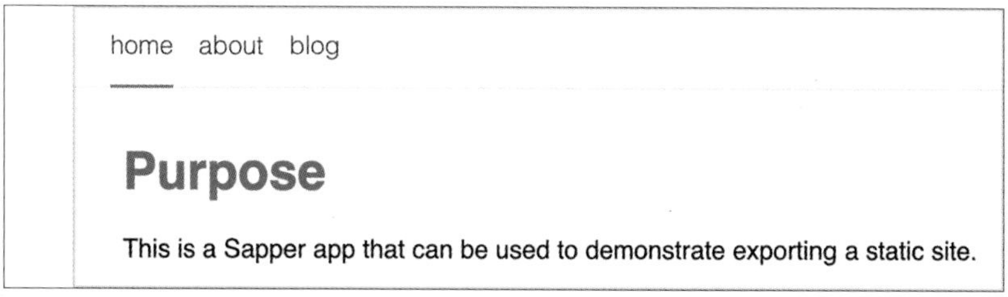

그림 18-1 홈페이지

이제 'about' 페이지를 가위바위보 페이지로 수정해보겠습니다.

1. 다음의 페이지들을 만듭니다. 다른 페이지와 연결할 때 앵커 요소를 쓰는 점에 유의하세요.

2. 우선 src/routes/rps.svelte 파일을 만듭니다.

```
<svelte:head>
  <title>Rock Paper Scissors</title>
</svelte:head>
```

```
<h1>Rock Paper Scissors</h1>
<p>This is a game for two players.</p>
<p>Meet <a href="./rock">rock!</p>
```

src/routes/rock.svelte 파일을 다음과 같이 만듭니다.

```
<svelte:head>
  <title>Rock</title>
</svelte:head>

<h1>Rock</h1>
<img alt="rock" src="./images/rock.jpg" />
<p>I beat <a href="./scissors">scissors</a>.</p>
```

src/routes/paper.svelte 파일을 다음과 같이 만듭니다.

```
<svelte:head>
  <title>Paper</title>
</svelte:head>

<h1>Paper</h1>
<img alt="paper" src="./images/paper.jpg" />
<p>I beat <a href="./rock">rock</a>.</p>
```

src/routes/scissors.svelte 파일을 다음과 같이 만듭니다.

```
<svelte:head>
  <title>Scissor</title>
</svelte:head>

<h1>Scissors</h1>
<img alt="scissors" src="./images/scissors.jpg" />
<p>I beat <a href="./paper">paper</a>.</p>
```

src/components/Nav.svelte 파일을 열어서 두 번째 li 요소 내용을 다음과 같이 수정합니다.

```
<li>
  <a
    aria-current={segment === "rps" ? 'page' : undefined}
    href='rps'
  >
```

```
        RPS
      </a>
    </li>
```

3. 'RPS' 링크와 일관성을 유지할 수 있도록, 홈페이지에 대한 링크에서 앞 글자를 대문자로 수정해서 'Home'으로 표시합니다. 나중에 만들 'Dogs' 링크 역시 앞 글자를 대문자로 쓸 것입니다.

4. [그림 18-2], [그림 18-3], [그림 18-4]의 이미지들을 static/images 디렉터리에 저장합니다.

그림 18-2 static/images/
rock.jpg 파일

그림 18-3 static/images/
paper.jpg 파일

그림 18-4 static/images/
scissors.jpg 파일

5. 사용하지 않는 페이지 파일인 src/routes/about.svelte를 삭제합니다.

6. 웹 브라우저에서 RPS 페이지 링크를 클릭해서 [그림 18-5]와 같은 페이지가 표시되는지 확인합니다.

```
Home   RPS   blog


Rock Paper Scissors

This is a game for two players.

Meet rock!
```

그림 18-5 가위바위보 페이지

7. rock 링크를 클릭해서 [그림 18-6]과 같이 바위 페이지가 표시되는지 확인합니다.

8. scissors 링크를 클릭해서 [그림 18-7]과 같이 가위 페이지가 표시되는지 확인합니다.

9. paper 링크를 클릭해서 [그림 18-8]과 같이 보 페이지가 표시되는지 확인합니다.

10. rock 링크를 클릭해서 다시 바위 페이지가 잘 표시되는지 확인합니다.

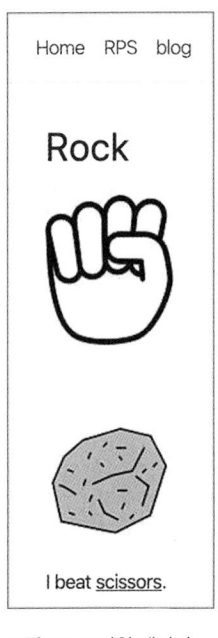

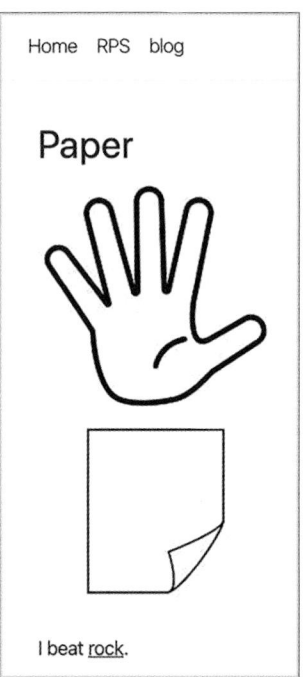

그림 18-6 바위 페이지   **그림 18-7** 가위 페이지   **그림 18-8** 보 페이지

마지막으로 'Blog' 페이지를 다음과 같이 'Dogs' 페이지로 수정해봅니다.

1. 롤업 수정을 수정해서 JSON 파일을 불러올 수 있도록 만듭니다.
   - npm install -D @rollup/plugin-json 명령을 실행합니다.
   - rollup.config.js 파일을 엽니다.
   - 마지막 불러오기 구문 다음에 import json from '@rollup/plugin-json'; 구문을 추가합니다.
   - client 객체와 server 객체 둘 다 plugins 배열의 commonjs() 다음에 json()을 추가합니다. plugins 배열에 요소를 추가할 때 쉼표(,)를 추가하는 것을 잊지 마세요.
2. src/routes 아래에 dogs 디렉터리를 만듭니다.
3. dogs 디렉터리에 다음과 같이 파일들을 만듭니다.
   - src/routes/dogs/dogs.json 파일의 코드입니다.

```
{
  "Dasher": {          이 외에 다른 견종 정보도 자유롭게
    "name": "Dasher",  추가할 수 있습니다.
```

```
      "gender": "male",
      "breed": "Whippet",
      "imageUrl": "./images/whippet.jpg",
      "description": "The sleek, sweet-faced Whippet, ..."
    },
    "Maisey": {
      "name": "Maisey",
      "gender": "female",
      "breed": "Treeing Walker Coonhound",
      "imageUrl": "./images/treeing-walker-coonhound.jpg",
      "description": "A smart, brave, and sensible hunter, ..."
    },
    "Ramsay": {
      "name": "Ramsay",
      "gender": "male",
      "breed": "Native American Indian Dog (NAID)",
      "imageUrl": "./images/native-american-indian-dog.jpg",
      "description": "The NAID is one of friendliest dog breeds. ..."
    },
    "Oscar": {
      "name": "Oscar ",
      "gender": "male",
      "breed": "German Shorthaired Pointer (GSP)",
      "imageUrl": "./images/german-shorthaired-pointer.jpg",
      "description": "Male German Shorthaired Pointers stand between ..."
    }
  }
}
```

다음은 src/routes/dogs/index.json.js 파일의 코드입니다. 이 코드는 견종 정보를 API 서비스를 통해 가져온 다음 이름순으로 정렬합니다.

```
                                              dogs.json에서 이름들을
                                              가져온 다음 정렬합니다.
import dogs from './dogs.json';
const names = Object.values(dogs).map(dog => dog.name).sort();  ◁

export function get(req, res) {          ◁      /dogs에 대한 GET API 서비스 구현입니다.
  res.end(JSON.stringify(names));               JSON 파일을 쓰는 대신 데이터베이스 등에서
}                                               실제 정보를 가져오도록 구현할 수도 있습니다.
```

다음은 src/routes/dogs/[name].json.js 파일의 코드입니다. 이 코드는 주어진 강아지 이름에 해당하는 정보를 제공하는 API 서비스를 구현합니다.

```
import dogs from './dogs.json';

export function get(req, res, next) {          ←── /dogs/{name}에 대한 GET API 서비스를
  const {name} = req.params;                        구현합니다. 대신 실제 데이터베이스에 정보를
  const dog = dogs[name];                           가져오도록 만들 수도 있습니다.

  if (dog) {
    res.end(JSON.stringify(dog));
  } else {
    const error = {message: `${name} not found`};
    res.statusCode = 404;
    res.end(JSON.stringify(error));
  }
}
```

다음은 src/routes/dogs/index.svelte 파일의 코드입니다. 'Dogs' 페이지를 구현합니다. 이
페이지에서는 각 견종에 대한 링크를 앵커 요소로 버튼처럼 표시합니다. 각 버튼을 클릭하면 해당
견종 정보 페이지로 이동합니다.

```
<script context="module">
  export async function preload(page, session) {       ←── API 서비스를 통해
    try {                                                   강아지 이름에 대한
      const res = await this.fetch('dogs.json');            배열 데이터를 가져옵니다.
      if (res.ok) {
        const names = await res.json();
        return {names};          ←── #each 블록에서 사용하는
      } else {                        names 프롭스값을 제공합니다.
        const msg = await res.text();
        this.error(res.statusCode, 'error getting dog names: ' + msg);
      }
    } catch (e) {
      this.error(500, 'getDogs error:', e);
    }
  }
</script>

<script>
  // 위의 preload 함수가 names를 프롭스로 제공합니다.
  export let names;
</script>

<svelte:head>
  <title>Dogs</title>
```

442   3부 새퍼의 세계로

```
  </svelte:head>

  <h1>Dogs</h1>

  {#each names as name}
    <div>
      <a rel="prefetch" href="dogs/{name}">{name}</a>
    </div>
  {/each}
  <div>
    <a rel="prefetch" href="dogs/Spot">Spot</a>    ◁─── 존재하지 않는 페이지로 이동할 경우
  </div>                                                   어떻게 동작하는지 보여주기 위해
                                                           삽입한 링크입니다.
  <style>
    div {
      --padding: 0.5rem;
      box-sizing: border-box;
      height: calc(22px + var(--padding) * 2);
      margin-top: var(--padding);
    }

    div > a {
      border: solid lightgray 2px;
      border-radius: var(--padding);
      padding: var(--padding);
      text-decoration: none;
    }
  </style>
```

다음은 src/routes/dogs/[name].svelte 파일의 코드입니다. 이 코드는 특정 견종에 대한 데이터 페이지를 화면에 그립니다.

```
  <script context="module">
    export async function preload({params}) {     ◁─── API 서비스 요청으로 주어진 이름에
      const {name} = params;                             해당하는 견종 정보를 가져옵니다.
      const res = await this.fetch(`dogs/${name}.json`);
      if (res.ok) {
        const data = await res.json();
        if (res.status === 200) {
          return {dog: data};                      ◁─── 이 컴포넌트의 HTML에서 사용하는
        } else {                                         dog 프롭스값을 제공합니다.
          this.error(res.status, data.message);
        }
```

```
    } else {
      const {message} = await res.json();
      const status = message && message.endsWith('not found') ? 404 : 500;
      this.error(status, 'error getting dog data: ' + message);
    }
  }
</script>

<script>
  import {goto} from '@sapper/app';        ◁──┐ goto 함수로 지정한 경로의 페이지로
                                               │ 이동합니다.
  export let dog;

  function back() {
    goto('/dogs');
  }
</script>

<svelte:head>
  <title>{dog.name}</title>
</svelte:head>                     주어진 이름에 해당하는 견종 정보를 가져올 때 에러가 발생하면 dog
                                   객체에 message 속성으로 에러 정보를 저장합니다. 이 예제 코드에서는
{#if dog.message}     ◁──────┘     'Spot'과 같은 이름으로 조회하면 에러 메시지가 전달됩니다.
  <h1>{dog.message}</h1>
  <button on:click={back}>Back</button>
{:else}
  <h1>{dog.name} - {dog.breed}</h1>
  <div class="container">
    <div>
      <p>{dog.description}</p>
      <button on:click={back}>Back</button>
    </div>
    <img alt="dog" src={dog.imageUrl} />
  </div>
{/if}

<style>
  .container {
    display: flex;
  }

  img {
    height: 400px;
    margin-left: 1rem;
```

```
  }

  p {
    max-width: 300px;
  }
</style>
```

4. src/components/Nav.svelte 파일을 열어서 세 번째 li 요소 내용을 다음과 같이 수정합니다.

```
<li>
  <a
    aria-current={segment === 'dogs' ? 'page' : undefined}
    href='dogs'
  >
    Dogs
  </a>
</li>
```

5. 사용하지 않는 src/routes/blog 디렉터리를 삭제합니다.

6. static/images 디렉터리에 각 견종에 해당하는 이미지를 저장합니다. 앞에서 정의한 dogs.json 파일에서 어떤 이미지 파일을 사용하는지 확인할 수 있습니다.

    — german-shorthaired-pointer.jpg

    — native-american-indian-dog.jpg

    — treeing-walker-coonhound.jpg

    — whippet.jpg

이제 'Dogs' 페이지가 제대로 동작할 것입니다. 'Dogs' 링크를 클릭해서 [그림 18-9]와 같이 페이지가 표시되는지 확인합니다.

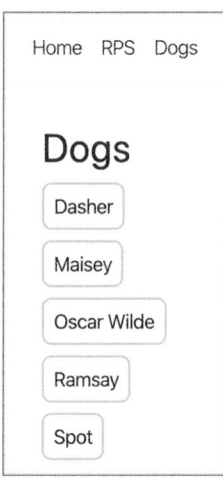

그림 18-9 Dogs 페이지

각 버튼을 클릭해서 [그림 18-10]부터 [그림 18-14]와 같이 페이지가 표시되는지 확인해봅니다. 각 페이지를 확인하면 '뒤로 가기' 버튼을 클릭해서 'Dogs' 페이지로 돌아갈 수 있습니다.

그림 18-10 Dasher 페이지

Home   RPS   Dogs

Maisey - Treeing Walker Coonhound

A smart, brave, and sensible hunter, the
Treeing Walker Coonhound is a genuine
American favorite, nicknamed "The
People's Choice." Don't let the name fool
you. Walkers are runners and are capable of
covering a lot of ground in a hurry.

Back

그림 18-11 Maisey 페이지

Home   RPS   Dogs

Oscar Wilde - German Shorthaired Pointer (GSP)

Male German Shorthaired Pointers stand
between 23 and 25 inches at the shoulder
and weigh anywhere from 55 to 70 pounds;
females run smaller. The coat is solid liver
(a reddish brown), or liver and white in
distinctive patterns. The dark eyes shine
with enthusiasm and friendliness. Built to
work long days in the field or at the lake,
GSPs are known for power, speed, agility,
and endurance. "Noble" and "aristocratic"
are words often used to describe the overall
look. GSPs make happy, trainable pets who
bond firmly to their family. They are always
up for physical activities like running,
swimming, organized dog sports - in fact,
anything that will burn some of their
boundless energy while spending outdoors
time with a human buddy.

Back

그림 18-12 Oscar Wilde 페이지

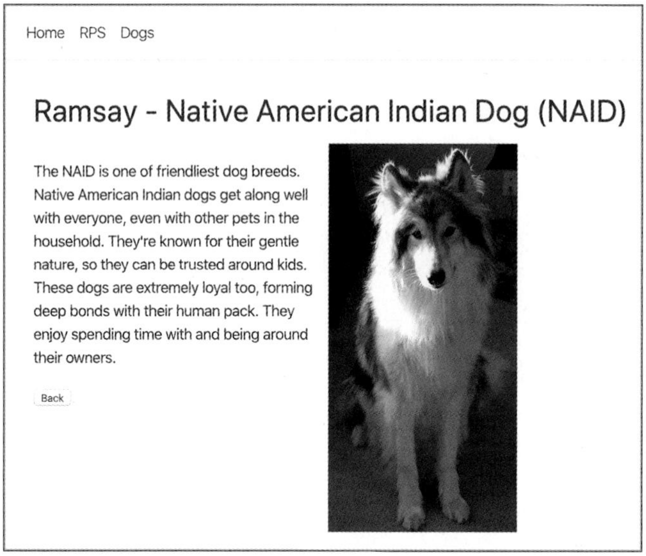

Ramsay - Native American Indian Dog (NAID)

The NAID is one of friendliest dog breeds.
Native American Indian dogs get along well
with everyone, even with other pets in the
household. They're known for their gentle
nature, so they can be trusted around kids.
These dogs are extremely loyal too, forming
deep bonds with their human pack. They
enjoy spending time with and being around
their owners.

Home RPS Dogs

Back

그림 18-13 Ramsay 페이지

Home RPS Dogs

Spot not found

Back

그림 18-14 Spot 페이지

동적 새퍼 앱에서 모든 페이지가 제대로 동작하는 것을 확인했으니, 이번에는 정적 사이트로
변환해봅시다.

1. `npm run static` 명령을 실행합니다. 이 명령으로 한 번에 정적 사이트 HTML 파일들을 만들어서
   `__sapper__/export` 디렉터리에 저장한 다음 로컬 HTTP 서버를 실행합니다.
2. `http://localhost:5000`에 접속합니다.
3. Home, RPS, Dogs 페이지가 제대로 동작하는지 확인합니다.

> **NOTE_** 새퍼 앱을 정적 사이트로 변환해도 이미지에 대한 최적화는 아직 제공하지 않습니다. 하지만 향후
> 에는 이 최적화가 추가될 수도 있습니다. 이에 대한 내용은 *https://github.com/sveltejs/sapper/*
> *issues/172*에서 확인할 수 있습니다.

다음 장에서는 네트워크 연결이 제공되지 않는 오프라인 환경에서 어떻게 새퍼 앱을 사용할 수 있도록 만드는지 알아봅니다.

18.4 마치며

- 새퍼 앱을 정적 사이트로 변환할 수 있습니다.
- 새퍼 앱은 첫 번째 페이지부터 시작해서 페이지의 모든 앵커 요소(<a>)를 따라서 방문할 수 있는 페이지를 재귀적으로 찾은 다음 페이지에 대한 HTML을 생성함으로써 정적 사이트를 만듭니다.
- preload 함수의 API 서비스 요청을 통해 페이지 생성에 필요한 데이터를 가져올 수 있습니다.
- 최신 데이터를 반영할 수 있도록 정적 사이트를 주기적으로 다시 만들 수 있습니다.

CHAPTER 19

새퍼 오프라인 지원

이 장의 핵심 내용

◆ 프로그레시브 웹 애플리케이션

◆ 서비스 워커

◆ 서비스 워커 캐싱 전략

◆ 새퍼 서비스 워커 설정

◆ 서비스 워커 이벤트

◆ 크롬에서 서비스 워커 관리하기

◆ 새퍼 서버에서 HTTPS 설정하기

◆ 오프라인 동작 확인하기

프로그레시브 웹 애플리케이션progressive web application(PWA)은 브라우저에서 지원하는 HTML, CSS, 자바스크립트 등으로 만들어진 애플리케이션을 뜻하는 말입니다. 데스크톱이나 태블릿, 스마트폰 등 표준 웹 브라우저를 가지고 있는 어떤 플랫폼에서나 실행할 수 있습니다. PWA의 주요 기능에는 오프라인 환경에서도 동작하기, 푸시 알림notification, 카메라 등 기기의 장치와 상호작용하기 등이 있습니다.

NOTE_ 애플리케이션이 기기의 장치를 사용하려면, 애플리케이션에게 해당 장치에 접근할 수 있는 권한을 줄 것인지를 사용자에게 확인합니다. 예를 들어 카메라를 통해 음식의 상태나 피부 상태를 확인하는 앱은 사용자에게 카메라를 사용해도 되는지를 확인할 것입니다.

PWA를 사용하는 사용자는 필요한 코드나 파일을 전송받아야 하기 때문에 처음에는 반드시 온라인 환경에서 접속해야 합니다. PWA를 다운로드한 뒤에는 필요한 경우 이 애플리케이션을 설치할 수도 있습니다. 설치하면 홈 화면에 아이콘을 추가하고, 브라우저에 앱 URL을 입력하는 것이 아닌 아이콘을 누르거나 더블 클릭해서 앱을 실행할 수 있습니다. 브라우저를 실행하지 않고도 애플리케이션을 실행하기 때문에 조금 더 네이티브 애플리케이션처럼 보입니다.

새퍼 앱은 기본적으로 PWA로 만들어집니다. 따라서 다음 절에서 설명할 서비스 워커를 사용합니다. 서비스 워커에 대한 자세한 내용은 MDN 문서 'Using Service Workers(http://mng.bz/nPqa)'를 확인하기 바랍니다. 서비스 워커를 통해 제한적인 오프라인 지원이 자동으로 제공됩니다. 서비스 워커는 캐싱 전략을 바꾸지 않는 이상 수정할 필요가 없습니다.

서비스 워커를 사용하려면, 웹 앱은 반드시 HTTPS로 서비스를 제공해야 합니다. 이는 대체 서비스 워커가 네트워크 응답을 조작하는 이른바 중간자 공격man-in-the-middle attack을 방지하기 위한 안전 장치입니다. 몇몇 브라우저는 로컬호스트localhost의 경우 HTTP에서도 서비스 워커를 사용하는 것을 허용하지만, 이는 어디까지나 애플리케이션 디버깅 목적입니다.

이 장에서는 새퍼 앱에서 서비스 워커를 사용하는 자세한 방법을 배워봅니다. 또한 여행 준비물 앱에서 서비스 워커를 사용할 수 있도록 수정해봅니다.

19.1 서비스 워커

서비스 워커는 **웹 워커**web worker의 일종으로, 자바스크립트 소스 파일로 기능을 정의하고 백그라운드 스레드로 실행됩니다. 웹 워커에 대한 자세한 내용은 MDN 문서 'Using Web Workers(http://mng.bz/vxq7)'를 참고하기 바랍니다. 서비스 워커는 다양한 경우에 활용 가능합니다. 외부에서 발생하는 이벤트를 처리하거나, 주기적으로 데이터를 가져오거나, 푸시 알림으로 웹 앱에서 발생하는 알림을 사용자에게 표시할 수 있습니다. 가장 자주 사용하는 기능 중 하나는 오프라인 지원으로, 서비스 워커가 웹 앱과 네트워크 사이에 위치해서 마치 프록시proxy처럼 애플리케이션이 요청하는 자원을 적절히 제공해주는 역할을 담당합니다.

서비스 워커는 이렇게 웹 애플리케이션의 일부가 네트워크 연결이 끊어진 환경에서도 제대로 동작할 수 있게 해줍니다. 이는 필요로 하는 데이터를 네트워크를 통해 가져올 수 없는 경우,

캐싱된 데이터를 대신 제공하는 것으로 가능합니다. 이를 위해 서비스 워커가 주로 하는 일은 다음과 같습니다.

- 캐시 만들기
- 캐시에 자원 저장하기
- 네트워크 요청을 가로채서 이에 대해 어떻게 응답할지 결정하기

애플리케이션 개별 도메인별로 얼마나 많은 데이터를 캐시에 저장할지, 그리고 모든 애플리케이션이 얼마만큼의 데이터를 저장할 수 있는지에 대한 제약이 있습니다. 이런 제약은 웹 브라우저마다 조금씩 다르지만, 크롬이나 엣지, 파이어폭스는 유사한 수준의 제한을 보입니다. 개별 애플리케이션 도메인이 사용할 수 있는 공간은 전체 제한 공간의 20%까지입니다. 전체 제한 용량은 [표 19-1]의 내용에 따라서 달라집니다. 사파리의 경우 현재 이와는 다른 정책을 취하고 있습니다. 전체 디스크 용량과 관계없이 각 애플리케이션 도메인별로 최대 50MB의 캐시 공간을 사용할 수 있으며 2주간 사용하지 않으면 그 내용이 사라집니다. 사파리 캐시 대신 IndexedDB를 사용하면 개별 애플리케이션별 500MB를 사용할 수 있습니다. 자세한 내용은 MDN 문서 'Using IndexedDB(*http://mng.bz/4AWw*)'를 참고하기 바랍니다.

표 19-1 캐시 제한

가용 공간	전체 캐시 제한
8GB까지	50MB
8~32GB까지	500MB
32~128GB까지	볼륨 크기의 4%
128GB 이상	20GB 혹은 볼륨 크기의 4% 중 작은 것

전체 용량 제한에 도달하면 몇몇 브라우저는 가장 오랫동안 사용하지 않은 캐시를 삭제해서 새로운 캐시 데이터를 저장할 공간을 확보합니다. 현재 크롬과 파이어폭스가 이렇게 동작합니다.

서비스 워커는 동작하는 웹 애플리케이션의 DOM에 접근할 수 있는 권한이 없습니다. 따라서 서비스 워커가 웹 애플리케이션이 화면에 그리는 내용을 직접 수정하는 것은 불가능합니다. 하지만 메시지 전달을 통해 웹 애플리케이션과 통신할 수 있습니다. 워커의 `postMessage` 메서드로 웹 워커가 애플리케이션으로, 또는 애플리케이션에서 웹 워커로 메시지를 전달할 수 있습

니다. [그림 19-1]과 비슷한 방식으로 서로 메시지를 주고받을 수 있습니다. 그림에서 클라이언트 앱이 서비스 워커로 메시지를 전달합니다. 서비스 워커는 이 데이터를 사용해서 API 서비스를 요청합니다. 서비스 워커는 API 서비스 요청의 응답으로 받은 데이터를 다시 클라이언트에게 전달합니다. 클라이언트 앱은 이 데이터를 가지고 필요한 화면을 그리거나 수정합니다.

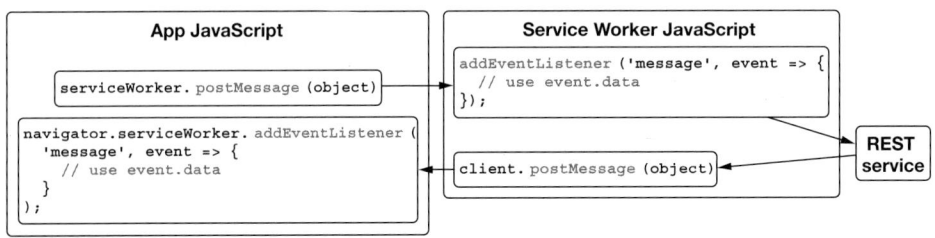

그림 19-1 서비스 워커 동작 흐름도

이전에도 잠깐 설명했듯 웹 워커는 백그라운드 스레드로 동작합니다. 사용자가 웹 애플리케이션이 동작하던 브라우저 탭이나 창을 닫아도 웹 워커는 계속 실행되고 있을 수 있습니다.

19.2 캐싱 전략

서비스 워커는 다양한 캐싱 전략을 사용할 수 있습니다. 어떤 유형의 자원을 사용하느냐에 따라 적절한 캐싱 전략을 골라서 사용할 수 있습니다. 이런 자원들은 HTML, CSS, 자바스크립트, JSON과 같은 내용이 있는 파일이거나 이미지 데이터가 될 수 있습니다. 또는 API 서비스 요청의 응답을 자원이라고 볼 수도 있습니다.

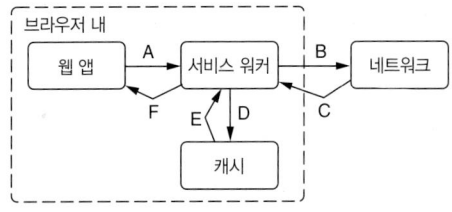

그림 19-2 서비스 워커 동작 흐름도

위 [그림 19-2]를 통해 서비스 워커가 어떻게 서로 다른 캐시 전략을 사용할 수 있는지 이해할 수 있습니다. 필요한 자원을 네트워크나 캐시를 통해 가져올 수 없는 경우, 그리고 서비스 워커가 해당 자원을 만들어낼 수 없는 경우 'Not Found(404)' 응답을 반환합니다.

다음의 캐싱 전략들을 사용할 수 있습니다.

- **네트워크만 사용하기**: 이 전략은 캐싱된 자원을 사용할 수 없을 때 사용하는 것이 좋습니다. 이를테면 은행 애플리케이션은 네트워크로 데이터를 가져올 수 없을 때 저장된 데이터를 보여주는 것보다 오프라인 상태임을 안내하는 게 더 좋을 것입니다.

- **캐시만 사용하기**: 아주 가끔 변경되는, 혹은 절대 변경되지 않는 자원을 사용할 경우 효과적입니다. 회사 로고 이미지 파일이나, 앱의 스타일을 지정하는 CSS 파일 등에 사용할 수 있습니다. 서비스 워커는 최초 데이터를 가져와서 캐시에 저장한 다음 그 뒤로 자원을 캐시에서만 가져와서 반환합니다. 따라서 자원에 대한 요청이 네트워크로 전달되지 않습니다. [그림 19-2]에서는 요청의 전달이 A-D-E-F순으로 이루어집니다.

- **네트워크 또는 캐시 사용**: 최신 데이터를 사용하는 것이 좋지만 이전에 미리 받아둔 데이터를 사용해도 관계없는 경우 사용하기 좋은 전략입니다. 예를 들면 야구 경기의 최신 점수를 보여주는 애플리케이션의 경우 최신 점수를 알려주는 것이 좋지만, 네트워크 연결이 끊어졌을 때 아무 점수도 보여주지 않는 것보다는 마지막으로 가져온 점수 데이터를 보여주는 것이 좋을 것입니다.

  이 전략에서 자원에 대한 요청은 우선 네트워크를 통해 전달됩니다. 네트워크에서 응답이 정상적으로 돌아온 경우 이 자원을 반환합니다. 그리고 응답 데이터를 통해 캐시 데이터를 갱신해서 나중에 네트워크 연결이 끊어진 경우 이 캐시 데이터를 대신 사용할 수 있게 해둡니다. 네트워크에서 아무런 응답이 없으며 이전에 응답받은 데이터를 캐시에 저장해둔 경우, 캐시 데이터를 대신 반환합니다. [그림 19-2]에서는 요청 전달이 A-B-C-(D-E)-F순으로 이루어집니다. D-E 구간은 상황에 따라 거치지 않을 수 있습니다.

- **캐시를 우선 사용하고 업데이트**: 이 전략은 가장 최신 데이터를 가져와서 응답하는 것보다 응답을 빠르게 하는 것이 더 중요할 때 사용하기 적합합니다. 어떤 상황인지 언뜻 이해하기 힘들 수 있으므로, 단계별로 풀어서 설명해보겠습니다. 우선 자원에 대한 요청이 발생하는 경우, 해당 자원이 캐시에 있으면 우선 캐시 자원을 반환합니다. 그다음 네트워크로 요청을 전달해서 최신 자원을 가져옵니다. 가져온 자원이 캐시에 있는 내용과 다른 경우 캐시를 업데이트합니다. 자원에 대한 다음 요청은 업데이트된 캐시로 응답합니다. 뛰어난 성능을 보이지만, 상대적으로 오래된 데이터를 사용한다는 단점이 있습니다. [그림 19-2]에서는 요청이 A-D-E-F-B-C-D순으로 이루어집니다.

- **캐시를 우선 사용하고 업데이트한 뒤 새로고침**: 이 전략은 캐시를 우선 사용하고 업데이트하는 전략과 시작이 같습니다. 다만 네트워크를 통해 새로운 데이터를 전달받으면, UI에 새로운 데이터를 전달해서 화면을 다시 그리게 한다는 차이점이 있습니다. 예를 들어 극장표 예매 사이트의 경우 우선 알고 있는 상영 정보와 표 정보를 캐시에서 빠르게 가져와서 화면에 먼저 표시합니다. 그다음 네트워크를 통해 최신 데이터를 가져온 다음 화면을 이 최신 데이터에 맞게 새로 고쳐서 그리는 방식으로 구현이 가능합니다.

- **내장 폴백**embedded fallback: 이 전략에서는 네트워크나 캐시 모두에서 필요한 자원을 찾아서 제공해줄 수 없는 상황에서 서비스 워커가 기본 응답 데이터를 제공할 수 있습니다. 예를 들면 견종 정보를 제공하는 앱에서 네트워크 또는 캐시에서 해당 견종에 대한 최신 이미지를 가져올 수 없는 경우, 다른 곳에 미리 저장한 사진을 가져와서 제공할 수 있습니다. 이 전략은 앞서 설명한 'Not Found(404)' 응답을 반환하는 방법 대신 사용할 수 있습니다.

몇몇 웹 애플리케이션의 경우 일부의 기능에 대해서 오프라인 지원을 활성화하고 관련 캐시 데이터만 사용하도록 만들 수 있습니다. 예를 들어 여행 준비물 앱에서 모든 자바스크립트와 CSS 파일, 그리고 체크리스트 항목을 캐시에 저장해서 오프라인 상태에서도 준비물 항목을 확인할 수 있도록 만들 수 있습니다. 하지만 이 경우 오프라인에서 준비물 목록을 변경하는 것은 불가능할 것입니다.

어떤 웹 애플리케이션에서는 오프라인 상태에서 데이터를 변경하는 것을 트랜잭션transaction 형태로 저장한 다음, 네트워크에 연결되었을 때 한꺼번에 처리하는 방법을 지원하기도 합니다. 프로젝트의 시간 단위 작업을 관리하는 앱을 예를 들면, 오프라인 환경에서도 사용자는 시간 단위로 진행된 작업을 앱에 기록하고 이를 캐시에 저장할 수 있습니다. 나중에 네트워크로 연결이 가능한 환경이 되면, 캐시에 저장된 시간 단위 작업들을 적절한 API 서비스 요청을 통해 서버에 저장하고 캐시 데이터를 삭제할 수 있습니다. 물론 이런 방식으로 구현할 때는 고민해 봐야 할 사항도 많습니다. 만약 어떤 사용자가 입력한 시간 단위 작업 내용을 네트워크가 끊어진 상황에서 한 사용자가 작업 내용을 수정하고, 원래 만든 사용자가 삭제해버리면 어떻게 해야 할까요? 수정한 내용을 무시할 수도 있고, 새로운 프로젝트를 만들어서 입력한 내용을 적용할 수도 있을 것입니다. 이 외에도 많은 사항을 고려해야만 합니다.

현재 네트워크 연결 상태는 불리언 `navigator.onLine` 변숫값으로 확인할 수 있습니다. 스벨트나 새퍼 앱에서는 다음과 같이 이 변숫값을 알아낼 수 있습니다.

```
<script>
  let online = true;
  // 자바스크립트 코드와 {#if} 블록에서 online 변수를 사용합니다.
</script>
<svelte:window bind:online />
```
online은 window.navigator.onLine에 대한 별칭입니다.

또 다른 방법은 네트워크 연결 상태가 바뀔 때 발생하는 window 객체의 offline과 online 이벤트를 전달받아서 처리할 수 있도록 함수를 등록하는 것입니다. 스벨트나 새퍼 앱에서는 다음과 같이 적절한 행동을 취할 수 있는 handleOffline과 handlOnline 함수를 정의해서 등록할 수 있습니다.

```
<svelte:window on:offline={handleOffline} on:online={handleOnline} />
```

19.3 새퍼 서비스 워커 설정

새퍼 앱은 기본적으로 src/service-worker.js 파일에 ServiceWorker 설정을 저장합니다. 이 파일 내용을 수정해서 캐싱 전략을 바꿀 수 있습니다. 파일 코드를 디버깅해야 하는 경우 console.log와 같은 함수를 통해 개발자 도구의 콘솔에 메시지를 출력하는 것이 좋습니다.

src/service-worker.js 파일은 src/node_modules/@sapper/service-worker.js 파일에서 정의하는 네 개의 변수 timestamp, files, shell, routes를 불러옵니다. @sapper 디렉터리의 파일은 수정하면 안 됩니다.

timestamp 변수는 앱이 빌드되는 마지막 시점으로 값이 설정됩니다. 이 변숫값은 캐시 이름의 일부로 사용해서 새로운 캐시에 새로운 데이터를 저장하고 오래된 캐시는 삭제할 수 있게 해줍니다.

files 변수는 static 디렉터리에서 발견되는 모든 파일에 대한 이름을 저장하는 배열입니다. 여기에는 global.css 파일이나 이미지 파일과 같은 미디어 파일이 포함됩니다. 또한 manifest.json 파일도 있는데, 이 파일에는 PWA의 이름이나 색, 아이콘 등을 설정해서 사용자에게 어떻게 표시할 것인지를 설정하는 내용이 있습니다. 서비스 워커에 다음 절에서 설명할 install 이벤트가 전달되면, 서비스 워커는 files 배열 안의 파일들을 캐시 안에 'cache'라는 단어와 timestamp 변숫값을 붙인 이름으로 저장합니다.

shell 변수는 __sapper__/build/client 디렉터리 안의 모든 파일에 대한 경로를 저장하는 배열입니다. 이 디렉터리에는 각 라우트에 해당하는 코드들이 분할되어 최소화된 자바스크립트 코드 파일이 저장됩니다. 서비스 워커에 install 이벤트가 전달되면 files 배열의 파일들이 저장된 캐시에 이 파일을 함께 저장합니다.

routes 변수는 객체 배열이 저장되는데, 이 객체는 pattern 속성에 앱의 각 라우트 경로에 해당하는 URL을 인식할 수 있는 정규 표현식값을 가집니다. 기본 서비스 워커 설정에서는 이 변숫값을 사용하지 않습니다. 하지만 fetch 이벤트를 처리하는 함수 내의 코드에서 주석 처리된 if 구문 블록이 이 변수를 사용해서 특정 URL로 요청이 왔는지를 검사합니다. 이 코드 부분을 살펴본 다음 주석을 제거하고 코드를 쓰는 것이 애플리케이션과 잘 맞을지 결정하기 바랍니다.

npm run build 명령으로 새퍼 앱을 빌드하고 npm start 명령을 실행해서 서버를 실행할 수 있습니다. 이렇게 애플리케이션을 실행하는 경우 src/service-worker.js와 같은 파일의 코드를 수정해도 실행되는 애플리케이션에 바로 반영되지 않습니다. 코드 변경을 반영하려면 앱을 다시 빌드하고 서버를 재시작한 다음 애플리케이션이 실행되는 웹 브라우저 탭이나 창을 새로 고쳐야만 합니다. 대신 npm run dev 명령으로 애플리케이션 서버를 실행하면 변경된 코드가 자동으로 반영됩니다. 하지만 브라우저는 경우에 따라 수동으로 새로고침해야 할 수도 있습니다. 이는 스벨트 또는 새퍼 앱이 서비스 워커를 사용하는지에 따라 달라지는데, 서비스 워커를 사용하면 브라우저가 코드 변경을 감지하고 자동으로 페이지를 새로 고치기 때문입니다.

페이지를 방문하기 전에는 페이지를 그리기 위해 필요한 내용이 캐시에 저장되지 않습니다. 온라인 상태에서 페이지를 방문하면, 오프라인 상태에서 해당 페이지를 다시 방문할 수 있습니다. 온라인에서 preload 함수에서 API 서비스를 요청한 결과는 캐시에 저장되며, 해당 페이지를 다시 방문하면 캐시에 저장된 API 서비스 요청 결과를 다시 사용합니다. 하지만 온라인으로 접속하지 않은 페이지를 오프라인 상태에서 방문하게 되면 500 에러와 함께 "Failed to fetch."라는 메시지를 출력합니다. 만약 앱의 모든 페이지를 미리 캐시에 저장해둘 수 있다면, 캐시를 쓰는 것보다는 앱을 정적 사이트로 변환해서 제공하는 것이 더 나을 것입니다.

19.4 서비스 워커 이벤트

서비스 워커는 이벤트를 전달받아서 처리할 수 있습니다.

첫 번째로 전달받는 이벤트는 install입니다. 이 이벤트는 한 번만 발생합니다. 기본 새퍼 서비스 워커는 이 이벤트를 다음과 같이 처리합니다.

- cache 뒤에 timestamp 변숫값을 붙인 이름의 캐시를 엽니다. 캐시가 없다면 만듭니다.
- shell과 files 배열에 명시된 모든 파일을 열어서 캐시에 추가합니다. 이 파일 내용들은 캐시에서 제공됩니다. 네트워크에서 앱이 필요로 하는 파일 내용을 모두 다운로드한 뒤부터는 네트워크 연결 없이도 파일에 접근할 수 있습니다.

두 번째 이벤트는 activate입니다. 이 이벤트 역시 한 번만 발생합니다. 기본 새퍼 서비스 워커 설정에 따르면 이 이벤트를 전달받으면 이전에 빌드된 앱이 실행되었을 때 생성한 예전 캐시를 삭제합니다. 캐시가 예전 내용인지 아닌지는 캐시 이름 뒤에 붙어있는 timestamp 변숫값이 현재 변숫값과 일치하는지로 판단합니다.

세 번째 이벤트는 fetch입니다. 이 이벤트는 여러 번 발생할 수 있습니다. 그리고 서비스 워커의 캐싱 전략이 여기에 적용됩니다. service-worker.js 파일에 정의된 새퍼 서비스 워커 캐싱 전략이 각 요청을 다음의 순서로 판단하고 동작합니다.

1. GET 요청만 처리합니다.
2. HTTP의 "Range" 헤더로 문서의 일부만 요구하는 요청의 경우 처리하지 않습니다. 이런 방식의 요청은 극히 드뭅니다.
3. 지정된 URL의 프로토콜이 "http"인 경우만 처리합니다. 그 외의 프로토콜, 이를테면 "data" 프로토콜 등이 명시되어 있으면 무시합니다.
4. 모든 정적 파일, 코드 분할 등 번들러가 생성한 자원들은 전부 캐시에서 제공합니다.
5. 찾는 파일이 캐시에 없으며 요청의 cache 속성값이 only-if-cached인 경우 해당 파일을 네트워크에서 찾지 않습니다.
6. 그 외의 경우 요청을 만족할 수 있는 내용을 네트워크에서 찾습니다.
7. 파일을 찾은 경우 해당 파일 내용을 캐시에 추가하고 파일 내용을 반환합니다.
8. 파일을 찾지 못했으나 일치하는 URL 내용이 캐시에 있으면 캐시의 내용을 반환합니다.

이 캐시 전략에 따라서 API 서비스에 대한 요청 결과 역시 캐시에 저장된다는 사실을 알 수 있습니다. 나중에 네트워크나 서비스가 오프라인이고 앱에서 동일한 API 서비스를 요청하면 해당 내용은 캐시에서 제공합니다.

19.5 크롬에서 서비스 워커 관리하기

크롬 개발자 도구로 서비스 워커를 제어하고 서비스 워커가 만든 캐시에 접근할 수 있습니다. 현재 사이트의 서비스 워커를 보려면 개발자 도구의 애플리케이션 탭을 클릭합니다. 그리고 왼쪽 메뉴에서 서비스 워커를 선택합니다. 개발자 도구의 주요 영역에 [그림 19-3]과 같이 현재 사이트의 서비스 워커에 대한 정보를 표시합니다.

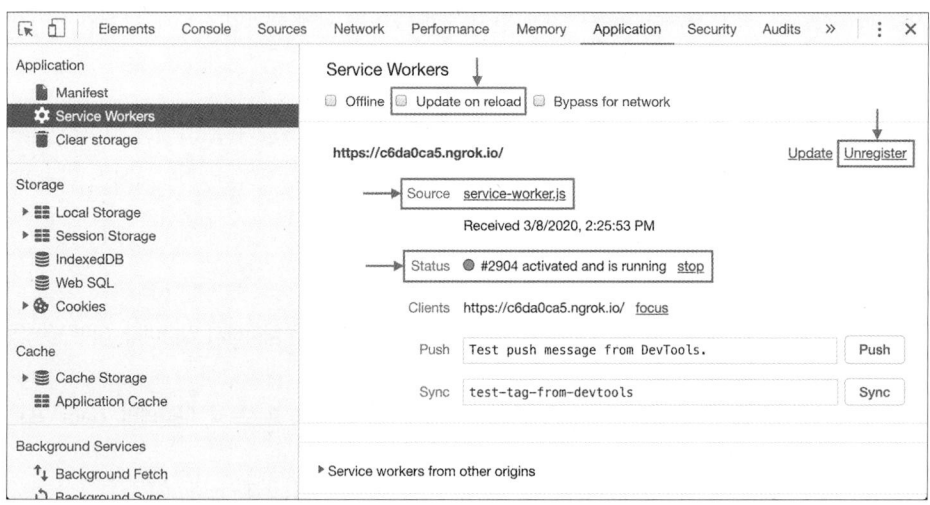

그림 19-3 크롬 개발자 도구의 서비스 워커 정보

서비스 워커 상태는 'Status' 칸에 표시됩니다. 위 그림에서는 "activated and is running"이라고 표시되어 있습니다. 서비스 워커를 중지하려면 상태 부분 뒤의 'stop' 링크를 클릭합니다. 서비스 워커가 멈추면 'stop' 링크가 'start'로 바뀌고 이를 클릭하면 서비스 워커가 다시 시작합니다.

서비스 워커의 등록을 해지unregister하면 페이지를 새로 고쳤을 때 서비스 워커의 라이프사이클을 처음부터 다시 시작합니다. 이 과정에서 `install`과 `activate` 이벤트가 다시 발생합니다. 이 두 개의 이벤트를 처리하는 코드를 디버깅하려면 이렇게 등록을 해지하는 것이 좋습니다. 서비스 워커 등록을 해지하려면 서비스 워커 정보의 오른쪽에 있는 'Unregister' 링크를 클릭합니다.

앱을 새로 빌드하지 않고도 페이지를 새로 고칠 때마다 서비스 워커를 새로 설치하고 활성화하고 싶다면, 상단의 'Update on reload' 체크박스에 체크한 다음 페이지를 새로 고치면 됩니다.

서비스 워커의 소스 코드를 보고 싶다면 'Source' 항목의 링크를 클릭합니다. 소스 탭으로 전환된 다음 서비스 워커의 코드를 보여줄 것입니다. 일반적으로 소스 코드는 [그림 19-4]와 같이 최소화되어 있을 것입니다. 소스 코드를 [그림 19-5]처럼 예쁘게 보고 싶다면 [그림 19-4]의 {} 부분을 클릭합니다.

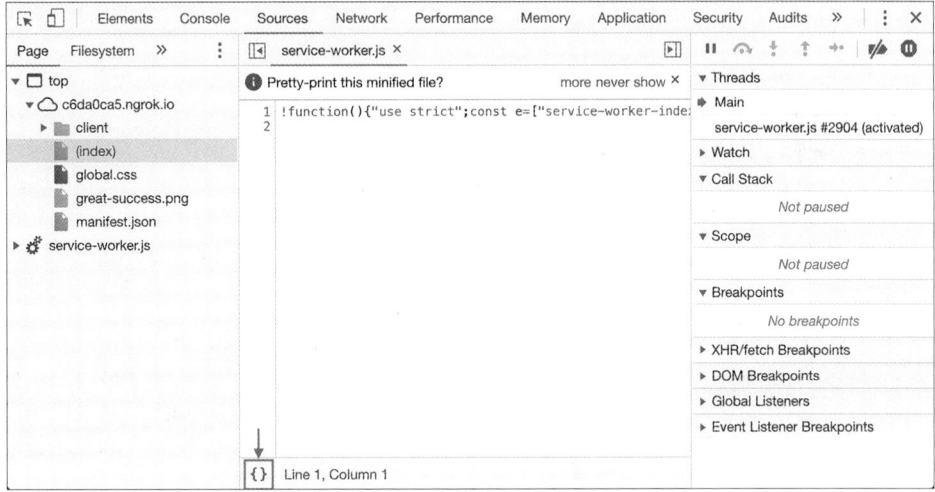

그림 19-4 크롬 개발자 탭에서 최소화된 서비스 워커 소스 코드 확인하기

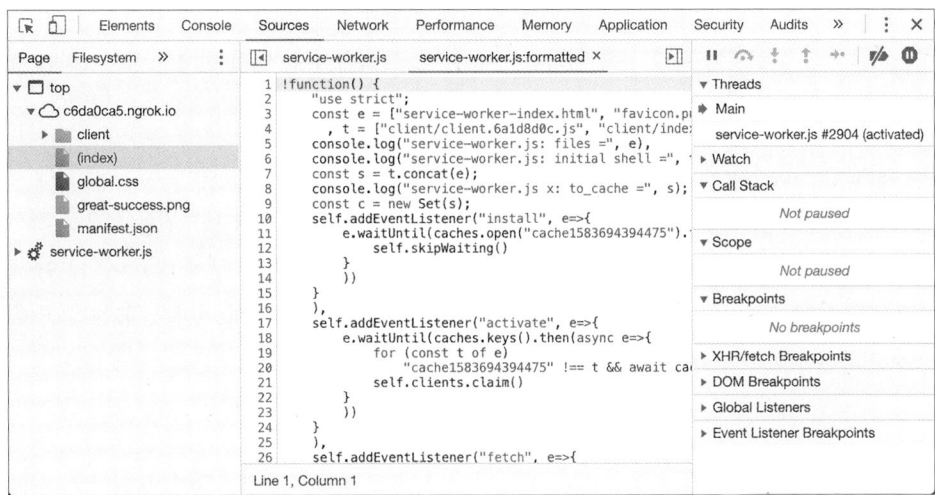

그림 19-5 서비스 워커 코드를 예쁘게 보기

캐시에 저장된 파일들을 보고 싶다면 개발자 도구의 애플리케이션 탭을 클릭한 다음 왼쪽 메뉴 바에서 'Cache Storage' 항목 왼쪽의 삼각형 아이콘을 클릭합니다. 그러면 현재 사이트에서 저장한 캐시 목록을 볼 수 있습니다. 서퍼 앱이 만든 캐시는 기본으로 이름이 'cache'나 'offline'으로 시작해서 `timestamp` 변숫값으로 끝납니다. 이들 중 하나를 클릭하면 [그림 19-6]처럼 캐시에 저장된 파일 목록을 볼 수 있습니다. 파일을 클릭하면 개발자 도구 주요 영역에 해당 파일 내용이 표시됩니다.

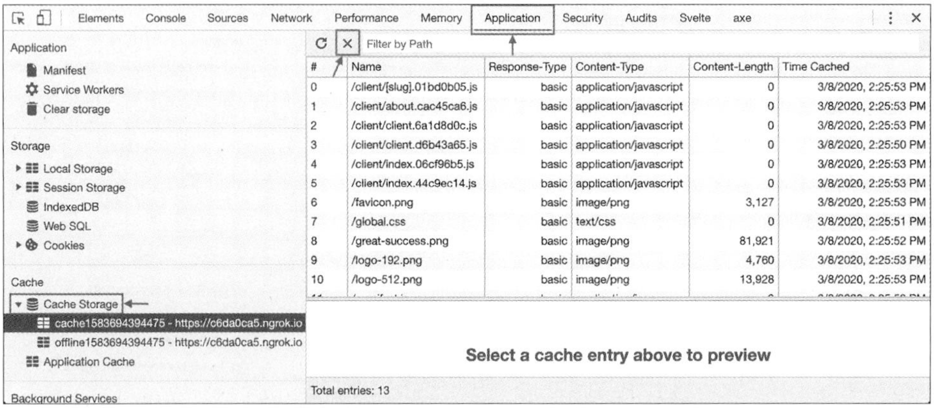

그림 19-6 크롬 개발자 도구에서 캐시 파일 확인하기

캐시에서 개별 파일을 제거하려면 주요 영역에 표시되는 파일을 선택한 다음 키보드의 'Delete' 키를 누르거나 파일 목록 위의 '×' 아이콘을 클릭합니다. 캐시 전체를 삭제하려면 캐시 이름 부분을 우클릭한 다음 'Delete'를 선택합니다.

오프라인 상태를 시뮬레이션하려면 왼쪽의 서비스 워커 항목을 클릭한 다음 [그림 19-7]과 같이 주요 영역의 'Offline' 체크박스를 체크합니다. 또는 개발자 도구의 네트워크 탭으로 가서 'Online' 선택 항목을 'Offline'으로 변경해도 됩니다. 그러면 네트워크 탭에 경고 아이콘이 표시되면서 현재 오프라인 상태라는 것을 알려줍니다. 이 기능을 활용해서 서비스 워커가 캐시에 저장된 파일을 어떻게 사용하는지 확인할 수 있습니다.

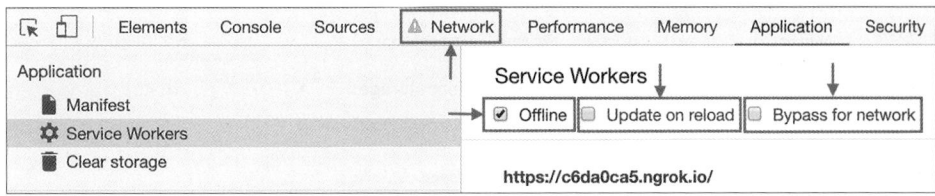

그림 19-7 크롬 개발자 도구에서 오프라인 상태 시뮬레이션 하기

서비스 워커를 우회해서 모든 요청을 바로 네트워크로 전달하게 하려면 네트워크 탭의 'Bypass for network' 체크박스를 체크합니다. 물론 이렇게 요청을 처리하려면 온라인 상태여야만 합니다.

네트워크 탭에 표시되는 요청된 파일 목록에서 [그림 19-8]과 같이 톱니 모양 아이콘이 표시되는 파일은 캐시에서 가져온 것들입니다. 이를 통해 특정 파일이 네트워크를 통해 가져온 것인지, 아니면 캐시에서 가져온 것인지 쉽게 확인할 수 있습니다.

| | Elements | Console | Sources | Network | Performance | Memory | Application | Security | Audits |

| Filter | Hide data URLs All XHR JS CSS Img Media Font Doc WS Manifest Other Only |

Name	Status	Type	Initiator	Size
⊙ c6da0ca5.ngrok.io	200	fetch	service-worker.js:1	(disk cache)
⊙ about.cac45ca6.css	200	fetch	service-worker.js:1	(disk cache)
⊙ about.cac45ca6.js	200	fetch	service-worker.js:1	(disk cache)

그림 19-8 크롬 개발자 도구에서 캐시에서 가져온 파일 확인하기

여러 항목들을 삭제하려면 [그림 19-9]와 같이 애플리케이션 탭의 왼쪽 메뉴에서 휴지통 아이콘과 같이 있는 'Clear storage'를 클릭합니다. 그러면 개발자 도구 주요 영역에 어떤 항목들을 삭제할 것인지 선택할 수 있는 여러 체크박스가 표시됩니다. 기본으로는 모든 체크박스가 체크된 상태로 제공됩니다. 이 체크박스에는 'Unregister service workers'와 'Cache storage'도 포함되어 있습니다. 'Clear site data' 버튼을 클릭해서 체크되어 있는 분류 항목들을 전부 비웁니다.

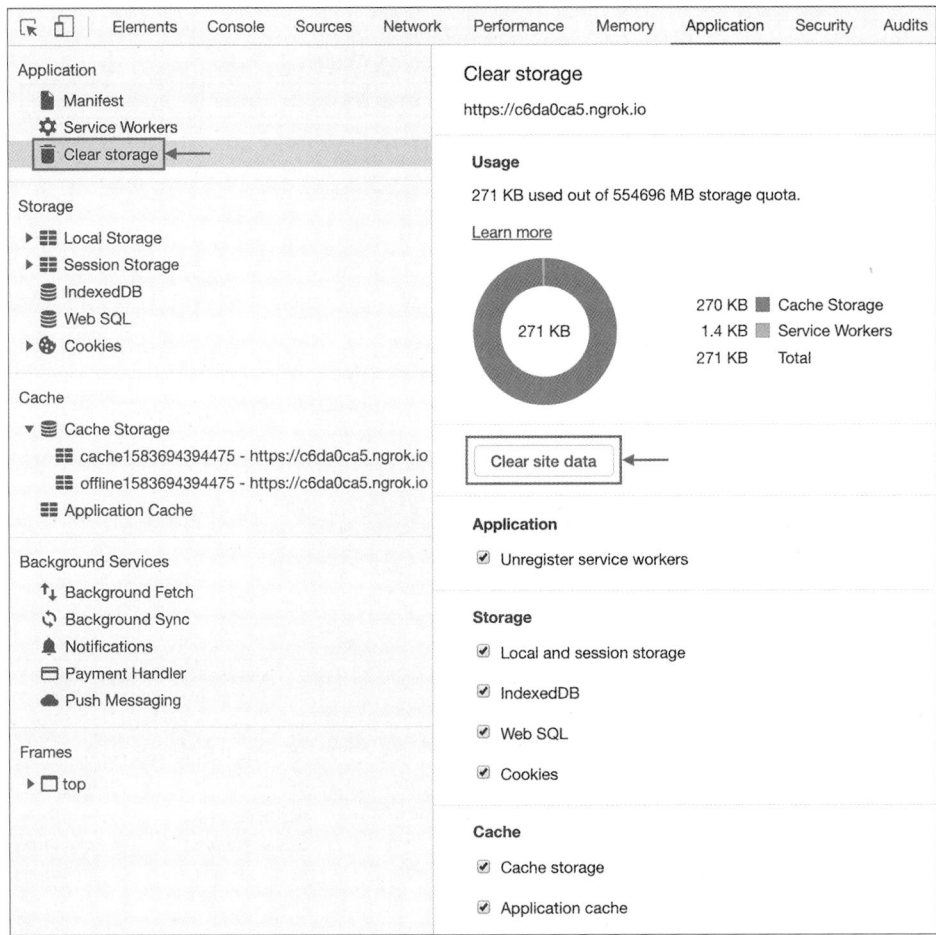

그림 19-9 크롬 개발자 도구에서 저장 공간 비우기

크롬 개발 팀에서 만든 영상($http://mng.bz/oPwp$)에서 지금까지 설명한 내용을 아주 잘 설명하고 있습니다. 크롬 팀은 또한 파이어폭스에 대한 설명도 영상으로 만들었는데, 이 영상은 $http://mng.bz/nPw2$에서 볼 수 있습니다.

19.6 새퍼 서버에서 HTTPS 사용하기

새퍼 앱은 기본으로 폴카 서버 라이브러리를 사용하며 HTTPS 대신 HTTP를 쓰도록 설정되어 있습니다. 하지만 서비스 워커는 보안상 이유로 반드시 HTTPS로 제공해야 합니다. 다음과 같은 단계를 통해 새퍼 앱이 HTTPS를 사용하도록 설정할 수 있습니다.

1. *https://ngrok.com*에서 ngrok를 설치합니다. 이 도구를 써서 공개 URL로의 접속을 로컬 서버와 연결할 수 있습니다. 누구나 이 공개 URL로 접근할 수 있지만 URL은 임시 URL이며 분당 접속 수는 40으로 제한됩니다. 여기에서 하고자 하는 일은 로컬 서버를 HTTPS를 통해 접근하는 것이기 때문에, ngrok 무료 버전이 제공하는 기능만으로도 충분합니다.

2. 새퍼 앱을 만듭니다.
   - npx degit sveltejs/sapper-template#rollup app-name 명령을 실행해서 앱을 만듭니다.
   - cd app-name으로 새로 만든 앱 디렉터리로 이동합니다.
   - npm install 명령으로 패키지를 설치합니다.

3. 사용할 수 있는 SSL 키와 인증서 파일이 없으면, 다음과 같이 openssl 명령을 실행하고 몇 가지 질문에 답해서 임시로 사용할 수 있는 키와 자체 서명된 인증서 파일을 만듭니다. 'Organizational Unit' 항목에는 아무 이름이나 넣고, 'Common Name'에 localhost를 입력합니다.

```
openssl req -newkey rsa:2048 -nodes -x509 -days 365 \
  -keyout key.pem \
  -out cert.pem
```

NOTE_ openssl이 없다면 설치해야 합니다. 윈도우 사용자라면 *https://www.openssl.org*에서 다운로드해 설치할 수 있습니다. 맥 사용자라면 홈브루^{Homebrew}(*https://brew.sh*)로 openssl을 설치할 수 있습니다.

4. src/server.js 파일 내용을 다음과 같이 수정해서 HTTPS를 사용하도록 만듭니다.

```
const {createServer} = require('https');      ◁──  불러온 함수로 HTTPS 요청을 받아서
const {readFileSync} = require('fs');               처리할 수 있는 서버를 생성합니다.

import sirv from 'sirv';
import polka from 'polka';
import compression from 'compression';
import * as sapper from '@sapper/server';
```

```
const {PORT, NODE_ENV} = process.env;
const dev = NODE_ENV === 'development';

const options = {
  key: readFileSync('key.pem'),
  cert: readFileSync('cert.pem')
};
```

여기에서 참조하는 파일은 openssl 명령으로 만들 수 있습니다.

```
const {handler} = polka().use(
  compression({threshold: 0}),
  sirv('static', {dev}),
  sapper.middleware()
);

createServer(options, handler).listen(PORT, err => {
  if (err) {
    console.error('error', err);
  } else {
    console.info('listening for HTTPS requests on', PORT);
  }
});
```

5. npm run build 명령으로 새퍼 앱을 빌드합니다.

6. npm start 명령으로 새퍼 서버를 시작합니다. 기본으로 3000번 포트를 사용합니다.

7. ngrok http https://localhost:3000 명령으로 ngrok의 공개 URL과 로컬 서버를 연결합니다.

8. ngrok 실행 결과 화면에 표시되는 https:로 시작하는 URL로 접속합니다.

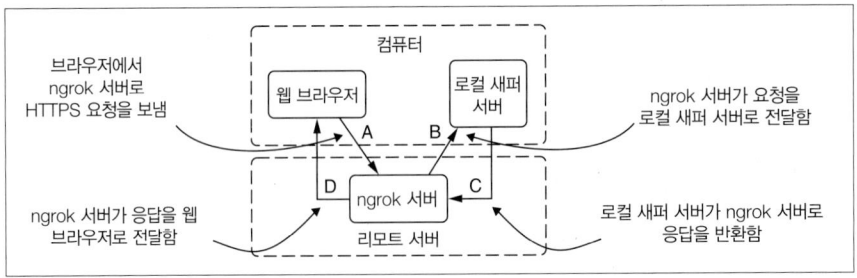

그림 19-10 ngrok로 HTTPS 요청을 전달하기

HTTPS 테스트 시, 개발자 모드에서 서버를 실행하지 않는 이유

npm run dev 명령으로 새퍼 서버를 개발자 모드로 실행하면, 브라우저의 개발자 도구 콘솔 화면에서 다음과 같은 에러 메시지를 표시합니다.

```
Mixed Content: The page at 'https://{some-id}.ngrok.io/' was loaded over HTTPS,
but requested an insecure EventSource endpoint 'http://{some-id}.ngrok.io:10000/
__sapper__'. This request has been blocked; the content must be served over HTTPS.
```

따라서 HTTPS 테스트를 위해서는 반드시 npm run build와 npm start 명령을 사용해야 합니다.

19.7 오프라인 동작 확인하기

서비스 워커를 사용해서 오프라인 동작을 지원하는 앱을 개발했다면, 오프라인 상태에서 제대로 동작하는지 반드시 확인해야 합니다. 크롬 개발자 도구에서 다음과 같이 오프라인 동작을 확인할 수 있습니다.

1. 크롬에서 앱을 시작합니다.
2. 개발자 도구를 엽니다.
3. 브라우저의 캐싱 기능이 동작하는지 다음과 같이 확인합니다. 캐싱 기능을 사용하지 않으면, 서비스 워커가 다운로드한 파일을 캐시에 저장하지 않습니다.
   - 네트워크 탭을 엽니다.
   - 'Disable cache' 항목이 체크되지 않았는지 확인합니다.
4. 앱의 모든 페이지를 방문해서 필요한 모든 파일을 캐시에 저장하게 합니다.
5. 서비스 워커의 상태를 다음과 같이 확인합니다.
   - 개발자 도구의 애플리케이션 탭을 클릭합니다.
   - 왼쪽의 'Service Workers'를 클릭합니다.
6. 다음과 같이 캐시에 저장된 파일 목록을 확인합니다.
   - 왼쪽 메뉴에서 'Cache Storage' 항목을 확장합니다.

- 'cache'나 'offline'으로 시작하는 이름을 가진 캐시 항목을 클릭합니다. 각 항목에서 캐시된 파일 목록을 화면에 표시합니다.

7. 다음 중 한 가지 방법으로 오프라인 상태를 만들 수 있습니다.
    - 가장 쉬운 방법은 브라우저를 통해 오프라인 상태를 시뮬레이션하는 것입니다. 애플리케이션 탭을 선택한 다음 'Offline' 체크박스를 체크합니다.
    - 와이파이를 사용한다면, 와이파이를 끌 수 있습니다.
    - 유선 환경이라면 이더넷 케이블을 빼는 방법도 있습니다.

8. 오프라인 상태가 되었다면 앱의 모든 페이지를 다시 방문해서 모든 페이지가 제대로 표시되는지 확인합니다.

9. 온라인 상태로 복구합니다.

오프라인 동작을 확인하는 또 다른 방법은 새퍼 앱을 export 스크립트를 사용해 정적 사이트로 변환하는 것입니다. 새퍼는 앱의 모든 페이지를 방문하고 HTML 파일을 생성해서 정적 사이트로 변환합니다. 정적 사이트로 변환하면 직접 정적 사이트를 방문해서 오프라인 동작을 확인할 수 있습니다. 이 외에도 다양한 도구를 사용해서 웹 애플리케이션의 모든 페이지들을 테스트할 수 있습니다. 한 가지 방법은 브라우저스택BrowserStack(*www.browserstack.com*)을 사용하는 것입니다.

19.8 여행 준비물 앱 만들기

여행 준비물 앱을 오프라인 상태에서 쓸 수 있게 만들려면 몇 가지 해결해야 할 문제가 있습니다.

첫 번째 문제는 인증입니다. 물론 인증 기능을 만들지는 않았지만, 만들어야 한다면 오프라인 상태일 때 사용자를 어떻게 인증할 수 있을까요? 한 가지 방법은 현재 앱을 사용 중인 장치에서 온라인일 때 접속한 마지막 사용자가 오프라인 상태의 사용자라고 가정하는 것입니다. 공용 장치가 아닌 경우 사용할 만한 방법입니다. 공용 장치일 경우 아주 위험한 가정입니다.

두 번째 문제는 오프라인 상태에서 사용자가 내용을 수정하는 경우입니다. 예를 들면 오프라인 상태에서 분류 및 항목을 추가, 수정, 삭제하거나 항목의 준비 상태를 변경하는 것입니다. 한 가지 방법은 오프라인 상태에서는 수정을 금지하는 것입니다. 사용자는 온라인 상태일 때 편집한 준비물 목록을 오프라인 상태에서 확인만 가능하게 만드는 것입니다. 아니면, 사용자의 수정 사항을 트랜잭션으로 저장하고 그 결과를 UI에서 표시하며, 온라인으로 복구되면 저장한 트랜잭션을 서버에 반영할 수도 있습니다. 이 방법은 다양한 시나리오를 고민해야 하기 때문에 아주 복잡한 구현을 요구합니다. 예를 들어 다음과 같은 상황이 발생할 때, 어떻게 이를 트랜잭션으로 저장하고 반영할지 생각해봅시다.

1. 'Clothing'이라는 분류를 추가합니다.
2. 'Clothing' 분류에 'socks' 항목을 추가합니다.
3. 네트워크 연결이 끊어져서 오프라인 상태가 됩니다.
4. 'socks' 항목을 삭제합니다. 이 내용을 트랜잭션으로 저장합니다.
5. 'Clothing' 분류를 삭제합니다. 이 내용을 트랜잭션으로 저장합니다.
6. 네트워크에 연결된 다른 장치에서 앱을 실행합니다.
7. 앱에 여전히 'Clothing' 분류와 그 안의 'socks' 항목이 있다는 사실을 확인할 수 있습니다.
8. 'Clothing' 분류를 'Clothes'로 이름을 수정합니다.
9. 첫 번째 장치로 돌아와서 네트워크 연결을 복구해서 온라인 상태로 돌아옵니다.

이러면 어떻게 될까요? 'socks' 항목 삭제와 'Clothing' 분류 삭제에 해당하는 트랜잭션이 처리되지 않은 상태였지만, 'Clothing' 분류는 'Clothes'로 이름이 바뀌었기 때문에 더는 존재하지 않는 분류가 됩니다.

보다시피 이런 방식으로 구현하는 것은 매우 어렵고 해결해야 할 문제도 많기 때문에, 간단하게 오프라인 상태에서는 모든 데이터를 읽을 수만 있고 수정은 불가능하도록 만들겠습니다. 완성한 코드는 *http://mng.bz/vxw4*에서 확인할 수 있습니다.

우선 앱이 오프라인 상태일 때 이를 사용자에게 분명히 알리는 것부터 시작해봅시다. 이는 두 가지 방법으로 할 수 있습니다. 첫째, 페이지 제목 앞에 'Offline'이라는 문자를 덧붙입니다. 둘째, 주 영역의 배경 그림자 색을 파란색에서 회색으로 수정합니다. 이를 위해 src/routes/_layout.svelte 파일 내용을 다음과 같이 수정합니다.

예제 19-1 src/routes/_layout.svelte 파일 내용

```
<script>
  let mainElement;
  let online = true;
  $: title = 'Travel Packing Checklist' + (online ? '' : ' Offline');
```

> online 값이 변경될 때마다 제목을 수정합니다.

```
    $: if (mainElement) {
      mainElement.style.setProperty(                    online 값이 변경될 때마다
        '--main-bg-color',                              CSS 변수 --main-bg-color 값을 수정합니다.
        online ? '#3f6fde' : 'gray'
      );
    }
</script>

<svelte:window bind:online />                           window.navigator.onLine 값이 바뀌면
                                                        online 변숫값이 바뀌도록 합니다.
<main bind:this={mainElement}>                          mainElement 변수에 DOM의 main 요소를
  <h1 class="hero">{title}</h1>                         지정하도록 합니다.
  <slot />
</main>

<style>
  .hero {
    /* 변경된 내용 없음 */
  }

  main {
    --main-bg-color: #3f6fde; /* 음영으로 사용하는 파란색 */
    background-color: var(--main-bg-color);
    /* 변경된 내용 없음 */
  }
</style>
```

그다음 오프라인 상태에서도 API 서비스에 대한 요청을 처리할 수 있게 만듭니다. 오프라인 상태에서의 API 서비스 요청을 저장했다가 온라인 상태로 복구되면 다시 실행하게 하지 않고, 그냥 요청이 들어오면 무시하게 만듭니다. 다음 함수를 src/util.js 파일에 추가합니다.

예제 19-2 src/util.js 파일의 fetchPlus 함수

```
export async function fetchPlus(path, options = {}) {
  if (navigator.onLine) return fetch(path, options);

  alert(`This operation is not available while offline.`);    단순한 alert 함수보다 더
  return {offline: true};                                     멋있게 사용자에게 알릴
}                                                             수 있습니다. 이 부분은 직
                                                              접 해볼 수 있도록 숙제로
                                                              남겨두겠습니다.
```

preload 함수의 this.fetch 함수 호출을 제외한 클라이언트 측의 모든 fetch 함수 호출을 fetchPlus 함수 호출로 수정합니다. 이 함수는 src/routes/checklist.svelte 파일에서 네 번, src/components/Category.svelte 파일에서 두 번 호출합니다. 이 파일들이 이미 utils.js 파일을 불러오기 때문에 import 구문의 fetch를 fetchPlus로 바꾸기만 하면 됩니다.

> **NOTE_** 왜 preload 함수의 this.fetch 함수 호출을 fetchPlus 함수로 바꾸면 안 되는지는 16.6절에서 설명합니다.

오프라인 상태에서 fetchPlus 함수는 JSON 객체에 offline 속성값을 true로 지정해서 반환합니다. fetchPlus 함수를 호출한 측에서는 반환값을 다음과 같이 확인해서 offline 속성값이 true로 지정된 경우 UI에서 데이터를 수정하지 못하게 만들 수 있습니다.

```
if (res.offline) return;
```

src/routes/checklist.svelte 파일을 수정해서 오프라인 상태일 때 'Clear All Checks' 버튼을 클릭할 수 없게 만듭니다. 다음 변수를 script 요소 내에 추가합니다.

```
let online = true;
```

HTML 영역의 상단 부분에 다음 내용을 추가해서 네트워크 연결 상태가 변경되면 이 변숫값이 바뀌도록 만듭니다.

```
<svelte:window bind:online />
```

다음과 같이 'Clear All Checks' 버튼에 disabled 속성을 추가합니다.

```
<button class="clear" disabled={!online} on:click={clearAllChecks}>
  Clear All Checks
</button>
```

src/components/Category.svelte 파일을 수정해서 오프라인 상태일 때 분류 이름을 수정하지 못하게 만듭니다. 다음 변수를 script 요소에 추가합니다.

```
let online = true;
```

HTML 영역 상단부에 다음 내용을 추가해서 네트워크 연결 상태가 바뀌면 online 변숫값이 바뀌게 합니다.

```
<svelte:window bind:online />
```

분류 이름을 화면에 그리는 코드 부분을 다음과 같이 수정해서 editing 변수가 온라인 상태일 때만 true 값을 가지게 만듭니다.

```
<span on:click={() => (editing = online)}>{category.name}</span>
```

오프라인일 때 항목 이름을 편집하지 못하도록 src/components/Item.svelte 파일을 수정합니다. script 요소에 다음 변수를 추가합니다.

```
let online = true;
```

HTML 영역 상단부에 다음 내용을 추가해서 네트워크 연결 상태가 바뀌면 online 변숫값이 바뀌도록 합니다.

```
<svelte:window bind:online />
```

항목의 체크박스 요소에 disabled 속성을 추가해서 오프라인 상태일 때 상태를 변경할 수 없게 만듭니다.

```
<input
  aria-label="Toggle Packed"
  type="checkbox"
  disabled={!online}
  bind:checked={item.packed}
  on:change={() => dispatch('persist')} />
```

항목 이름을 화면에 그리는 코드를 다음과 같이 수정해서 editing 변수가 온라인 상태일 때만 true가 되도록 합니다.

```
<span
  class="packed-{item.packed}"
  draggable="true"
  on:dragstart={event => dnd.drag(event, categoryId, item.id)}
  on:click={() => (editing = online)}>
  {item.name}
</span>
```

ngrok 등의 방법을 통해 외부 주소를 새퍼 서버로 연결하는 경우, preload 함수 내의 API 서비스 요청이 외부 주소를 알아야 제대로 동작합니다. 여행 준비물 앱의 경우 src/routes/checklist.svelte 파일의 preload 함수 부분만 수정하면 됩니다. 이 내용을 다음과 같이 수정합니다. this.fetch 함수로 전달하는 URL에서 page.host를 사용한다는 점을 유념하기 바랍니다.

```
export async function preload(page) {
  try {
    const res = await this.fetch(`https://${page.host}/categories.json`);
```

그리고 다음 단계를 거쳐 앱을 빌드하고 실행합니다.

1. 터미널을 실행합니다.
2. npm run build 명령을 실행합니다.
3. npm start 명령을 실행합니다
4. 새 터미널을 실행합니다.
5. ngrok http https://localhost:3000 명령을 실행합니다.
6. 표시되는 외부 URL을 통해 연결되는지 확인합니다.

이제 앱 주소로 접근해서 오프라인 상태로 변경한 다음 브라우저를 새로고침합니다. 앱 페이지에서 여전히 준비물 목록을 확인할 수 있습니다.

다음 장에서는 자바스크립트, HTML, CSS 대신 다른 것을 사용할 수 있는 전처리기를 다룹니다.

19.9 마치며

- 서비스 워커는 네트워크와 클라이언트 앱 사이에서 마치 프록시처럼 동작하면서 어떻게 요청들을 처리할지 결정합니다. 이 동작에는 캐시가 밀접하게 연관되어 있습니다.

- 서비스 워커에서는 다양한 캐싱 전략을 사용할 수 있습니다.

- 새퍼는 서비스 워커에 대한 기본적인 캐싱 전략을 제공해주지만, 원하는 대로 수정할 수도 있습니다.

- 서비스 워커는 이벤트를 전달받아 처리할 수 있습니다. 이런 이벤트에는 `install`, `activate`, `fetch`가 있습니다.

- 새퍼에서 기본으로 사용하는 폴카 기반 서버는 HTTPS를 지원하지 않지만, HTTPS를 지원하게 만들 수 있습니다.

IV

스벨트와 새퍼,
그 너머의 세계로

이 책의 마지막 부분은 소스 파일에서 다른 문법을 사용할 수 있는 전처리기에 대해서 알아봅니다. 스벨트 등에서 대신 사용할 수 있는 것으로는 Sass나 타입스크립트, 마크다운 등이 있습니다. 또한 안드로이드나 iOS 등 모바일 애플리케이션을 만들 때 사용할 수 있는 스벨트 네이티브도 다뤄봅니다. 스벨트 네이티브에서 사용할 수 있는 폼이나 액션, 대화 상자, 레이아웃 등과 같은 컴포넌트와 더불어 이들을 어떻게 꾸밀 수 있는지 예제 앱을 구현해보면서 배워봅니다.

Part IV

스벨트와 새퍼, 그 너머의 세계로

CHAPTER **20**

전처리기

이 장의 핵심 내용

◆ 사용자 정의 전처리

◆ 스벨트의 전처리와 자동 전처리 모드

◆ CSS 대신 Sass 사용하기

◆ 자바스크립트 대신 타입스크립트 사용하기

◆ HTML 대신 마크다운 사용하기

◆ 전처리기 여러 개 사용하기

◆ 전처리 과정에서 이미지 압축 사용하기

기본적으로 스벨트와 새퍼는 오직 자바스크립트와 HTML, CSS만 지원합니다. 하지만 전처리기를 사용하면 소스 파일 등에서 다른 문법을 사용할 수 있으며 코드를 더 쉽게 만들고 현재는 제공하지 않는 다양한 기능을 사용할 수도 있습니다.

이 장에서는 Sass나 타입스크립트, 마크다운에 대해서 자세히 설명하지는 않으므로, 이들에 대해서 어느 정도 익숙해야 합니다. 커피스크립트^{CoffeeScript}, 퍼그^{Pug}, Less, PostCSS, Stylus 등에서 대해서도 소개하지만 직접 사용하지는 않으니 자세히 알 필요는 없습니다.

스벨트 앱의 설정을 변경해서 전처리기를 통해 `.svelte` 파일들을 스벨트 컴파일러로 전달하기 전 몇 가지 변환 작업을 먼저 할 수 있습니다. 이는 주로 앱에서 사용하는 롤업이나 웹팩 같은 번들러^{bundler} 설정으로 이루어집니다. 이런 전처리는 대표적으로 다음과 같은 것들이 있습니다.

- Sass 문법을 CSS로 바꾸기
- 타입스크립트 코드를 자바스크립트로 컴파일하기
- 마크다운 또는 퍼그 문법을 HTML로 변환하기
- 사용자 정의 검색 및 대체

전처리를 위한 많은 npm 패키지가 존재하며, 이들 중 몇 가지에 대한 예시를 이 장에서 들 것입니다. 여러 전처리기를 사용하는 경우 모든 전처리기를 한꺼번에 사용하며 한 전처리기의 출력이 다른 전처리기의 입력이 되는 식으로 연결됩니다.

스벨트 내부에서 이런 전처리는 `svelte.preprocess` 함수가 관리합니다. 이 함수에 대한 자세한 내용은 *https://svelte.dev/docs#svelte_preprocess* 문서에서 확인할 수 있습니다. 이 함수를 직접 호출해서 사용할 수도 있지만, 일반적으로는 다음 절에서 살펴보는 바와 같이 모듈 번들러가 호출하는 경우가 더 많습니다.

20.1 사용자 정의 전처리

style 요소의 color: red를 color: blue로 바꾸는 사용자 정의 전처리를 만들어봅시다. 이는 자바스크립트의 **String replace** 메서드와 정규 표현식의 **global** 플래그[flag]를 통해 다음과 같이 구현할 수 있습니다.

```
content.replace(/color: red/g, 'color: blue')
```
◁─┐ style 요소의 내용이
   content 변숫값이 됩니다.

`npx degit sveltejs/template` *app-name* 명령으로 스벨트 앱을 만듭니다. 기본으로 롤업을 모듈 번들러로 사용합니다. 원한다면 나중에 이를 웹팩으로 바꿀 수 있습니다.

`rollup.config.js` 파일을 열어서 사용자 정의 전처리를 지정해봅시다. 이 파일은 `plugins`를 포함한 다양한 객체들을 여러 속성값과 함께 내보냅니다. `plugins`의 값은 배열이며, 이 배열의 요소 중 하나는 **svelte** 함수에 대한 호출입니다. svelte 함수를 호출할 때 dev와 css 속성값을 가지는 객체를 전달하는데, css 속성은 지금은 보이지 않을 것입니다. 이 객체에 preprocess라는 속성을 다음과 같이 추가합니다.

```
plugins: [
  svelte({
    ...
    preprocess: {
      style({content}) {              ◁── style 요소 내용을 변환하는 코드를
        return {                          지정합니다.
          code: content.replace(/color: red/g, 'color: blue')
        };
      }
    }
  }),
  ...
]
```

그리고 다음과 같이 테스트합니다.

1. npm install 명령으로 필요한 패키지를 설치합니다.
2. src/App.svelte 파일을 열어서 style 요소 안에 정의된 h1에 대한 색을 red로 수정합니다.
3. npm run dev 명령을 실행합니다.
4. 웹 브라우저에서 *localhost:5000*으로 접근합니다.
5. Hello world! 문자열이 파란 색으로 표시되는 것을 확인합니다.

svelte 함수로 전달되는 객체에 속성으로 지정되는 preprocess는 객체이며, 이 객체는 script, markup, style 속성을 가지고 있습니다. 각각의 속성들은 함수로서 content와 filename 속성값을 가지는 객체를 인자로 전달받습니다. 이 함수들은 반드시 객체, 또는 객체를 반환하는 프로미스를 반환해야 하며, 마지막으로 반환하는 객체는 전처리 결과를 담은 문자열값을 code 속성으로 가지고 있어야 합니다. 반환하는 객체는 dependencies 속성을 가질 수도 있는데, 자주 사용되지는 않습니다. 이 속성값은 변경을 감지할 파일들의 경로가 배열로 저장됩니다. 이들 파일들을 수정하면 전처리를 다시 실행합니다. preprocess에 대한 자세한 내용은 *https://svelte.dev/docs#svelte_preprocess* 문서를 참고하기 바랍니다.

20.1.1 웹팩 사용하기

웹팩을 사용하는 스벨트 앱은 `npx degit sveltejs/template-webpack` *app-name* 명령으로 만들 수 있습니다. 웹팩을 사용하는 스벨트 앱에서 이전과 동일한 사용자 정의 전처리를 추가하려면, `webpack.config.js` 파일을 열어서 같은 내용을 추가하면 됩니다. 이 파일은 `module` 속성을 비롯한 여러 속성값을 가지는 객체를 기본으로 내보냅니다. `module` 속성값은 `rules`라는 속성을 가지는 객체인데, `rules`는 다시 객체의 배열로 이루어져 있습니다. 이 배열에 저장되는 객체들은 어떤 파일에 적용될지 정하는 `test` 속성과 이 파일들을 어떻게 사용하는지 알려주는 `use` 속성을 가집니다. `options` 객체에 `preprocess`라는 속성을 다음과 같이 추가합니다.

예제 20-2 `webpack.config.js` 파일에 정의된 여러 `rules` 객체 중 일부

```
{
  test: /\.svelte$/,
  use: {
    loader: 'svelte-loader',
    options: {
      ...
      preprocess: {
        style({content}) {
          return {
            code: content.replace(/color: red/g, 'color: blue')
          };
        }
      }
    }
  }
}
```

`preprocess` 속성값은 롤업의 `svelte` 플러그인에서 사용한 객체와 비슷합니다. 이 속성은 `script`, `markup`, `style` 함수들을 가집니다.

전처리 설정이 잘 되었는지 확인하려면, 롤업 기반 앱과 마찬가지로 앱을 실행하고 접속합니다. 다만 웹팩의 경우 *localhost:8080*으로 접근해야 합니다.

보다시피 전처리 과정을 추가하는 것은 쉽지만, 전처리 과정에서 단순히 색값을 바꾸는 정도를 원하지는 않을 것입니다. 전처리 함수에서 Sass나 타입스크립트와 같은 문법을 컴파일하는 함수를 만들어서 호출할 수도 있겠지만 매우 복잡합니다. 하지만 svelte-preprocess 패키지를 써서 이를 쉽게 적용할 수 있습니다.

20.2 svelte-preprocess 패키지

svelte-preprocess 패키지(*https://github.com/kaisermann/svelte-preprocess*)를 써서 전처리 설정을 더 쉽게 할 수 있습니다. 여기에는 다음과 같은 것이 포함됩니다.

- 타입스크립트나 커피스크립트를 자바스크립트로 바꾸기
- 퍼그를 HTML로 바꾸기
- Sass, Less, PostCSS, Stylus를 CSS로 바꾸기

스벨트 프로젝트에 두 가지 방법으로 svelte-preprocess 패키지를 추가할 수 있습니다. 스벨트 앱을 npx degit sveltejs/template *project-name* 명령으로 시작한 경우 프로젝트 디렉터리로 이동한 다음 node scripts/setupTypeScript.js 명령을 실행합니다. 그러면 package.json의 devDependencies에 svelte-preprocess가 추가됩니다. 또는 npm install -D svelte-preprocess 명령을 실행합니다. 그 후 필요한 전처리기를 추가로 설치합니다.

롤업을 사용하는 경우에는 rollup.config.js 파일을 열어 상단 부분의 불러오기 구문에 다음 내용을 추가합니다.

```
import sveltePreprocess from 'svelte-preprocess';
```

그리고 plugins의 svelte 함수 호출로 전달되는 객체에 다음 속성을 추가합니다.

```
preprocess: sveltePreprocess()
```

sveltePreprocess에 추가 객체를 전달해서 다양한 옵션을 지정할 수 있지만 필수는 아닙니다. svelte-preprocess 패키지가 지원하는 추가 옵션은 *https://github.com/kaisermann/svelte-preprocess#options*에서 확인할 수 있습니다.

20.2.1 자동 전처리 모드

svelte-preprocess 패키지를 쓰는 가장 쉬운 방법은 자동 전처리 모드를 사용하는 것입니다. 이 모드에서는 다음과 같이 .svelte 파일의 script나 style, template 요소에 지정된 lang과 type 속성을 통해 자동으로 어떤 전처리기를 사용할지 정합니다.

```
<script lang="ts">

<template lang="pug">

<style lang="scss">
```

퍼그와 같이 HTML 대신 사용하는 문법의 경우 반드시 해당 언어를 지정할 수 있도록 template 요소로 감싸야 합니다.

20.2.2 외부 파일

svelte-preprocess 패키지로 외부 파일 지원 기능도 추가할 수 있습니다. 외부 파일에서 콘텐츠를 가져오고 싶다면 script나 template, style 요소의 src 속성에 가져올 파일의 경로를 다음과 같이 지정합니다.

```
<script src="./name.js">

<template src="./name.html">

<style src="./name.css">
```

외부 파일에서 쓰는 언어는 해당 파일의 확장자로 결정됩니다. 이를 통해 파일 콘텐츠에 어떤 전처리를 적용할지 알 수 있습니다. 이해를 돕기 위해 [그림 20-1]과 같이 견종 정보를 표시하는 앱을 예시로 사용합니다.

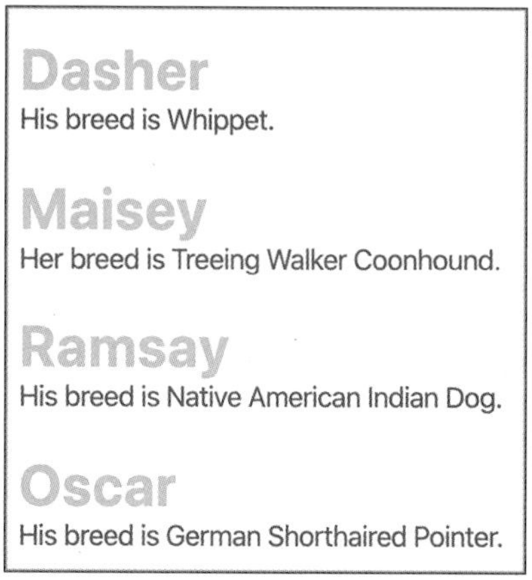

Dasher
His breed is Whippet.

Maisey
Her breed is Treeing Walker Coonhound.

Ramsay
His breed is Native American Indian Dog.

Oscar
His breed is German Shorthaired Pointer.

그림 20-1 외부 파일을 사용한 견종 표시 앱 UI

이 앱에서 구현한 **Dog** 컴포넌트는 .svelte 파일이 아닌 외부 파일에 각각 정의한 자바스크립트, HTML, CSS를 사용합니다. src 속성을 가지는 각 요소의 내용은 별다른 수정 없이 파일 내용으로 변경해서 쓸 수 있습니다.

예제 20-3 세 개의 외부 파일을 사용하는 src/Dog.svelte 파일

```
<script src="./Dog.js"></script>

<template src="./Dog.html"></template>

<style src="./Dog.css"></style>
```

[예제 20-4], [예제 20-5], [예제 20-6]은 각각 **Dog** 컴포넌트에서 사용하는 자바스크립트 코드, HTML, CSS입니다.

예제 20-4 src/Dog.js 파일에 정의한 Dog 컴포넌트 자바스크립트 코드

```
export let name;
export let breed;        ◁──┐ 이 컴포넌트로 전달할 수 있는 프롭스로
export let gender;          │ name, breed, gender가 있습니다.

let color = gender === 'male' ? 'lightblue' : 'pink';
```

예제 20-5 src/Dog.html 파일에 정의한 Dog 컴포넌트 HTML

```html
<h1 style="color: {color}">{name}</h1>
<div class="breed">{gender === 'male' ? 'His' : 'Her'} breed is {breed}.</div>
```

예제 20-6 src/Dog.css 파일에 정의한 Dog 컴포넌트 CSS

```css
h1 {
  margin-bottom: 0;
}

.breed {
  color: green;
}
```

[예제 20-7]은 Dog 컴포넌트를 불러와서 화면에 그리는 최상위 앱 컴포넌트입니다.

예제 20-7 src/App.svelte 파일의 앱

```svelte
<script>
  import Dog from './Dog.svelte';

  const dogs = [
    {name: 'Dasher', gender: 'male', breed: 'Whippet'},
    {name: 'Maisey', gender: 'female', breed: 'Treeing Walker Coonhound'},
    {name: 'Ramsay', gender: 'male', breed: 'Native American Indian Dog'},
    {name: 'Oscar ', gender: 'male', breed: 'German Shorthaired Pointer'}
  ];
</script>

{#each dogs as {name, breed, gender}}
  <Dog {name} {breed} {gender} />
{/each}
```

20.2.3 전역 스타일

svelte-preprocess 패키지를 통해 3장에서 배운 :global(selector) 문법 대신 전역 스타일을 지정할 수 있는 다른 방법을 사용할 수 있습니다. 바로 `<style global>` 요소를 쓰는 것으로, 이 요소 안에 정의한 CSS 규칙은 특정 컴포넌트에만 유효한 것이 아닌 전체 애플리케이션에 영향을 줍니다. 이 방식으로 전역 스타일을 정의하면, 전역 스타일 규칙을 각 컴포넌트를 정의하는 소스 파일에 따로 정의합니다. 이런 방식으로 전역 스타일을 정의하는 것이 싫다면, `global.css` 파일에 전역 스타일을 전부 정의하는 것을 고려해보기 바랍니다.

이런 방식의 전역 스타일 기능을 사용하려면 PostCSS를 사용해야 합니다. PostCSS(*https://postcss.org/*)는 npm install -D postcss 명령으로 설치할 수 있습니다. 그다음에는 `<style global>` 요소로 전역 스타일을 정의하는데, 예를 들어 **App** 컴포넌트 안에서 **body** 요소의 배경 색을 바꾸고 싶다면 다음 코드와 같이 스타일을 정의합니다.

예제 20-8 src/App.svelte 파일에서 전역 스타일 정의하기

```
<style global>
  body {
    background-color: linen;
  }
</style>
```

20.2.4 Sass 사용하기

Sass는 아주 유명한 CSS 전처리기입니다. Sass에 대한 자세한 내용은 *https://sass-lang.com*에서 확인할 수 있습니다. Sass를 사용하려면, 우선 npm install -D node-sass 명령으로 node-sass 패키지를 설치합니다. 그러면 변수나 중첩 규칙, 믹스인, Sass 함수들을 전부 사용할 수 있습니다. 예제 20-9는 컴포넌트 안에서 Sass를 사용하는 예시 코드입니다.

예제 20-9 .svelte 파일 안에서 Sass 사용하기

```
<style lang="scss">
  $color: green;
  $space: 0.7rem;
```

```
  form {
    // 중첩 CSS 규칙
    input {
      $padding: 4px;
      border-radius: $padding;
      color: $color;
      padding: $padding;
    }

    // 또 다른 중첩 CSS 규칙
    label {
      color: $color;
      margin-right: $space;
    }
  }
</style>
```

> **NOTE_** IE를 제외한 대부분의 브라우저에서 CSS 변수에 대한 지원이 확대되고 있지만, 정말 간단한 문법을 쓰는 것 외에 Sass 변수를 사용할 특별한 이유는 없습니다.

style 요소의 global 속성과 Sass를 함께 쓸 수 있습니다.

```
<style global lang="scss">
  // Sass 문법을 사용해서 전역 스타일을 정의합니다.
</style>
```

20.2.5 타입스크립트 사용하기

타입스크립트는 자바스크립트를 아우르는 프로그래밍 언어입니다. 가장 큰 특징은 자바스크립트에 타입을 추가했다는 점입니다. 타입스크립트에 대한 자세한 내용은 *www.typescriptlang.org*를 참고하기 바랍니다.

스벨트 프로젝트에서는 두 가지 방법으로 타입스크립트를 사용할 수 있습니다. 가장 쉬운 방법은 npx degit sveltejs/template *project-name*으로 프로젝트를 시작한 다음 프로젝트 디렉터리로 이동해서 `node scripts/setupTypeScript.js` 명령을 실행하는 것입니다. 이렇게 하면 롤업에 **svelte-preprocess**와 타입스크립트 플러그인 설정을 추가합니다. 또한 svelte-check 도구를 설치하고 **package.json**에 `validate` 스크립트를 추가해서 실행할 수 있도록 만듭니다. 마지막으로 **setupTypeScript.js** 파일을 삭제하고 **scripts** 디렉터리에 아무 파일도 없으면 이 디렉터리도 삭제합니다. svelte-check 도구(*http://mng.bz/4Agj*)는 프로젝트의 모든 `.svelte` 파일을 점검하고 타입스크립트 에러를 포함한 다양한 에러를 표시해줍니다. `npm run validate` 명령으로 실행할 수 있습니다.

기존의 스벨트 애플리케이션에서 타입스크립트를 사용하려면 다음과 같이 수동으로 설정해줘야 합니다.

1. 다음과 같은 명령으로 필요한 패키지들을 모두 설치합니다.

```
npm install -D @rollup/plugin-typescript svelte-check tslib typescript
```

2. `rollup.config.js` 파일을 수정합니다.

   – 상단에 다음과 같은 불러오기 구문을 추가합니다.

```
import typescript from '@rollup/plugin-typescript';
```

   – `plugins` 배열에 `typescript()` 호출을 추가합니다.

```
plugins: [
  svelte({
    ...
    preprocess: sveltePreprocess()
  }),
  typescript(),
  ...
]
```

3. `package.json` 파일에 다음의 스크립트를 추가합니다.

```
"validate": "svelte-check"
```

부록 F에서 `.svelte` 파일의 타입스크립트 에러를 표시하는 VSCode 확장 기능을 설명하니 참고하기 바랍니다.

이제 다음 예제 코드와 같이 컴포넌트 내에서 타입스크립트를 사용할 수 있습니다.

```
<script lang="ts">
  function add(n1: number, n2: number): number {
    return n1 + n2;
  }

  const sum = add(1, '2');
</script>

<div>sum in ts = {sum}</div>
<div>sum in HTML = {add(1, '2')}</div>
```

타입스크립트 컴파일러가 다음과 같은 에러 메시지를 출력할 것입니다. "error TS2345: Argument of type '"2"' is not assignable to parameter of type 'number'." 그래도 코드는 정상적으로 실행될 것이며 add의 결과로 sum 변수에 1과 '2'를 연결한 '12'를 저장합니다. 이 에러를 해결하려면 문자열 '2' 대신 숫자 2를 인자로 전달합니다.

위와 같은 타입 에러가 발생합니다.

add 함수를 스벨트 컴포넌트 안이 아닌 별도의 .ts 파일에 다음과 같이 저장할 수 있습니다. 이렇게 별도의 파일에 정의하면 여러 컴포넌트에서 이 내용을 불러와서 사용할 수 있습니다. 타입스크립트 소스 파일에서는 값이나 함수, 클래스, 상수 등을 개수에 상관없이 내보낼 수 있습니다.

예제 20-10 src/math.ts 파일에 정의한 add 함수

```
export function add(n1: number, n2: number): number {
  return n1 + n2;
}
```

여기서의 함수 반환형은 컴파일러가 추론해서 결정합니다.

이제 src/App.svelte 파일을 다음과 같이 수정합니다.

예제 20-11 add 함수를 불러와서 사용하는 src/App.svelte 파일

```
<script lang="ts">
  import {add} from './math';

  const sum = add(1, '2');
</script>

<div>sum in ts = {sum}</div>
<div>sum in HTML = {add(1, '2')}</div>
```

타입스크립트 컴파일러가 앞서 설명한 것과 동일한 유형의 타입 에러를 메시지로 출력할 것입니다.

위와 동일한 유형의 타입 에러가 발생합니다.

타입스크립트를 사용할 경우, 리액티브 선언문에서 사용하는 변수의 타입을 지정할 때는 다른 방법을 사용해야 합니다. 우선 타입과 함께 변수를 선언한 다음, 리액티브 선언문을 다음과 같이 사용하는 것입니다.

```
let upperName: string;
$: upperName = name.toUpperCase();
```

> **NOTE_** 이 외에도 svelte-type-checker(*https://github.com/halfnelson/svelte-type-checker*)를 통해 타입스크립트를 사용할 수도 있습니다. 관련 VSCode 확장 기능(*https://github.com/halfnelson/svelte-type-checker-vscode*)도 사용할 수 있습니다.

20.2.6 VSCode 팁

코드 편집기에서 **script** 요소 내에 자바스크립트 문법을 안 쓰거나, 퍼그와 같이 HTML이 아닌 다른 문법을 쓰거나, **style** 요소에 CSS가 아닌 다른 방법으로 코드를 작성하는 경우를 설정할 수 있습니다. VSCode의 경우 애플리케이션 최상위 디렉터리에 **svelte.config.js** 파일을 만들고 다음 내용을 추가한 뒤 VSCode를 다시 실행하면 적용할 수 있습니다.

```
const sveltePreprocess = require('svelte-preprocess');

module.exports = {
  preprocess: sveltePreprocess()
};
```

20.3 마크다운 사용하기

스벨트 컴포넌트 콘텐츠는 HTML 대신 마크다운으로도 표시할 수 있습니다. svelte-preprocessor 패키지는 현재로서는 마크다운을 지원하지 않지만, 대신 svelte-preprocess-markdown이나 MDsveX 라이브러리를 사용할 수 있습니다. 지금으로서는 svelte-preprocess-markdown이 .svelte 파일의 문법을 더 잘 지원하니, 이에 대해서만 설명합니다.

svelte-preprocess-markdown 라이브러리는 *https://alexxnb.github.io/svelte-preprocess-markdown*에서 확인할 수 있습니다. 이 라이브러리는 유명한 마크다운 처리 라이브러리인 'marked' 라이브러리(*https://marked.js.org*)를 사용합니다. 라이브러리를 사용하면, 별도의 .md 파일에 마크다운 문법으로 스벨트 컴포넌트 콘텐츠를 정의할 수 있습니다. .md 파일에는 script와 HTML 요소, style 요소 등 .svelte 파일에서 사용할 수 있는 모든 내용을 정의할 수 있습니다. 마크다운을 꾸미려면, 마크다운 문법으로 생성되는 HTML 요소를 꾸밀 수 있는 CSS 규칙을 정의합니다. 예를 들어 마크다운 문법 #을 사용하면 h1 요소가 생성되므로, h1 요소를 꾸미는 CSS 규칙을 정의합니다. 마크다운 문법이 어떤 HTML 요소로 바뀌는지에 대해서는 마크다운 가이드의 'Basic Syntax(*www.markdownguide.org/basic-syntax*)' 부분을 참고하기 바랍니다.

마크다운을 테스트하기 위해, [그림 20-2]와 같이 견종 정보 표를 화면에 그리는 앱을 만들어 봅시다.

DOGS

Name	Gender	Breed
Dasher	male	Whippet
Maisey	female	Treeing Walker Coonhound
Ramsay	male	Native American Indian Dog
Oscar	male	German Shorthaired Pointer

그림 20-2 마크다운으로 표시된 견종 정보 표

우선 기본적인 스벨트 앱을 만든 다음 src/App.svelte 파일 이름을 src/App.md로 변경하고 src/main.js 파일에서 App.svelte 파일이 아닌 App.md 파일을 불러오도록 수정합니다. 그리고 src/App.md 파일을 다음과 같이 수정해서 HTML 대신 마크다운을 사용합니다.

예제 20-12 src/App.md의 마크다운

```
<script>
  const dogs = [
    {name: 'Dasher', gender: 'male', breed: 'Whippet'},
    {name: 'Maisey', gender: 'female', breed: 'Treeing Walker Coonhound'},
    {name: 'Ramsay', gender: 'male', breed: 'Native American Indian Dog'},
    {name: 'Oscar ', gender: 'male', breed: 'German Shorthaired Pointer'}
    ];
</script>

# dogs       ◁──┤ 제목을 표시하는 마크다운 문법입니다.

| Name | Gender | Breed |      ◁──┤ 표 제목 줄을 표시하는 마크다운 문법입니다.
| ---- | :----: | ----- |   ◁─
{#each dogs as {name, gender, breed}}        여기에서 사용하는 콜론(:)은 해당 내용이 가운데에
  | {name} | {gender} | {breed} |   ◁─     표시되어야 함을 나타내는 마크다운 문법입니다.
{/each}                                   ┤ 표의 각 줄을 나타내는 마크다운 문법입니다.

<style>
  h1 {
    color: blue;
    margin-top: 0;
    text-transform: uppercase;
  }

  table {
    border-collapse: collapse;
  }

  td, th {
    border: solid lightgray 3px;
    padding: 0.5rem;
  }

  th {
    background-color: pink;
  }
</style>
```

#each 구문 위에 빈 줄이 없어야 한다는 점에 유념하기 바랍니다. 표를 정의하는 마크다운 부분에 어떤 줄이라도 들어가게 되어서 마크다운 내용이 분리되면 표가 제대로 표시되지 않습니다.

다음 단계를 따라서 svelte-preprocess-markdown 설정을 완료합니다.

1. `npm install -D svelte-preprocess-markdown` 명령으로 패키지를 설치합니다.
2. `rollup.config.js` 파일을 다음과 같이 수정합니다.
   - 파일 상단의 다른 불러오기 구문 아래에 다음을 추가합니다.

   ```
   import {markdown} from 'svelte-preprocess-markdown';
   ```

   - svelte 플러그인으로 전달되는 객체에 다음을 추가합니다.

   ```
   extensions: ['.svelte','.md'],
   preprocess: markdown()
   ```

앱을 다음과 같이 테스트합니다.

1. `npm install` 명령으로 필요한 패키지들을 설치합니다.
2. `npm run dev` 명령으로 앱을 시작합니다.
3. 웹 브라우저에서 `localhost:3000`으로 접근합니다.

20.4 여러 전처리기 사용하기

모듈 번들러 설정 파일을 수정해서 **preprocess** 속성의 배열값에 전처리기들을 추가하면, 스벨트 컴파일러로 내용을 전달하기 전 여러 개의 전처리기를 사용할 수 있습니다. 예를 들어 svelte-preprocess와 svelte-preprocess-markdown 패키지를 함께 사용하고 싶다면 다음과 같이 `rollup.config.js` 파일을 수정합니다.

```
preprocess: [sveltePreprocess(), markdown()],
```

위에서 설명한 대로 svelte-preprocess와 타입스크립트 관련 설정을 마무리하면, 다음과 같이 **App.md** 파일에서 타입스크립트를 사용할 수 있습니다.

예제 20-13 scr/App.md 파일에서 타입스크립트 사용하기

```ts
<script lang="ts">
  type Dog = {
    name: string;
    gender: string;
    breed: string;
  };

  const dogs: Dog[] = [
    {name: 'Dasher', gender: 'male', breed: 'Whippet'},
    {name: 'Maisey', gender: 'female', breed: 'Treeing Walker Coonhound'},
    {name: 'Ramsay', gender: 'male', breed: 'Native American Indian Dog'},
    {name: 'Oscar ', gender: 'male', breed: 'German Shorthaired Pointer'}
  ];
</script>
```

설정이 완료되었다면, dogs로 전달하는 객체 속성값을 breed 대신 bred 등으로 지정해봅시다. 타입스크립트 컴파일러가 에러를 표시해주는 것을 확인할 수 있습니다.

20.5 이미지 압축

사용해볼 만한 다른 스벨트 전처리기로는 svelte-image(*https://github.com/matyunya/svelte-image*)가 있습니다. 이 전처리기는 이미지를 선명하게 처리하는 패키지(*https://github.com/lovell/sharp*)를 사용해서 이미지를 자동으로 최적화합니다. 이 전처리기는 로컬 이미지 파일을 참조하는 img 요소를 찾은 다음 이 요소의 src 속성을 전처리기가 최적화한 이미지 파일 경로로 대체합니다.

svelte-image 패키지를 사용하면 Image 컴포넌트도 사용할 수 있습니다. 이 컴포넌트를 사용하면 이미지가 실제 화면에 표시되어야 할 때 불러오는 지연 로딩lazy loading을 지원합니다. 또한 srcset 속성을 통해 화면의 가로 폭에 따라서 다양한 크기의 이미지를 제공할 수도 있습니다.

다음 장에서는 스벨트 네이티브로 안드로이드나 iOS 모바일 애플리케이션을 만드는 방법을 살펴봅시다.

20.6 마치며

- 스벨트는 자바스크립트나 HTML, CSS 대신 다른 여러 언어를 사용할 수 있다는 점에서 유연합니다.

- 전처리기를 만들 수 있다면 어떤 문법이나 언어라도 사용할 수 있습니다.

- 전처리를 설정하고 사용하는 가장 쉬운 방법은 svelte-preprocess 패키지와 자동 전처리 모드를 사용하는 것입니다.

CHAPTER 21

스벨트 네이티브

이 장의 핵심 내용

◆ 스벨트 네이티브와 네이티브스크립트 컴포넌트

◆ 로컬에서 스벨트 네이티브 앱 개발하기

◆ 네이티브스크립트 꾸미기

◆ 미리 정의된 네이티브스크립트 CSS 클래스

◆ 네이티브스크립트 UI 컴포넌트 라이브러리

스벨트 네이티브(*https://svelte-native.technology*)는 네이티브스크립트(*https://nativiescript.org*) 기반으로 안드로이드 및 iOS 모바일 애플리케이션을 만들 수 있게 해 줍니다. 스벨트 네이티브를 제대로 사용하려면 스벨트 네이티브 앱의 구조가 어떠한지, 어떤 컴포넌트를 제공하는지, 레이아웃 방법에는 어떤 것들이 있는지, 페이지 이동을 어떻게 구현하는지, 네이티브 전용 꾸미기 기법이나 테마를 어떻게 적용하는지, 서드 파티 라이브러리들을 어떻게 사용하는지, 기기의 장치들을 어떻게 사용하는지 등을 알아야 합니다. 꽤나 심오한 내용들입니다. 이 장에서는 표면적인 내용만 다루지만, 그것만으로도 간단한 모바일 앱을 만들고 빌드하는 데는 충분할 것입니다.

네이티브스크립트는 사용자 정의 요소들을 포함한 XML 문법과 CSS, 자바스크립트나 타입스크립트를 사용해서 안드로이드나 iOS에서 동작하는 앱을 만듭니다. 웹뷰^{webview}가 아닌 네이티브 컴포넌트를 사용합니다. 네이티브스크립트는 텔레릭에서 만들고 관리해왔으며, 이 회사는 2014년 프로그레스 소프트웨어에서 인수했습니다.

네이티브스크립트는 웹 프레임워크 없이도 사용할 수 있습니다. 물론 많은 유명한 웹 프레임워크에서 네이티브스크립트로의 전환도 지원합니다. 네이티브스크립트 팀은 앵귤러와 뷰를 지원하며, 커뮤니티에서 리액트 및 스벨트를 지원하고 있습니다.

스벨트 네이티브는 네이티브스크립트 API 위에 얇은 계층 하나를 추가로 제공해서 향후 변경될지도 모르는 네이티브스크립트 버전에 쉽게 호환성을 유지할 수 있도록 만들었습니다. 스벨트 네이티브는 퍼스하우스 데이비드[David Pershouse]가 개발했습니다. 그는 깃허브에서 'halfnelson'으로 활동 중이며 트위터 @halfnelson_au에서 그 소식을 접할 수 있습니다. 공식 스벨트 네이티브 입문서 및 API 문서는 스벨트 네이티브 웹사이트 *http://svelte-native.technology*에서 확인할 수 있습니다.

이 장에서는 우선 제공하는 모든 컴포넌트를 살펴본 다음, 스벨트 네이티브 애플리케이션 개발을 어떻게 시작하는지 배워봅니다. 마지막으로 소개하는 대부분의 컴포넌트를 다룰 수 있는 기본적인 "Hello, World"앱과 애드온 라이브러리를 사용해서 햄버거 메뉴를 사용하는 앱 등 몇 가지 앱을 개발해볼 것입니다.

21.1 제공하는 컴포넌트

네이티브스크립트는 여러 컴포넌트를 제공하며, 이들을 조합해서 더 복잡한 컴포넌트들을 만들 수 있습니다. 제공 컴포넌트 목록은 *http://docs.nativescript.org/ui/overview*에서 확인할 수 있습니다.

스벨트 네이티브는 이런 컴포넌트들을 DOM 요소로 스벨트에 전부 제공하며, 스벨트 앱에서 HTML 요소 대신 사용할 수 있게 만듭니다. 이 컴포넌트들은 전역에서 접근 가능하기 때문에 컴포넌트를 불러오지 않고도 사용할 수 있습니다. 이러한 유형의 스벨트 컴포넌트들은 *https://svelte-native.technology/docs*에서 확인할 수 있습니다.

네이티브스크립트에서 제공하는 컴포넌트들의 이름은 카멜 표기법을 따르며 대문자로 시작합니다. 반면 네이티브스크립트 컴포넌트를 감싸는 스벨트 컴포넌트들은 이름이 소문자로 시작합니다. 사용자 정의 스벨트 컴포넌트 이름이 반드시 대문자로 시작하는 것과 확연한 차이를 보입니다. 이를테면 `<Label text="Hello" />` 대신 `<label text="Hello" />`처럼 쓰는 것입니다. 이 장에서는 스벨트 네이티브 이름을 사용하겠습니다.

다음 절에서는 제공하는 컴포넌트를 살펴보고, 21.6절에서는 이들을 사용하는 예제를 다룹니다.

21.1.1 디스플레이 컴포넌트

화면에 데이터를 표시하는 스벨트 네이티브 컴포넌트들은 [표 21-1]과 같습니다. 이 컴포넌트
와 가장 유사한 HTML 요소도 함께 나열했습니다.

표 21-1 디스플레이 컴포넌트들

HTML 요소	스벨트 네이티브 컴포넌트
\<label\>	label
\<img\>	image
\<progress\>	progress
없음	activityIndicator
\<ul\> 또는 \<ol\> + \<li\>	listView
없음	htmlView
없음	webView

label 컴포넌트는 text 속성을 통해 텍스트 콘텐츠를 표시하거나 formattedString 및
span 자식 요소로 콘텐츠를 표시할 수 있습니다.

activityIndicator 컴포넌트는 API 서비스 요청에 대한 응답을 기다리는 등의 특정 활동
상황을 나타낼 수 있는 플랫폼 특정 회전 아이콘을 화면에 그립니다.

listView 컴포넌트는 스크롤 가능한 목록을 화면에 그립니다. items 속성은 값의 배열이며,
그 값은 어떤 자바스크립트 값이라도 될 수 있습니다. 각 항목을 화면에 어떻게 그릴지 지정하
고 싶다면 Template 자식 요소를 사용해서 항목을 화면에 그릴 수 있도록 알려줍니다. 각 항
목을 클릭했을 때의 동작은 on:itemTap에 함수를 지정해서 정의할 수 있습니다.

htmlView나 webView 컴포넌트는 HTML 문자열을 화면에 그릴 때 사용할 수 있습니다. 하지
만 htmlView 컴포넌트는 CSS 스타일 적용이 제한적이기 때문에 webView를 쓰는 것이 더 낫

습니다. htmlView 컴포넌트는 html 속성에 HTML 문자열을 지정할 수 있습니다. webView 컴포넌트는 src 속성을 통해 HTML 문자열이나 URL, 또는 HTML 파일 경로를 지정할 수 있습니다. webView는 그 내용으로 세로 길이를 계산하지 않기 때문에, webView 컴포넌트 인스턴스를 만들 때는 반드시 컴포넌트의 세로 길이를 지정해줘야 합니다. 신뢰할 수 없는 HTML 문자열은 반드시 검사하고 필터링해서 webView 컴포넌트가 자바스크립트 코드를 실행하는 경우가 없도록 만듭니다.

21.1.2 폼 컴포넌트

스벨트 네이티브 컴포넌트에는 [표 21-2]와 같이 사용자 입력을 처리할 때 사용할 수 있는 컴포넌트들이 있습니다. 이 표에도 역시 가장 비슷한 HTML 요소를 함께 표시해두었습니다.

searchBar 컴포넌트는 textField 컴포넌트와 비슷하지만 입력 칸 왼쪽에 돋보기 모양의 아이콘을 표시합니다.

표 21-2 폼 컴포넌트들

HTML 요소	스벨트 네이티브 컴포넌트
<button>	button
<input type="text">	textField(한 줄 입력 시)
<textarea>	textView(여러 줄 입력 시)
<input type="checkbox">	switch
<input type="radio">	segmentedBar와 segmentedBarItem
<select>와 <option>	listPicker
<input type="range">	slider
<input type="date">	datePicker
<input type="time">	timePicker
없음	searchBar

21.1.3 액션 컴포넌트

액션 컴포넌트들로는 actionBar, actionItem, navigationButton이 있습니다. actionBar
는 툴바로 화면 최상단에 표시됩니다. 여기에는 대개 제목이 표시되며 actionItem과
navigationButton 컴포넌트를 가지고 있습니다. actionItem 컴포넌트는 플랫폼 전용 아
이콘 및 위치 지정 기능을 가지는 버튼입니다. 예를 들어 iOS의 공유 아이콘의 경우 정사각형
에 화살표 모양을 가집니다. 안드로이드의 아이콘은 R.drawable 상숫값 중 하나로 지정할 수
있으며 *https://developer.android.com/reference/android/R.drawable*에서 확인할
수 있습니다. IOS는 SystemItem 상숫값 중 하나로 지정하며 이 값은 *https://developer.*
*apple.com/documentation/uikit/uibarbuttonitem/systemitem*에서 확인할 수 있습
니다.

21.1.4 대화 상자 컴포넌트

대화 상자를 그릴 수 있는 함수들로는 action, alert, confirm, login, prompt가 있습니다.
[표 21-3]에서 각 함수로 그릴 수 있는 대화 상자에 대해서 확인할 수 있습니다.

표 21-3 대화 상자 컴포넌트들

함수	대화 상자 내용
action	메시지, 수평으로 나열된 버튼들, 취소 버튼
alert	제목, 메시지, 닫기 버튼
confirm	제목, 메시지, 취소 버튼, OK 버튼
login	제목, 메시지, 사용자 이름 입력 칸, 패스워드 입력 칸, 취소 버튼, OK 버튼
prompt	제목, 메시지, 입력 칸, 취소 버튼, OK 버튼

21.1.5 레이아웃 컴포넌트

[표 21-4]에 자식 컴포넌트들을 특정 방법으로 배치할 수 있는 레이아웃 컴포넌트들, 그리고
이와 가장 유사한 형태의 CSS 속성값을 정리했습니다.

표 21-4 레이아웃 컴포넌트들

CSS 속성	스벨트 네이티브 레이아웃 컴포넌트
display: inline	wrapLayout
display: block	stackLayout
display: flex	flexboxLayout
display: grid	gridLayout
position: absolute	absoluteLayout
없음	dockLayout

page 컴포넌트는 필요한 경우 actionBar 컴포넌트를 가질 수 있으며, 단 한 개의 최상위 레이아웃 컴포넌트만 가질 수 있습니다.

absoluteLayout은 자식 컴포넌트의 절대 위치를 left 및 top 속성으로 지정해야 합니다. dockLayout은 자식 컴포넌트들의 화면 한쪽, 즉 왼쪽이나 오른쪽, 위, 또는 아래에 표시합니다. [예제 21-1]은 [그림 21-1]과 같은 전형적인 페이지 상단, 페이지 하단, 왼쪽 메뉴 바 구성을 구현한 내용입니다. 상단 및 하단은 왼쪽에 표시할 자식 컴포넌트들보다 먼저 지정해야 화면 가로 폭 전체를 사용할 수 있습니다.

예제 21-1 dockLayout 활용 예제

```
<page>
  <dockLayout>
    <label class="header big" dock="top" text="Header" />
    <label class="footer big" dock="bottom" text="Footer" />
    <label class="nav big" dock="left" text="Nav" />
    <stackLayout>
      <label text="Center child #1" />
      <label text="Center child #2" />
    </stackLayout>
  </dockLayout>
</page>

<style>
  .big {
    color: white;
    font-size: 24;
    padding: 20;
  }
```

```
  .footer {
    background-color: purple;
    border-top-width: 3;
  }

  .header {
    background-color: red;
    border-bottom-width: 3;
  }

  .nav {
    background-color: green;
    border-right-width: 3;
  }

  stackLayout {
    background-color: lightblue;
    padding: 20;
  }
</style>
```

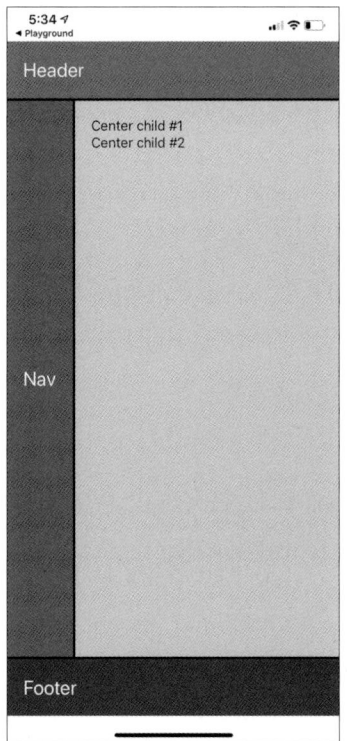

그림 21-1 dockLayout 예제 앱

flexboxLayout은 CSS 플렉스박스 대부분을 구현하고 있습니다. flexboxLayout을 사용하는 요소는 표준 플렉스박스 CSS 속성으로 꾸밀 수 있습니다. 추가로 다음의 속성들을 지원합니다.

- justifyContent: stretch(기본값), flex-start, flex-end, center, baseline
- alignItem: stretch(기본값), flex-start, flex-end, center, space-between, space-around
- alignContent: justifyContent 속성과 같은 값을 사용할 수 있으며 여러 줄로 구성된 컨테이너에 영향을 줄 수 있으나 자주 사용하지는 않습니다.
- flexDirection: row(기본값), column, row-reverse, column-reverse
- flexWrap: nowrap(기본값), wrap, wrap-reverse

flexboxLayout의 자식 요소들에 alignSelf, flexGrow, flexShrink, flexWrapBefore, order 속성을 지정할 수 있습니다.

gridLayout 요소는 자식 요소들을 행과 열로 이루어진 칸으로 배치할 수 있습니다. 한 칸은 하나 이상의 행 또는 열을 차지할 수 있습니다. 이 요소는 CSS의 그리드 레이아웃과는 아무런 관련이 없습니다. rows와 columns 속성은 쉼표로 구분된 값 목록으로 지정할 수 있으며 값의 수는 행 또는 열의 개수, 그리고 각 행의 세로 길이 또는 각 열의 가로 길이를 의미합니다. 행 또는 열의 길이는 세 가지 방식으로 지정할 수 있는데 각각 길이를 지정하는 숫자, auto, 또는 *입니다. auto를 지정하면 행 또는 열의 내용을 표시할 수 있는 가장 작은 크기로 맞춰집니다. *를 지정하면 다른 행이나 열의 크기를 충족하는 한도 내에서 가장 큰 크기를 가집니다. 숫자 뒤에 *를 쓰면 곱으로 적용됩니다. 예를 들어 columns="100,2*,*"는 첫 번째 열은 100 DIPs$^{device-independent-pixels}$로 지정하고 그다음 행은 남은 공간의 2/3, 세 번째 행은 남은 공간의 1/3으로 지정합니다. gridLayout의 자식 요소는 자신의 위치를 row와 column 속성으로 지정할 수 있습니다. 또한 하나 이상의 행 또는 열 공간을 차지하는 경우 rowSpan이나 colSpan 속성을 지정할 수 있습니다.

stackLayout은 지원되는 가장 기본적인 레이아웃입니다. 자식 요소들을 수직(기본값) 또는 수평으로 배치합니다. 자식 요소들을 수평으로 배치하려면 orientation="horizontal"이라고 속성을 추가합니다.

wrapLayout은 stackLayout과 비슷하지만 자식 요소의 공간이 부족하면 다음 행 또는 열까지 차지합니다. 그리고 stackLayout과 달리 기본 배치 방향이 수평입니다. 자식 요소들을 수

직으로 배치하고 싶다면 orientation="vertical"이라고 속성을 추가합니다. 각 자식 요소에 고정 가로 폭 또는 세로 폭을 제공하고자 하면 itemWidth와 itemHeight 속성을 지정합니다.

정확하게는 레이아웃이 아니지만, scrollView 컴포넌트도 다른 컴포넌트의 컨테이너처럼 사용할 수 있습니다. 이 컴포넌트는 고정된 크기를 가지며 자식 컴포넌트들의 내용을 수직 또는 수평으로 스크롤할 수 있습니다.

21.1.6 내비게이션 컴포넌트

내비게이션 탭을 만들 수 있는 컴포넌트로는 tabs와 bottomNavigation이 있는데, 각각 화면의 상단과 하단에 탭을 표시합니다. tab 컴포넌트는 bottomNavigation과 달리 모든 기능을 제공하는데, 이를테면 탭 아래 콘텐츠 영역을 화면 왼쪽이나 오른쪽으로 쓸어서 탭을 전환하는 기능 등을 사용할 수 있습니다. tabs와 bottomNavigation 모두 tabStrip과 tabContentItem 컴포넌트를 자식 컴포넌트로 가질 수 있습니다. tabStrip 컴포넌트의 자식 컴포넌트는 tabStripItem인데, 이 컴포넌트는 각 탭을 나타냅니다. tabContentItem 컴포넌트는 해당 탭을 선택했을 때 화면에 그릴 내용을 가집니다. tabContentItem의 자식 컴포넌트는 대개 여러 자식 컴포넌트를 가질 수 있는 레이아웃 컴포넌트가 됩니다.

navigationButton 컴포넌트는 '뒤로 가기' 버튼과 같이 플랫폼 전용 버튼을 구현할 때 사용합니다.

페이지 내비게이션은 사이드 드로어side drawer로도 구현할 수 있습니다. 사이드 드로어는 네이티브스크립트에서 지원하지는 않고, 대신 21.7절에서 설명할 네이티브스크립트 UI 라이브러리의 RadSideDrawer 컴포넌트로 만들 수 있습니다.

21.2 스벨트 네이티브 시작하기

스벨트 네이티브는 아주 쉽게 온라인 REPL(*https://svelte-native.technology/repl*)에서 시작해볼 수 있습니다. 스벨트 REPL과 비슷합니다. 아무것도 설치하지 않아도 스벨트 네이티브 앱을 만들고 테스트하고 저장할 수 있습니다. 하지만 스벨트 REPL과 달리 앱을 다운로드하거나 저장되어 있는 REPL 세션 목록을 보고 다시 불러올 수는 없습니다.

다른 방법은 온라인 플레이그라운드Playgroun (`https://play.nativescript.org`)를 사용하는 것입니다. 스벨트 네이티브 REPL과 비슷하지만 그 외에도 앵귤러, 뷰, 리액트, 스벨트, 자바스크립트, 타입스크립트로 네이티브스크립트 프로젝트를 만들 수 있다는 차이점이 있습니다.

스벨트 네이티브 REPL이나 플레이그라운드 모두 'NativeScript playground'와 'NativeScript Preview' 앱을 설치할 것인지 물어봅니다. 테스트를 위해서 모든 종류의 기기에 설치해두는 것이 좋습니다. 안드로이드는 구글 플레이 스토어에서, iOS는 앱스토어에서 찾을 수 있습니다. 플레이그라운드의 앱을 기기의 네이티브스크립트 플레이그라운드에서 실행하려면, 플레이그라운드 페이지의 오른쪽 상단의 'Preview' 버튼이나 상단의 'QR Code'를 클릭합니다. 두 가지 경우 모두 대화 상자로 QR 코드를 표시해줍니다. 기기의 'NativeScript Playground' 앱을 실행해서 QR 코드를 읽습니다. 그러면 'NativeScript Preview' 앱에서 네이티브스크립트 앱을 실행합니다.

스벨트나 스벨트 네이티브 REPL처럼 네이티브스크립트 플레이그라운드에서도 계정을 만들어서 로그인한 다음 프로젝트를 저장해서 나중에 다시 불러올 수 있습니다. 이전에 저장한 프로젝트 목록은 상단의 'Projects'를 클릭해서 확인할 수 있습니다. 코드를 변경하면 상단의 'Save'를 클릭합니다. 그러면 앱에서 QR 코드를 스캔한 모든 기기에서 앱을 다시 불러옵니다. 플레이그라운드 왼쪽에는 파일 탐색기와 컴포넌트 팔레트palette가 있습니다. 팔레트에서 컴포넌트 아이콘을 끌어서 코드로 놓으면 해당 컴포넌트 인스턴스를 추가합니다. 화면 아래쪽에는 'Devices' 탭이 있는데 여기에서 사용하고 있는 기기들의 목록을 볼 수 있습니다. 동시에 여러 개의 기기에서 테스트할 수 있습니다.

21.3 로컬에서 스벨트 네이티브 앱 개발하기

스벨트 네이티브 앱을 본격적으로 개발하려면 로컬에 프로젝트를 만들고 필요한 파일을 준비한 다음 선호하는 IDE나 편집기를 쓰는 것이 더 좋습니다. 로컬에서 스벨트 네이티브 앱을 개발하려면 다음 단계를 따릅니다.

1. `npm install -g nativescript` 명령을 실행해서 네이티브스크립트 명령 줄 인터페이스를 설치합니다.

2. `tns` 명령을 실행해서 제대로 설치되었는지 확인합니다. tns는 'Telerik NativeScript'를 줄인 말입니다.

3. `npx degit halfnelson/svelte-native-template app-name` 명령으로 스벨트 네이티브 앱을 만듭니다.

4. `cd app-name` 명령으로 앱의 최상위 디렉터리로 이동합니다.

5. `tns preview` 명령을 실행해서 앱을 만들고 QR 코드를 표시합니다.

6. 모바일 기기에서 네이티브스크립트 플레이그라운드 앱을 실행합니다.

7. QR코드를 읽습니다. 만약 'NativeScript Preview' 앱을 설치하지 않았다면 설치하겠냐고 묻습니다. 'Install' 버튼을 눌러서 진행합니다.

8. 'NativeScript Preview' 앱이 실행되어서 화면에 빌드한 앱을 보여줍니다. 앱을 수정하지 않았다면 로켓 모양의 아이콘과 'Blank Svelte Native App'이라는 글자가 보일 것입니다.

9. 코드를 수정하면 모바일 기기에서 앱을 다시 불러옵니다.

작은 앱의 경우 자동 재시작이 3초 이내로 이루어집니다.

여기에서는 설명하지 않지만 다른 방법으로는 일렉트론^{Electron} 기반 네이티브스크립트 사이드킥^{sidekick}을 사용할 수도 있습니다. 자세한 내용은 네이티브스크립트 블로그(*http://mng.bz/04pJ*)를 참고하기 바랍니다.

[예제 21-2]는 간단한 'Hello World' 스벨트 네이티브 앱입니다. `app/App.svelte` 파일을 다음과 같이 수정합니다.

예제 21-2 'Hello World' 스벨트 네이티브 앱

```
<script>
  let name = 'World';
</script>

<page>
  <actionBar title="Hello World Demo" />
  <stackLayout class="p-20">          ◁──┐ "p-20"은 제공되는 CSS 클래스로서 패딩값을
    <flexboxLayout>                        20으로 지정합니다.
      <label class="name-label" text="Name:" />
      <textField class="name-input" bind:text={name} />
    </flexboxLayout>
```

```
    <label class="message" text="Hello, {name}!" />
  </stackLayout>
</page>

<style>
  .message {
    color: red;
    font-size: 50;      ◁———┐  CSS의 크기에 단위가 지정되지 않았음에
  }                          └  유념하기 바랍니다.

  .name-input {
    font-size: 30;
    flex-grow: 1;
  }

  .name-label {
    font-size: 30;
    margin-right: 10;
  }
</style>
```

스벨트 네이티브 앱은 특정 기기 에뮬레이터^{emulator}에서도 실행할 수 있습니다. 안드로이드
나 iOS 에뮬레이터를 실행하려면 많은 관련 소프트웨어들을 설치해야 합니다. 자세한 사항은
*https://svelte-native.technology/docs#advanced-install*을 참고하기 바랍니다.

21.4 네이티브스크립트 꾸미기

네이티브스크립트는 많은 종류의 CSS 선택자와 CSS 속성을 지원합니다. 네이티브 전용 CSS
속성도 지원합니다. 이런 CSS 관련 문서는 *https://docs.nativescript.org/ui/styling*
에서 확인할 수 있습니다.

애플리케이션 전체에 영향을 미치는 CSS 규칙들은 app/app.css 파일 내에 정의합니다. 이
파일에서는 기본적으로 ~nativescript-theme-core/css/core.css 파일과 아이콘을 위한
./font-awesome.css 파일을 불러옵니다.

스벨트 네이티브 컴포넌트의 이름은 커스텀 요소 이름으로 간주됩니다. 컴포넌트 이름을 CSS 선택자로 사용하면, 해당 컴포넌트의 모든 인스턴스에 CSS 규칙이 적용됩니다.

CSS 속성값 중에서 크기를 나타내는 속성값에 단위를 지정하지 않으면 기본적으로 해당값은 DIPs$^{device-independent\ pixels}$로 간주합니다. 권장하는 단위 역시 DIPs입니다. 픽셀 단위를 명시해서 크기 값을 지정할 수도 있지만 픽셀 단위는 여러 기기마다 그 크기가 조금씩 다르며 사용을 권장하지도 않습니다. % 접미사를 사용한 비율 표기도 지원합니다.

다른 CSS 기능들로는 다음과 같은 것들이 있습니다.

- CSS 변수
- cals 함수
- serif, sans-serif, monospace 같은 범용 폰트
- app/fonts 디렉터리의 TTF / OTF 포맷 커스텀 폰트
- @import url('file-path') 문법으로 CSS 파일 불러오기
- Sass

일부 CSS 축약형 속성$^{shorthand\ property}$은 지원하지 않습니다. 이를테면 border: solid red 3px;은 지원하지 않으며 대신 border-color: red, border-width: 3px;로 명시해야 합니다. border-style 속성은 지원하지 않으며, solid로만 지정됩니다.

outline 축약형 속성과 outline-으로 시작하는 모든 CSS 속성들은 지원하지 않습니다.

텍스트 블록 내의 텍스트 스타일을 변경하려면 formattedString 요소를 span 요소와 함께 자식 요소로 사용해야 합니다. 각 span 요소에 서로 다른 스타일을 지정할 수 있습니다. formattedString 요소는 button이나 label, textField, textView와 같이 텍스트 콘텐츠를 지원하는 요소의 자식이어야만 합니다. [예제 21-3]에서 formattedString을 사용하는 자세한 예시를 확인할 수 있습니다.

```
<page>
  <stackLayout class="p-20">
    <label class="panagram" textWrap="true">
      <formattedString>
        <span class="fox">The quick brown fox</span>
        <span text=" jumps over " />
        <span class="dog">the lazy dog</span>
        <span text="." />
      </formattedString>
    </label>
  </stackLayout>
</page>

<style>
  .panagram {
    font-size: 30;
  }

  .fox {
    color: red;
    font-weight: bold;
  }

  .dog {
    color: blue;
    font-style: italic;
  }
</style>
```

panagram은 모든 알파벳 문자를 포함하는 문장을 의미합니다.

이 텍스트는 굵은 빨간색 글자로 표시됩니다.

이 텍스트는 검은색 글자로 표시됩니다.

이 텍스트는 기울여 쓴 파란색 글자로 표시됩니다.

21.5 미리 정의된 네이티브스크립트 CSS 클래스

컴포넌트 이름과 똑같은 CSS 클래스를 정의하면 해당 컴포넌트에 CSS를 적용합니다. 예를 들어 다음과 같이 클래스를 정의하면 모든 label 컴포넌트에 굵고 파란 글자를 사용합니다.

```
label {
  color: blue;
```

```
    font-weight: bold;
  }
```

네이티브스크립트는 공통 스타일을 적용할 필요가 있는 네이티브스크립트 컴포넌트에 적용할
수 있는 미리 정의된 CSS 클래스들을 제공합니다. CSS 속성들을 일일이 지정하지 않아도 필요
한 속성들을 지정할 수 있기 때문에 편리합니다.

다음은 label 컴포넌트에 사용할 수 있는 미리 정의된 클래스들입니다.

- 제목: h1, h2, h3, h4, h5, h6
- 문단: body(중간 크기의 문자)
- 각주: footnote(작은 크기의 글자)
- 정렬: text-left, text-center, text-right
- 대소문자: text-lowercase, text-uppercase, text-capitalize
- 가중치: font-weight-normal, font-weight-bold
- 스타일: font-italic

다음과 같이 미리 정의된 클래스를 사용할 수 있습니다.

```
<label class="h1" text="This is BIG!" />
```

[표 21-5]는 내부 여백이나 외부 여백 크기 지정에 사용할 수 있는 CSS 클래스들입니다. # 부
분에는 숫자를 넣을 수 있는데, 사용할 수 있는 값은 0, 2, 5, 10, 15, 20, 25, 30입니다.

표 21-5 여백 지정에 사용할 수 있는 CSS 클래스들

위치	내부 여백(padding)	외부 여백(margin)
위, 아래, 왼쪽, 오른쪽 모두	p-#	m-#
위쪽(t)	p-t-#	m-t-#
오른쪽(r)	p-r-#	m-r-#
아래쪽(b)	p-b-#	m-b-#
왼쪽(l)	p-l-#	m-l-#
왼쪽과 오른쪽	p-x-#	m-x-#
위쪽과 아래쪽	p-y-#	m-y-#

폼, 그리고 버튼과 같은 폼 요소들을 꾸밀 때 사용할 수 있는 CSS 클래스들도 제공합니다. 폼에 적용할 수 있는 스타일은 *https://docs.nativescript.org/ui/theme#forms*의 네이티브스크립트 문서를, 버튼에 사용할 수 있는 스타일은 *https://docs.nativescript.org/ui/theme#buttons*를 확인하기 바랍니다.

HTML <hr> 요소와 동일하게 화면에 표시하고 싶다면, 다음과 같이 stackLayout 요소에 hr 클래스를 지정합니다.

```
<stackLayout class="hr" />
```

기본 hr 규칙을 더 두껍게, 색을 입혀서 표시하고 싶으면 hr CSS 클래스에 다음과 같이 CSS 속성들을 추가합니다.

```
.hr {
  --size: 10;
  height: var(--size);
    border-color: green;
    border-width: calc(var(--size) / 2);
  }
```

그 외에도 *https://docs.nativescript.org/ui/styling*에서 네이티브스크립트 스타일링에 대한 자세한 내용을 확인할 수 있습니다.

21.6 네이티브스크립트 테마

네이티브스크립트에서는 수많은 CSS 클래스를 사용해서 테마를 적용할 수 있습니다. 기본 테마와 함께 제공하는 11개 이상의 테마를 사용하고 싶다면 npm install @nativescript/theme 명령으로 테마를 설치합니다. 네이티브스크립트에서 제공하지 않는 다른 테마도 추가로 설치할 수 있습니다. 각 테마는 미리 정의되어 있는 CSS 클래스들을 재정의합니다. 이런 테마에는 밝은 테마와 다크 모드도 포함되어 있습니다.

기본 테마를 사용하고 싶다면 app/app.css 파일을 열어서 core.css 파일을 불러오는 부분을 다음과 같이 수정합니다.

```
@import '~@nativescript/theme/css/core.css';
@import '~@nativescript/theme/css/default.css';
```

기본 테마 외에 다른 테마를 사용하고 싶다면, 두 번째 줄의 default 부분을 aqua, blue, brown, forest, grey, lemon, lime, orange, purple, ruby, sky로 수정해서 적용해볼 수 있습니다.

21.7 예제

지금까지는 예제로 계속 여행 준비물 앱을 만들어왔지만, 이번에는 다른 앱을 만들어보며 쉽게 접근해보겠습니다. 이 절에서 다룰 스벨트 네이비트 앱에서는 네이티브스크립트에서 제공하는 컴포넌트를 포함한 거의 대부분의 컴포넌트를 다룰 것입니다. 여러분만의 스벨트 네이티브 애플리케이션을 만들 때 도움이 될 수 있는 좋은 시작점이 될 것입니다.

예제 앱은 세 개의 페이지로 구성되며, 각 페이지는 다음과 같은 범주를 다룹니다.

- 첫 번째 페이지는 정보를 화면에 표시하는 컴포넌트들로 구성합니다. 여기에는 label, webView, image, progress 컴포넌트들이 포함됩니다.
- 두 번째 페이지에서는 사용자 입력을 처리하는 컴포넌트들로 만듭니다. 여기에는 textField, textView, switch, segmentedBar, datePicker, timePicker, listView, listPicker, slider 컴포넌트가 있습니다.
- 세 번째 페이지는 대화 상자를 표시하는 함수들과 검색 질의를 처리할 수 있는 컴포넌트들로 채웁니다. 여기에는 login, prompt, action, confirm, searchBar, activityIndicator가 있습니다.

페이지 네비게이션은 [그림 21-2]와 같이 App.svelte 파일에 구성합니다.

그림 21-2 페이지 네비게이션 컴포넌트

```
<script>
  import DisplayComponents from './DisplayComponents.svelte';    ← 세 개의 페이지
  import InputComponents from './InputComponents.svelte';          컴포넌트를 불러옵니다.
  import OtherComponents from './OtherComponents.svelte';

  function onTapDelete() {
    console.log('App.svelte onTapDelete: entered');
  }

  function onTapShare() {
    console.log('App.svelte onTapShare: entered');
  }
</script>

<page>
  <actionBar title="Svelte Native Demo">          ← actionbar 컴포넌트는
    <!-- button with upload icon -->                  화면 최상단에 표시합니다.
    <actionItem on:tap="{onTapShare}"
      ios.systemIcon="9" ios.position="left"
      android.systemIcon="ic_menu_share" android.position="actionBar" />
    <!-- button with trash can icon -->
    <actionItem on:tap="{onTapDelete}"
      ios.systemIcon="16" ios.position="right"
      android.systemIcon="ic_menu_delete"
      text="delete" android.position="popup" />
  </actionBar>

  <tabs>          ← tabs 컴포넌트는 actionBar 아래에 그립니다.
    <tabStrip>       앱의 각 페이지당 한 개의 탭을 차지합니다.
      <tabStripItem>
        <label text="Display" />
        <image src="font://&#xF26C;" class="fas" />    ← 모니터 모양의
      </tabStripItem>                                     아이콘입니다.
      <tabStripItem>
        <label text="Input" />
        <image src="font://&#xF11C;" class="far" />    ← 키보드 아이콘입니다.
      </tabStripItem>
      <tabStripItem>
        <label text="Other" />
        <image src="font://&#xF002;" class="fas" />    ← 돋보기 아이콘입니다.
      </tabStripItem>
    </tabStrip>
```

```
    <tabContentItem>
      <DisplayComponents />
    </tabContentItem>


    <tabContentItem>
      <InputComponents />
    </tabContentItem>


    <tabContentItem>
      <OtherComponents />
    </tabContentItem>
  </tabs>
</page>

<style>
  tabStrip {
    --tsi-unselected-color: purple;
    --tsi-selected-color: green;

    background-color: lightblue;
    highlight-color: green;
  }

  tabStripItem {
    color: var(--tsi-unselected-color); /* icon에서 사용하는 색 지정 */
  }

  tabStripItem > label {
    color: var(--tsi-unselected-color); /* text에서 사용하는 색 지정 */
  }

  tabStripItem:active {
    color: var(--tsi-selected-color); /* icon에서 사용하는 색 지정 */
  }

  tabStripItem:active > label {
    color: var(--tsi-selected-color); /* text에서 사용하는 색 지정 */
  }
</style>
```

각 tabStripItem마다 하나의 tabContentItem이 있습니다. 앱 페이지의 컴포넌트를 화면에 표시합니다.

앱 전체에 영향을 주는 CSS 규칙을 다음과 같이 **app.css** 파일에 추가합니다.

예제 21-5 app/app.css에 정의한 전역 스타일들

```
button {
  background-color: lightgray;
  border-color: darkgray;
  border-width: 3;
  border-radius: 10;
  font-weight: bold;
  horizontal-align: center; /* 내용에 따라 그 크기를 지정하고자 할 때 */
  padding: 10;
}

label {
  color: blue;
  font-size: 18;
  font-weight: bold;
}

.plain {
  color: black;
  font-size: 12;
  font-weight: normal;
}

.title {
  border-top-color: purple;
  border-top-width: 5px;
  color: purple;
  font-size: 20;
  font-weight: bold;
  font-style: italic;
```

```
    margin-top: 10;
    padding-top: 10;
  }
```

컴포넌트 간 데이터 공유를 위해 앱에서 여러 스벨트 스토어를 사용합니다. 스토어는 stores. js 파일에 정의합니다.

예제 21-6 app/stores.js 파일의 스토어들

```
import {derived, writable} from 'svelte/store';

export const authenticated = writable(false);
export const backgroundColor = writable('pink');      앱의 모든 페이지에서 사용하는 배경색입니다.
export const favoriteColorIndex = writable(0);        사용자가 로그인하지 않았을 경우 배경색은
export const firstName = writable('');                분홍색이며, 로그인했을 경우 배경색은
                                                      연두색입니다.

// 스토어 아님
export const colors = ['red', 'orange', 'yellow', 'green', 'blue', 'purple'];

async function evaluateColor(color) {         이 함수는 아래 정의된 상속 스토어인
  if (color === 'yellow') {                   favoriteColor에서 호출합니다.
    alert({
      title: 'Hey there!',
      message: 'That is my favorite color too!',
      okButtonText: 'Cool'
    });
  } else if (color === 'green') {
    const confirmed = await confirm({
      title: 'Confirm Color',
      message: 'Are you sure you like that color?',
      okButtonText: 'Yes',
      cancelButtonText: 'No'
    });

    if (!confirmed) favoriteColorIndex.set(0);     사용자가 초록색을 좋아하지 않으면,
  }                                                가장 좋아하는 색을 빨간색으로 지정합니다.
}

export const favoriteColor = derived(         이 스토어는 favoriteColorIndex에 기반한
  favoriteColorIndex,                         상속 스토어입니다. favoriteColorIndex 스토어의
  index => {                                  값이 바뀔 때마다 색 이름값을 업데이트합니다.
```

```
      const color = colors[index];
      evaluateColor(color);
      return color;
    }
  );
```

DisplayComponents 컴포넌트에서 정의하는 페이지에서 [그림 21-3]과 같이 화면에 정보를 표시하는 컴포넌트들의 예제를 확인할 수 있습니다.

그림 21-3 DisplayComponents 컴포넌트

htmlView와 webView의 문제점

htmlView와 webView 컴포넌트를 사용할 때 고려해야 할 몇 가지 문제점이 있습니다. 네이티브스크립트 문서에 따르면 htmlView 컴포넌트는 스타일을 적용할 때 몇 가지 제약이 있으며, 복잡한 스타일을 적용해야 할 경우 webView를 사용할 것을 권고하고 있습니다. htmlView는 굵은 글씨나 기울임 글씨 등 비교적 간단한 스타일만 사용하는 경우에 사용하기 좋습니다. 더 복잡하고 많은 스타일을 적용해야 한다면 webView를 사용하길 권장합니다.

webView 컴포넌트는 그 자신의 콘텐츠에 따라 세로 길이를 계산하지 않습니다. 사용하는 레이아웃이 세로 길이를 제공하지 않는 경우, 반드시 CSS 규칙에 세로 길이를 명시하기 바랍니다.

스벨트 네이티브 문서에는 webView의 src 속성값으로 HTML 파일 경로를 지정할 수 있다고 명시되어 있습니다. 웹팩을 사용할 경우, 번들에 이런 HTML 파일을 포함시키려면 반드시 관련 설정을 해주어야 합니다. 이와 관련된 자세한 내용은 *https://github.com/halfnelson/ sveltenative/issues/138*를 참고하기 바랍니다.

예제 **21-7** app/DisplayComponents.svelte 파일에 정의한 DisplayComponents 컴포넌트

```
<script>
  import {backgroundColor} from './stores';

  const myHtml = `          ←  이 내용은 webView에서 표시합니다.
    <div>
      <span style="color: red">The quick brown fox</span>
      <span>jumps over</span>
      <span style="color: blue">the lazy dog</span>
    </div>
  `;

  let progressPercent = 0;
                                  'Start Progress' 버튼을 탭하면 이 함수를 호출합니다.
                                  이 함수는 진행 막대 값을 애니메이션 처리합니다.
  function startProgress() {  ←
    progressPercent = 0;
    const token = setInterval(() => {
      progressPercent++;
      if (progressPercent === 100) clearInterval(token);
    }, 10);
  }
```

```
</script>

<scrollView>
  <stackLayout
    backgroundColor={$backgroundColor}
    class="p-20"
  >
    <label class="title" text="label" />
    <label class="plain" text="some text" />

    <label class="title" text="label with formattedString" />
    <label class="panagram" textWrap="true">
      <formattedString>
        <span class="fox">The quick brown fox</span>
        <span text=" jumps over " />
        <span class="dog">the lazy dog</span>
        <span text="." />
      </formattedString>
    </label>

    <label class="title" text="image" />
    <wrapLayout class="image-frame">
      <image src="~/svelte-native-logos.png" stretch="aspectFit" />
    </wrapLayout>

    <label class="title" text="webView" />
    <webView src="<h1>I am a webView.</h1>" />
    <webView src={myHtml} />
    <webView style="height: 300" src="https://svelte-native.technology/" />

    <label class="title" text="progress" />
    <button on:tap={startProgress}>Start Progress</button>
    <progress class="progress" maxValue={100} value="{progressPercent}" />
  </stackLayout>
</scrollView>

<style>
  .dog {
    color: blue;
    font-style: italic;
  }
}
```

문자열을 여러 스타일로 표시합니다.

CSS의 padding 속성은 image 요소에는 영향을 주지 못합니다. 그래서 이런 방식으로 이미지에 여백을 추가합니다.

스벨트 네이티브에서는 ~로 시작하는 파일 경로는 앱 디렉터리에서 시작하는 것으로 간주합니다. 여기에서 사용한 이미지는 *https://github.com/mvolkmann/ svelte-native-components/blob/master/app/ svelte-native-logos.png*입니다.

webView 컴포넌트 안에서 페이지를 스크롤할 수 있습니다.

```
.fox {
  color: red;
  font-weight: bold;
}

.image-frame {
  background-color: white;
  padding: 10;
}

.panagram {
  background-color: linen;
  color: black;
  font-size: 26;
  font-weight: normal;
  margin-bottom: 20;
  padding: 20;
}

progress {
  color: red;
  margin-bottom: 10;
  scale-y: 5; /* changes height */
}

webView {
  border-color: red;
  border-width: 1;
  height: 50;     ◁──┐  세로 길이를 지정하지 않으면 webView에서
}                     │  콘텐츠를 표시할 수 없습니다.
</style>
```

InputComponent 컴포넌트는 [그림 21-4]와 같이 사용자 입력을 처리할 수 있는 컴포넌트들로 구성된 페이지입니다.

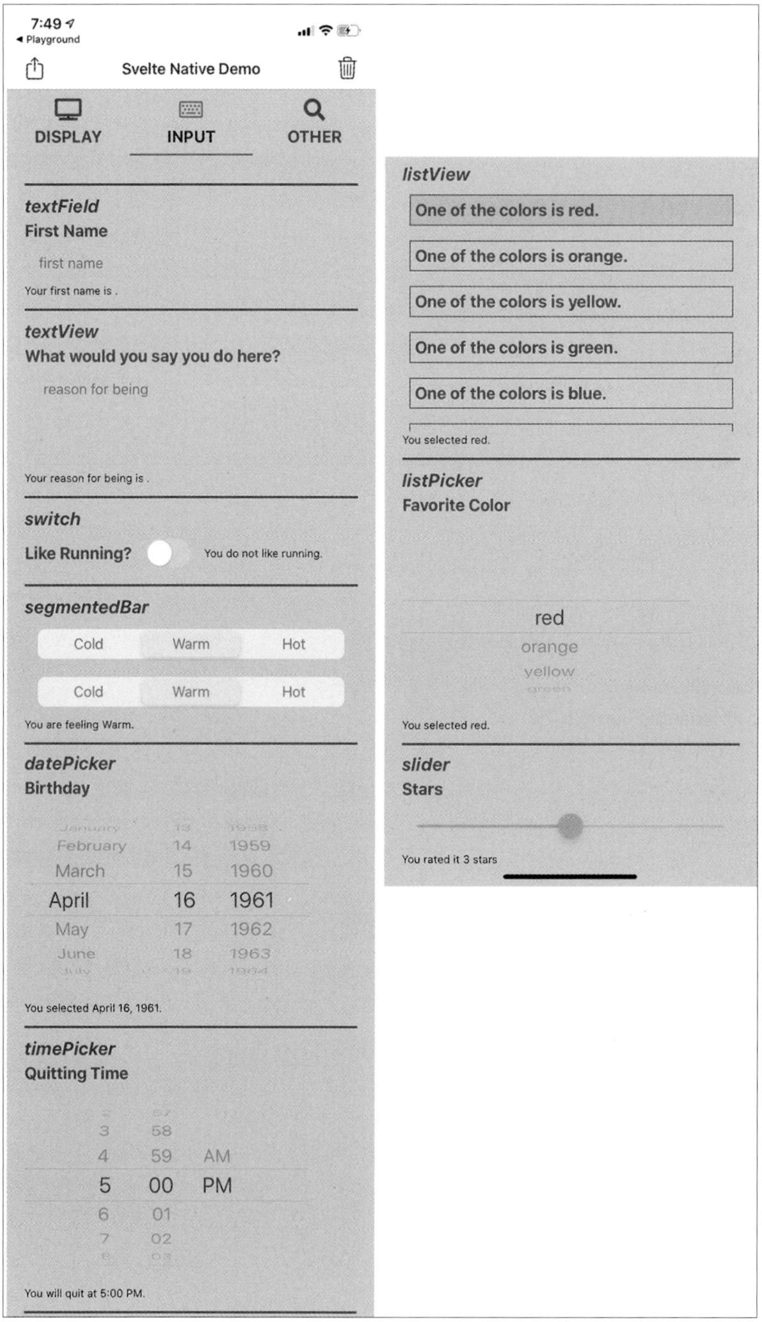

그림 21-4 InputComponents 컴포넌트

```svelte
<script>
  import {Template} from 'svelte-native/components'

  import {
    backgroundColor,
    colors,
    favoriteColor,
    favoriteColorIndex,
    firstName
  } from './stores';

  const temperatures = ['Cold', 'Warm', 'Hot'];

  let birthday = new Date(1961, 3, 16);
  let likeRunning = false;
  let reason = '';
  let stars = 3;
  let temperatureIndex = 1;

  let quittingTime = new Date();
  quittingTime.setHours(17);
  quittingTime.setMinutes(0);
  quittingTime.setSeconds(0);

  function formatDate(date) {
    if (!date) return '';
    let month = date.toLocaleDateString('default', {month: 'long'});
    const index = month.indexOf(' ');
    if (index) month = month.substring(0, index);
    return `${month} ${date.getDate()}, ${date.getFullYear()}`;
  }

  function formatTime(date) {
    if (!date) return '';

    let hours = date.getHours();
    const amPm = hours < 12 ? 'AM' : 'PM';
    if (hours >= 12) hours -= 12;

    let minutes = date.getMinutes();
    if (minutes < 10) minutes = '0' + minutes;
```

Date 객체를 April 16, 1961 같은 형식의
문자열로 표시해줍니다.

Date 객체를 5:00 PM 같은 형식의 문자열로
표시해줍니다.

```
    return `${hours}:${minutes} ${amPm}`;
  }

  function onFavoriteColor(event) {
    $favoriteColorIndex = event.value; // 이상하긴 하지만 이 값이 색인값입니다.
  }

  function onTapColor(event) {
    $favoriteColorIndex = event.index;
  }

  function starChange(event) {
    stars = Math.round(event.value);
  }
</script>
```

stars 슬라이드의 값을 정숫값으로 조절하려고
하지만 동작하지는 않습니다.

```
<scrollView>
  <stackLayout
    backgroundColor={$backgroundColor}
    class="p-20"
  >
    <!-- HTML <input type="text">와 비슷함 -->
    <label class="title" text="textField" />
    <wrapLayout>
      <label text="First Name" />
      <textField class="first-name" hint="first name" bind:text={$firstName} />
      <label class="plain" text="Your first name is {$firstName}." />
    </wrapLayout>

    <!-- HTML <textarea>와 비슷함 -->
    <label class="title" text="textView" />
    <wrapLayout>
      <label text="What would you say you do here?" />
      <textView class="reason" hint="reason for being" bind:text={reason} />
      <label class="plain" text="Your reason for being is {reason}." textWrap="true" />
    </wrapLayout>

    <!-- HTML <input type="checkbox">와 비슷함 -->
    <label class="title" text="switch" />
    <wrapLayout>
      <label text="Like Running?" />
      <switch bind:checked={likeRunning} />
      <label
        class="plain"
```

```
      text="You{likeRunning ? '' : ' do not'} like running."
   />
</wrapLayout>

<!-- HTML <input type="radio">와 비슷함 -->
<label class="title" text="segmentedBar" />
<segmentedBar
   bind:selectedIndex={temperatureIndex}
   selectedBackgroundColor="yellow"
>
   <segmentedBarItem title="Cold" />
   <segmentedBarItem title="Warm" />
   <segmentedBarItem title="Hot" />
</segmentedBar>
<segmentedBar              ◁
   bind:selectedIndex={temperatureIndex}
   selectedBackgroundColor="yellow"
>
   {#each temperatures as temp}
     <segmentedBarItem title={temp} />
   {/each}
</segmentedBar>
<label
   class="plain"
   text="You are feeling {temperatures[temperatureIndex]}."
/>

<!-- HTML <input type="date">와 비슷함 -->
<label class="title" text="datePicker" />
<wrapLayout>
   <label text="Birthday" />
   <datePicker bind:date={birthday} />
   <label class="plain" text="You selected {formatDate(birthday)}." />
</wrapLayout>

<!-- HTML <input type="time">와 비슷함 -->
<label class="title" text="timePicker" />
<wrapLayout>
   <label text="Quitting Time" />
   <timePicker bind:time={quittingTime} />
   <label class="plain" text="You will quit at {formatTime(quittingTime)}." />
</wrapLayout>
```

segmentedBar 컴포넌트에 항목을 제공하는 다른 방법을 보여주기 위한 코드입니다. API 문서에 따르면 항목으로 이루어진 배열을 items 프롭스로 전달하면 된다고 하지만, 동작하지 않았습니다. 자식 컴포넌트는 반드시 segmentedBarItem 컴포넌트여야 합니다.

```
  <!-- HTML <ul>, <ol>, <select>와 비슷함 -->
  <label class="title" text="listView" />
  <wrapLayout>
    <listView items={colors} on:itemTap={onTapColor}>        ◁─┐  on:itemTap 핸들러를 지정하면
      <Template let:item={color}>                               │  마치 HTML의 select 요소처럼
        <label                                                  └  동작합니다.
          class="list"
          class:selected={color === $favoriteColor}   ◁─┐  favoriteColor 스토어의 값이
          text="One of the colors is {color}."            │  바뀐다고 해도 이 부분의 표현식이
        />                                                  │  다시 평가되지는 않기 때문에,
      </Template>                                           │  현재 선택한 CSS 클래스는
    </listView>                                             └  바뀌지 않습니다.
  </wrapLayout>
  <label class="plain" text="You selected {$favoriteColor}." />

  <!-- HTML <select>와 비슷함 -->
  <label class="title" text="listPicker" />
  <wrapLayout>
    <label text="Favorite Color" />
    <listPicker
      items={colors}
      selectedIndex={$favoriteColorIndex}
      on:selectedIndexChange={onFavoriteColor}
    />
    <label class="plain" text="You selected {$favoriteColor}." />
  </wrapLayout>

  <!-- HTML <input type="range">와 비슷함 -->
  <label class="title" text="slider" />
  <wrapLayout>
    <label text="Stars" />
    <slider
      minValue={1}          ┌ starChange 함수에서 stars 값을 바꾸어도 슬라이드의 위치가 같이
      maxValue={5}          │ 움직이지는 않습니다. 관련 문제점은 https://github.com/halfnelson/
      value={stars}    ◁────┤ svelte-native/issues/128에서 확인할 수 있습니다.
      on:valueChange={starChange}
    />
    <label class="plain" text="You rated it {stars} stars" />
  </wrapLayout>
  </stackLayout>
</scrollView>

<style>
  .first-name {
```

```
    width: 100%;
  }

  .list {
    border-color: blue;
    border-width: 1;
    margin: 0;
  }

  .reason {
    width: 100%;
  }

  segmentedBar {
    color: red;
    margin-bottom: 10;
    margin-top: 10;
  }

  .selected {
    background-color: lightgreen;
  }
</style>
```

OtherComponents 컴포넌트가 정의하는 페이지는 [그림 21-5]와 같이 대화 상자나 검색 질의 등에 관련된 컴포넌트들을 화면에 표시합니다.

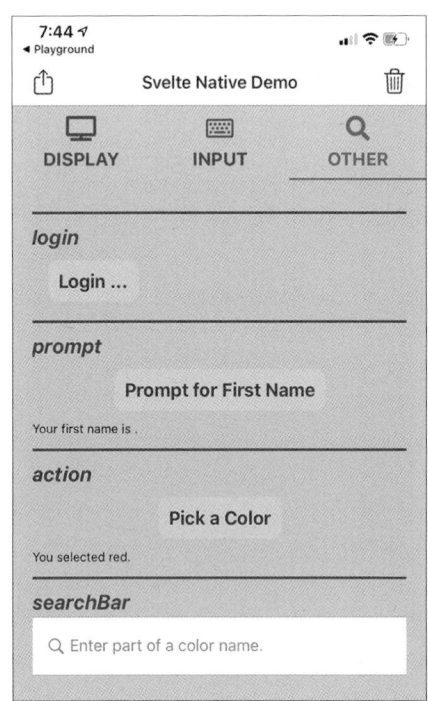

그림 21-5 OtherComponents 컴포넌트

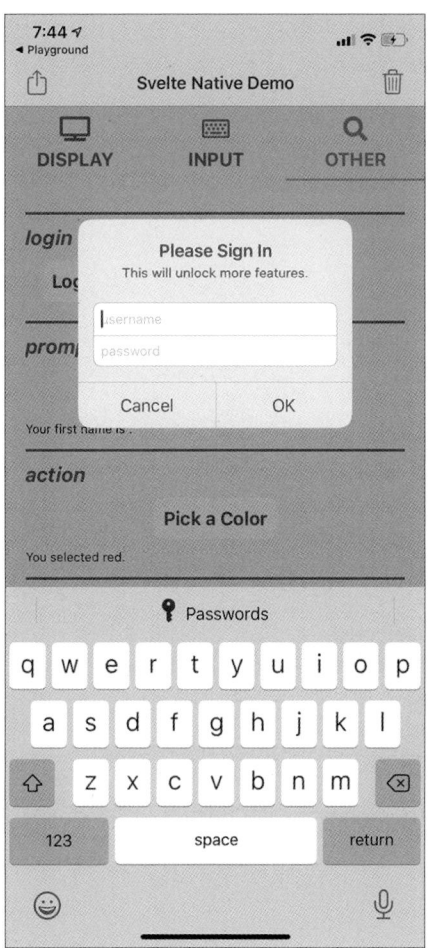

그림 21-6 로그인 대화 상자

'Login' 버튼을 누르면 [그림 21-6]과 같은 대화 상자가 나옵니다. 사용자 이름과 비밀번호를 올바르게 입력하면 사용자가 인증되었다는 의미로 [그림 21-7]처럼 앱의 모든 페이지의 배경 색이 분홍색에서 연두색으로 바뀝니다.

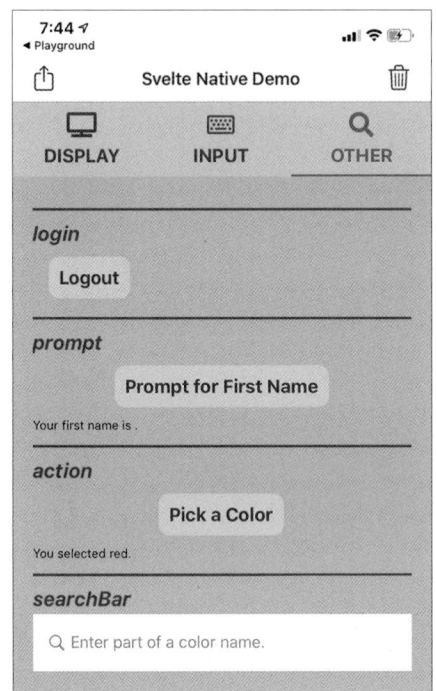

그림 21-7 로그인 후 배경색이 변경된 페이지

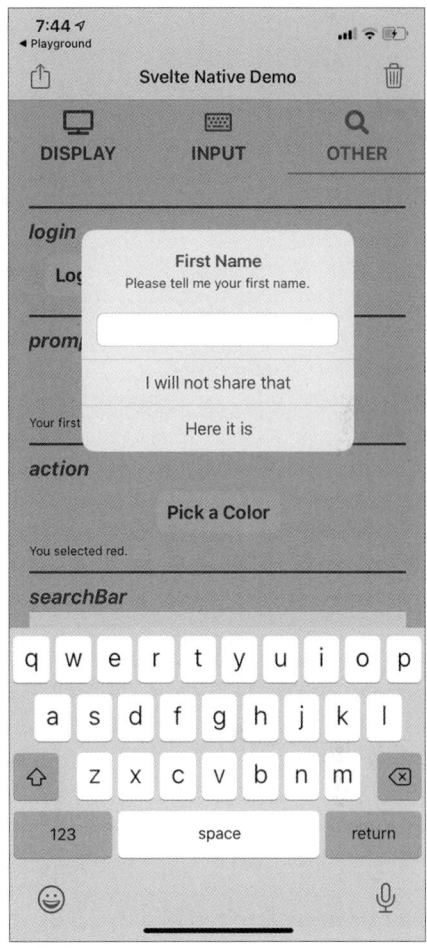

그림 21-8 First Name 입력 대화 상자

'Prompt for First Name' 버튼을 누르면 [그림 21-8]과 같은 대화 상자가 표시됩니다.

'Pick a Color' 버튼을 누르면 [그림 21-9]와 같은 대화 상자가 나타납니다.

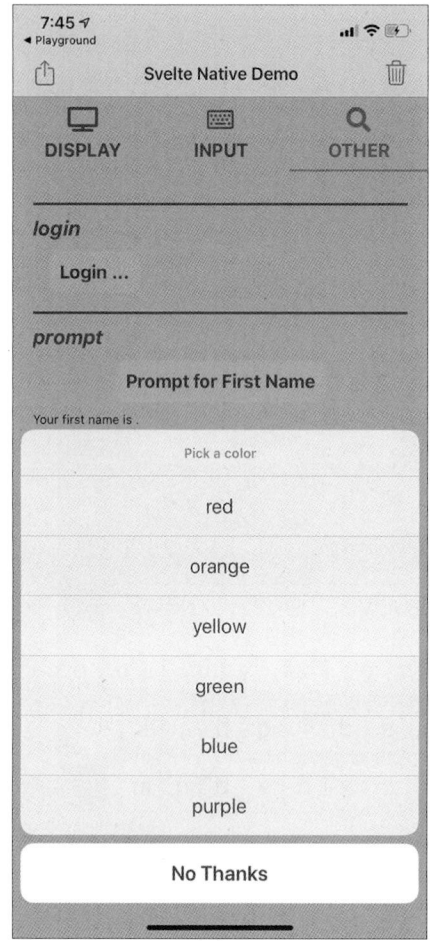

그림 21-9 색 선택 대화 상자

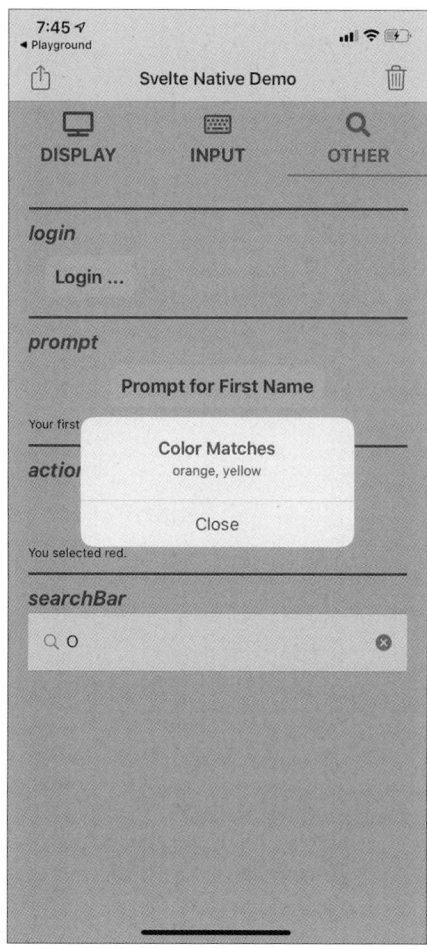

그림 21-10 검색 결과 대화 상자

검색 칸에 색 이름을 입력하면 [그림 21-10]과 같은 대화 상자가 표시됩니다.

[예제 21-9]는 OtherComponents 컴포넌트 코드입니다.

예제 21-9 app/OtherComponents.svelte 파일에 정의한 OtherComponents 컴포넌트

```
<script>
  import {login} from 'tns-core-modules/ui/dialogs'
  import {
    authenticated,
```

```
    backgroundColor,
    colors,
    favoriteColor,
    favoriteColorIndex,
    firstName
} from './stores';

let busy = false;
let query = '';

// store.js에서 처리해야 할까요?
$: $backgroundColor = $authenticated ? 'lightgreen' : 'pink';

async function getFirstName() {
  const res = await prompt({
    title: 'First Name',
    message: 'Please tell me your first name.',
    okButtonText: 'Here it is',
    cancelButtonText: 'I will not share that'
  });
  if (res.result) $firstName = res.text;
}


function onSearchSubmit() {
  busy = true;
  setTimeout(async () => { // activityIndicator 컴포넌트의 동작을 보여줍니다.
    // 여기로 전달되는 event 객체는 검색어나
    // 그 외 쓸만한 속성값을 가지고 있지 않습니다.
    const q = query.toLowerCase();
    const matches = colors.filter(color => color.includes(q));
    busy = false;
    await alert({
      title: 'Color Matches',
      message: matches.length ? matches.join(', ') : 'no matches',
      okButtonText: 'Close'
    });
    query = ''; // 초기화
  }, 1000);
}

async function pickColor() {
  const NONE = 'No Thanks';
  const choice = await action('Pick a color', NONE, colors);
  if (choice !== NONE) {
```

```
        $favoriteColorIndex = colors.findIndex(c => c === choice);
      }
    }

    async function promptForLogin() {
      const res = await login({
        title: 'Please Sign In',
        message: 'This will unlock more features.',
        userNameHint: 'username',
        passwordHint: 'password',
        okButtonText: 'OK',
        cancelButtonText: 'Cancel',
      });
      if (res.result) {
        // 여기에서 사용자 인증을 처리
        $authenticated = res.userName === 'foo' && res.password === 'bar';
        if (!$authenticated) {
          alert({
            title: 'Login Failed',
            message: 'Your username or password was incorrect.',
            okButtonText: 'Bummer'
          });
        }
      }
    }
  }
</script>

<scrollView>
  <stackLayout
    backgroundColor={$backgroundColor}
    class="p-20"
  >
    <label class="title" text="login" />
    <wrapLayout>
      {#if $authenticated}
        <button on:tap={() => $authenticated = false}>Logout</button>
      {:else}
        <button on:tap={promptForLogin}>Login ...</button>
      {/if}
    </wrapLayout>

    <label class="title" text="prompt" />
    <button on:tap={getFirstName}>Prompt for First Name</button>
    <label class="plain" text="Your first name is {$firstName}." />
```

```
<label class="title" text="action" />
<button on:tap={pickColor}>Pick a Color</button>
<label class="plain" text="You selected {$favoriteColor}." />

<label class="title" text="searchBar" />
<!-- gridLayout을 사용해서 activityIndicator를 searchBar 위 쪽에 위치하도록
   만듭니다 -->
<gridLayout rows="*">
  <searchBar
    hint="Enter part of a color name."
    bind:text={query}
    on:submit={onSearchSubmit}
    row="0"
  />
  <!-- activityIndicator의 height 및 width 속성값을 통해
     할당된 크기를 조절합니다. 하지만 spinner의 크기는 변경할 수 없으며
     색 값만 바꿀 수 있습니다. -->
  <activityIndicator busy={busy} row="0"/>
</gridLayout>
    </stackLayout>
</scrollView>

<style>
  activityIndicator {
    color: blue;
  }

  searchBar {
    margin-bottom: 10;
  }
</style>
```

21.8 네이티브스크립트 UI 컴포넌트 라이브러리

네이티브스크립트 UI는 기본으로 포함되지 않은 네이티브스크립트 컴포넌트 모음입니다. 여기에는 RadAutoCompleteTextView, RadCalendar, RadChart, RadDataForm, RadGauge, RadListView, RadSideDrawer가 포함되어 있습니다. 이 컴포넌트들을 스벨트 네이티브 앱에서 사용하려면, 우선 npx degit halfnelson/svelte-native-template app-name 명령으로 앱을 만듭니다. 그리고 *https://github.com/halfnelson/svelte-nativenativescript-ui*에서 설명하는 내용을 따릅니다.

RadListView는 특히 많이 사용되는 컴포넌트입니다. 여러 항목으로 이루어진 목록을 애니메이션과 함께 표시해주며 '끌어내려서 새로고침', '화면 쓸어넘기기'와 같은 다양한 제스처^{gesture}를 지원합니다.

많이 사용되는 또 다른 컴포넌트로는 RadSideDrawer가 있습니다. 서랍 방식의 측면 메뉴 막대를 햄버거 메뉴와 함께 제공하기 때문에 페이지 네비게이션 구현에 사용할 수 있습니다. 예제를 통해 이 컴포넌트를 어떻게 사용하는지 알아봅시다. 우선 RadSideDrawer 컴포넌트를 사용하는 앱을 다음과 같이 준비합니다.

1. npm install svelte-native-nativescript-ui 명령으로 패키지를 설치합니다.
2. tns plugin add nativescript-ui-sidedrawer 명령을 실행합니다.

이 앱은 'About'과 'Hello' 두 개의 페이지를 가지고 있습니다. 'About' 페이지에서는 이름 그대로 앱에 대한 정보를 표시합니다. 'Hello' 페이지에서는 사용자가 이름을 입력하고 앱은 이 이름과 함께 환영 메시지를 표시합니다. 측면 서랍 메뉴에 페이지 이름들이 표시됩니다. 측면 서랍 메뉴를 표시하려면, 앱의 왼쪽 위 햄버거 아이콘을 클릭하거나 화면의 왼쪽 모서리를 오른쪽으로 쓸어넘깁니다. 서랍 메뉴의 페이지 이름을 누르면 서랍이 닫히며 해당 페이지로 이동합니다. 서랍 메뉴 바깥 영역을 누르면 페이지로 이동하지 않고 서랍을 닫습니다. [그림 21-11], [그림 21-12], [그림 21-13]에서 앱 화면을 확인할 수 있습니다.

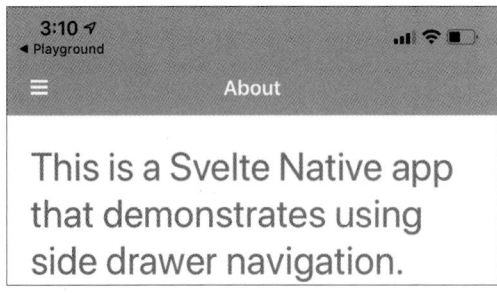

그림 21-11 About 페이지

그림 21-12 Hello 페이지

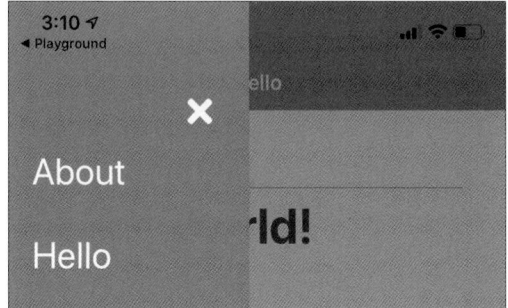

그림 21-13 측면 서랍 메뉴를 열었을 때

측면 서랍 메뉴는 **App.svelte** 파일에서 설정합니다.

예제 21-10 app/App.svelte 파일

```
<script>
  import {onMount} from 'svelte';
  import RadSideDrawerElement from
    'svelte-native-nativescript-ui/sidedrawer';
  import AboutPage from './AboutPage.svelte';
  import HelloPage from './HelloPage.svelte';
  import {goToPage, setDrawer} from './nav';

  RadSideDrawerElement.register();        ◁──┐ radSideDrawer 요소를 사용하려면
                                             │ 반드시 필요한 구문입니다.
  let drawer;

  onMount(() => setDrawer(drawer));       ◁──┐ nav.js에게 서랍 메뉴가 있다는 사실을
</script>                                    │ 알려줍니다.
```

```
<page>
  <radSideDrawer bind:this={drawer} drawerContentSize="200">        ◁── 서랍 메뉴의 기본 가로 폭이
    <radSideDrawer.drawerContent>        ◁──                            앱에서 필요로 하는 것보다
      <stackLayout>              서랍 메뉴의 내용을 정의합니다.         넓으므로, 200으로
        <label                                                       조절합니다.
          class="fas h2"         ◁── 눌러서 서랍을
          text="&#xF00D;"            닫을 수 있는 '×' 표시를 그립니다.
          padding="10"
          horizontalAlignment="right"
          on:tap={() => drawer.closeDrawer()}
        />
        <label text="About" on:tap={() => goToPage(AboutPage)} />
        <label text="Hello" on:tap={() => goToPage(HelloPage)} />
      </stackLayout>
    </radSideDrawer.drawerContent>
    <radSideDrawer.mainContent>
      <frame id="mainFrame" defaultPage={HelloPage} />        ◁──
    </radSideDrawer.mainContent>                                   각 페이지가 표시되는 곳입니다.
  </radSideDrawer>
</page>

<style>
  label {
    color: white;
    font-size: 30;
    padding-bottom: 30;
  }

  stackLayout {
    background-color: cornflowerblue;
    padding: 20;
  }
</style>
```

필요한 경우 프롭스를 전달해서 지정한 페이지로 이동하는 함수와 서랍 메뉴를 열고 닫는
기능을 nav.js 파일 안에 정의합니다. 서랍 메뉴 객체 drawer는 App.svelte 파일에서
setDrawer 함수를 호출할 때 전달합니다.

예제 21-11 app/nav.js 파일

```javascript
import {navigate} from 'svelte-native';

let drawer;

export function setDrawer(d) {
  drawer = d;
}

export function goToPage(page, props) {
  drawer.closeDrawer();
  // clearHistory를 true로 설정하면 "<Back" 버튼이 표시되지 않습니다.
  navigate({page, props, clearHistory: true, frame: 'mainFrame'});
}

export function toggleDrawer() {
  drawer.toggleDrawerState();
}
```

지금은 서랍 메뉴의 페이지 이름을 눌렀을 때만 호출됩니다. 하지만 다른 페이지로 이동하기 위해서 호출할 수도 있습니다.

mainFrame은 App.svelte 파일에서 만든 프레임의 ID입니다.

Header 컴포넌트의 햄버거 아이콘을 누르면 호출됩니다.

goToPage와 toggleDrawer 함수에서 쓸 수 있도록 drawer 객체를 저장합니다.

각 페이지는 Header 컴포넌트를 화면에 그립니다. Header 컴포넌트는 햄버거 아이콘과 페이지 제목을 표시하는 actionBar 컴포넌트를 가지고 있습니다. 햄버거 아이콘을 누르면 서랍 메뉴가 열립니다.

예제 21-12 app/Header.svelte 파일에 정의한 Header 컴포넌트

```svelte
<script>
  import {toggleDrawer} from './nav'
  import {isAndroid} from "tns-core-modules/platform"

  export let title = '';
</script>

<actionBar title={title}>
  {#if isAndroid}
    <navigationButton icon="res://menu" on:tap={toggleDrawer} />
  {:else}
    <actionItem icon="res://menu" ios.position="left" on:tap={toggleDrawer} />
  {/if}
```

현재 실행되고 있는 기기가 안드로이드인지 아닌지를 나타내는 불리언값을 가집니다.

햄버거 메뉴를 각 플랫폼에 맞게 표시하고자 합니다.

```
</actionBar>

<style>
  actionBar {
    background-color: cornflowerblue;
    color: white;
  }
</style>
```

AboutPage 컴포넌트는 [예제 21-13]처럼 구현합니다.

예제 21-13 src/AboutPage.svelte 파일의 AboutPage 컴포넌트

```
<script>
  import Header from './Header.svelte';
  import {singleLine} from './util';        ◁──── 이 함수 이름을 태그된 템플릿 리터럴(tagged template
                                                   literal) 앞에 붙이면 들여쓰기된 여러 줄을 들여쓰기 없는
  let description = singleLine`                     한 줄로 수정해줍니다.
    This is a Svelte Native app that demonstrates
    using side drawer navigation.
  `;
</script>

<page>
  <Header title="About" />
  <stackLayout class="p-20">
    <label text={description} textWrap="true">
    </label>
  </stackLayout>
</page>

<style>
  label {
    color: red;
    font-size: 32;
  }
</style>
```

HelloPage 컴포넌트는 [예제 21-14]와 같습니다.

```svelte
<script>
  import Header from './Header.svelte';

  let name = 'World';
</script>

<page>
  <Header title="Hello" />
  <stackLayout class="p-20">
    <flexboxLayout>
      <label text="Name" />
      <textField bind:text={name} />       사용자가 이름을
    </flexboxLayout>                        입력할 수 있는 칸입니다.

    <label class="greeting" text="Hello, {name}!" textWrap="true" />
  </stackLayout>
</page>

<style>
  .greeting {
    color: blue;
    font-size: 40;
  }

  label {
    font-size: 20;
    font-weight: bold;
  }

  textField {
    flex-grow: 1;
    font-size: 20;
  }
</style>
```

[예제 21-13]의 singleLine 함수는 [예제 21-15]와 같이 정의합니다.

```
// 태그된 템플릿 리터럴 함수로써 개행 문자('\n')를 공백 문자로 바꾼 다음
// 두 개 이상 연결된 공백 문자를 한 개로 줄입니다.
export function singleLine(literals) {
  return literals
    .join(' ')
    .replace(/\n/g, ' ')
    .replace(/  +/g, ' ')
    .trim();
}
```

위 코드대로 스벨트 네이티브 앱을 만들어서 실행하면 서랍 메뉴를 통해 각 페이지로 이동할 수 있는 앱을 볼 수 있을 것입니다.

21.9 스벨트 네이티브의 문제점

스벨트 네이티브는 계속 개발 중이며, 아직 다듬어지지 않은 부분이 있습니다.

일부 코드 에러 때문에 네이티브스크립트 미리보기 앱이 실행을 중단할 수도 있습니다. 이런 경우 코드를 수정하고 tns 명령을 다시 실행한 다음 네이티브스크립트 플레이그라운드 모바일 앱으로 가서 QR 코드를 다시 읽어야 합니다. 코드를 제대로 수정했음에도 앱이 다시 비정상적으로 종료될 수도 있으며 아주 긴 스택 추적 내용에 여러분의 코드 내용이 전혀 표시되지 않을 수도 있습니다. 여러분이 작성한 코드에 정말 문제가 없다면, 앱이 제대로 실행될 때까지 위의 단계를 반복하기 바랍니다.

이 책의 여정이 거의 끝났지만, 아직 완전히 끝은 아닙니다. 부록에는 여러분이 참고할 만한 좋은 내용들이 가득합니다.

21.10 마치며

- 스벨트 네이티브는 네이티브스크립트에 기반한 프레임워크로써 스벨트로 모바일 애플리케이션을 만들 수 있도록 해줍니다.

- 네이티브스크립트는 미리 정의된 다양한 컴포넌트들을 제공합니다.

- 스벨트 네이티브 REPL이나 네이티브스크립트 플레이그라운드를 통해서 스벨트 네이티브를 온라인에서 사용할 수 있습니다. 두 가지 방법 모두 소프트웨어를 설치하지 않아도 된다는 장점이 있습니다.

- 제대로 스벨트 네이티브 개발을 하고 싶다면 로컬에서 프로젝트를 만들고 적당한 편집기나 IDE를 사용할 수도 있습니다.

- 네이티브스크립트 UI 컴포넌트 라이브러리는 네이티브스크립트가 기본으로 제공하지 않는 다양한 컴포넌트들을 제공합니다.

참고 자료

부록 A에는 스벨트와 직간접적으로 연관된 중요한 자료들을 정리했습니다.

A.1 스벨트 관련 발표

스벨트와 관련된 훌륭한 영상들이 많습니다.

- **Rethinking Reactivity**(`http://mng.bz/OM4w`): 리치 해리스가 여러 번 발표한 내용이며 가장 최근에는 '2019 Shift Dev' 콘퍼런스에서 발표했습니다. 이 영상에서 스벨트 3을 만들게 된 이유와 간단한 소개를 볼 수 있습니다.

- **The Return of 'Write Less, Do More'**(`http://mng.bz/YrYz`): 2019년 'JSCamp'에서 리치 해리스가 발표한 내용입니다.

- **Svelte 3 with Rich Harris**(`http://mng.bz/GVrD`): 리치 해리스가 존 린드퀴스트[John Lindquist]에게 스벨트와 새퍼에 대해서 알려주는 영상입니다.

- **Simplify Web App Development with Svelte**(`http://mng.bz/zjw1`): 마크 보크먼이 '2019 Nordic.js'에서 발표한 영상입니다.

- **How to Create a Web Component in Svelte**(`http://mng.bz/04XJ`): 유튜브 채널 'A shot of code'의 영상입니다.

A.2 스벨트 관련 웹 페이지

스벨트 관련 공식 웹 페이지들입니다.

- 스벨트 홈페이지: *https://svelte.dev*
- 스벨트 튜토리얼: *https://svelte.dev/tutorial*
- 스벨트 API: *https://svelte.dev/docs*
- 스벨트 예제들: *https://svelte.dev/examples*
- 스벨트 REPL(온라인): *https://svelte.dev/repl*
- 스벨트 블로그: *https://svelte.dev/blog*
- 스벨트 깃허브 저장소: *https://github.com/sveltejs/svelte*
- 스벨트 변경 로그: *https://github.com/sveltejs/svelte/blob/master/CHANGELOG.md*
- 스벨트 전처리기: *https://svelte.dev/docs#svelte_preprocess*
- 디스코드 대화방: *https://discordapp.com/invite/yy75DKs*
- 커뮤니티 자료들: *https://svelte-community.netlify.com/resources*

A.3 프레임워크 비교 자료

어떤 프레임워크가 더 나은지, 무엇을 배워야 할지 잘 모르겠다면 다음 자료들을 읽어보기 바랍니다. 스벨트가 훨씬 낫다는 결론을 얻을 수 있습니다.

- JS framework benchmarks: *https://krausest.github.io/js-framework-benchmark/current.html*
- A RealWorld Comparison of Front-End Frameworks with Benchmarks: *http://mng.bz/K26X*

A.4 새퍼 관련 자료

새퍼도 잊지 마세요. 아직 베타 버전이지만 배울 가치가 있습니다.

- 새퍼 홈페이지: *https://sapper.svelte.dev*

A.5 스벨트 네이티브 관련 웹 페이지

모바일 앱 개발에 알맞은 스벨트 네이티브 관련 웹 페이지는 다음과 같습니다.

- 네이티브스크립트: *https://nativescript.org*
- 네이티브스크립트 컴포넌트들: *https://docs.nativescript.org/ui/overview*
- 네이티브스크립트 플레이그라운드: *https://play.nativescript.org*
- 네이티브스크립트 사이드킥: *https://nativescript.org/blog/welcome-to-a-week-of-native script-sidekick*
- 네이티브스크립트 스타일링: *https://docs.nativescript.org/ui/styling*
- 네이티브스크립트 UI: *https://github.com/halfnelson/svelte-native-nativescript-ui*
- 스벨트 네이티브 홈페이지: *https://svelte-native.technology*
- 스벨트 네이티브 API 및 문서: *https://svelte-native.technology/docs*
- 스벨트 네이티브 REPL: *https://svelte-native.technology/repl*

A.6 스벨트 GL 관련 자료

자바스크립트와 스벨트로 3D 그래픽을 처리하는 것과 관련된 자료들입니다.

- @svelte/gl: *https://github.com/sveltejs/gl*
- 스벨트 GL 데모: *http://mng.bz/90Gj*

A.7 스벨트 도구

더 좋은 스벨트 코드를 작성하고 생산성을 향상시킬 수 있는 도구들입니다.

- Ease Visualizer: *https://svelte.dev/examples#easing*
- publish-svelte(pelte): *https://github.com/philter87/publish-svelte*
- 스벨트 스토리북: *https://storybook.js.org/docs/guides/guide-svelte*
- svelte-check: *https://github.com/sveltejs/language-tools/tree/master/packages/ svelte-check*
- 스벨트 devtools: *https://github.com/RedHatter/svelte-devtools*

- svelte-image 전처리기: *https://github.com/matyunya/svelte-image*
- svelte-preprocess: *https://github.com/kaisermann/svelte-preprocess*
- svelte-preprocess markdown: *https://alexxnb.github.io/svelte-preprocess-markdown*
- svelte-type-checker: *https://github.com/halfnelson/svelte-type-checker*
- 스벨트 3 ESLint 플러그인: *https://github.com/sveltejs/eslint-plugin-svelte3*

A.8 스벨트 라이브러리

필요한 기능을 전부 다 직접 만들 필요는 없습니다. 좋은 라이브러리를 써서 애플리케이션을 더 쉽고 간결하게 만들 수 있습니다.

- navaid 라우팅 라이브러리: *https://github.com/lukeed/navaid*
- Routify 라우팅 라이브러리: *https://routify.dev*
- svelte-dialog: *https://github.com/mvolkmann/svelte-dialog*
- FontAwesome 아이콘 렌더링에 필요한 svelte-fa 컴포넌트: *https://cweili.github.io/svelte-fa*
- 스벨트 머티리얼 UI: *https://sveltematerialui.com*
- 스벨트 테스팅 라이브러리: *https://testing-library.com/docs/svelte-testing-library/intro*
- svelte-moveable: *https://github.com/daybrush/moveable/tree/master/packages/svelte-moveable*
- svelte-routing 라우팅 라이브러리: *https://github.com/EmilTholin/svelte-routing*
- svelte-spa-router 라우팅 라이브러리: *https://github.com/ItalyPaleAle/svelte-spa-router*
- 스벨트 버전 부트스트랩 sveltestrap: *https://bestguy.github.io/sveltestrap*
- Formik에서 영감을 받은 sveltik 폼 라이브러리: *https://github.com/nathancahill/sveltik*

A.9 VSCode 자료

많은 자바스크립트 개발자가 VSCode를 사용합니다. 그리고 VSCode는 현재 스벨트를 아주 잘 지원합니다.

- VSCode: *https://code.visualstudio.com*
- VSCode 스벨트 확장: *http://mng.bz/jgxa*
- VSCode를 위한 스벨트: *https://marketplace.visualstudio.com/items?itemName=svelte.svelte-vscode*
- Svelte 3 Snippets 확장: *http://mng.bz/8pYK*
- Svelte Intellisense 확장: *http://mng.bz/EdBq*
- Svelte Type Checker 확장: *https://github.com/halfnelson/sveltetype-checker-vscode*

A.10 그 외 참고 자료

스벨트 전용은 아니지만 이 책에서 언급한 그 외 자료들입니다.

- Ajax: *https://developer.mozilla.org/en-US/docs/Web/Guide/AJAX*
- B-tree: *https://en.wikipedia.org/wiki/B-tree*
- CSS 미디어 쿼리: *http://mng.bz/VgeX*
- CSS 모듈: *https://github.com/css-modules/css-modules*
- CSS 명시도: *https://css-tricks.com/specifics-on-css-specificity*
- CSS 변수: *http://mng.bz/rrwg*
- Event bubbling and capture: *http://mng.bz/dyDD*
- Fetch API: *https://developer.mozilla.org/en-US/docs/Web/API/Fetch_API*
- Flexbox Froggy: *https://flexboxfroggy.com*
- WesBos Flexbox 비디오 강의: *https://flexbox.io*
- 깃허브 액션: *https://github.com/features/actions*
- How to code an SVG pie chart: *https://seesparkbox.com/foundry/how_to_code_an_SVG_pie_chart*
- HTML 드래그 앤 드롭 API: *http://mng.bz/B2Nv*
- IndexedDB: *http://mng.bz/lGwj*

- JSX: *https://reactjs.org/docs/introducing-jsx.html*
- 마크다운 문법: *https://www.markdownguide.org/basic-syntax*
- 패시브 리스너: *http://mng.bz/NKvE*
- 서비스 워커: *http://mng.bz/D2ly*
- 웹 컴포넌트: *https://www.webcomponents.org/introduction*
- 『Web Components in Action』(Manning Publications, 2019): *https://www.manning.com/books/web-components-in-action*
- 웹 워커: *http://mng.bz/xWw8*

A.11 그 외 도구

스벨트가 아니더라도 사용할 수 있는 유용한 도구들입니다.

- axe 접근성 테스트 도구: *https://www.deque.com/axe*
- 브라우저스택BrowserStack: *https://www.browserstack.com*
- 크롬 개발자 도구: *http://mng.bz/AAEp*
- CodeSandbox: *https://codesandbox.io*
- 색대비 확인 도구: *https://webaim.org/resources/contrastchecker*
- 사이프레스 테스팅 프레임워크: *https://www.cypress.io*
- ESLint: *https://eslint.org*
- 파이어폭스 개발자 도구: *http://mng.bz/Z2Gm*
- 맥 OS와 리눅스에서 쓸 수 있는 홈브루 패키지 관리자: *https://brew.sh*
- 제스트 테스팅 프레임워크: *https://jestjs.io*
- 라이트하우스 감사 도구: *https://developers.google.com/web/tools/lighthouse*
- 몽고 DB: *https://www.mongodb.com*
- 머스태시: *https://mustache.github.io*
- 네틀리파이: *https://www.netlify.com*
- ngrok: *https://ngrok.com*
- openssl: *https://www.openssl.org*
- 파셀: *https://parceljs.org*
- parcel−plugin−svelte: *https://github.com/DeMoorJasper/parcel-plugin-svelte*

- Pope Tech 접근성 테스트: *https://pope.tech*
- 프리티어: *https://prettier.io*
- 롤업: *https://rollupjs.org*
- Sass: *https://sass-lang.com*
- sirv HTTP 서버: *https://www.npmjs.com/package/sirv*
- 스노팩: *https://www.snowpack.dev*
- 스토리북: *https://storybook.js.org*
- 타입스크립트: *https://www.typescriptlang.org*
- 버셀: *https://vercel.com*
- 웨이브 접근성 테스트 도구: *https://wave.webaim.org*
- 웹팩: *https://webpack.js.org*

A.12 그 외 라이브러리

스벨트 전용은 아니지만 유용한 라이브러리들입니다.

- dialog-polyfill: *https://www.npmjs.com/package/dialog-polyfill*
- DOM 테스팅 라이브러리: *https://testing-library.com/docs/dom-testing-library/intro*
- 익스프레스 웹 서버: *https://expressjs.com*
- jsdom: *https://github.com/jsdom/jsdom*
- Marked 마크다운 라이브러리: *https://marked.js.org*
- Page.js 라이브러리: *https://visionmedia.github.io/page.js*
- 폴카 웹 서버: *https://github.com/lukeed/polka*
- sanitize-html: *https://github.com/apostrophecms/sanitize-html*

A.13 기타

- 크롬 웹 스토어: *https://chrome.google.com/webstore/category/extensions*
- 파이어폭스 애드온: *https://addons.mozilla.org/en-US/firefox*
- Fontawesome 아이콘: *https://fontawesome.com/icons?d=gallery*

REST 서비스 사용하기

스벨트 컴포넌트에서 REST 서비스를 사용하는 것은 최신 웹 브라우저 대부분에 내장되어 있는 Fetch API를 사용하는 것만큼이나 쉽습니다. 대부분의 REST 서비스는 CRUD 중 하나에 속합니다. CRUD는 네 개의 HTTP 동작(**POST**, **GET**, **PUT**, **DELETE**)과 각각 연결됩니다.

다음과 같은 REST 서비스가 서버 측에 구현되어 있다고 가정합시다.

- **POST /dog**: HTTP 요청 내용에 JSON 내용이 포함되어 있으며 이 정보를 토대로 새로운 견종 정보를 생성합니다.
- **GET /dog**: 모든 견종 정보를 가져옵니다.
- **GET /dog/{id}**: 특정 견종 정보를 가져옵니다.
- **PUT /dog/{id}**: 이미 존재하는 견종 정보를 주어진 JSON 내용을 토대로 변경합니다.
- **DELETE /dog/{id}**: 특정 견종 정보를 삭제합니다.

이제 클라이언트 측에서 Fetch API를 이용해서 각 REST 서비스를 호출해봅시다. **SERVER_URL** 상숫값이 요청할 REST 서비스의 공통 주소, 이를테면 *http://localhost:1234/dog*와 같은 주소를 가지고 있다고 가정합시다. REST 서비스 요청은 **try** 블록 내에서 이루어져야 합니다. 그래야 에러가 발생했을 때 **catch** 블록에서 처리할 수 있습니다.

> **NOTE_ try**, **catch** 대신 Promise 객체의 **then**과 **catch** 메서드를 연결해서 사용할 수도 있습니다. 하지만 **try** 블록 내에서 **await** 키워드를 사용하고 **catch** 블록에서 에러를 처리하면 더 깔끔한 코드를 작성할 수 있습니다.

[예제 B-1]의 함수는 REST 서비스를 호출해서 견종 정보를 새로 만듭니다. REST 서비스는 주어진 JSON 정보와 똑같이 생성한 JSON 데이터와 더불어 새로 생성된 정보의 고유 **id** 값을 반환합니다.

예제 B-1 dog.js 파일의 createDog 함수

```
export async function createDog(dog) {
  const body = JSON.stringify(dog);
  const headers = {
    'Content-Length': body.length,
    'Content-Type': 'application/json'
  };
  const res = await fetch(SERVER_URL, {
    method: 'POST',
    headers,
    body
  });
  if (!res.ok) throw new Error(await res.text());
  return res.json();         새로운 견종 정보를 id 속성과 함께
}                            반환합니다.
```

다음 함수는 전체 견종 정보를 가져오기 위한 REST 서비스를 호출합니다.

예제 B-2 dogs.js 파일의 getDogs 함수

```
export async function getDogs() {
  const res = await fetch(SERVER_URL);
  if (!res.ok) throw new Error(await res.text());
  return res.json();         모든 견종 정보들을 반환합니다.
}
```

다음 함수는 특정 견종 정보를 조회합니다.

예제 B-3 dogs.js 파일의 getDog 함수

```
export async function getDog(id) {
  const res = await fetch(SERVER_URL + '/' + id);
  if (!res.ok) throw new Error(await res.text());
```

```
      return res.json();
    }
```
특정 견종 정보를 반환합니다.

updateDog 함수는 특정 견종 정보를 변경합니다.

예제 B-4 dogs.js 파일의 updateDog 함수

```
export async function updateDog(dog) {
  const body = JSON.stringify(dog);
  const headers = {
    'Content-Length': body.length,
    'Content-Type': 'application/json'
  };
  const res = await fetch(SERVER_URL + '/' + dog.id, {
    method: 'PUT',
    headers,
    body
  });
  if (!res.ok) throw new Error(await res.text());
  return res.json();
}
```
변경된 견종 정보를 반환합니다.

deleteDog 함수는 지정한 견종 정보를 삭제합니다.

예제 B-5 dogs.js 파일의 deleteDog 함수

```
export async function deleteDog(id) {
  const res = await fetch(SERVER_URL + '/' + id, {
    method: 'DELETE'
  });
  if (!res.ok) throw new Error(await res.text());
}
```

이들 함수에서 Error를 발생시키면, 함수에서 반환하는 Promise 객체는 거부됩니다.

B.1 헤더

HTTP 요청은 대개 경로 파라미터나 쿼리 파라미터, 또는 요청 바디를 통해 데이터를 전달하지만, 헤더를 통해서 데이터를 전달하기도 합니다. 특별한 목적으로 사용하기 위해 미리 정의한 수많은 헤더 이름이 있으며, 이와는 별개로 사용자가 헤더 이름을 정의해서 사용할 수도 있습니다. 위 예제에서 POST나 PUT 요청을 전송할 때 Content-Length 헤더와 Content-Type 헤더로 전달하는 JSON 데이터 정보를 알려주는 것을 확인할 수 있습니다. 서비스 사용 시 인증을 요구하는 REST 서비스 요청의 경우, 대개 로그인 과정에서 생성한 토큰값을 Authentication 헤더로 전달합니다.

몽고 DB

몽고 DB는 가장 널리 사용되는 NoSQL 데이터베이스입니다. 데이터를 행과 열로 구성된 테이블에 저장하는 관계형 데이터베이스와는 달리, 몽고 DB는 컬렉션collection 안에 도큐먼트document로 데이터를 저장합니다. 각 컬렉션은 쿼리를 빠르게 처리할 수 있도록 여러 개의 인덱스index를 가질 수 있습니다. 이런 인덱스는 일반적으로 B-트리(*https://en.wikipedia.org/wiki/B-tree*)로 구현합니다. JSON 객체의 내용을 이진 JSON 형태로 저장하는 것을 BSON이라고 합니다.

데이터베이스 구조를 스키마schema로 정의하는 관계형 데이터베이스와는 달리, 몽고 DB는 스키마를 사용하지 않으며 데이터베이스에 저장하는 데이터의 구조에 대한 제약이 없습니다. 스키마를 바꿀 필요가 없으므로, 구조가 자주 변경되는 데이터를 사용할 때 개발이 쉽고 빨라진다는 장점이 있습니다. 그리고 하나의 컬렉션 내의 많은 도큐먼트들이 서로 다른 속성이나 데이터를 가지고 있을 수도 있습니다. 하지만 대개 하나의 컬렉션에 있는 도큐먼트들은 동일한 구조를 가집니다. 예를 들어 개인 정보를 저장하는 도큐먼트의 경우 다음과 같은 구조를 가질 수 있습니다.

```
{
  _id: ObjectId("5e4984b33c9533dfdf102ac8")
  firstName: "Mark",
  lastName: "Volkmann",
  address: {
    street: "123 Some Street",
    city: "Somewhere",
```

```
      state: "Missouri",
      zip: 12345
    },
    favoriteColors: ["yellow", "orange"]
  }
```

각 도큐먼트는 _id 속성을 가지고 있으며, 이 값은 컬렉션 내의 고유한 식별자로 사용됩니다. 다른 컬렉션의 도큐먼트에서 이 속성으로 해당 도큐먼트를 참조할 수 있습니다. 이것으로 관계형 데이터베이스의 조인^{join} 연산과 비슷한 일을 할 수 있습니다.

부록 C에서는 몽고 DB로 데이터를 처리할 수 있는 CRUD 작업을 자세히 살펴봅니다. 쿼리 최적화나 이중화, 샤딩, 백업 등의 내용에 대해서는 다루지 않습니다. 몽고 DB의 다른 내용에 대해서 더 자세히 알고 싶다면 『몽고디비 인 액션』(제이펍, 2018)을 참고하기 바랍니다.

이 책에서는 자바스크립트 코드로 작성하며, 17장에서 동일한 내용을 새퍼 서버 라우트로 구현한 바 있습니다.

C.1 몽고 DB 설치

몽고 DB는 다양한 방법으로 설치할 수 있고 사용하는 운영체제에 따라서 설치 방법이 조금씩 다릅니다. 자세한 내용은 몽고 DB 문서(*https://docs.mongodb.com/guides/server/install*)를 참고하기 바랍니다. 여기에서는 운영체제별로 한 가지 설치 방법만 살펴봅시다.

C.1.1 윈도우에 몽고 DB 설치하기

다음 단계를 거쳐서 윈도우에 몽고 DB를 설치할 수 있습니다. 페이지의 세부 구성이나 버튼의 위치 등은 시간이 지나며 바뀔 수 있지만 설치 방법은 전반적으로 동일합니다.

1. *https://www.mongodb.com/try/download/community*로 접속합니다.
2. 버전 선택 메뉴에서 'current'를 고릅니다.
3. OS 선택 메뉴에서 'Windows'를 선택합니다.
4. 패키지 선택 메뉴에서 'mis'를 고릅니다.

5. 'Download' 버튼을 누릅니다.

6. 다운로드한 .msi 파일을 더블 클릭해서 실행한 다음 지시에 따릅니다.

7. 윈도우 커맨드 프롬프트를 실행합니다.

8. `md \data\db` 명령을 실행해서 몽고 DB 데이터 디렉터리를 만듭니다.

NOTE_ 위 방법은 몽고 DB를 윈도우 서비스 형식으로 설치합니다. 따라서 몽고 DB를 사용하지 않을 때에도 컴퓨터 자원을 사용합니다. 몽고 DB가 필요하지 않을 땐 서비스를 중단하거나 몽고 DB를 제거하기 바랍니다.

C.1.2 리눅스에 몽고 DB 설치하기

1. *https://www.mongodb.com/try/download/community*로 접속합니다.

2. 버전 선택 메뉴에서 'current release'를 고릅니다.

3. OS 선택 메뉴에서 'Linux'를 선택합니다.

4. 패키지 선택 메뉴에서 'TGZ'를 고릅니다.

5. 'Download' 버튼을 누릅니다.

6. 터미널을 엽니다.

7. .tgz 파일을 다운로드한 디렉터리로 이동합니다.

8. `sudo tar -C /opt -xf {file-name}.tgz` 명령을 실행합니다.

9. 생성된 디렉터리의 bin 하위 디렉터리를 PATH 환경 변수에 추가합니다. bin 디렉터리 경로는 /opt/mongodb-linux-x86_64-ubuntu1604-4.2.3/bin 형식과 비슷할 것입니다.

10. `sudo mkdir -p /data/db` 명령으로 몽고 DB 데이터 디렉터리를 만듭니다.

11. `sudo chmod +rw /data/db` 명령으로 접근 권한을 줍니다.

C.1.3 맥 OS에 몽고 DB 설치하기

리눅스와 같은 방법으로 맥 OS에서 설치할 수 있습니다. 그래서 여기서는 홈브루로 설치하는 방법을 알아봅시다.

1. *https://brew.sh* 웹 페이지에 있는 명령을 따라서 홈브루를 설치합니다.

2. `brew tap mongodb/brew` 명령을 실행합니다.

3. `brew install mongodb-community` 명령을 실행합니다.

C.2 데이터베이스 서버 실행

몽고 DB 서버는 운영체제별로 다른 방법으로 시작합니다.

- 윈도우의 경우 커맨드 프롬프트에서 mongod 명령을 실행합니다.
- 리눅스에서는 터미널에서 mongod 명령을 실행합니다.
- 맥 OS에서는 터미널을 열어서 mongod --config /usr/local/etc/mongod.conf --fork 명령을 실행합니다.

C.3 몽고 DB 셸

몽고 DB 셸은 자바스크립트 REPL처럼 몽고 DB 데이터베이스를 쉽게 사용할 수 있는 도구입니다.

> NOTE_ www.guru99.com/top-20-mongodb-tools.html과 같이 몽고 DB 셸과 동일한 작업을 할 수 있는 GUI 도구도 사용할 수 있습니다.

몽고 DB 셸은 mongo 명령으로 실행할 수 있습니다. 실행하면 프롬프트가 표시되고, 몽고 DB 명령어들을 입력할 수 있습니다. [표 C-1]에 자주 사용하는 명령들을 정리했습니다. 이 표에서 다음 내용을 알맞게 수정해서 사용할 수 있습니다.

- {db}는 사용하는 데이터베이스 이름입니다.
- {coll}은 사용하는 컬렉션 이름입니다.
- {obj}는 도큐먼트에 해당하는 자바스크립트 객체를 의미합니다.

자바스크립트에서도 유효한 이름을 컬렉션 이름으로 사용하는 것이 좋습니다. 이를테면 이름에 '-' 기호를 사용하지 않는 것입니다.

동작	명령어
데이터베이스 목록 표시	show. dbs
새 데이터베이스 만들기	없음: 컬렉션을 추가하면 데이터베이스가 자동으로 생성됨
현재 사용할 데이터베이스 지정하기	use {db}
현재 사용하는 데이터베이스 확인하기	db.getName()
현재 사용하는 데이터베이스 삭제하기	db.dropDatabase()
현재 데이터베이스의 컬렉션 목록 가져오기	show collections 또는 db.getCollectionNames()
현재 데이터베이스에 컬렉션 만들기	db.createCollection('{coll}')
컬렉션에 도큐먼트 추가하기	db.{coll}.insert({obj})
컬렉션의 도큐먼트 개수 가져오기	db.{coll}.find().count() 또는 db.{coll}.find().length()
컬렉션의 첫 20개 도큐먼트 가져오기	db.{coll}.find()
컬렉션의 다음 20개 도큐먼트 가져오기	db.{coll}.find().skip(20)
컬렉션에서 일치하는 첫 20개 도큐먼트 가져오기	db.{coll}.find({criteria})
컬렉션에서 일치하는 첫 번째 도큐먼트 삭제하기	db.{coll}.deleteOne({criteria})
컬렉션에서 일치하는 모든 도큐먼트 삭제하기	db.{coll}.deleteMany({criteria})
컬렉션에서 일치하는 첫 번째 도큐먼트 변경하기	db.{coll}.updateOne({criteria}, {$set: {updates}})
컬렉션에서 일치하는 모든 도큐먼트 변경하기	db.{coll}.updateMany({criteria}, {$set: {updates}})
컬렉션에 인덱스 추가하기	db.{coll}.createIndex({ {prop-name}: 1 }); + 1: 오름차순, -1: 내림차순
컬렉션 삭제하기	db.{coll}.drop()
셸 종료	exit

'test'라는 데이터베이스를 현재 데이터베이스로 사용한다고 가정하겠습니다. 'test' 데이터베이스가 없어도 관계없습니다.

```
show dbs
use animals
db.createCollection('dogs')
show dbs
db.createCollection('cats')
db.getCollectionNames();
db.dogs.insert({breed: 'Whippet', name: 'Dasher'})
db.dogs.insert({breed: 'TWC', name: 'Maisey'})
db.dogs.insert({breed: 'NAID', name: 'Ramsay'})
db.dogs.insert({breed: 'GSP', name: 'Oscar'})
db.dogs.find()
db.dogs.find({breed: 'Whippet'})
db.dogs.deleteMany({breed: 'Whippet'})
db.dogs.find()
db.dogs.update({breed: 'GSP'}, {$set: {name: 'Oscar Wilde'}})
db.dogs.update({_id: ObjectId('some-id')}, {$set: {name: 'Oscar Wilder'}})
db.dogs.drop()
db.getCollectionNames()
db.dropDatabase()
show dbs
```

animals 데이터베이스는 아직 생성되지 않았습니다.

사용할 데이터베이스가 반드시 있어야 할 필요는 없습니다.

컬렉션을 만들었으므로 이제 animals 데이터베이스가 생성되었습니다.

이제 animals 데이터베이스에는 dogs와 cats 컬렉션이 있습니다.

dogs 컬렉션의 첫 번째 20개 도큐먼트를 표시해줍니다.

breed 값이 Whippet인 도큐먼트만 표시합니다.

dogs 컬렉션을 삭제합니다.

주어진 ID에 해당하는 도큐먼트의 name 값을 변경합니다.

breed 값이 GSP인 모든 도큐먼트의 name 값을 변경합니다.

컬렉션에 breed 값이 Whippet인 도큐먼트가 존재하지 않는 것을 확인할 수 있습니다.

breed 값이 Whippet인 모든 도큐먼트를 삭제합니다.

animals 데이터베이스가 더는 존재하지 않음을 확인할 수 있습니다.

animals 데이터베이스를 삭제합니다.

dogs 컬렉션이 더는 존재하지 않음을 확인할 수 있습니다.

C.4 자바스크립트에서 몽고 DB 사용하기

몽고 DB 셸 명령어들을 알아봤으니, 이번에는 자바스크립트에서 동일한 작업을 해봅시다. 이를 통해 새퍼 앱의 서버 라우트를 쓴 것과 같은 기능을 구현할 수 있습니다.

몽고 DB를 다양한 프로그래밍 언어에서 사용할 수 있도록 해주는 많은 오픈소스 라이브러리가 있습니다. Node.js에서 사용하는 공식 라이브러리 이름은 mongodb입니다. npm install mongodb 명령으로 설치할 수 있습니다. 다음 코드를 실행하면 위 몽고 DB 셸에서 한 것과 같은 작업을 수행합니다.

```
const MongoClient = require('mongodb').MongoClient;

// 몽고 DB는 localhost와 127.0.0.1의 데이터베이스 인스턴스를 서로 다른 것이라고
// 간주합니다. 몽고 DB 셸에서는 127.0.0.1을 사용하므로 여기에서도 같은
// 인스턴스를 사용하겠습니다.
// /etc/hosts 파일 내용 문제일 수도 있지만, 해당 파일에서 127.0.0.1과 관련된
// 내용은 전부 주석 처리해도 동일한 동작을 보였습니다.

//const url = 'mongodb://localhost:27017';
const url = 'mongodb://127.0.0.1:27017';

// 더는 지원하지 않는 기능을 사용하는 것에 대한 경고 메시지를 피할 수 있는
// 권장 옵션입니다.
const options = {useNewUrlParser: true, useUnifiedTopology: true};

async function logCollection(coll) {
  let result = await coll.find().toArray();
  console.log(coll.collectionName, 'contains', result);
}

async function logCollections(db) {
  const items = await db.listCollections().toArray();
  console.log(
    'collections are',
    items.map(item => item.name)
  );
}

async function logDatabases(client) {
  const dbs = await client
    .db()
    .admin()
    .listDatabases();
  console.log(
    'databases are',
    dbs.databases.map(db => db.name)
  );
}
```

```javascript
// "await" 키워드는 "async" 함수 내에서만 사용할 수 있습니다.
async function doIt() {
  let client;
  try {
    client = await MongoClient.connect(url, options);
    // 아직 "animals" 데이터베이스가 없는 것을 확인할 수 있습니다.
    await logDatabases(client);

    // "animals" 데이터베이스를 사용합니다.
    const db = client.db('animals');

    // "animals" 데이터베이스에 두 개의 컬렉션을 만듭니다.
    const dogs = await db.createCollection('dogs');
    const cats = await db.createCollection('cats');

    // 이제 "animals" 데이터베이스가 존재한다는 것을 알 수 있습니다.
    await logDatabases(client);

    // 컬렉션이 만들어졌는지 확인합니다.
    await logCollections(db);

    // "dogs" 컬렉션에 네 개의 도큐먼트를 만듭니다.
    await dogs.insertOne({breed: 'Whippet', name: 'Dasher'});
    await dogs.insertOne({breed: 'TWC', name: 'Maisey'});
    await dogs.insertOne({breed: 'NAID', name: 'Ramsay'});
    await dogs.insertOne({breed: 'GSP', name: 'Oscar'});

    // 생성한 네 개의 도큐먼트가 "dogs" 컬렉션에 있는지 확인합니다.
    const count = await dogs.countDocuments();
    console.log('dog count =', count);

    // "dogs" 컬렉션의 도큐먼트들을 가져옵니다.
    await logCollection(dogs);

    // "dogs" 컬렉션에서 breed가 "Whippet"인 모든 도큐먼트를 가져옵니다.
    result = await dogs.find({breed: 'Whippet'}).toArray();
    console.log('whippets are', result);

    // "dogs" 컬렉션에서 breed가 "Whippet"인 모든 도큐먼트를 삭제합니다.
    console.log('deleting Whippets');
    await dogs.deleteMany({breed: 'Whippet'});

    // "dogs" 컬렉션에 breed가 "Whippet"인 도큐먼트가 존재하지 않는 것을 확인합니다.
    await logCollection(dogs);
```

```javascript
// breed가 "GSP"인 모든 도큐먼트의 name을 변경합니다.
console.log('updating GSP name');
await dogs.updateMany({breed: 'GSP'}, {$set: {name: 'Oscar Wilde'}});
await logCollection(dogs);

// "dogs" 컬렉션에서 특정 도큐먼트를 찾습니다.
const dog = await dogs.findOne({name: 'Oscar Wilde'});

// "dogs" 컬렉션에서 특정 도큐먼트의 name 값을 변경합니다.
await dogs.updateOne({_id: dog._id}, {$set: {name: 'Oscar Wilder'}});
await logCollection(dogs);

// "dogs" 컬렉션을 삭제합니다.
await dogs.drop();

// "animals" 데이터베이스에 "dogs" 컬렉션이 없음을 확인할 수 있습니다.
logCollections(db);

// "animals" 데이터베이스를 삭제합니다.
await db.dropDatabase();

// "animals" 데이터베이스가 더는 존재하지 않음을 확인할 수 있습니다.
await logDatabases(client);
  } catch (e) {
    console.error(e);
  } finally {
    if (client) client.close();
  }
}

doIt();
```

이 정도면 몽고 DB로 기본적인 작업을 구현할 수 있습니다.

스벨트 ESLint

ESLint(*https://eslint.org*)는 자바스크립트와 JSX에서 사용할 수 있는 린팅^{linting} 유틸리티입니다. 문법 오류와 잠재적인 실행 오류를 찾아서 알려줍니다. 그리고 코드의 일관성을 유지할 수 있도록 특정 코드 가이드라인을 알려주기도 합니다. 스벨트나 새퍼 프로젝트에서 ESLint를 사용하려면 다음 명령어로 필요한 패키지를 설치합니다.

```
npm install -D eslint eslint-plugin-import eslint-plugin-svelte3
```

스벨트 3 ESLint 플러그인의 장점 중 하나는 사용하지 않은 CSS 선택자를 경고로 알려준다는 것입니다. 자세한 내용은 깃허브의 eslint-plugin-svelte3 페이지(*https://github.com/sveltejs/eslint-plugin-svelte3*)를 참고하기 바랍니다.

ESLint를 사용하도록 설정하려면 스벨트 앱의 최상위 디렉터리에 다음 파일을 만듭니다.

예제 **D-1** .eslintrc.json 파일

```
{
  "env": {
    "browser": true,
    "es6": true,
    "jest": true,
    "node": true
  },
  "extends": ["eslint:recommended", "plugin:import/recommended"],
```

```
  "overrides": [
    {
      "files": ["**/*.svelte"],
      "processor": "svelte3/svelte3"
    }
  ],
  "parserOptions": {
    "ecmaVersion": 2019,
    "sourceType": "module"
  },
  "plugins": ["import", "svelte3"]
}
```

그리고 `package.json` 파일에 다음 npm 스크립트를 추가합니다.

```
"lint": "eslint --fix --quiet src --ext .js,.svelte",
```

`npm run lint` 명령으로 ESLint를 실행합니다. 그러면 다음과 비슷한 메시지를 볼 수 있습니다.

```
/Users/mark/.../svelte-and-sapper-in-action/travel-packing-ch14/src/Baskets.svelte
  18:6    error   'hoveringOverBasket' is assigned a value but never used   no-unused-vars
  20:11   error   'dragStart' is defined but never used                     no-unused-vars
  25:2    error   Mixed spaces and tabs                                     no-mixed-
spaces-and-tabs
```

그 외 스벨트 전용 ESLint 옵션은 깃허브 페이지(*https://github.com/sveltejs/eslint-plugin-svelte3*)에서 확인할 수 있습니다. VSCode를 포함한 많은 편집기와 IDE에서 ESLint를 실행하고 결과를 확인할 수 있는 확장을 제공합니다.

스벨트 프리티어

프리티어(*https://prettier.io*)는 코드 포매팅 도구입니다. 명령 줄에서 실행할 수도 있고 코드 편집기에서 실행할 수도 있습니다. 코드 포매팅 방법을 어느 정도 바꿀 수는 있지만 옵션이 많지는 않습니다.

많은 개발자들은 일관적이고 널리 사용되는 코딩 스타일에 맞춰 소프트웨어를 개발하고자 합니다. 프리티어는 자바스크립트나 타입스크립트, JSON, HTML, CSS, SCSS, JSX, 뷰, 마크다운 등 다양한 언어에 대해 이런 방법을 제공합니다.

스벨트나 새퍼 프로젝트에서 프리티어를 사용하려면 우선 다음 명령으로 필요한 패키지를 설치합니다.

```
npm install -D prettier prettier-plugin-svelte
```

그리고 프로젝트 최상위 디렉터리에 .prettierrc 파일을 만들어서 프리티어를 설정합니다. 기본으로 스벨트 프리티어 플러그인은 .svelte 파일이 script 요소, style 요소, HTML순으로 작성되도록 만듭니다. 이 순서는 .prettierrc 파일의 svelteSortOrder 옵션으로 바꿀 수 있습니다. 이 외에도 프리티어 설정을 변경하려면 앞서 설명한 바와 같이 스벨트 앱의 최상위 디렉터리에 다음과 같이 .prettierrc 파일을 만듭니다.

예제 E-1 .prettierrc 파일

```
{
                                          화살표 함수에서 인자를 한 개만 전달받는 경우,
                                          인자 주변의 소괄호를 제거합니다.
    "arrowParens": "avoid",        ◁─── import 구문과 객체 리터럴에서
    "bracketSpacing": false,       ◁─── 괄호 안의 공백 문자들을
    "singleQuote": true,           ◁─── 제거합니다.
    "svelteSortOrder": "scripts-markup-styles", ◁───
    "trailingComma": "none"        ◁───
}
            여러 줄로 이루어진 배열이나        리치 해리스가 명시한 순서로
            객체 리터럴에서 마지막 쉼표를       파일을 작성합니다.
            제거합니다.

                                   자바스크립트 문자열을
                                   큰따옴표(") 대신 작은따옴표(')로
                                   구분합니다.
```

그리고 다음과 같이 npm 스크립트를 `package.json` 파일에 추가해서 `public`과 `src` 디렉터리
안의 모든 `.css`, `.html`, `.js`, `.svelte` 파일에 프리티어를 실행합니다.

```
"format": "prettier --write '{public,src}/**/*.{css,html,js,svelte}'",
```

이제 `npm run format` 명령으로 프리티어를 실행할 수 있습니다.

많은 코드 편집기와 VSCode 같은 개발 도구에서 확장 프로그램을 통해 파일을 저장할 때 자
동으로 프리티어를 실행하게 할 수 있습니다.

VSCode

VSCode(*https://code.visualstudio.com*)는 마이크로소프트에서 만든 오픈소스 코드 편집기입니다. 널리 사랑받는 편집기로, 사용자 입맛에 맞게 쉽게 고칠 수 있습니다. 다양한 프로그래밍 언어와 문법 강조 기능, 오류 탐지, 코드 포매팅 기능 등을 지원합니다. 브랜치를 확인하거나, 브랜치 내용을 가져오거나, 수정된 파일 목록을 확인하거나, 커밋 목록 등을 확인하는 기능도 제공하므로 깃과 함께 쓰기에도 좋습니다. 스벨트나 새퍼 프로젝트 개발에 VSCode를 사용해본 경험이 없다면 한번 사용해보기 바랍니다.

VSCode에서는 스벨트 관련 세 가지 유명한 확장 기능을 제공합니다.

- Svelte for VSCode
- Svelte Intellisense
- Svelte 3 Snippets

이 확장 프로그램들을 어떻게 설정하고 사용하는지 알아봅시다. 그리고 ESLint와 프리티어 확장 기능도 사용해봅시다.

> **NOTE_** VSCode 확장 기능을 설치하고 설정하고 사용하는 방법은 VSCode 문서의 'Extension Marketplace(*https://code.visualstudio.com/docs/editor/extension-gallery*)'를 참고하세요.

F.1 VSCode 설정

VSCode로 스벨트나 새퍼 애플리케이션을 개발하기 전에 몇 가지 설정할 것이 있습니다.

우선 ESLint와 프리티어 확장 기능을 설치합니다. 이후 VSCode에서 파일을 수정하거나 저장하면 이 기능들이 자동으로 실행됩니다.

그리고 VSCode 설정 일부를 변경합니다. 상단의 'View' 메뉴에서 'Command Palette(명령 팔레트)'를 선택하거나 Ctrl+Shift+P 키를 눌러서 [그림 F-1]과 같이 'Command Palette'를 실행한 다음 settings라고 입력합니다.

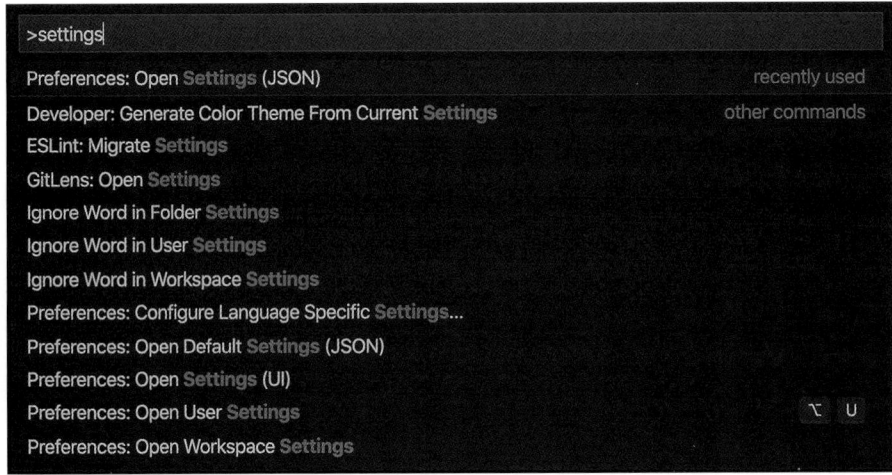

그림 F-1 VSCode Command Palette

NOTE_ VSCode의 Command Palette 사용법에 대해서는 VSCode 문서(*https://code.visual studio.com/docs/getstarted/userinterface#_command-palette*)를 참고하세요.

'Preferences: Open Settings (JSON)'을 선택 후 다음 내용을 추가합니다.

```
"editor.defaultFormatter": "esbenp.prettier-vscode",
"editor.formatOnSave": true,
```
◁── 프리티어 확장 기능이 설치되어 있다고 가정했습니다.

그리고 다음 절의 내용에 따라 스벨트 관련 확장 기능들을 설치합니다.

F.2 VSCode 스벨트 확장 기능

VSCode의 스벨트 확장 기능은 *http://mng.bz/zrJA*에서 설치할 수 있습니다. 이 확장 기능을 설치하면 `.svelte` 파일을 편집할 때 문법 강조, 코드 포매팅, 코드 자동 완성 기능을 사용할 수 있습니다. 또한 HTML과 CSS에 Emmet(*https://emmet.io*)도 사용할 수 있습니다.

VSCode의 스벨트 확장 기능에서 중요한 기능 중 하나는 *http://mng.bz/0ZYv*의 스벨트 언어 서버 기능을 사용할 수 있다는 것입니다. 이 기능은 VSCode와 같은 개발 도구와 통신해서 분석 메시지 및 HTML, CSS, 자바스크립트, 타입스크립트를 위한 코드 완성 기능, 마우스 커서를 올려두었을 때 정보를 표시하는 기능, 코드 포매팅 등의 기능을 제공합니다.

스벨트 확장 기능을 사용하면 `.svelte` 파일에서 타입스크립트와 같은 다른 문법을 사용할 수도 있습니다. 다만 다른 문법을 사용할 경우 반드시 전처리기 설정이 제대로 되어 있어야 합니다. 전처리기 설정 관련 내용은 20장에서 다뤘습니다.

F.3 스벨트 3 스니펫 확장

스벨트 3 스니펫snippet VSCode 확장은 *http://mng.bz/mBQ4*에서 설치할 수 있습니다. 이 확장을 설치하면 `.svelte`, `.js`, `.css` 확장자 파일을 편집할 때 `s-`로 시작하는 다양한 스니펫을 사용할 수 있습니다. 스니펫을 사용하면 텍스트를 조금만 입력해도 더 많은 텍스트로 확장되므로, 텍스트를 입력하는 데 허비하는 시간을 줄일 수 있습니다. `s-`를 입력하면 나타나는 목록에서 원하는 스니펫을 선택할 수 있습니다. 더 입력하면 나타나는 목록을 줄일 수 있습니다. 목록에서 스니펫을 클릭하거나 위아래 화살표 키로 원하는 스니펫 항목으로 이동한 다음, 엔터키를 눌러서 스니펫을 고릅니다. 예를 들어 `s-if-else-block` 스니펫을 선택하면 다음과 같은 블록이 삽입됩니다.

```
{#if condition}
    <!-- 내용을 여기에 추가합니다 -->
{:else}
    <!-- else에 해당하는 내용을 여기에 추가합니다 -->
{/if}
```

편집기 커서는 condition 부분에 위치합니다. 조건문을 입력해서 대체할 수 있습니다. 키보드에서 탭 키를 눌러서 if 블록 내의 주석 부분으로 이동할 수 있습니다. 그리고 콘텐츠를 입력해서 주석을 대체합니다. 다시 탭 키를 눌러서 else 블록의 주석 부분으로 이동한 다음 콘텐츠를 입력합니다. 다른 스니펫도 이와 비슷한 방식으로 입력합니다. [표 F-1]은 이 확장 기능이 제공하는 스니펫 중 가장 많이 사용되는 스니펫을 정리한 것입니다. 스니펫을 사용하려면 s-를 입력한다는 사실만 기억하면 됩니다. s-를 입력해서 표시되는 목록에서 필요한 스니펫을 고를 수 있습니다.

표 F-1 자주 사용되는 스니펫들

스니펫	설명
s-await-short-block	{#await} 블록과 :then 또는 :catch 부분을 추가합니다.
s-await-then-block	{#await} 블록과 :then 부분을 추가합니다.
s-await-catch-block	{#await} 블록과 :then 그리고 :catch 부분을 추가합니다.
s-each-block	{#each} 블록을 추가합니다.
s-each-key-block	{#each} 블록을 key 값과 함께 추가합니다.
s-each-index-block	{#each} 블록을 index 값과 함께 추가합니다.
s-each-index-key-block	{#each} 블록을 key와 index 값과 함께 추가합니다.
s-if-block	{#if} 블록을 추가합니다.
s-if-else-block	{#if} 블록과 {:else} 부분을 추가합니다.
s-on-event	HTML 요소에 on: 이벤트 처리 부분을 추가합니다. 함수를 참조합니다.
s-on-event-inline	HTML 요소에 on: 이벤트 처리 부분을 인라인 화살표 함수로 추가합니다.
s-script	script 요소를 추가합니다.
s-script-context	context="module"로 script 요소를 추가합니다.
s-style	style 요소를 추가합니다.

지원하는 전체 스니펫 목록은 vscode-svelte-snippets 깃허브 페이지(*https://github.com/fivethree-team/vscode-svelte-snippets*)에서 확인할 수 있습니다.

F.4 스벨트 인텔리센스 확장

스벨트 인텔리센스^{intellisense} VSCode 확장은 *http://mng.bz/5a0a*에서 설치할 수 있습니다. 이 확장 기능을 설치하면 `.svelte` 파일을 편집할 때 다음과 같은 기능을 사용할 수 있습니다.

- 컴포넌트 인스턴스나 컴포넌트 프롭스, 함수 호출 구문 위에 마우스 커서를 올려두면 정의된 내용을 화면에 띄워줍니다.
- Ctrl 키(맥 OS의 경우 Cmd 키)를 누른 상태에서 이름을 클릭하면 해당 이름을 정의한 곳으로 이동합니다. 컴포넌트를 불러오는 구문이나 컴포넌트 인스턴스, 컴포넌트 프롭스, 명명된 슬롯, 함수, 변수에 사용할 수 있습니다.
- 스벨트 구문 앞 글자를 입력하면 완성할 수 있는 구문 목록을 화면에 띄워줍니다.

수많은 스벨트 전용 지시자에 대한 자동 완성 기능을 제공합니다. 여기에는 `bind`, `class`, `in`, `out`, `transition`, `use` 지시자들이 포함되어 있습니다. 예를 들어 `<div bind:`까지 입력하면 목록에 `clientHeight`, `clientWidth`, `offsetHeight`, `offsetWidth`, `this`가 표시됩니다.

블록 구조에 대한 자동 완성도 지원합니다. `{#`를 입력하면, 목록으로 `if`, `each`, `await`가 제시됩니다. 이 중 하나를 선택하면 블록 구조를 완성할 수 있는 스니펫을 삽입합니다. 하지만 현재 블록 구문의 마지막 줄에 있는 `}` 문자가 빠진 채로 표시됩니다. 이 문제는 *https://github.com/ArdenIvanov/svelte-intellisense/issues/24*에서 확인할 수 있습니다.

스노팩

스노팩snowpack(***www.snowpack.dev***)은 웹 애플리케이션을 빌드하는 도구로, 특정 웹 프레임워크 전용이 아닌 범용 도구입니다. 리액트, 스벨트, 뷰 등 다양한 웹 프레임워크를 지원합니다. 스노팩의 목적은 빌드에 소요되는 시간을 줄여서 개발 사이클 속도를 최대한 빠르게 하는 것입니다. 그래서 스노팩은 웹팩이나 롤업, 파셀과 같은 모듈 번들러 대신 사용할 수 있습니다.

스노팩은 앱의 코드와 디펜던시 코드를 전부 포함하는 단 한 개의 번들 파일만 만들지 않습니다. 대신, 롤업을 사용해서 각 디펜던시 코드를 개별 ECMAScript 모듈로 만듭니다. 이렇게 개별 모듈로 만들면 앱 코드가 변경되는 경우 앱 코드만 번들하면 되기 때문에 빌드 시간이 줄어듭니다. 디펜던시 코드를 다시 번들링하는 때는 새로운 디펜던시가 추가되거나 디펜던시 코드의 버전이 바뀌는 경우밖에 없습니다.

앱을 시작하면 브라우저는 모든 코드를 가지는 한 개의 번들 파일을 다운로드하는 것이 아니라, 개별 모듈로 번들된 코드들을 따로 받습니다. 브라우저가 HTTP2를 지원하고 더 나은 캐시 기능을 제공하면 개별 번들 파일의 효과가 극대화됩니다.

G.1 스벨트에서 스노팩 사용하기

다음 과정을 거쳐서 스벨트 앱에서 스노팩을 사용할 수 있습니다.

1. CSA^{Create Snowpack App}로 새로운 앱을 만듭니다.

```
npx create-snowpack-app snowpack-demo --template @snowpack/apptemplate-svelte
```

2. 새로 만든 앱 디렉터리로 이동합니다.

```
cd snowpack-demo
```

3. 개발 서버를 시작합니다.

```
npm start
```

그러면 앱과 디펜던시 모듈을 빌드하고 메모리에 저장한 다음 브라우저에 이 파일들을 제공합니다.

브라우저에서 *localhost:8080*로 접근합니다.

추가 컴포넌트는 src 디렉터리 아래에 정의할 수 있습니다. 추가한 컴포넌트를 자동으로 감지하고 번들에 추가하며 브라우저가 자동으로 새로고침됩니다. 다음 예제 앱은 스노팩에서만 쓸 수 있는 기능은 전혀 사용하지 않고, 다만 스노팩으로 어떻게 디펜던시를 관리할 수 있는지 보여주기 위해 만들었습니다(그림 G-1). 이 앱에서는 두 개의 npm 패키지를 사용합니다. npm install date-fns lodash 명령으로 두 개의 패키지를 설치할 수 있습니다.

Hello, Snowpack!

Name `Snowpack`
Today is May 26, 2020.

그림 G-1 스노팩 데모 앱

예제 G-1 src/App.svelte 파일에서 DateDisplay 컴포넌트 사용하기

```
<script>
  import _ from 'lodash';
  import DateDisplay from './DateDisplay';
```

```
  let name = 'Snowpack';
</script>

<h1>Hello, {_.startCase(name)}!</h1>

<label>
  Name
  <input bind:value={name}>
</label>

<DateDisplay />

<style>
  h1 {
    color: red;
  }
</style>
```

예제 G-2 src/DateDisplay.svelte 파일의 DateDisplay 컴포넌트

```
<script>
  import {format} from 'date-fns';
</script>

<div>
  Today is {format(new Date(), 'MMM dd, yyyy')}.
</div>
```

이미 만든 스벨트 앱에서 스노팩을 사용할 수 있도록 수정하는 방법은 스노팩 문서(*www.snowpack.dev/#migrating-an-existing-app*)를 참고하기 바랍니다.

npm start 명령으로 개발 모드를 시작한 경우, 스노팩으로 만든 앱은 최신 브라우저에서만 제대로 동작합니다. 하지만 상용 수준으로 빌드한 앱은 IE11을 포함한 오래된 브라우저에서도 잘 동작합니다. 상용 수준의 앱을 빌드하려면 **npm run build** 명령을 실행합니다. 이 명령을 실행하면 다음과 같이 작업을 수행합니다.

1. build 디렉터리가 없다면 만듭니다.
2. build/web_modules 디렉터리가 없다면 만듭니다.
3. 각 디펜던시 코드들을 build/web_modules 디렉터리 안의 개별 .js 파일로 묶습니다.

4. build/_dist_ 디렉터리가 없다면 만듭니다.

5. 모든 .svelte 파일을 build/_dist_ 디렉터리 안의 .js 및 .css 파일로 만듭니다. 여기 파일들의 코드는 web_modules 디렉터리에서 디펜던시 코드들을 불러옵니다.

앱 빌드와 관련한 자세한 내용은 스노팩 문서(*www.snowpack.dev/#snowpack-build*)를 참고하기 바랍니다. 이 문서에는 모든 앱 코드와 디펜던시 코드를 한 개의 번들 파일로 만드는 방법도 설명합니다.

INDEX

INDEX